日本経済の構造変化と景気循環

浅子和美
宮川　努　編

東京大学出版会

Structural Changes in the Japanese Economy and the Business Cycle
Kazumi ASAKO and Tsutomu MIYAGAWA, Editors
University of Tokyo Press, 2007
ISBN978-4-13-040233-0

はしがき

2002年1月に始まった戦後14番目の景気循環の拡張期は，06年10月で57ヶ月に達し，それまで戦後最長であった「いざなぎ景気」に並び，翌月あっさりと更新した．多くの予測機関や官民のエコノミストは，しばらくはこの拡張期間は続くとの見通しを出している．戦後の景気循環のなかで50ヶ月を超える景気拡張期は，1960年代後半のいざなぎ景気（第6循環）と80年代後半のバブル景気（第11循環）に続いて今回で3度目である．この数字だけを見ると，「失われた10年」と呼ばれる長期停滞期をそっくり取り戻すかのような勢いだが，多くの人々は過去2回の長期間の拡張期の高揚感に浸っていない．これにはいくつかの要因が関与している．

第1の要因は，景気の拡張スピードが鈍いことである．今回の拡張期は，経済成長率が最も高い場合でも年率2%台であり，いざなぎ景気時代の10%やバブル景気時代の4%といった成長率に比べてはるかに低い．このため，内閣府の景気判断でも，通常は景気拡張期の初期の段階の「景気回復期」との判断から景気拡張に拍車がかかる「景気拡大期」へと，判断を前向きに上方修正する動きは見られない．例えば，いざなぎ超えがはっきりした2007年1月の月例経済報告でも，「景気は回復している」の表現を維持している如きである．

第2は，株価・地価といった資産価格の水準が低迷している点である．確かに平均株価は，2003年4月の7,600円台の底値から，2006年末には17,200円台にまで上昇したが，長期停滞期前半の20,000円台にはまだ届いていない．地価も，最近になってようやく大都市圏での一部で反転に転じる兆候が見られるものの，バブル経済崩壊後15年もの間下落を続けたのであった．

既述のように，今回の拡張期における経済成長率は過去の拡張期に比べて低いのであるが，経済規模が大きくなり分母が大きくなれば，成長率が鈍化するのはある程度やむをえない現象ではある．実際一人当たりの実質所得の増加額は，バブル景気時でも今回の景気拡張期でもそれほど変わらない．それにもかかわらず，バブル景気時ほどの手応えのある景況感に欠ける背景には，この資産価格の動きが大きくないことの影響が大きいであろう．

さらに，2006 年には多くの通貨に対してドル安が進行したが，秋以降 07 年にかけては，対円レートはむしろ円の減価になっている．日本の金利水準が低いためであるが，外国為替市場や金融市場は日本の景気拡張を底堅いものと見なしていないことを示唆している．

第 3 の要因としては，今回の景気拡張はデフレ下で進んだ「デフレ景気」であり，インフレ懸念が全くの杞憂で推移していることである．いざなぎ景気をはじめとして，過去の拡張期では，インフレを抑えながら景気を持続させることが政策当局にとっての重要な課題であった．バブル景気の際は，一般物価水準のインフレ率はマイルドにとどまったが，資産価格の高騰に悩まされたのだった．しかし今回は，景気拡張期においても物価水準が上昇せず，安倍内閣発足後も政府が「デフレ脱却宣言」ができない状況が続いている．

第 4 は，個人間，地域間，大企業と中小企業間など様々な面での格差拡大と景気拡張が並存していることである．これまでも景気拡張の初期には，地域間，企業規模間で回復の程度にばらつきが見られたが，これほど長期にわたって，様々な側面で格差が拡大する状況は見られなかった．

実は，今回のような景気拡張のパターンは，すでに米国や英国で見られたものである．米国は，1980 年代と 90 年代に 2 度にわたって 100 ヶ月を超える景気拡張期が続いた．これらの間に挟まっては景気後退期もあったが，短期間で終っている．英国もまた 90 年代に入ってから現在に至るまで，長期の景気拡張期が続いている．しかも両国とも，1980 年代に比べて，90 年代以降は失業率が大きく下がる一方で，所得格差が拡大する傾向にある．

米国も英国も，1980 年代には，それぞれレーガン大統領とサッチャー首相のもとで，積極的な規制緩和を皮切りに，政府の民間経済活動への介入を縮小する政策が採られた．日本も 21 世紀に入って「構造改革」の掛け声とともに景気拡張が始まったが，果たして日本の景気循環の変貌は，20 年前から始まった米国や英国の経験と同じ道を辿るのであろうか．

1998年に始まった「景気循環研究会」(時に「景気日付研究会」)は，もともと景気循環の転換点をめぐって，厳密な経済学の論理展開と精緻な統計的手法を駆使して，的確な景気判断を下す目的で始まった．その成果の第1弾は，2003年7月に刊行された『景気循環と景気予測』(浅子和美・福田慎一編，東京大学出版会) で報告されている．この第1弾は，当初の目的にしたがって，オーソドックスな景気循環を想定しそれを解明する様々な分析の集大成となったが，本書では，上述の問題意識に基づいて，景気循環自体の変貌という観点での問題意識を共有することとなった．

本書を刊行するに当たっては，論文や総括コメントの執筆者だけでなく，多くの方々のご協力をいただいた．本書収録の完成原稿の作成までに，東京やその他の地域で多数のコンファレンスや研究会を開催したが，これらの企画に参加していただいた本書の執筆者以外の参加者のコメントや討論は，本書の論文を改善する上で大変貴重であった．これらの研究会の参加者に心から感謝の意を表したい．

また東京での研究会のために，会議室を提供していただいた (社) 日本経済研究センターにも感謝したい．特に同センターの飯塚信夫氏には，毎回の研究会の日程調整だけでなく，本書の作成の過程でも，編集者，執筆者，コメンテーター間の調整などで大変お世話になり，実質上第三の編集者の役割を果たしていただいた．深く感謝申し上げる．

さらに本書の刊行及び研究会の運営に関しては，平成14-17年度科学研究費補助金基盤研究 (A) (1)「景気循環論の理論的・実証的考察と景気判断モデルの構築 (課題番号＝14203001，研究代表者＝浅子和美)」の資金援助を受けた．また，その研究活動は新しくスタートした，平成18-22年度科学研究費補助金基盤研究 (S)「景気循環・経済成長の総合研究―景気判断モデルの構築と日本経済の実証分析 (課題番号＝18103001，研究代表者＝浅子和美)」に発展的に継承されている．これらの助成がなければ，「景気循環研究会」の開催をはじめとして，本書の刊行にいたる研究成果が得られなかったと思われ，謝意を表したい．

本書は，多くの執筆者とコメンテーターに参加していただいたこともあり，企画から最終原稿の提出までかなりの時間を要した．こうした作成過程を辛抱強く待っていただいた東京大学出版会の黒田拓也・池田知弘両氏に，深く感謝申し上げたい．学術的な書籍の出版が困難な昨今，その意義を最も理解して頂いているお二人に担当していただいたことは，我々にとって幸甚の限りであった．

2007 年 6 月

空梅雨の気配の中，
いざなぎ超えの行方を思い

浅子和美・宮川　努

目 次

第Ⅲ部 景気循環のミクロ的特性

序 章

本書の構成と概要

浅子和美・宮川　努

本書は表題となっている「日本経済の構造変化と景気循環」に関連する 19 人の著者による 13 篇の論文を編集したものである．全体を 3 部構成とし，第Ⅰ部「景気循環と景気指標」，第Ⅱ部「マクロデータと日本の景気循環」，第Ⅲ部「景気循環のミクロ的特性」と題した．

さらに，本書の特徴の 1 つとして，各部の終わりに総括的なコメントを加えている．これは，本書が景気循環に関する最新の理論的・統計的分析から，地域別，企業規模別の格差動向まで幅広い問題を扱っているために，各部の議論を整理する目的で収録したものであり，大屋・和合（第Ⅰ部），福田・飯田（第Ⅱ部），三井・徳井（第Ⅲ部）と各部 2 名ずつ計 6 名の方にお願いした．読者は，各部の内容を総括的に把握できるとともに，各分野での今後の課題についても知ることができるだろう．以下では 3 つの部ごとに，あらかじめ各章の内容を紹介するが，随時これらのコメントも参照されることを勧めたい．

まず第Ⅰ部「景気循環と景気指標」は，景気循環の定義そのものについて検討を加えた論文 4 編を収録する．

第 1 章の村澤論文「景気指数の統計的基礎」は，既存の景気指標自体を再検討する作業を行っている．内閣府が発表する景気基準日付は，生産指数をはじめとする 11 系列の経済指標の動きをもとに，記述統計的に「山」,「谷」を決めてきた．これに対して村澤氏は，より最近の統計的成果を利用した景気循環の判定方法を紹介すると同時に，そもそもの問題の所在は，GDP データが月次で利用できない点にあると主張する．そして，独自に月次 GDP を推定し，これを景気指標として用いるメリットを提唱する．

景気指標の正しい理解は，より精度の高い景気予測にもつながる．日本では，政府だけでなく，多くの民間シンクタンクをはじめとした予測機関が先行きの景気を予測し公表している．第2章の山澤論文「経済予測の妥当性」は，この民間シンクタンクが公表してきた景気予測の精度について検討を加えている．結論的には，これらの予測の精度はあまり高くない．山澤氏は，この要因の1つとして予測機関が横並び行動をする傾向があり，多くの予測機関が結果として同時に誤った予測に陥る点を指摘している．

さて，米国の景気拡張期間が長期化している点は，すでに指摘した通りだが，第3章の坪内論文「景気変動の特徴と景気指標の日米比較」では，この米国の景気指標が日本で想定されている景気指標と同一のものかどうかを考察している．坪内氏は，米国と日本ではほぼ同種の経済指標が揃っているにもかかわらず，米国では消費や雇用関連の経済指標が景気指標として重視されるのに対し，日本では生産指数など，製造業関連の指標が重視されていると指摘している．坪内氏は，こうした両国間の景気指標の違いは，もっぱら両国におけるマクロ経済変動の大きさの違いを反映していると見ている．

第4章の林田論文「景気指数の統計モデル」は，第1章の村澤論文でも紹介された，各経済指標の背後にある確率的な循環的要因を景気と考えるダイナミック・ファクター・モデルと景気の拡張期と後退期で景気指標（たとえばGDP）が非対称な動きをするマルコフ・スイッチング・モデルを紹介し，両者の特徴を合わせもったダイナミック・マルコフ・スイッチング・ファクター・モデルを日本経済に適用している．この手法から導出される景気循環指標は，内閣府が公表してきた景気循環の動きとほぼ一致しているが，内閣府の景気判断では景気の転換と捉えられない，短期の景気後退や景気拡張についても認識することが可能であることを示している．

第II部「マクロデータと日本の景気循環」は，これまでみてきた景気循環全体で構造変化が生じているのか，また景気循環を構成する各要素（在庫，設備投資など）に構造変化が生じているかを検討した4編の論文を収める．

まず第5章の渡部・飯星論文「景気循環の構造変化と景気転換点」では，第I部で紹介されたマルコフ・スイッチング・モデルを使い，そこで推定されたパラメータに構造変化が生じているか否かを検証し，景気循環の「山」「谷」だけでなく，景気循環自体の構造変化についても同時に推定を行う．彼らによれば，1974年から2004年までの30年間に，日本の景気循環は第1次石油危機直後の75年と「失われた10年」の直前に当たる89年の2回の構造変化点がある．この2回の構造変化を考慮すると，マルコフ・スイッチング・モデルは，内閣府が公表する景気循環の転換点とほぼ一致した循環を描き出すことが，統計的に示される．

第6章の脇田論文「在庫循環図のモデルと計量分析」は，日本の景気循環を判断する際に最も頻繁に利用されてきた在庫循環に，理論・実証両面からの基礎付けを与える試みである．脇田氏によれば，日本の在庫循環の動きと整合的な企業行動は，生産関数が収穫逓増で好況期に生産を集中し，不況期には在庫を抱える行動パターンであり，この行動は，その時点の需要に合わせて部品調達を行う「カンバン方式」とも整合的であると説明している．

需要項目別に見ると，日本の景気循環の動きは設備投資変動に大きく支配されてきた．第7章の宮川・浜潟論文「ヴィンテージ資本と更新投資循環」は，この設備投資が1990年代に入って大きく落ち込んだことによって起きた現象を考察している．彼らは，設備投資の減少によって設備年齢が上昇し，企業が質の低下した設備を使い続けている点を指摘する．1990年代は，IT（情報技術）革命を通じて，米国を中心により質の向上した設備が導入されていたのに対し，日本ではそれと逆のことが生じていたのである．宮川・浜潟論文は，更新投資関数を推計し，企業の更新を活発化させるには，税制の変更による資本コストの低下や規制の緩和が必要であると主張する．

1990年代の日本経済は，設備投資の落ち込みだけでなく，不良債権といった企業や金融機関のバランスシートの悪化にも大きく左右された．第8章の矢嶋・地主・竹田論文「景気循環と資金循環」は，この各経済主体のバランスシートの悪化が，景気循環にどのような影響を与えたかを，従来あまり使われることのなかった資金循環表を利用して分析する．具体的には，実質GDP，実質コールレート，日銀短観の貸出態度DIをコアなマクロ変数とし，これに各経済主体の資金過不足を変数として加えた4変数のVARモデルを構築し，1990年代に入って金融機関の貸出態度の変化によって表される「信用チャネル」の影響が増大し，法人部門の金融資産・負債のバランスシートにも影響を与えたことを導いている．

最後の第III部「景気循環のミクロ的特性」は，今回の景気拡張の過程で注目されている様々な「格差」の問題に焦点をあてる．

第9章の浅子・板・上田論文「景気の地域別先行性・遅行性」は，地域によって景気循環にばらつきがあるという問題を取り上げる．地域格差の問題は，これまで地方都市のシャッター通りの風景など，個別の事例についてはたくさん語られてきたが，客観的な指標を用いて，地域毎の景気循環に差があることを示した論文はほとんど無かった．浅子・板・上田論文では，全国8地域（または都道府県別）の生産指数や有効求人倍率の動きを，DP（Dynamic Programming）マッチングの手法を用いて，地域毎の景気循環のばらつきを調べている．推計された各地域の景気の先行性，遅行性は一律ではなく，より詳細なデータの検討を示唆している．

第10章の川崎論文「公共投資の景気循環平準化機能と地域配分」は，第9章で指摘された地域毎の景気のばらつきの原因を，公共投資の地域間配分や労働，民間資本の移動といった側面から検討する．川崎氏は，景気の局面によって，公共投資の配分が地域毎に異なることが地方景気のばらつきを生み出すと指摘する．同時に，1990年代前半に労働力の流動性が低下している点も，ばらつきを増幅していると指摘する．

第11章の飯塚論文「景気循環と産業別雇用変動」では，労働市場の問題について，産業別の動向や正規・非正規雇用の動きなどに焦点をあて検討する．マクロ的にみると，1990年代に入って，就業者の動きは景気変動に感応的になったと言われるが，飯塚氏はパネルデータ分析を行うことによって，雇用動向の動きはマクロ的な景気動向に左右されるというよりは，むしろ個別産業の事情が影響していることを見出している．これは近年の景気拡張下で，労働者を取り巻く環境が一様に改善しているわけではないという現象と整合的である．

第10章で川崎氏は公共投資の配分問題を検討したが，第12章の竹田・小巻論文「R&Dおよび中間投入を通じた産業間のSpillover」では，この公共投資によって建設される社会資本の波及効果について考察する．彼らは特に道路資本に着目し，この道路資本の蓄積（同時に生産性向上の重要な要素である研究開発投資の波及効果も含めて）が，産業間の波及効果を通してどの産業の生産性上昇に寄与しているかを分析する．推計結果によると，道路建設は農林水産業，窯業・土石産業，一般機械など一部の産業の生産性を上昇させるに留まっている．このことは，景気対策として利用される公共投資も，得られる便益については産業間で格差があることを示唆している．

格差に関して，従来から繰り返し分析されてきたテーマは，企業規模間の格差問題である．第 13 章の原田論文「中小企業の景気と景況感」では，この中小企業に焦点をあて，中小企業の景気動向を捉える指標を詳しく調べるとともに，中小企業の景況感がどのような要因によって影響されているかを計量的に分析する．原田氏は，既存の景気指標では小企業の景気動向を把握するには限界があることを指摘し，包括的に中小企業の景気を把握するためには，日本銀行の「短観」の結果と中小企業基盤整備機構の「中小企業景況調査」における小規模企業，個人企業経済調査の結果を合わせて判断すべきであるとの提案をしている．また中小企業の景況感は，産業別には差があるものの，個別企業レベルの業績とは一定の関係があることを見出している．

第 I 部

景気循環と景気指標

第 1 章

景気指数の統計的基礎*

村澤康友

1. はじめに

景気指数とは「景気」を測る指数である．したがって景気指数の統計的基礎を論じるためには，まず「景気」を明確に定義する必要がある．景気指数を「景気」の推定量（値）と解釈すれば，様々な指数を統一的な観点から比較・評価できる．本稿では「景気」を「月次実質 GDP」と定義し，その推定値を新しい景気指数として提案する．新しい指数は従来の指数の自然な拡張として理解できる．

Stock and Watson (1989；1991) は「景気 (state of the economy)」を「景気の一致指標の背後に存在する共通因子」と定義した[1]．そして一致指標に 1 因子モデルを仮定し，共通因子の最尤推定値を新しい景気指数として提案した．このストック = ワトソン指数は従来の記述統計的な指数と異なり，「景気」の推定値と解釈できる画期的な指数である[2]．ただし共通因子はそのままでは経済変数として意味をもたないので，ストック = ワトソン指数が表す「景気」の解釈には注意が必要である．また共通因子の平均と分散は識別されず（通常は平均 0，分散 1 などとする），識別の与え方により指数の動きが異なるという問題がある．

---

* 本稿の作成にあたり「景気循環日付研究会」のメンバーから有益なコメントを頂いた．ここに記して感謝する．本研究は科学研究費補助金・基盤研究 (A)（1）「景気循環論の理論的・実証的再考察と景気判断モデルの構築」および若手研究 (B)「月次と四半期の系列を用いた DI 型・CI 型景気指数の開発」の援助を受けている．

1) この定義は同語反復的である．

2) 以来 14 年 6 カ月に渡って彼ら自身で指数を作成・公表してきたが，その役割を終えたとして 2004 年 6 月に公表を中止した．

「景気」の最も自然な定義は「経済活動の水準」であろう．マクロの経済活動の水準は実質 GDP で測るのが通例なので (生産・分配・支出のいずれの面からも等しい)，実質 GDP の推計値があれば景気指数は不要とも言える．しかし GDP は四半期系列であり速報性が低い．そのため月次実質 GDP の代理変数として景気指数が必要となる．すなわち景気指数の作成は月次実質 GDP の推定と本質的に同義なのである[3)]．

Mariano and Murasawa (2003) はストック＝ワトソン指数を月次実質 GDP の推定値と解釈できる形に拡張した．さらに Mariano and Murasawa (2004) は1因子モデルにこだわらず，VAR モデルや多因子モデルによる月次実質 GDP の推定を提案した．景気指標の1つとして月次実質 GDP の推計には従来から関心がもたれていたが，それが景気指数そのものであることを示したのが彼らの研究のポイントである．

実質 GDP を含めマクロ経済時系列の多くには共通した循環変動が見られる．この「景気循環」について多くの国で公的機関が景気の「山」「谷」すなわち「転換点」を決定・公表している．そのため「転換点」をとらえることも景気指数の重要な役割と考えられている．しかし後述するように「転換点」という概念は必ずしも明確ではなく，その定義について2つの立場が対立している．そこで本稿では定義の問題には深入りせず，公的機関が決定する景気の「転換点」または「局面」の予測の問題のみを考える．

本稿の構成は以下の通りである．まず第2節で「景気」の定義を与え，その「水準」の測り方と「転換点」の決め方に関する問題点を整理する．次に第3節で景気指数を景気の「水準」を推定する CI 型指数と「局面」を推定する DI 型指数に分類し，それぞれの役割を明確にする．続いて第4節で月次実質

---

3) Burns and Mitchell (1946, pp. 72-73) は次のように書いている．

"Aggregate activity can be given a definite meaning and made conceptually measurable by identifying it with gross national product at current prices.…Unfortunately, no satisfactory series of any of these types is available by months or quarters for periods approximating those we seek to cover."

ここから彼らは観測可能な複数の月次・四半期系列を用いて景気の「転換点」を決定することを主張している．逆にいえば，もし月次 GDP が観測可能なら，それのみで「転換点」を決定できると考えている．アメリカの景気基準日付を決定・公表する NBER (全米経済研究所) も 2003 年10月21日付けの公表資料 "The NBER's Recession Dating Procedure" で同様の考えを述べている．

GDPの推定の観点からCI型指数を，第5節で景気拡張（後退）確率の推定の観点からDI型指数を比較・検討する．最後に第6節でまとめと今後の課題を述べる．

2. 景気とは何か?

2.1 景気の定義

日常の挨拶で「景気はどう？」と尋ねることがある．大阪弁ではストレートに「もうかりまっか？」と尋ねるように，これは「商売が順調でもうかっているどうか」を尋ねている．この場合「景気」は「（自分が関わっている）商売の状況」を指す．

英語で「景気」に相当する単語は「ビジネス（business）」である．ビジネスといえば「仕事」という訳が思い浮かぶが，他に「商売」とか「景気」という意味もある．そもそもビジネスはビジー（busy）すなわち「忙しい」という形容詞の名詞形である．これが「忙しいこと」の意味で「仕事」「商売」となり，また「忙しさ」の意味で「景気」となる．したがって英語では「景気」は「忙しさ」を指す．

景気分析の対象は，個人ではなく国や地域全体の「景気」である．この場合「景気」は国や地域全体の「商売の状況」や「忙しさ」，すなわち「経済活動の水準」を指す．

2.2 景気の水準

実質 GDP

景気すなわち「経済活動の水準」の測り方は1つではない．たとえば「商売の状況」を測るにも売上高・販売量・利益など，また「忙しさ」を測るにも生産量・雇用者数・労働時間など様々な指標がある．経済学者やエコノミストが「景気を明確に定義するのは難しい」と言うことがあるが，これは定義そのものではなく測り方が難しいという意味であろう．

実質GDPは，三面等価の原則（総生産＝総分配＝総支出）に基づいて，国や地域全体の「経済活動の水準」をできるだけ包括的かつ正確に推計したものである．たとえば「経済成長率」が具体的には「実質GDPの成長率」を指すように，実質GDPで「経済活動の水準」を測るという考え方は広く浸透している．したがって景気を測る指標としては実質GDPが最もふさわしい．

ただし実質GDPは四半期系列であり，また2次統計のため公表が遅いという欠点がある．たとえば2006年1-3月期のGDPは1次速報値が5月19日，2次速報値が6月12日に公表された．このように実質GDPで測ることができるのは早くても2〜4カ月前の景気である．またGDP速報値の推計精度は低く，ずっと遅れて公表される確報値や確々報値で大幅に改定されることも珍しくない．したがって「現在の景気」を測るには，速報性の高い月次の1次統計が役に立つ．

需給ギャップ

景気の「良し悪し」は実質GDPの「水準」だけでは判断できない．需給ギャップ（GDPギャップ）は「総需要−総供給能力」と定義され，正なら好況期，負なら不況期と判断する．ここで総需要は実質GDPとして観測されるが，総供給能力は潜在GDPとして推計する必要がある．しかし定義が曖昧なため潜在GDPの推計方法は確立していない[4)]．またGDPの速報性の問題も残る．

そこで需給ギャップを反映する月次の指標が注目される．生産における需給ギャップを表す「稼働率指数」，販売における需給ギャップを表す「在庫（率）指数」，労働市場の需給ギャップを表す「有効求人倍率」「所定外労働時間」などである．これらは部分的な需給ギャップを表す指標に過ぎないが，「現在の景気」の「良し悪し」を判断するためにはGDPギャップより役に立つ．

2.3　景気の局面

景気循環

「景気」を反映する経済指標を景気指標という．景気指標に共通して見られる規則的な循環変動を景気循環という．景気循環は拡張期と後退期の2つの局面に分けられる．拡張期から後退期に転ずる時点を景気の山，後退期から拡張期に転ずる時点を景気の谷といい，まとめて景気の転換点という．転換点の前

4）最近の研究として鎌田・廣瀬（2003）を挙げておく．

後では景気の局面が大きく変化するので，生産・販売計画の策定の際に転換点の判断を誤ると大損害につながる．そのため景気分析においては転換点の判断が特に重視される．

景気循環の見方は2つある．景気指標の原系列（たとえば実質GDP）における循環を古典的循環，トレンドを除去した系列（たとえば需給ギャップ）における循環を成長循環という．田原（1998，pp. 19–20）が指摘するように，トレンド除去により転換点はシフトする．上方トレンドは拡張期を長く，後退期を短くする．逆に上方トレンドの除去は拡張期を短く，後退期を長くする．アメリカでは古典的循環に対して転換点（景気基準日付）を定義している．日本では古典的循環だと高度成長期に転換点が検出されないので，実質的に成長循環に対して定義している．この点で日米の景気循環の見方は根本的に異なっており，それぞれに適切な景気指標を用いないと転換点の判断を誤る危険性がある．たとえばアメリカの景気指数と同じ構成指標を用いて日本の景気指数を作成するのは適切ではない．

拡張期・後退期と好況期・不況期は異なる分類方法である（前者をミッチェルの2局面，後者をシュンペーターの2局面という）．景気を4局面（回復期・拡張期・後退期・収縮期）に分類すると，回復期はミッチェル方式では拡張期，シュンペーター方式では不況期に，また後退期はミッチェル方式では後退期，シュンペーター方式では好況期に含まれる．これを景気局面（ミッチェル方式）と実感（シュンペーター方式）のずれと感じる場合もある．

転換点の決定

「転換点」という概念は必ずしも明確ではなく，その定義について2つの立場が対立している．Burns and Mitchell (1946) 以来の伝統的な立場では，「景気」の時系列から記述統計的に「山」「谷」を決める．具体的なアルゴリズムはBry and Boschan (1971) が与えている．それに対してHamilton (1989) 以来の新しい立場では，「高成長期」「低成長期」という2つの観測できない状態をもつスイッチング・モデルを仮定して，各時点での状態を推定する．

両者には一長一短がある．記述統計的に「山」「谷」を決める方法では，古典的循環と成長循環のどちらでみるか，すなわちトレンドを除去するかどうかにより「転換点」がシフトする．それに対して「高成長期」「低成長期」はトレンド除去に影響されない．しかし Harding and Pagan (2003) が指摘するように，スイッチング・モデルが誤った定式化なら状態は識別されない．それに対して記述統計的な「山」「谷」は常に決定できる．

「転換点」を単なる記述統計量とみるか，それとも実体として存在すると考えるかは分析の哲学の違いである．本稿では哲学の問題に深入りするのを避け，公的機関が決定する「転換点」を所与として受け入れる．その上で景気の「転換点」または「局面」の予測の問題を考える．

3.　景気指数の役割

3.1　CI 型指数と DI 型指数

景気分析の主な関心は景気の「水準」と「転換点」の計測・予測にある．両者の推定値・予測値を本稿では景気指数と呼ぶ (本来は景気の計測を目的として景気指標を集計・指数化したものを指す)．

内閣府が作成する景気動向指数には 2 種類ある．CI (コンポジット・インデックス) は景気の「量感」を，DI (ディフュージョン・インデックス) は景気の「局面」を表すとされる．そこで本稿では景気の「水準」を計測・予測する指数を CI 型指数，「局面」または「転換点」を計測・予測する指数を DI 型指数と呼ぶことにする．すなわち CI 型指数は月次実質 GDP または需給ギャップの推定値・予測値であり，DI 型指数は景気の「局面」(その定義は別として) の推定値・予測値である．

3.2　先行・一致・遅行指数

「景気」との先行・遅行関係で景気指標は先行指標・一致指標・遅行指標に分類される．先行指標は将来の景気の「予測」に，一致指標は現在の景気の「計測」に，遅行指標は過去の景気の「確認」に利用される．

景気の「水準」と「局面」の予測値・速報値・確報値を本稿では先行指数・一致指数・遅行指数と呼ぶ (本来は先行・一致・遅行指標を集計・指数化したものを指す)．すなわち CI 型指数なら月次実質 GDP または需給ギャップ，DI 型指数なら景気の「局面」の 6 カ月先予測値・前月の速報値・確報値などである．

4. CI 型指数と月次実質 GDP

4.1 ストック＝ワトソン指数

N 個の一致指標からストック＝ワトソン指数を作成する．定常化のため必要に応じて指標を対数変換し，階差を取る（これは対前月比変化率と近似的に等しい）．この N 変量定常過程 $\{\boldsymbol{y}_t\}$ に対して次のような 1 因子モデルを仮定する．

$$\boldsymbol{y}_t = \boldsymbol{\mu} + \boldsymbol{\lambda} f_t + \boldsymbol{u}_t, \quad (1)$$

$$\phi_f(\mathrm{L}) f_t = v_t, \quad (2)$$

$$\boldsymbol{\Phi}_u(\mathrm{L}) \boldsymbol{u}_t = \boldsymbol{w}_t, \quad (3)$$

$$\left\{\begin{pmatrix} v_t \\ \boldsymbol{w}_t \end{pmatrix}\right\} \sim \mathrm{IN}\left(\mathbf{0}, \begin{bmatrix} \sigma_{vv} & \mathbf{0}' \\ \mathbf{0} & \boldsymbol{\Sigma}_{ww} \end{bmatrix}\right), \quad (4)$$

ただし $\boldsymbol{\mu} := \mathrm{E}(\boldsymbol{y}_t)$，$\boldsymbol{\lambda}$ は因子負荷ベクトル，f_t は共通因子，$\boldsymbol{u}_t$ は特殊因子ベクトル，L はラグ演算子，$\phi_f(.)$ は p 次多項式，$\boldsymbol{\Phi}_u(.)$ は q 次多項式行列を表す．識別のため

1. $\lambda_1 = 1$,[5)]
2. $\boldsymbol{\Phi}_u(.)$ と $\boldsymbol{\Sigma}_{ww}$ は対角,

と仮定する．これらは因子分析の標準的な仮定である．

最尤推定のためモデルを状態空間表現する[6)]．状態ベクトルを

$$\boldsymbol{s}_t := \begin{pmatrix} f_t \\ \vdots \\ f_{t-p+1} \\ \boldsymbol{u}_t \\ \vdots \\ \boldsymbol{u}_{t-q+1} \end{pmatrix}$$

---

5) Stock and Watson (1989；1991) は $\sigma_{vv} = 1$ としているが，識別制約なので本質的に違いはない．$\lambda_1 = 1$ とするとストック＝ワトソン指数と月次実質 GDP の関係が明らかになる（後述）．

とすると[7)]，状態空間モデルは

$$\boldsymbol{s}_{t+1}=\boldsymbol{A}\boldsymbol{s}_t+\boldsymbol{B}\boldsymbol{z}_t, \quad (5)$$

$$\boldsymbol{y}_t=\boldsymbol{\mu}+\boldsymbol{C}\boldsymbol{s}_t, \quad (6)$$

$$\{\boldsymbol{z}_t\}\sim \mathrm{IN}(\boldsymbol{0}, \boldsymbol{I}_{1+N}), \quad (7)$$

ただし

$$\boldsymbol{A}:=\left[\begin{array}{ccc|ccc} \phi_{f,1} & \cdots & \phi_{f,p} & & \boldsymbol{O}_{p\times qN} & \\ & \boldsymbol{I}_{p-1} & \boldsymbol{0} & & & \\ \hline & \boldsymbol{O}_{qN\times p} & & \boldsymbol{\Phi}_{u,1} & \cdots & \boldsymbol{\Phi}_{u,q} \\ & & & & \boldsymbol{I}_{(q-1)N} & \boldsymbol{O}_{(q-1)N\times N} \end{array}\right],$$

$$\boldsymbol{B}:=\left[\begin{array}{c|c} \sigma_{vv}^{1/2} & \boldsymbol{O}_{p\times N} \\ \boldsymbol{0} & \\ \hline \boldsymbol{0} & \boldsymbol{\Sigma}_{ww}^{1/2} \\ & \boldsymbol{O}_{(q-1)N\times N} \end{array}\right],$$

$$\boldsymbol{C}:=[\boldsymbol{\lambda} \quad \boldsymbol{O}_{N\times(p-1)} \quad \boldsymbol{I}_N \quad \boldsymbol{O}_{N\times(q-1)N}].$$

母数ベクトルを $\boldsymbol{\theta}$ と置く．観測時系列 $\{\boldsymbol{y}_t\}_{t=1}^{T}$ の同時密度を予測誤差分解すると

$$p(\boldsymbol{y}_1, \cdots, \boldsymbol{y}_T;\ \boldsymbol{\theta})=p(\boldsymbol{y}_T|\boldsymbol{y}_{T-1}, \cdots, \boldsymbol{y}_1;\ \boldsymbol{\theta})\cdots p(\boldsymbol{y}_1;\ \boldsymbol{\theta}). \quad (8)$$

1期先予測の条件つき密度は

$$p(\boldsymbol{y}_t|\boldsymbol{y}_{t-1}, \cdots, \boldsymbol{y}_1;\ \boldsymbol{\theta})=(2\pi)^{-N/2}\det(\boldsymbol{\Sigma}_{t/t-1}(\boldsymbol{\theta}))^{-1/2}$$
$$\exp\left(-\frac{1}{2}(\boldsymbol{y}_t-\boldsymbol{\mu}_{t|t-1}(\boldsymbol{\theta}))'\boldsymbol{\Sigma}_{t|t-1}(\boldsymbol{\theta})^{-1}(\boldsymbol{y}_t-\boldsymbol{\mu}_{t|t-1}(\boldsymbol{\theta}))\right), \quad (9)$$

ただし

$$\boldsymbol{\mu}_{t|t-1}(\boldsymbol{\theta}):=\mathrm{E}(\boldsymbol{y}_t|\boldsymbol{y}_{t-1}, \cdots, \boldsymbol{y}_1;\ \boldsymbol{\theta}),$$

$$\boldsymbol{\Sigma}_{t|t-1}(\boldsymbol{\theta}):=\mathrm{var}(\boldsymbol{y}_t|\boldsymbol{y}_{t-1}, \cdots, \boldsymbol{y}_1;\ \boldsymbol{\theta}).$$

したがって $\boldsymbol{\theta}$ の対数尤度関数は

6) 状態空間表現は一意ではない．Stock and Watson (1991, p. 69, 脚注3) のように状態ベクトルの次元をもっと小さくすることもできる．

7) Stock and Watson (1989；1991) は f_t の累積和も状態変数に含めている．これは (f_t の更新推定値の累積和) ≠ (f_t の累積和の更新推定値) となるためである．平滑化推定値なら両者は等しい．

$$l(\boldsymbol{\theta}\,;\,\boldsymbol{y}_1,\cdots,\boldsymbol{y}_T)=-\frac{NT}{2}\ln 2\pi-\frac{1}{2}\sum_{t=1}^{T}\ln\det(\boldsymbol{\Sigma}_{t|t-1}(\boldsymbol{\theta}))$$
$$-\frac{1}{2}\sum_{t=1}^{T}(\boldsymbol{y}_t-\boldsymbol{\mu}_{t|t-1}(\boldsymbol{\theta}))'\boldsymbol{\Sigma}_{t|t-1}(\boldsymbol{\theta})^{-1}(\boldsymbol{y}_t-\boldsymbol{\mu}_{t|t-1}(\boldsymbol{\theta})). \quad (10)$$

任意の t, s について

$$\boldsymbol{s}_{t|s}:=\mathrm{E}(\boldsymbol{s}_t|\boldsymbol{y}_s,\cdots,\boldsymbol{y}_1\,;\,\boldsymbol{\theta}),$$
$$\boldsymbol{P}_{t|s}:=\mathrm{var}(\boldsymbol{s}_t|\boldsymbol{y}_s,\cdots,\boldsymbol{y}_1\,;\,\boldsymbol{\theta}),$$

とすると，状態空間モデルより

$$\boldsymbol{\mu}_{t|t-1}(\boldsymbol{\theta})=\boldsymbol{\mu}+\boldsymbol{C}\boldsymbol{s}_{t|t-1}, \quad (11)$$
$$\boldsymbol{\Sigma}_{t|t-1}(\boldsymbol{\theta})=\boldsymbol{C}\boldsymbol{P}_{t|t-1}\boldsymbol{C}'. \quad (12)$$

ここで $\boldsymbol{s}_{1|0}:=\mathrm{E}(\boldsymbol{s}_1)$ と $\boldsymbol{P}_{1|0}:=\mathrm{var}(\boldsymbol{s}_1)$ を $\boldsymbol{\theta}$ から定めれば，$\{\boldsymbol{s}_{t|t-1},\boldsymbol{P}_{t|t-1}\}_{t=2}^{T}$ はカルマン・フィルターで逐次的に評価できる．あとは対数尤度関数を数値的に最大化すればよい．

状態ベクトルの更新推定値 $\boldsymbol{s}_{t|t}$ の第1成分は f_t の更新推定値であり，ストック＝ワトソン指数の変化率と解釈してよい．また平滑化推定値 $\boldsymbol{s}_{t|T}$ を求めることもできる．ただし景気の転換点を捉えるためには f_t の平均・分散の調整が必要となる．

4.2 Mariano and Murasawa (2003；2004) による拡張

N 個の一致指標のうち N_1 個が四半期系列，残りの N_2 個が月次系列とする．簡単化のため四半期系列は実質 GDP のみとする．定常化のため実質 GDP を対数変換し，階差を取る．これを $\boldsymbol{y}_t$ の第1成分とする．

実質 GDP の四半期系列 $\{Y_{t,1}\}$ の背後には，観測されない月次系列 $\{Y^*_{t,1}\}$ が存在する．両者の間に以下の関係を仮定する[8]．

$$\ln Y_{t,1}=\frac{1}{3}(\ln Y^*_{t,1}+\ln Y^*_{t-1,1}+\ln Y^*_{t-2,1}). \quad (13)$$

四半期階差をとると，

8) 本来は算術平均とするのが自然だが，線形・ガウス型状態空間モデルを維持するために幾何平均とする．イギリスの月次 GDP を推定した Mitchell et al. (2005, pp. F 115-F 116) でも1次近似としてこの仮定を採用している．ただし非線形・非ガウス型状態空間モデルの最尤推定やベイズ推定も最近では可能になっている．

$$\ln Y_{t,1}-\ln Y_{t-3,1}=\frac{1}{3}(\ln Y^*_{t,1}-\ln Y^*_{t-3,1})+\frac{1}{3}(\ln Y^*_{t-1,1}-\ln Y^*_{t-4,1})$$
$$+\frac{1}{3}(\ln Y^*_{t-2,1}-\ln Y^*_{t-5,1}),$$

すなわち

$$\begin{aligned}y_{t,1}&=\frac{1}{3}(y^*_{t,1}+y^*_{t-1,1}+y^*_{t-2,1})+\frac{1}{3}(y^*_{t-1,1}+y^*_{t-2,1}+y^*_{t-3,1})\\&\quad+\frac{1}{3}(y^*_{t-2,1}+y^*_{t-3,1}+y^*_{t-4,1})\\&=\frac{1}{3}y^*_{t,1}+\frac{2}{3}y^*_{t-1,1}+y^*_{t-2,1}+\frac{2}{3}y^*_{t-3,1}+\frac{1}{3}y^*_{t-4,1},\end{aligned}\tag{14}$$

ただし $y^*_{t,1}:=\Delta\ln Y^*_{t,1}$.

$\boldsymbol{y}_t$ の第1成分を $y^*_{t,1}$ に置き換えたものを $\boldsymbol{y}^*_t$ とし，これに対して1因子モデルを仮定する．

$$\boldsymbol{y}^*_t=\boldsymbol{\mu}^*+\boldsymbol{\lambda}f_t+\boldsymbol{u}_t,\tag{15}$$
$$\phi_f(\mathrm{L})f_t=v_t,\tag{16}$$
$$\boldsymbol{\Phi}_u(\mathrm{L})\boldsymbol{u}_t=\boldsymbol{w}_t,\tag{17}$$
$$\left\{\begin{pmatrix}v_t\\\boldsymbol{w}_t\end{pmatrix}\right\}\sim\mathrm{IN}\left(\boldsymbol{0},\begin{bmatrix}\sigma_{vv}&\boldsymbol{0}'\\\boldsymbol{0}&\boldsymbol{\Sigma}_{ww}\end{bmatrix}\right),\tag{18}$$

ただし $\boldsymbol{\mu}^*:=\mathrm{E}(\boldsymbol{y}^*_t)$．$p, q\leq 5$ なら状態ベクトルを次のように定義する．

$$\boldsymbol{s}_t:=\begin{pmatrix}f_t\\\vdots\\f_{t-4}\\\boldsymbol{u}_t\\\vdots\\\boldsymbol{u}_{t-4}\end{pmatrix}$$

状態空間モデルは

$$\boldsymbol{s}_{t+1}=\boldsymbol{A}\boldsymbol{s}_t+\boldsymbol{B}\boldsymbol{z}_t,\tag{19}$$
$$\boldsymbol{y}_t=\boldsymbol{\mu}+\boldsymbol{C}\boldsymbol{s}_t,\tag{20}$$
$$\{\boldsymbol{z}_t\}\sim\mathrm{IN}(\boldsymbol{0},\boldsymbol{I}_{1+N}),\tag{21}$$

ただし

$$
\boldsymbol{A}:=\left[\begin{array}{cc|cccc}
\phi_{f,1}\cdots\phi_{f,p} & \mathbf{0}' & & \boldsymbol{O}_{5\times 5N} & & \\
\boldsymbol{I}_4 & \mathbf{0} & & & & \\
\hline
\boldsymbol{O}_{5N\times 5} & & \boldsymbol{\Phi}_{u,1} & \cdots & \boldsymbol{\Phi}_{u,q} & \boldsymbol{O}_{N\times(5-q)N} \\
 & & & \boldsymbol{I}_{4N} & & \boldsymbol{O}_{4N\times N}
\end{array}\right],
$$

$$
\boldsymbol{B}:=\left[\begin{array}{c|c}
\sigma_{vv}^{1/2} & \boldsymbol{O}_{5\times N} \\
\mathbf{0} & \\
\hline
\mathbf{0} & \boldsymbol{\Sigma}_{ww}^{1/2} \\
 & \boldsymbol{O}_{4N\times N}
\end{array}\right],
$$

$$
\boldsymbol{C}:=\left[\begin{array}{ccccc|cccccccccc}
1/3 & 2/3 & 1 & 2/3 & 1/3 & 1/3 & \mathbf{0}' & 2/3 & \mathbf{0}' & 1 & \mathbf{0}' & 2/3 & \mathbf{0}' & 1/3 & \mathbf{0}' \\
\boldsymbol{\lambda}_2 & & & \boldsymbol{O}_{N_2\times 4} & & 0 & \boldsymbol{I}_{N_2} & & & & \boldsymbol{O}_{N_2\times 4N} & & & &
\end{array}\right].
$$

ここで $\boldsymbol{y}_t$ の第1成分は3カ月に1度しか観測されないが，欠損値を含む時系列を用いた線形・ガウス型状態空間モデルの最尤推定は，適切なソフトウェアを利用すれば容易である（後述）．状態ベクトルの更新・平滑化推定値は通常のアルゴリズムで求まる．

識別制約より $y_{t,1}^{*}=f_t+u_{t,1}$ なので，f_t は月次実質 GDP に含まれる共通因子部分となっている．したがって従来のストック＝ワトソン指数と異なり，景気の転換点を捉えるための事後的な調整は不要である．

また $f_t, u_{t,1}$ が推定できるので $y_{t,1}^{*}$ も推定できる．そこで共通因子ではなく月次実質 GDP の推定を目的とすると，もはや1因子モデルに限定する必要はなく，多因子モデル・VAR モデルなど何でも使用できる．1因子モデルが適切かどうかは何らかのモデル選択基準で判断すればよい．

4.3　構成指標の選択

月次実質 GDP の推定を目的とすると，構成指標の選択はモデル（変数）選択の問題になる．したがって月次実質 GDP の予測力を尤度・情報量基準などで比較すればよい．予測力のみが問題なので一致指標に限定する必要はない．なお因子モデル・VAR モデルなどの連立方程式モデルでは，月次実質 GDP の予測式のみに関する周辺尤度の評価が必要となる．

構成指標の選択の原理は単純であるが，考えうるすべてのモデル・構成指標の比較は計算量が膨大になり不可能である．したがって候補となるモデル・構成指標をあらかじめ限定しておく必要がある．

4.4　日本の景気指標への応用

アメリカの月次実質 GDP を推定した Mariano and Murasawa (2004) にならい，実質 GDP (四半期，季調済み) と景気動向指数の一致系列 (表 1-1) から VAR モデルと因子モデルを用いて日本の月次実質 GDP を推定する．古典的循環の指標と成長循環の指標 (需給ギャップ) が混在しているのは転換点の決定が目的なら問題であるが，月次実質 GDP の推定が目的なら問題ない．すでに前年同月比となっている 2 系列を除き，定常化のため対数変換し階差をとって 100 倍する．標本期間は 1980 年 4 月～2004 年 12 月の 297 カ月とする．データは内閣府のホームページからダウンロードできる．

12 変数の VAR モデルや因子モデルだと未知母数が非常に多くなり，(対数) 尤度関数の最大化が困難になる (欠損値のため VAR モデルも OLS で推定できない)．そのため日本版ストック＝ワトソン指数を作成した Fukuda and Onodera (2001) では，やや恣意的に 5 変数を選択している．しかしコンピューターの計算能力の向上・数値計算ソフトウェアの改善・アルゴリズムの工夫等により，ある程度まで数値計算上の困難は克服できる．また客観的な変数選択のためには，すべての変数を含むモデルも推定してみる必要がある．そこで本稿では恣意的な変数選択を避け，12 変数のモデルの推定を試みる．

未知母数を減らすため，すべての変数を中心化し，モデルから定数項を除去する．また反復計算の収束を速めるため，実質 GDP を除いて分散を 1 に基準化する．VAR モデルでは EM アルゴリズムによる最尤推定値を初期値として

表 1-1　景気動向指数の一致系列

系列名	備考
生産指数 (鉱工業)	
鉱工業生産財出荷指数	
大口電力使用量	
稼働率指数 (製造業)	需給ギャップ
所定外労働時間指数 (製造業)	需給ギャップ
投資財出荷指数 (除輸送機械)	
商業販売額 (小売業)	前年同月比
商業販売額 (卸売業)	前年同月比
営業利益 (全産業)	四半期系列
中小企業売上高 (製造業)	
有効求人倍率 (除学卒)	需給ギャップ

準ニュートン法（BFGS）で最終的な推定値を求める[9]．時系列因子モデルではEMアルゴリズムが適用できないので[10]，適当に初期値を選ぶ．計算にはDoornik (2001) が開発した行列計算言語Ox 3.4を用いる．尤度関数の評価にはKoopman et al. (1999) が開発したSSfPack 2.2をOx上で利用するのが便利である．このパッケージは欠損値も自動的に処理してくれる．

12変数のVAR(p) モデルは $144p+78$ 個の母数をもつ．$p=1$ なら計算時間は1日程度だが，$p>1$ だと数週間以上かかるので実用的でない．共通因子ベクトルがVAR(p)，各特殊因子が独立にAR(q) に従う12変数の K 因子モデルは $(12-K)K+pK^2+K(K+1)/2+12(q+1)$ 個の母数をもつ．$K=1$ なら $p, q\leq 5$ の範囲ですべて収束したが，$K>1$ だと収束しない場合もあった．そこでVAR(1) モデルと1因子モデルを候補とし，赤池の情報量基準（AIC）とシュワルツのベイジアン情報量基準（SBIC）で比較したところ，どちらもVAR(1) モデルを選択した．

VAR(1) モデルによる月次実質GDPの平滑化推定値を実質GDP（四半期，季調済み）およびCI（一致指数）と比較したのが図1-1である．確かに四半期系列を月次に配分した系列が得られている．ただし実質GDPはCIほど景気の転換点を捉えていない．これは実質GDPが古典的循環の指標であるのに対し，日本では転換点を成長循環で定義しているためである．転換点を捉えるにはGDPギャップの推定が必要であろう．本稿では「転換点」の定義に立ち入らないので，この問題は別の機会に検討したい[11]．

5. DI型指数と景気拡張（後退）確率

5.1 景気拡張（後退）確率

景気動向指数のDIは次式で定義される．

9) EMアルゴリズムの詳細はMariano and Murasawa (2004) を参照．

10) 状態空間モデルの観測方程式に未知母数があり誤差項がない場合，それらの未知母数はcomplete dataの尤度関数から欠落してしまうため．

11) 採用系列に古典的循環と成長循環の指標が混在しているCIが転換点を捉えるのは，それらの系列で転換点を決めてきたからに過ぎない．この決め方の是非は「転換点」の定義に関わっている．

図1-1　実質 GDP（月次・四半期）と CI（一致指数）

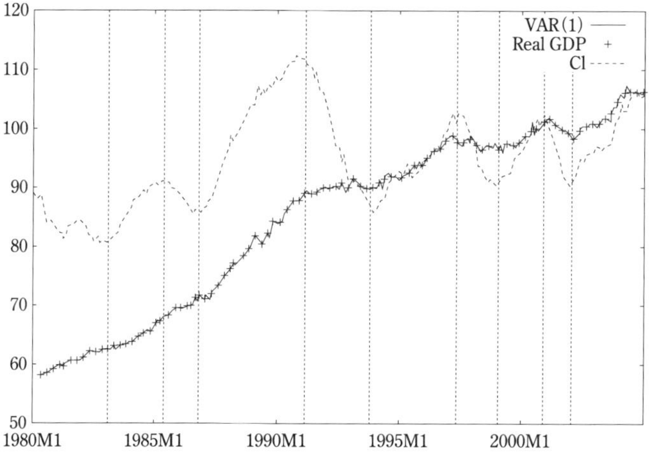

注：2000 年＝100．季調済み．縦線は景気基準日付．
出所：筆者による推計，内閣府．

$$\mathrm{DI}:=\frac{3\text{カ月前より改善した指標の数（横ばいは 0.5 と数える）}}{\text{構成指標の数}}.$$

DI は 0〜100％の値をとるが，記述統計的な意味しかもたない．「景気拡張（後退）確率」は景気の局面を確率的に表す DI 型指数であり，天気予報の降水確率のように解釈できる．「景気拡張（後退）確率」の推定には 2 項応答モデルとマルコフ型スイッチング・モデルがよく用いられる．前者は局面の「予測」に，後者は局面の「確認」に適している．

5.2　2 項応答モデル

ダミー変数 d_t で拡張期（$d_t=1$）・後退期（$d_t=0$）を表す．景気の局面が確定すれば d_t は観測される．説明変数ベクトルを $\boldsymbol{x}_t$ として，2 項応答モデルを考える．

$$\Pr[d_t=1|\boldsymbol{x}_t]=r(\boldsymbol{x}_t). \tag{22}$$

$r(.)$ の定式化としてはロジット・モデルやプロビット・モデルが一般的であるが，他にもニューラル・ネットワークなど様々な定式化が可能である．

例として日本の景気拡張確率を 2 項ロジット・モデルで推定する[12)]．比較の

表 1-2　2 項ロジット・モデルの推定結果

説明変数	係数	漸近 t 値	限界効果
定数項	.34	1.28	
生産指数 (鉱工業)	−1.28	−3.32	−.31
鉱工業生産財出荷指数	.87	3.08	.21
大口電力使用量	.84	3.42	.20
所定外労働時間指数 (製造業)	.50	4.40	.12
投資財出荷指数 (除輸送機械)	.34	2.16	.08
有効求人倍率 (除学卒)	.34	4.05	.08

ため DI (一致指数) の採用系列を説明変数の候補とする (表 1-1). ただし簡単化のため月次系列のみとする. DI の作成方法にならい, すでに前年同月比となっている 2 系列は 3 カ月階差, その他の系列は対数変換し 3 カ月階差をとって 100 倍する. 標本期間は 1980 年 4 月〜2002 年 1 月の 262 カ月とする.

構成指標の選択には通常のモデル選択基準を用いる. 10 変数から選択するなら $2^{10}=1,024$ 通りのモデルを推定する. AIC では以下の 6 変数, SBIC では下線の 3 変数のモデルが選択された.

1. 生産指数 (鉱工業),
2. 鉱工業生産財出荷指数,
3. <u>大口電力使用量</u>,
4. <u>所定外労働時間指数 (製造業)</u>,
5. 投資財出荷指数 (除輸送機械),
6. <u>有効求人倍率 (除学卒)</u>.

残りの 4 変数は余分ということになる. 定式化や標本期間は異なるが, 美添他 (2003, p. 51) も類似の結果を得ている.

表 1-2 は 6 変数の 2 項ロジット・モデルの推定結果である. 最も代表的な一致指標である鉱工業生産指数の係数が逆符号となっている. 美添他 (2003, p. 51) も 2 項ロジット・モデルの変数選択で鉱工業生産指数が選択されにくいと指摘している. そもそも生産指数は古典的循環の指標であり, また日本の GDP に占める鉱工業の割合は約 3 割と低い. 鉱工業生産指数と景気の関係は再考を要する.

図 1-2 は 6 変数の 2 項ロジット・モデルで推定した景気拡張確率と DI (一

12) AIC・SBIC ともにプロビット・モデルよりロジット・モデルを選択した.

図1-2　2項ロジット・モデルによる景気拡張確率と DI（一致指数）

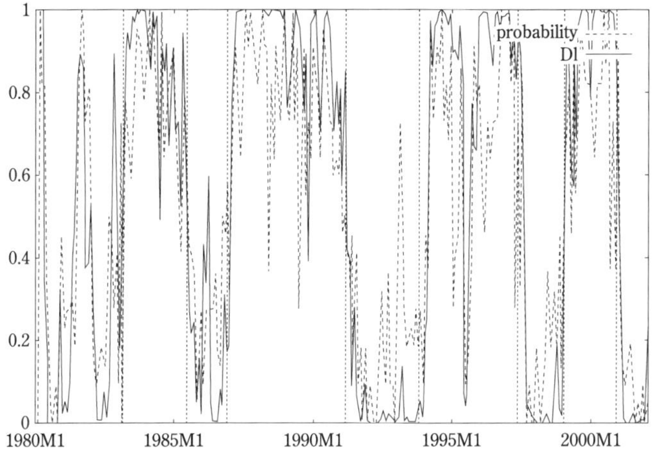

注：縦線は景気基準日付.
出所：筆者による推計，内閣府.

致指数）の比較である．景気拡張確率は拡張期に 1，後退期に 0 という明確な値を DI より取りやすい．拡張確率が 0.5 以上なら拡張，0.5 未満なら後退と判定すると，262 カ月中 241 回の的中で，的中率は約 92％である．ただしこれはあくまでも内挿テストの結果である．

上記の 2 項ロジット・モデルによる景気局面の予測結果は良好であるが，まだ改善の余地がある．たとえば指標により異なる階差をとることもできる．Birchenhall et al.（1999, pp. 319-320）は，アメリカの景気拡張確率を 2 項ロジット・モデルで推定する際に，鉱工業生産指数の 1 カ月階差・雇用者数の 3 カ月階差・個人所得の 6 カ月階差の 3 変数を SBIC で選択している．ただし 10 変数の 1・3・6 カ月階差だと 30 変数となり，$2^{30}=1,073,741,824$ 通りのモデルの比較が必要となる．またラグつき変数や先行・遅行指標を説明変数の候補に加えることもできる．これほど膨大な数のモデルから選択する場合は，遺伝的アルゴリズム等を利用した効率的なモデル探索が必要である．

5.3　マルコフ型スイッチング・モデル

景気を表す定常時系列（たとえば実質 GDP の変化率）を $\{y_t\}$ とする．観測されないダミー変数 s_t で高成長期 $(s_t=1)$・低成長期 $(s_t=0)$ を表す．最も単純なスイッチング・モデルは

$$y_t|s_t \sim \begin{cases} \mathrm{N}(\mu_1, \sigma^2) & \text{if } s_t=1 \\ \mathrm{N}(\mu_0, \sigma^2) & \text{if } s_t=0, \end{cases} \tag{23}$$

ただし $\mu_1>\mu_0$．$\{s_t\}$ がマルコフ連鎖ならマルコフ型スイッチング・モデルという．

スイッチング・モデルには様々な定式化がある．平均がスイッチする AR モデルは

$$\phi(\mathrm{L})[y_t - s_t\mu_1 - (1-s_t)\mu_0] = w_t, \tag{24}$$

$$\{w_t\} \sim \mathrm{IN}(0, \sigma^2). \tag{25}$$

また分散や AR 係数がスイッチしてもよいし，状態の数が 3 つ以上でもよい．さらにマルコフ連鎖の推移確率を内生化したり，VAR モデル・因子モデルなど多変量モデルに拡張することもできる．

マルコフ型スイッチング・モデルは s_t を状態変数とする非ガウス型状態空間モデルで表現できる．母数の最尤推定は線形・ガウス型の場合と同様である．平均がスイッチする AR(p) モデルなら，$\boldsymbol{y}_t :=(y_1, \cdots, y_t)$ として $\boldsymbol{y}_T$ の同時密度を次のように分解する．

$$\begin{aligned} p(\boldsymbol{y}_T) &= \sum_{t=1}^{T} p(y_t|\boldsymbol{y}_{t-1}) \\ &= \sum_{t=1}^{T}\sum_{s_t=0}^{1}\cdots\sum_{s_{t-p}=0}^{1} p(y_t, s_t, \cdots, s_{t-p}|\boldsymbol{y}_{t-1}) \\ &= \sum_{t=1}^{T}\sum_{s_t=0}^{1}\cdots\sum_{s_{t-p}=0}^{1} p(y_t|s_t, \cdots, s_{t-p}, \boldsymbol{y}_{t-1})p(s_t, \cdots, s_{t-p}|\boldsymbol{y}_{t-1}). \end{aligned} \tag{26}$$

ここで $\{p(s_t, \cdots, s_{t-p}|\boldsymbol{y}_{t-1})\}_{t=1}^{T}$ はカルマン・フィルターと類似のアルゴリズムで逐次的に評価できる．またマルコフ型スイッチング・モデルでは EM アルゴリズムも非常に便利である．Hamilton (1990) を参照．

景気拡張（後退）確率の平滑化推定値 $p(s_t|\boldsymbol{y}_T)$ も逐次的なアルゴリズムで求まる．2 項応答モデルと異なり過去の局面の情報を必要としないので，公的機関が決定した転換点と独立に局面（景気拡張確率）を推定できる．ただしモデルの定式化が誤っていれば状態は正しく識別されない．また公的機関が決定する転換点の予測が目的なら，その情報を推定に用いる 2 項応答モデルの方が優れている．

表 1-3　マルコフ型スイッチング・モデルの推定結果

	AR(0)	AR(1)	AR(2)	AR(3)	AR(4)
μ_1	1.02	.97	.98	.92	.92
μ_0	.37	.36	.36	−.40	−.49
ϕ_1		.03	.03	−.06	.05
ϕ_2			.01	.23	.29
ϕ_3				.52	.52
ϕ_4					−.23
σ	.79	.80	.80	.56	.53
AIC	2.55	2.57	2.60	2.54	2.55
SBIC	2.68	2.73	2.78	2.75	2.79

図 1-3　マルコフ型スイッチング・モデルによる景気拡張確率

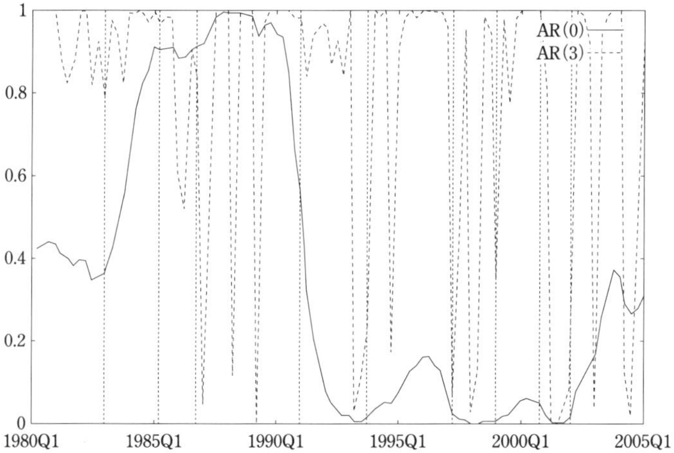

注：縦線は景気基準日付.

例として日本の実質 GDP（四半期，季調済み）のマルコフ型スイッチング・モデル（平均がスイッチする AR モデル）を推定する．定常化のため原系列を対数変換し階差をとって 100 倍する．標本期間は 1980 年第 2 四半期～2005 年第 1 四半期の 100 四半期とする（推定期間はモデルの AR 次数により異なる）．マルコフ型スイッチングモデルの最尤推定には Krolzig（1997）が開発した MS-VAR　1.31 k を Ox 上で利用するのが便利である．このパッケージでは EM アルゴリズムのみを用いている．

推定結果は表 1-3 の通りである．AR(0)・AR(1)・AR(2) の結果は似ているが，AR(3) になると μ_0 の推定値が大幅に低下する．AIC は AR(3)，SBIC は AR(0) を選択した．図 1-3 は AR(0) と AR(3) で推定した景気拡張確率の比較である．AR(0) では 80 年代の高成長期と 90 年代の低成長期に二分されるのに対し，AR(3) では短い低成長期が周期的に現れているが，いずれも景気基準日付と一致しているとは言い難い．なお AR(1)・AR(2) は AR(0) と，AR(4) は AR(3) と同様の結果になる．

以上の結果は次のように解釈できる．仮に AR(3) が正しい定式化なら AR(0) は誤った定式化となり，最尤推定量は一致性をもたない可能性が高い．そして μ_1，μ_0 の推定値にバイアスが生じれば，景気後退確率の推定値にもバイアスが生じる．もちろん AR(4) が正しい定式化なら AR(3) も誤った定式化になる．したがって正しい定式化を知らない限り，マルコフ型スイッチング・モデルによる景気拡張確率の信頼性は低い．

6.　まとめと今後の課題

本稿では CI 型・DI 型景気指数の統計的基礎を明らかにした．CI やストック＝ワトソン指数は景気の「量感」を表すとされる．しかし経済変数として意味をもたない指数の水準は解釈できない．景気を「実質 GDP」で測るなら，CI 型指数は「月次実質 GDP」の推定値とすべきである．そのような指数はストック＝ワトソン指数の自然な拡張としても導かれる．

日本の月次 GDP の推計値は日本経済研究センターとニッセイ基礎研究所が公表している．それらは需要項目別や需要・供給両面の推計値を結合する形で多くの情報を取り込んでおり（詳細は山澤（2003）を参照），おそらく本稿の推定値より精度が高い．ただし本稿の手法は各需要項目の推定に応用できる．

DI は景気の「局面」を表すとされるが，その値は確率として解釈できない．DI 型指数は「景気拡張（後退）確率」の推定値とすべきである．本稿では 2 つの推定手法を比較・検討した．2 項応答モデルによる推定では公的機関が決定した過去の「局面」の情報を利用する．特にロジット・モデルやプロビット・モデルなら推定は非常に簡単である．ただし説明変数の候補が無数にあるので，最適な選択には数値計算上の工夫が必要である．マルコフ型スイッチング・モデルによる推定では過去の「局面」の情報を利用しない．定式化が正しければ公的機関の判断と独立に景気局面を推定できるが，定式化が誤っていれば結果の信頼性は低い．

日本の景気拡張（後退）確率の推計値は大和総合研究所とニッセイ基礎研究所が公表している．前者は本稿で検討しなかった Neftçi (1982) の手法に基づく[13]．後者はニッセイ先行CIにプロビット・モデルを適用しているが，モデル・変数選択に改善の余地がある．

残された最重要課題は「転換点」の定義である．記述統計的に「山」「谷」を決める方法ではトレンド除去により転換点がシフトしてしまう．トレンドを除去するなら恣意的でない方法（GDPギャップなど）が必要である．「高成長期」「低成長期」の分類はトレンド除去に影響されないが，マルコフ型スイッチング・モデルによる推定には定式化の問題がある．記述統計的に「高成長期」「低成長期」を分類するのも1つの方法である．「転換点」という概念の必要性も含め，別の機会に改めて検討したい．

参考文献

鎌田康一郎・廣瀬康生 (2003)，「潜在GDPとフィリップス曲線を同時推計する新手法」,『金融研究』, 13-34頁, 6月.

田原昭四 (1998),『日本と世界の景気循環』, 東洋経済新報社.

山澤成康 (2003),「景気指標としての月次GDP」, 浅子和美・福田慎一編『景気循環と景気予測』, 東京大学出版会, 第8章, 201-231頁.

美添泰人・大平純彦・塩路悦朗・勝浦正樹・元山斉・大西俊郎・沢田章・児玉泰明 (2003),「景気指標の新しい動向」,『経済分析』166号, 内閣府経済社会総合研究所.

Birchenhall, Chris R., Hans Jessen, Denise R. Osborn, and Paul Simpson (1999), "Predicting U. S. Business-Cycle Regimes," *Journal of Business and Economic Statistics*, Vol. 17, pp. 313-323.

Bry, Gerhard and Charlotte Boschan (1971), "Cyclical Analysis of Time Series: Selected Procedures and Computer Programs," Technical Paper 20, National Bureau of Economic Research.

Burns, Arthur F. and Wesley C. Mitchell (1946), *Measuring Business Cycles*, National Bureau of Economic Research.

Doornik, Jurgen A. (2001), *Ox: An Object-Oriented Matrix Language*, Timberlake

13) スイッチング・モデルを仮定するが，マルコフ型ではなく直近の転換点から出発してスイッチングが起こった確率を逐次的に求める．そのため局面ごとに作られる指数となる．

Consultants, 4th edition.

Fukuda, Shin-ichi and Takashi Onodera (2001), "A New Composite Index of Coincident Economic Indicators in Japan: How Can We Improve Forecast Performance?," *International Journal of Forecasting*, Vol. 17, pp. 483–498.

Hamilton, James D. (1989), "A New Approach to the Economic Analysis of Nonstationary Time Series and the Business Cycle," *Econometrica*, Vol. 57, pp. 357–384.

——— (1990), "Analysis of Time Series Subject to Changes in Regime," *Journal of Econometrics*, Vol. 45, pp. 39–70.

Harding, Don and Adrian Pagan (2003), "A Comparison of Two Business Cycle Dating Methods," *Journal of Economic Dynamics and Control*, Vol. 27, pp. 1681–1690.

Koopman, Siem Jan, Neil Shephard, and Jurgen A. Doornik (1999), "Statistical Algorithms for Models in State Space Using SsfPack 2.2," *Econometrics Journal*, Vol. 2, pp. 107–160.

Krolzig, Hans-Martin (1997), *Markov-Switching Vector Autoregressions: Modelling, Statistical Inference, and Application to Business Cycle Analysis*, Springer-Verlag.

Mariano, Roberto S. and Yasutomo Murasawa (2003), "A New Coincident Index of Business Cycles Based on Monthly and Quarterly Series," *Journal of Applied Econometrics*, Vol. 18, pp. 427–443.

——— (2004), "Constructing a Coincident Index of Business Cycles without Assuming a One-Factor Model," Discussion Paper 2004-6, College of Economics, Osaka Prefecture University.

Mitchell, James, Richard J. Smith, Martin R. Weale, Stephen Wright, and Eduardo L. Salazar (2005), "An Indicator of Monthly GDP and an Early Estimate of Quarterly GDP Growth," *Economic Journal*, Vol. 115, pp. F 108–F 129.

Neftçi, Salih N. (1982), "Optimal Prediction of Cyclical Downturns," *Journal of Economic Dynamics and Control*, Vol. 4, pp. 225–241.

Stock, James H. and Mark W. Watson (1989), "New Indexes of Coincident and Leading Economic Indicators," *NBER Macroeconomics Annual*, Vol. 4, pp. 351–409.

——— (1991), "A Probability Model of the Coincident Economic Indicators," in Kajal Lahiri and Geoffrey H. Moore eds., *Leading Economic Indicators*, Cambridge University Press, pp. 63–89.

第 2 章

経済予測の妥当性*

山澤成康

1. はじめに

経済予測にはさまざまな種類があるが，多くの予測機関が年末に発表する次年度予測は注目度が高い．実質国内総生産（GDP）成長率予測が中心で，景気予測の性格を持つ．ただ，予測値は実績値から大きく乖離することがあり，「経済予測は当たらない」といわれることも多い．本当に予測ははずれているのか，はずれているとしたら何が原因なのか．本章では予測値の特性を明らかにしつつ，これらの疑問に応えることを目的としている．

分析に用いたデータは，実質 GDP やその需要項目を中心とした予測値と実績値である．対象予測機関は 17 機関で，対象予測期間は，1982 年度から 2002 年度である．

日本の経済予測については，浅子・佐野・長尾（1989）が総合的な視点から評価を試み，伴（1991）が計量経済モデルに関して予測の評価をしている．山澤編（1998）が，日本経済研究センターで発表された予測値や実績値を 1968 年度から集め，予測機関ごとの誤差の大きさを比較している．浅子・山澤（2005）では，予測機関の予測形成様式を合理的期待形成仮説の検証や政策変数の影響度などの点から分析している．この研究は，浅子・山澤（2005）をベースにして，予測の横並び現象なども含めて予測機関の行動を分析したものである．

* 本稿は松本で開催された TCER 景気循環の日付研究会コンファランスで筆者が報告した論文（2005 年 9 月 1 日発表）を大幅に改稿したものである．コメンテーターの村澤康友大阪府立大学教授ほかコンファランスに参加された諸先生方から数多くの有益なコメントをいただいた．また，改稿の過程で，和合肇名古屋大学大学院教授，宮川努学習院大学教授などから貴重なコメントをいただいた．深く感謝する．ただし，本章におけるすべての誤りは，筆者の責任に帰するものである．

2. 経済予測について

2.1 経済予測の概要

政府や民間予測機関で行われている予測の種類はさまざまだ．株価や為替レートの翌日の値を予測するものもあれば，毎月発表される経済指標を予測するものもある．予測期間が長いものでは，4-5年先までの経済予測や10-20年後の経済の姿を予測するものもある．本稿では，注目度が高く予測機関数も多い短期予測の分析を行う．短期予測とは，2-3年先までを予測期間とするもので，次年度の実質GDP成長率予測が中心となる．

予測値の中心は実質GDP成長率だが，実質GDPを直接予測することはまれで，その構成項目である実質民間最終消費や実質民間設備投資などの需要項目を予測し，その積み上げ値として実質GDPの予測値を作成することが多い．

経済予測を評価するうえで留意しなければならないのは，何を予測値とし，何を実績値とするかである．本分析での予測の評価は，次年度に関する予測値で行った．年末時点で明らかになっているGDPの実績値は当年度の7-9月期までである．次年度の予測をするということは，当年度の2四半期，次年度の4四半期の計6四半期先までを予測することになる．予測値は，日本経済研究センターが年初に発行する日本経済研究センター会報の「民間調査機関経済見通し」に掲載されているものとした．これは年末に予測機関が発表した予測値を集計したもので，当年度，次年度の予測値が需要項目別に収録されているほか，鉱工業生産指数，消費者物価指数などの予測値も掲載される．

実績値の採り方については，①国民所得統計の実質系列の基準年改定をどう取り扱うか，②どの発表時点の実績値で評価するか，の2つの大きな問題がある．

基準年改定から生じる問題点としては，たとえば95年度の実質GDP予測が挙げられる．95年度予測は94年末に発表されるが，その時点では85年基準の実績値しか発表されておらず，予測値は85年基準で作成された．ところが，95年度の実績値から基準年が90年に変わり，85年基準実績値は経済企画庁から発表されなかった．このため予測の評価は85年基準の予測値と90年基準の実績値を比べざるを得ないことになる．94年度の実質GDP成長率の85

年基準と90年基準のデータはそれぞれ0.5%，0.6%と大差なく，予測の評価に与える影響はそれほどないと考えられる．しかし，過去にさかのぼってみると，基準年の違いで成長率が0.5%ポイント程度乖離している場合がある．こうした乖離の修正は難しく，現状では基準年が違うデータを比較せざるを得ないことに留意しておく必要がある．なお，90年基準から95年基準への基準年改定以降は，年末の予測作業の直前に新基準データが発表されるようになった．短期間で新基準データでの予測値を作成しなければならなくなったが，実績値と予測値の基準年の不整合という問題はなくなった．

2004年末に発表された2004年7-9月期の速報値以降，デフレーターが連鎖指数に改められた．今後の予測値の評価ではデフレーターの計算法にも注意が必要である．

もう1つの問題点は，どの時点の実績値を採用するかという問題だ．年末に予測を発表した後，その予測値に対応する実績値が最も早くわかるのは，翌々年の5月に1-3月期の速報値が発表された時である．その後12月には確報値が発表され，さらに1年後にもデータが改定される（いわゆる確々報値）．

できるだけ早く予測値の評価をするという観点からは，国民経済計算の速報段階での評価が望ましい．しかし，速報値はその時点で判明している基礎データのみで作成されている推計値で，確報値や確々報値に比べて正確とはいえない．そこで，今回は実績値のデータとして最も精度が高いと考えられる確々報値のデータを使うことにした．予測項目は表2-1にある13項目である．また，予測値の発表形態が94年度以降，国民総生産（GNP）からGDPへと変わったが，93年度以前はGNP，94年度以降はGDPで接続し，同一系列として処理している．同様に輸出入は，93年度以前は輸出等，輸入等，94年度以降は，財貨・サービスの輸出入と概念が変わったが，両者を接続している．

2.2　予測機関について

対象予測機関は，原則として日本経済研究センターの会報に載ったものとした．銀行系予測機関は合併や総合研究所の設立などで予測機関名が変わっているが，時系列比較を容易にするため予測機関を接続した．予測機関数は時とともに変動している．日本経済研究センター会報に初めて予測値一覧が掲載された68年度予測の予測機関数は20機関だけである．その後次第に増加して，バ

表 2-1　予測機関と予測項目

予測項目	予測機関
1　実質 GDP	1　政府見通し
2　実質民間最終消費	2　関西経済研究センター
3　実質民間住宅投資	3　国民経済研究協会
4　実質民間企業設備投資	4　日経センター
5　実質公的固定資本形成	5　日本経済新聞社 NEEDS
6　輸出等	6　朝日生命
7　輸入等	7　ニッセイ基礎研究所
8　名目 GDP	8　新日本証券調査センター
9　消費者物価指数（総合）	9　大和総研
10　卸売物価指数	10　野村総合研究所
11　鉱工業生産指数	11　富士総合研究所
12　為替レート（円/ドル・レート）	12　三和総合研究所
13　経常収支（ドルベース）	13　日本総合研究所
	14　大和銀総合研究所
	15　三菱信託銀行
	16　住友信託銀行
	17　三菱総合研究所

注：為替レートと経常収支以外は対前年度変化率.
予測機関の名称は 2002 年度予測発表時のもの.

ブル期を経た 92 年度には 52 機関となった．バブルの崩壊とともに廃止・統合などが進み 2002 年度では 38 機関となっている（予測機関数の年次推移は後出の表 2-7 参照）．

過去 5 年間，あるいは 10 年間といったある一定期間を対象に予測機関のパフォーマンスを評価する場合，その期間全部を予測している機関どうしで予測を評価するのが正確だ．しかし，1968 年度から 2002 年度まで全期間の予測値が採れるのは，日本経済研究センターと政府見通ししかない．つまり，予測を評価する期間を長くすると対象予測機関がかなり減るということだ．そこで，なるべく多くの予測機関の情報が入手できる 1982 年度から 2002 年度を対象期間とし，この期間に通期で予測値がとれる 17 機関に関して分析することにした．

3.　経済予測の精度と誤差

経済予測の精度についてはさまざまな考え方がある．成長率を小数点以下までぴったりあてれば問題なく的中といえるが，ある程度のずれは許容できるだろう．どの範囲までを的中とするかによって，精度の評価が変わってくる．この節では，まず予測値と実績値がどの程度乖離しているのかを検証した後，誤差の源泉の1つである構造的な誤差が大きいことを示す．

3.1　予測値と実績値のずれ

まず，実質GDPについて，予測値と実績値との動きを見てみよう．予測機関の予測値の最大値と最小値，平均と実績値を比較したのが，図2-1である．予測機関の予測値の最小値と最大値の間に実績値がない年がある．その年度はどの機関も予測が当たらなかったことになるが，1982年度から2002年度までの21サンプル中，こうしたケースが12回ある．こうしたことから，「経済予測は当たらない」といわれることがある．

次に，景気局面の違いが予測誤差にどのような影響を与えるかを見てみよう(表2-2)．予測機関の予測値平均と実績値の関係をみる．予測年度が景気拡大期か景気後退期かに分けて予測誤差をみると，明らかな傾向がある．景気拡大期には過小予測（予測値の方が実績値より小さい）する場合が多く，景気拡大期10サンプル中9回が過小予測である．反対に景気後退期は過大予測する傾向が強く，景気後退期11サンプル中9回が過大予測である．統計的にも，「景気拡大期と後退期の誤差平均が等しい」という帰無仮説は1%水準で棄却できる．誤差の平均値はこれを反映して景気拡大期はマイナス，景気後退期はプラスになる．平均平方誤差で誤差の大きさを比べると景気拡大期の誤差の方が小

図2-1　実質GDP成長率の予測値と実績値

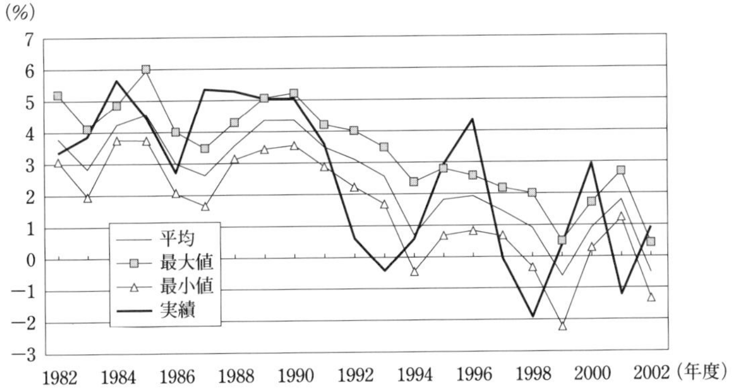

表 2-2 実質 GDP 予測の予測誤差（機関平均）

	平均	平均平方誤差	標準偏差	サンプル数	過大予測（予測値＞実績値）	過小予測（予測値＜実績値）
景気拡大期	−1.4**	5.0	0.488	10	1	9
景気後退期	1.0**	6.4	0.440	11	9	2
転換点	0.0	4.5	0.479	9	5	4
転換点以外	−0.2	6.7	0.451	12	5	7

注：「景気後退期」とは，景気後退期を含む年度，「景気拡大期」はそれ以外．「転換点」とは景気転換点を含む年度．サンプルは 1982 年度から 2002 年度までの 21 サンプル．**は「景気拡大期と後退期の誤差平均が同じ」という帰無仮説が 1%水準で棄却できることを示す．転換点のケースは棄却できない．

さい．予測機関のばらつきをあらわす予測値の標準偏差には大きな違いはない．

次に予測年度が景気の転換期にあたるかどうかでサンプルを分けて予測値を比較した．転換点にあたる予測年度の予測誤差の平均は 0.0 だが，平均平方誤差は 4.5 で，過大予測と過小予測の予測値があり，平均するとゼロになることを表す．転換点年度の予測の方がそれ以外の予測年度の予測よりも難しそうだが，平均平方誤差で見る限り，転換点年度における予測の方が誤差は小さい．標準偏差や予測値が過大か過小かについては特に両者に違いはない．

3.2 構造的な誤差はどの程度か

予測と実績のずれを誤差と呼ぶと，誤差の源泉が何であるかをつきとめることは非常に重要である．1 つのケースは予測機関の経済モデルに問題がある場合である．外生変数は適切に予測しているにもかかわらず，そこから導き出される予測値に問題がある場合である．逆にモデルは正確であるにもかかわらず，外生変数の想定が現実と大きくはなれているために予測が当たらない場合である．また，どれだけ外生変数の想定が正しく，モデルの精度を増したとしても不規則な予想誤差がなくならない場合も考えられる．モデルが正確でも除去しきれない確率的な誤差が大きければ，予測は正確に当たらない．これを構造的な誤差と呼ぶことにする．

モデルの正確さや外生変数の予測精度などの検証も必要だが，ここでは，第 3 の要因である構造的な予測誤差の大きさについて検討する．

まず，実質 GDP がランダムウォークと仮定して，どの程度の予測誤差が生じるかを考えてみる．12 月時点で来年度の指標を予測する際，予測しなければならないのは，当年度の10-12月期から次年度の1-3月期までの6四半期である．実質GDP（対数$=q_t$）がドリフト付きランダムウォークに従うとすれば次式が推計できる．推計期間は80年4-6月期から2003年10-12月期である．

$$q_t = 0.006155 + q_{t-1} + e_t$$

誤差の標準偏差は0.85である．1期先の実質GDPの期待値は$0.006155 + q_{t-1}$に等しいが，分散は期を追うにしたがって大きくなる．当年度の分散は$(1+2)s^2$，次年度の分散は$(3+4+5+6)s^2$である．成長率は2つの値の階差をとったものだから2つの分散の和となり，これを計算して平方根をとると標準偏差は0.039となる．実績値が90%の信頼区間で出現するには，期待値の上下それぞれ6.2%（=3.9%×1.6）という非常に大きな範囲となる．

実質GDP系列をランダムウォークとみなして予測することは極端かもしれない．そこで，年次データを使い，簡単な時系列モデルを作って，誤差の分散を測ってみる．変数xのt年度の実現値(y_t)が構造部分(Ω_t)と不規則部分(u_t)に分けられるとする．

$$y_t = \Omega_t + u_t$$

構造部分(Ω_t)にARIMA（自己回帰移動平均階差）モデルを仮定して，推計誤差の大きさを測ることにした（表2-3）．サンプル数が少ないうえ時系列モデルとしては単純だが，不規則変動の大きさのある程度の目安になる．実質GDP成長率についてARモデルを仮定した場合，AIC基準，SBIC基準ともにAR(1)が選択された．その場合の誤差u_tの標準偏差は，2.05%である．

表2-3　実質GDP成長率の時系列モデル

被説明変数：y_t（実質GDP成長率）

ARMAモデルの数	定数項	y_{t-1}	y_{t-2}	y_{t-3}	自由度修正済み	AIC	シュワルツ	ダービンワトソン比	誤差の標準偏差
ARMA (1,0)	1.00	0.58**			0.29	4.37	4.47	1.80	2.05
ARMA (2,0)	1.27	0.68*	−0.20		0.27	4.49	4.64	1.83	2.13
ARMA (3,0)	0.68	0.73**	−0.50	0.41	0.32	4.42	4.62	1.93	2.00
ARMA (1,1)	2.04	0.21			0.32	4.38	4.53	1.94	2.02
ARMA (2,1)	2.02	0.23	−0.03		0.26	4.54	3.15	1.94	2.13
ARMA (3,1)	−0.25	1.31**	−0.82	0.42	0.75	3.44	3.68	2.12	1.20
ARMA (1,2)	0.13	0.84**			0.46	4.19	4.39	1.96	1.80
ARMA (2,2)	0.00	0.82	0.06		0.44	4.31	4.55	2.14	1.87
ARMA (3,2)	0.07	0.89	−0.38	0.33	0.42	4.34	4.63	1.91	1.86

注：*は5%水準で，**は1%水準で有意．

上記ランダムウォークの場合に比べれば小さいが90%の信頼区間で，上下約3.3%の不規則変動があることになる．ARMAモデルの場合では，ARMA(3,1)が選択され，誤差 u_t の標準偏差は1.20%となる．しかし，この次数の標準偏差は例外的に小さく，多くの次数の誤差の標準偏差は2%近辺である．

時系列モデルの推計からいえることは，自己ラグやその誤差に回帰させた推計式では，当てはまりのよいモデルが作れないということである．多くの予測機関は計量経済モデルや段階的接近法を予測手法としているが，主観的な予測値の修正はある程度可能である．修正する際に時系列モデルの予測値を参考にしても予測の精度は上がらないということである．

4.　予測の合理性は成り立つか

次に，予測の形成様式をみてみよう．実績値を y_t，予測値の予測機関平均を x_t^* として次の式を推計する．

$$y_t = a + bx_t^* + u_t$$

予測が合理的になされていると，「H_0：$a=0$，$b=1$」が成り立ち，誤差項 u と x^* が無相関かつ自己相関がない，という条件を満たす．

また，適応的期待形成によって予測値が作成されていれば，次式が成り立つ．

$$x_{t+1}^* - x_t^* = a + b(y_t - x_t^*) + e_t$$

合理的期待形成仮説の検証について，Keane and Runkle (1990) は実績値を予測機関の平均値で回帰すると係数 b に上方バイアスがかかることを明らかにした．推計は各機関の予測値を使ったパネルデータとして推計するのが望ましい．

また，予測機関が予測値を作成する際，情報を最大限に生かして予測することが合理的期待形成の含意とすれば，予測機関の予測値がほかの機関の予測値に影響を及ぼす可能性がある．さらにどの予測機関にも影響を与える経済全体の変数もあり，予測誤差は予測機関間で相関していると考えるのが自然だろう．予測機関の予測誤差に相関がある場合には，最小2乗法で推計して求められた係数の標準誤差は有効ではない．このため，「誤差と説明変数が無相関である」というモーメント条件を使った一般化モーメント法 (GMM) によって推計した．

この結果，実質GDP，実質民間最終消費，実質民間企業設備投資，実質公的固定資本形成，名目GDPに関しては，パネルデータで推計しても，$a=0$，$b=1$という帰無仮説は棄却できず，合理的期待形成仮説が成り立つという結論は変わらない．しかし，ほかの予測項目では合理的期待形成仮説が成り立たないという結論になった（表2-4）．

パネルデータによる推計により，いくつかのことがわかる．まず為替レート，実質輸出の予測のバイアスが大きいことである．左辺に実績値，右辺に予測値があることをふまえれば，為替レートの定数項が有意にプラスになっているということは，予測機関が円高気味に予測する傾向があることを示している．その結果，実質輸出は減少気味に予測されることになり，経常収支を低めに予測している可能性がある．これは，金融当局による介入など政治的な意思決定に左右される，半ば外生的な変数である為替レートを予測機関が円高気味に予測し，それが貿易関連の指標に予測誤差をもたらしていたことを示す．

パネルデータの個別効果の大きさによって，各予測機関の特徴を見ることもできる．実質GDPについては，政府見通しや国民経済研究協会は過大に予測する傾向があり，日本総合研究所，三菱総合研究所，新日本証券調査センターは過小に予測する傾向がある．

ただ，各予測機関が統計的に有意にほかの機関と違う予測値を出していたわけではない．多くの予測機関の個別効果は「効果がゼロである」という帰無仮説を棄却できない．これは，横並び行動が行われている1つの証左である．

5.　予測値のばらつきと横並び行動

この節では，「予測機関間の予測値のばらつきが小さすぎるのではないか」という点について検証し，その原因として「なるべく他機関の予測値と大きく乖離した予測はしないという横並び行動があるのではないか」という点について検討する．

「横並び行動」に関する日本の予測機関の先行研究としては，Ashiya and Doi (2001) がある．この論文では，『東洋経済統計月報』2月号（87-98年）を使用し，エコノミスト70人へのアンケート，623サンプルを使って分析している．米国では経験とともに独自の予測をするようになるが，日本ではそうで

表 2-4　予測機関別・予測項目別の合理的期待形成仮説の検定

$y = \sum a_i + bx_t + u_t$

	実質GDP	実質民間最終消費	実質民間住宅投資	実質民間企業設備投資	実質公的固定資本形成	実質輸出等	実質輸入等	名目GDP	消費者物価指数	卸売物価指数	鉱工業生産指数	為替レート	経常収支
b	0.95**	0.69**	1.33**	1.09**	0.78	0.35**	0.91**	1.03**	0.80**	1.08**	0.42**	0.62**	0.71**
政府見通し	−0.20	0.32	−2.33	−0.64	1.74	5.54**	1.22	−0.90	−0.25	−1.51**	0.10	45.77**	31184**
関西経済研究センター	0.28	0.56*	0.44	0.90	0.44	4.43**	2.22*	−0.53	−0.01	−0.74*	0.47	47.30**	27954**
国民経済研究協会	−0.33	0.43	−0.80	−1.52	−0.03	4.07**	0.81	−0.98	−0.05	−1.11**	0.06	47.77**	25818**
日経センター	0.19	0.48	0.43	0.33	0.84	4.39**	1.75	−0.39	0.03	−0.93*	0.41	58.35**	26338**
日本経済新聞社 NEEDS	0.25	0.54*	0.67	0.72	1.01	4.21**	1.53	−0.42	−0.07	−1.24**	0.50	46.13**	32733**
朝日生命	0.22	0.55*	−1.01	0.21	0.36	4.36**	1.31	−0.62	−0.11	−1.23**	0.42	45.50**	30444**
ニッセイ基礎研究所	0.42	0.60**	−0.17	1.40	0.60	4.54**	2.15	−0.24	0.03	−1.04	0.70	46.36**	26322**
新日本証券調査センター	0.54	0.62*	0.78	1.21	1.66	4.76**	2.85	−0.18	0.00	−1.33**	0.70	46.28**	28302**
大和総研	0.03	0.53*	−0.56	0.45	−0.43	4.07**	0.73	−0.51	0.02	−0.81**	0.22	46.67**	28478**
野村総合研究所	0.52*	0.62**	1.61	1.37	−1.09	4.67**	1.19	0.08	0.15	−0.63*	0.71	46.03**	34195**
富士総合研究所	0.30	0.50*	−0.70	0.44	0.90	4.73**	1.76	−0.13	0.10	−0.78	0.29	46.65**	32087**
三和総合研究所	0.29	0.55*	0.53	0.40	0.69	4.20**	1.07	−0.34	0.01	−1.10**	0.33	47.76**	30016**
日本総合研究所	0.55	0.71**	1.24	1.31	−0.27	4.57**	1.96	−0.10	0.12	−1.09*	1.66	47.59**	31934**
大和銀総合研究所	0.27	0.63*	−0.99	0.51	0.55	3.96**	0.47	−0.35	−0.13	−1.39**	0.33	46.34**	28707**
三菱信託銀行	0.38	0.64**	−0.05	0.35	0.77	4.40**	1.32	−0.34	−0.15	−1.23**	0.35	47.02**	32566**
住友信託銀行	0.15	0.39	0.39	0.57	0.70	4.42**	1.48	−0.46	−0.01	−1.44**	0.45	45.67**	30025**
三菱総合研究所	0.54	0.74*	1.21	1.71	0.34	4.64**	3.33**	−0.06	0.06	−1.10*	0.47	47.09**	26836**
決定係数	0.407	0.402	0.250	0.350	0.287	0.030	0.180	0.653	0.608	0.271	0.057	0.656	0.600
自由度修正済み決定係数	0.377	0.372	0.213	0.318	0.250	−0.020	0.138	0.636	0.589	0.234	0.009	0.635	0.580
残差の標準誤差	1.8	1.2	8.9	6.9	5.8	6.5	7.4	2.0	0.8	2.2	4.8	12.5	26489
F 値（$a=0$，$b=1$）	0.847	9.785**	0.829	0.605	1.294	12.955**	2.514**	1.261	0.386**	8.498**	4.181**	4.072**	6.448**
p値	0.64	0.00	0.66	0.89	0.19	0.00	0.00	0.22	0.00	0.00	0.00	0.00	0.00

注：GMM で推計．**は 1%水準で有意，*は 5%水準で有意．

はないという結論である．ただ，ここでのアンケートの対象は，エコノミストであり，予測を専門に分析している予測者だけではないことに注意する必要がある．

5.1　予測機関間のばらつきは小さい

まず，実績値や予測値の分散を測ってみることで，予測行動を検証してみよう．実績値 (y_t) の対象期間の標準偏差，予測機関の予測値平均 (x_t^*) の対象期間の標準偏差，予測値平均の予測誤差 (u_t) の標準偏差，各年度ごとの予測機関間の予測値の標準偏差 (v_n) (各年度の標準偏差を平均) を主要予測項目について計算した．

表2-5は，1982年から2002年度までの全サンプル期間を対象にした計算結果である．まず，実績値の標準偏差 ((3) 列) と予測機関の予測値平均の標準偏差 ((4) 列) に着目すると，実績値の変動が大きい割りに，予測値 (x_t^*) の変動が小さいことがわかる．予測機関は実績値の動きほどには大胆な予測をしておらず，過去の予測値の動きからあまり乖離しない緩やかな予測値を作成していることがわかる．次に，予測誤差 (u_t) と実績値 (y_t) の標準偏差の大きさを比べると，実績値の標準偏差が大きいものほど予測誤差の標準偏差も大きいことがわかる．

表2-5　各変数の標準偏差

	(1) u_t	(2) v_n	(3) y_t	(4) $x^*{}_t$	(1)/(2)	(1)/(3)	(2)/(3)
実質GDP	1.81	0.46	2.39	1.56	3.91	0.76	0.19
実質民間最終消費	1.21	0.44	1.56	1.38	2.74	0.78	0.28
実質民間住宅投資	8.65	2.29	10.21	3.10	3.78	0.85	0.22
実質民間企業設備投資	6.69	1.56	8.49	4.39	4.29	0.79	0.18
実質公的固定資本形成	5.41	2.25	6.80	4.12	2.41	0.80	0.33
実質輸出等	6.62	1.81	6.67	2.51	3.66	0.99	0.27
実質輸入等	7.09	2.17	8.17	3.18	3.27	0.87	0.27
名目GDP	1.91	0.69	3.33	2.49	2.79	0.57	0.21
消費者物価指数	0.76	0.39	1.30	1.22	1.95	0.58	0.30
卸売物価指数	2.04	0.77	2.53	0.95	2.64	0.81	0.31
鉱工業生産指数	4.93	1.27	4.96	2.44	3.87	0.99	0.26
為替レート	18.69	3.54	48.43	43.78	5.29	0.39	0.07
経常収支 (ドルベース)	27277	9971	41825	43998	2.74	0.65	0.24

注：為替レートと経常収支以外は対前年度変化率．
出所：浅子・山澤 (2005) を加工．

最後に，予測機関間の予測値のばらつきを表す v_n の標準偏差に注目しよう．予測機関間の予測値のばらつきは，予測誤差の標準偏差や実績値の標準偏差に比べて小さいことがわかる．過去の予測値と実績値の動きを見ると，予測値の最大値よりも実績値が上だったり，予測値の最小値よりも下だったりする．もっとばらつきが大きければ予測があたる機関があったはずだが，実際には予測機関間の予測値のばらつきは小さい．また，表 2-5 中には対象期間平均の標準偏差が掲載されているが，各年度ごとに見ても，標準偏差の大きさはあまり変わらず，実質 GDP 成長率の場合では標準偏差が最も大きい年でも 0.68 である（後掲表 2-6 参照）．

予測機関間の予測値のばらつきは何によって規定されるのだろうか．実績値が大きく動くものは予測しにくいため，予測機関間のばらつきが大きくなり，逆の場合は小さくなることが予想できる．表 2-5 をみると，確かに予測機関間の標準偏差（(2) 列）と，実績値 (y_t) の標準偏差（(3) 列）には正の相関がある．ただ，予測機関の予測値のばらつきが実績値のばらつきに比べてなぜ小さいのかの説明はできない．実質 GDP の実績値の標準偏差が 2.39 に対し，予測機関間の予測値の標準偏差は 0.46 と約 5 分の 1 である．予測機関のばらつきが小さいこと自体は問題ではない．多くの機関の予測値が実績値の周辺にあって予測を的中させているのなら問題はない．現実には，ばらつきが少ない中で，的中するときはすべての機関が的中し，はずれるときはすべての機関がはずれるという現象に問題がある．

予測機関の予測値のばらつきの小さい原因はとしてまず考えられるのは予測機関が独自性の強い予測を出さない（あるいは出せない）という横並び現象が考えられる．表 2-4 の合理的期待形成仮説のパネルデータでの推計によると，個別の機関に対するダミーは有意でなく，個別予測機関の予測値にほかと違う特徴がないことを示している．

横並び現象が起こる原因の第 1 は，自機関の予測だけが的中した時のリターンに比べて，自機関の予測だけがはずれた場合のペナルティーの方が大きいことだと考えられる．

第 2 の原因は，予測機関が持つ情報の同質性である．日本経済に関しては機関ごとに独自の情報を持つこともありうるが，予測の前提条件である世界経済に関する予測に独自性を出すのは難しい．海外経済に対する情報は，日本経済ほど多くはないので，経済開発協力機構（OECD）や国際通貨基金（IMF）の発表する世界経済見通しを参照する場合が多いためである．

第3の原因は，予測機関の担当者の持つ共通の「相場観」である．予測値を検討するとき，「常識的にこんなに大きく成長率が上がるはずはない」，「他の機関の予測値と著しく違う予測値を発表するのは良識が疑われる」といった何らかの制約が予測の精度を鈍らせているのではないかということである．実績値の標準偏差より予測値平均の標準偏差が小さいことはそれを裏づけている．

では予測機関は何を「相場観」として持っているのだろうか．1つはGDP成長率の時系列的な流れであろう．表2-3で推計したように，実質GDP成長率をy_tとして，AR(1)形式で年度単位で推計すると次の式となる．

$$y_t = 1 + 0.58 y_{t-1} + e_t$$

この式の左辺に予測値を代入して右辺の係数が変化するかどうかの検定を行うと，どの機関も，「係数に変化がない」という仮説は棄却されなかった（浅子・山澤，2005）．つまり，予測機関は，実績値の時系列モデルと整合的な予測を行っていることがわかる．

問題なのは，このモデルの推計値から推計される予測値では予測は当たらないことだ．誤差e_tが大きい（標準偏差で2.05）ため，モデル通りに予測しても予測が的中しない．もちろん，各予測機関は，詳細な項目についてさまざまな予測結果を検討しているだろうが，総合判断する際に，GDPの時系列的な流れから大きくはずれないよう，予測値をまとめてしまうのではないか．

5.2　需要項目別分散に比べて小さい実質GDPの分散

次に，横並び行動が予測値作成プロセスに影響を与えているかどうかを検証する．仮説は，「個別の予測項目は，それぞれ独自な予測をしているのに，最も注目される実質GDP成長率予測をする際には，あまり他機関と違わないような予測値を発表しているのではないか」というものである．

予測値に関しても実績値に関しても，実質GDP成長率（Δy）と需要項目の伸び率には次のような関係がある．ただし，実質GDPは消費（Δc）と投資（Δi）で構成されており，それぞれのウエート（w_c, w_i）は，前年度の実質GDPに占める割合とする．

$$\Delta y_t = w_c \Delta c_t + w_i \Delta i_t$$

また，需要項目ごとの予測値の分散には次の式が成り立つ．V は予測機関間の分散，Cov は予測機関間の共分散である．

$$V(\Delta y_t)=w_c^2 V(\Delta c_t)+w_i^2 V(\Delta i_t)+\mathrm{Cov}(w_c\Delta c_t, w_i\Delta i_t)$$

予測値について，実質 GDP の分散や，消費や投資などの分散，そのウエートは計算できるので，需要項目間の共分散の符号が判定できる．

独自色の強い予測を各予測機関が行えば，消費を過大に予測した機関は投資も過大に推計し，実質 GDP をさらに過大に予測するだろう．つまり，強気の予測と弱気の予測とで，実質 GDP 予測に大幅な差が出るはずだ．この場合，需要項目間の分散の合計よりも実質 GDP の分散は大きくなり，需要項目間の共分散は正になると考えられる．

しかし表 2-6 をみると，全期間で平均した共分散は負になっている．年度でみると，91 年度や 2000 年度，2001 年度に負の値が大きい．これは，項目別に予測した予測値を素直に集計すれば，実質 GDP の分散はもっと大きくなるはずなのに，実質 GDP の予測値のばらつきを小さくしようという何らかの作用が働いていることを示している．

考えられる原因の 1 つは，消費や投資などの民間需要と逆相関する予測値の存在である．消費や投資を過大に予測する機関では，公的固定資本形成を過小に，輸入は過大に予測する結果，実質 GDP 予測値のばらつきが小さくなる可能性である．しかし，消費や投資の GDP 項目に占めるウエートは大きく，次の説明の方が蓋然性が高いように思う．つまり，「予測機関は実質 GDP の予測値をあらかじめある程度設定しておいて，それに合わせるように需要項目を動かしている」ため，需要項目別分散より実質 GDP 予測値の分散が小さくなるのではないか．

5.3 発表日で分けた予測値の分散

もし，予測機関が先に発表された予測値の影響を受けて予測値を作成するとしたら，先に発表した予測機関グループの予測値の分散より，その後に発表した予想機関グループの予測値の分散の方が小さくなる可能性がある．合理的に期待を形成するとすれば，他機関の予測情報を自らの予測に含めることは自然だが，それが横並びをもたらす可能性がある．

そこで，実質 GDP の予測値を発表日順に並べて前半と後半に分け，両者の

表 2-6　17 機関の予測値の標準偏差

	実質GDP（1）	需要項目を加重平均した標準偏差（2）	(1)－(2)需要項目間の相関	実質民間最終消費	実質民間住宅投資	実質民間企業設備投資	実質政府最終消費	実質公的固定資本形成	輸出等	輸入等	名目GDP（名目成長率）	消費者物価指数（総合）	卸売物価指数（総合）	鉱工業生産指数	為替レート	経常収支（ドルベース）
1982	0.53	0.45	0.08	0.54	2.71	1.26	0.75	1.74	1.21	2.21	0.92	0.55	1.15	1.12		3976
1983	0.51	0.45	0.05	0.58	1.35	1.17	1.12	1.86	1.16	2.24	0.73	0.60	1.02	0.97		3528
1984	0.39	0.37	0.02	0.37	1.28	1.15	1.05	1.40	1.68	1.94	0.50	0.40	0.83	1.15		4805
1985	0.50	0.43	0.07	0.44	2.12	1.95	0.73	1.44	1.22	1.74	0.61	0.27	0.74	1.12		4364
1986	0.51	0.49	0.02	0.56	1.49	1.18	0.36	2.94	2.67	1.72	0.48	0.36	1.22	1.60	6.92	6232
1987	0.55	0.50	0.05	0.62	1.31	1.25	1.28	2.24	1.95	2.17	0.83	0.59	1.41	1.65	3.66	7258
1988	0.26	0.44	−0.18	0.31	2.28	1.37	0.61	2.96	2.00	2.66	0.59	0.47	0.75	1.37	3.15	6619
1989	0.43	0.43	0.00	0.38	2.16	1.36	0.57	1.64	2.32	2.29	0.66	0.59	0.89	1.23	3.18	5791
1990	0.42	0.43	−0.01	0.43	1.27	0.89	1.12	1.18	2.12	2.75	0.88	0.51	0.75	1.18	3.99	7483
1991	0.35	0.57	−0.22	0.33	2.08	0.86	0.54	1.51	4.51	4.36	0.69	0.42	0.80	0.68	2.51	8053
1992	0.39	0.46	−0.06	0.33	3.19	1.64	0.80	1.30	1.63	2.00	0.55	0.42	0.57	1.12	4.83	10738
1993	0.44	0.49	−0.04	0.30	1.48	1.89	1.25	2.66	1.16	1.97	0.64	0.43	0.44	1.67	2.24	10671
1994	0.68	0.57	0.11	0.50	3.20	2.16	0.37	3.16	1.91	1.85	1.00	0.41	0.59	1.95	3.15	9819
1995	0.47	0.42	0.04	0.30	1.91	1.22	0.52	3.50	1.20	1.65	0.61	0.38	0.61	0.99	2.52	8728
1996	0.48	0.44	0.04	0.38	2.80	1.16	0.81	2.04	1.65	2.35	0.66	0.18	0.63	1.14	2.95	11557
1997	0.44	0.44	−0.01	0.31	3.04	1.29	1.17	3.01	0.72	1.30	0.71	0.30	0.26	0.90	3.44	14309
1998	0.59	0.53	0.06	0.58	3.94	1.59	0.61	1.77	1.73	2.02	0.81	0.31	0.59	1.50	3.45	27340
1999	0.64	0.68	−0.04	0.66	3.47	2.58	0.60	3.67	1.91	1.92	0.82	0.23	1.07	1.08	5.05	21750
2000	0.36	0.64	−0.27	0.48	2.83	2.80	0.81	2.52	1.80	2.36	0.54	0.14	0.63	1.58	2.41	10985
2001	0.32	0.56	−0.25	0.41	1.76	2.43	0.70	2.39	1.57	1.90	0.46	0.23	0.49	1.47	3.13	15423
2002	0.48	0.56	−0.08	0.51	1.50	1.36	0.89	2.29	2.70	2.80	0.63	0.33	0.46	2.19	3.89	15208
平均	0.46	0.49	−0.03	0.44	2.29	1.56	0.79	2.25	1.81	2.17	0.69	0.39	0.77	1.27	3.54	9971

注：各需要項目の分散を前年の比率で加重平均し，標準偏差に変換したもの．

分散を比べてみた．データは，これまでの分析同様日本経済研究センター会報の「民間調査機関経済見通し」を使うが，予測機関は絞らず，掲載されている予測機関すべてを使用した．対象期間は発表日が明記されている1987年度から2002年度までの予測データを使用した．前半と後半のサンプル数に多少違いが出るのは，同一日に発表した予測機関が多いためである．計算の結果，前半と後半に分けると，後半の方の分散が小さくなる年の方が多いという結果となった．ただ，「予測値の分散が前半と後半とで等しい」という帰無仮説を検定すると，統計的に有意に差があるのは93年度，2000年度，2001年度の3年分で，横並びの強い証拠にはならない（表2-7）．

次に影響力のある機関の予測の発表前後で，予測値の分散に違いがあるかを調べた．影響力のある予測機関として日本経済研究センターを想定し，日本経済研究センターの発表前の分散と発表後の分散を比べた．発表前に比べて，発表後の分散が小さくなることは顕著にうかがえる．「日本経済研究センターの前に予測値を発表した予測機関の予測値の分散と後に発表した予測機関の予測値の分散が等しい」という帰無仮説が統計的に有意に棄却できるのは16サン

表2-7　予測機関の発表期間別分散（実質GDP予測値）

		2分割した場合				日経センターの前後			
		標本分散		機関数		標本分散		機関数	
	予測機関数	前半	後半	前半	後半	前	後	前	後
1987	34	0.20	0.20	16	18	0.18	0.23	28	5
1988	38	0.11	0.06	21	17	0.09	0.08	32	5
1989	40	0.20	0.12	21	19	0.19	0.10	32	7
1990	45	0.07	0.11	22	23	0.07	0.44	41	3
1991	48	0.09	0.09	23	25	0.07	0.07	41	6
1992	52	0.08	0.10	26	26	0.10	0.08	46	5
1993	51	0.16	0.07*	25	26	0.11	0.09	45	5
1994	51	0.23	0.17	27	24	0.21	0.00***	46	4
1995	52	0.10	0.13	26	26	0.13	0.00	49	2
1996	47	0.09	0.13	25	22	0.12	0.00***	42	4
1997	52	0.15	0.14	26	26	0.15	0.08	44	7
1998	47	0.23	0.23	24	23	0.21	0.23	31	15
1999	46	0.31	0.28	24	22	0.39	0.13**	36	9
2000	44	0.24	0.10*	20	24	0.21	0.08**	27	16
2001	39	0.14	0.04**	21	18	0.12	0.04***	27	11
2002	38	0.25	0.19	15	23	0.32	0.19	12	25

注：*は10%，**は5%，***は1%水準で，「前半と後半の分散が等しい」という帰無仮説が棄却できることを示す．

プル中 5 回である．ただ，日本経済研究センターの発表は全機関の中ではかなり後半の部分に入り，発表後の予測機関はそれほど多くはないことに注意する必要がある．

6.　おわりに

予測機関の予測値のパフォーマンスを調べると，実績値を的確に予測しているとはいえないことが分かった．その原因の 1 つには，予測機関間の予測値の分散が小さいことが挙げられる．実績値や予測誤差の分散と予測機関間の予測値の分散を比べるとかなり小さい．パネルデータによる推計でも，個別機関の効果が有意にゼロから離れている予測機関は少ない．

散らばりが小さい原因の 1 つには予測機関間に横並び意識が働いているのではないかという仮説が考えられる．その傍証として，個別の需要項目では独自の予測をしていても，実質 GDP の予測値を作成する場合に操作をしている可能性があることが挙げられる．また予測発表日別に予測値の分散を計算すると，統計的には有意なサンプルは少ないが，後に発表する機関の予測値の分散の方が小さくなっている場合が多いことがわかった．

参考文献

浅子和美・佐野尚史・長尾知行 (1989),「経済予測の評価」大蔵省財政金融研究所『フィナンシャル・レビュー』第 13 号.

浅子和美・山澤成康 (2005),「予測機関の予測形成様式」, 一橋大学『経済研究』Vol. 56, No. 3.

伴金美 (1991),『マクロ計量モデル分析』有斐閣.

山澤成康編 (1998),「経済予測のパフォーマンスは満足できるものか」JCER REVIEW Vol. 14, 日本経済研究センター.

Ashiya, Masahiro (2002), "Accuracy and rationality of Japanese institutional forecasters," *Japan and the World Economy*, 14.

Ashiya, Masahiro and Takero Doi (2001), "Herd behavior of Japanese economists," *Journal of Economic Behavior & Organization*, Vol. 46.

Keane, Michael P. and David E. Runkle (1990), "Testing the Rationality of Price Forecasts : New Evidence from Panel Data," *The American Economic Review*, Vol. 80, No. 4.

第3章

景気変動の特徴と景気指標の日米比較*

坪内　浩

1. 問題意識

日米でほぼ同じだけの経済指標が揃っているのに，景気を評価する際に注目される指標（景気指標）は大きく異なっている（表3-1）.

1.1 製造業関係の指標の扱い

日本では製造業関係の指標が重視されるのに対し，米国ではそれほど重視されない．日本の景気動向指数の一致指数の11の採用指標のうち製造業関係は7指標であり，さらに，商業販売額（小売業，卸売業）も財の販売額であることを考え合わせると，実に9指標が製造業に関係していると言える．米国ではNBERの景気循環日付委員会（Business Cycle Dating Committee）が景気循環日付を決定するが，その際，製造業だけにとどまらず経済活動全体を評価するため，実質GDPが最重要視される（NBER (2003) 参照)．それ以外に，移転支払いを除く実質個人所得と非農業雇用者数も重視されるが，これは，四半期統計である実質GDPを補足して景気循環日付を月単位で設定するためのものである[1]．その他，工業生産と製造業および卸小売業の実質販売額も参照される[2].

---

* 本稿作成にあたっては，みずほ総合研究所西川珠子氏，内閣府茂呂賢吾氏より貴重なアドヴァイスをいただいた．記して感謝したい．なお，本稿は筆者の個人的な見解をまとめたものである．

1) 実質個人所得が重視されるのは三面等価を通じた実質GDPの代理変数としてであり，消費支出に影響を与える指標だからではない．このため移転支払いが除かれている．

2) 米国カンファレンス・ボードが作成する一致指数の採用指標は，この非農業雇用者数，移転支払いを除く実質個人所得，工業生産，製造業および卸小売業の実質販売額の4つ（Conference Board (2000) 参照）.

表 3-1　日米の景気指標

日本（景気動向指数の一致指数の採用指標）	米国（NBER の景気循環日付委員会が重視および参照する指標）
生産指数（鉱工業） 鉱工業生産財出荷指数 大口電力使用量 稼働率指数（製造業） 所定外労働時間指数（製造業） 投資財出荷指数（除輸送機械） 商業販売額（小売業）（前年同期比） 商業販売額（卸売業）（前年同期比） 営業利益（全産業） 中小企業売上高（製造業） 有効求人倍率（除学卒）	実質 GDP（最重要視：single best measure） 移転支払いを除く実質個人所得（重視：particular emphasis） 非農業雇用者数（重視：particular emphasis） 工業生産（参照：reference, 製造業） 製造業および卸小売業の実質販売額（参照：reference, 財）

また，日本では製造業における在庫循環[3]が重視される（たとえば，平成16年度年次経済財政報告（内閣府，2004 a））のに対して，米国ではそれほど注目されることがない（たとえば，2004年大統領経済諮問委員会年次報告（CEA，2004））．

1.2　消費支出関係の指標の扱い

米国では日本以上に消費支出関係の指標が重視される傾向にある（たとえば，2004年大統領経済諮問委員会年次報告（CEA，2004））．米国では所得，消費支出について，実質 GDP と整合的な数字が毎月公表される．この傾向は民間の経済予測をみると顕著である．JP Morgan の Global Data Watch を例にとると，2005年に入ってから小売売上高は11回公表されているが，そのうち5回について公表後に対応する四半期の成長率の予測が見直されている．

1.3　雇用関係の指標の扱い

米国では，日本とは異なり，財市場における経済活動水準を示す指標だけでなく雇用関係の指標も重視される傾向にある．日本の景気動向指数の一致指数の11の採用指標のうち雇用関係は1指標に過ぎない．米国では景気循環日付を決定する際，実質 GDP が最重要視されるが，それ以外に，非農業雇用者数

3）非製造業は一般的に在庫を持たないので，非製造業の製品（サービス）に対する需要の変化からは在庫循環は生じない．詳しくは赤羽（1983）参照．

も重視される．また，前述のJP MorganのGlobal Data Watchにおいては，雇用関係の指標が公表されるたびにその内容が詳細に分析されている．

日米で景気を評価する際に注目される指標にこうした違いが生じるのはなぜだろうか．本稿では，注目される指標に違いが生じるのは，日米で，経済に発生したショックが他の部門に波及していくプロセスに違いがあるためであると考え，各部門の活動水準の変動と，他の部門および経済全体の活動水準の変動（景気変動）との関係を比較分析することを通じて，日米で，経済に発生したショックが他の部門に波及していくプロセスの違いについて明らかにする[4)]．

分析においては，①各部門の経済全体における重要性，②各部門の活動水準の変動と他の部門の活動水準の変動との関係，③各部門の活動水準の変動と景気変動との関係，に着目する．①に着目する理由は明らかであるが，②に着目するのは，ある部門の活動水準の変動が他の部門の活動水準の変動の影響をあまり受けていない場合には，その部門が景気変動を発生させるもとになっている可能性があるからである．一方，③に着目するのは，経済全体の活動水準を示すGDPは四半期統計で公表も遅いため，ある部門の活動水準の変動と経済全体の活動水準の変動との関係が強いことがわかっている場合には，その部門の活動水準の変動から経済全体の活動水準の変動を類推できるからである．分析に際しては最近20年間（1985～2004年）のデータを用いる．

2. 製造業関係の指標の扱い

2.1 仮 説

日本では製造業関係の指標が重視されるのに対し，米国ではそれほど重視されない背景として，①日本の経済活動水準の変動は米国よりも大きく，②それは，米国と比較して，日本においては，成長率の分散が大きい製造業の全産業に占める割合が大きいためである，ことが考えられる．

4）日本の景気循環の特徴について，支出項目の変動，景気循環過程における時間的は行性等の面から検証したものに浅子他（1991）がある．その中で，米国の景気循環との比較についても言及している．また，飯塚・浅子（2003）は，戦後日本の景気循環の特徴について，とりわけ1980年代までの様相と1990年代以降の変貌を，循環の周期，数量の変動と価格の変動，といった面から探っている．

2.2　検 証

①　日本の経済活動水準の変動は米国よりも大きいか？

景気日付を比較すると，1982年から1983年にかけて日米は景気の谷を経験した（「世界同時不況」後の谷）[5] が，それ以降米国は2回しか景気の谷を経験していないのに対し，日本は4回景気の谷を経験している（表3-2）[6]．また，日米の実質成長率の分散を比較したところ，日本の分散は米国を上回っており，有意水準1%で分散に差がないという仮説を棄却できることがわかった（表3-3）．

以上のことから，日本の経済活動水準の変動は米国よりも大きいことがわかった．

②　それは，米国と比較して，日本においては，成長率の分散が大きい製造業の全産業に占める割合が大きいためであるか？（表3-4）

日米で全産業の成長率の分散を比較したところ，日本の分散は米国を上回っており，有意水準5%で分散に差がないという仮説を棄却できることがわかった．

表3-2　日米の景気日付

日本		米国	
山	谷	山	谷
1980年 2月	1983年 2月（第9循環）	1981年7月	1982年11月
1985年 6月	1986年11月（第10循環）	1990年7月	1991年 3月
1991年 2月	1993年10月（第11循環）	2001年3月	2001年11月
1997年 5月	1999年 1月（第12循環）		
2000年11月	2002年 1月（第13循環）		

表3-3　日米の実質成長率の分散の比較

日本	米国	自由度	T-Value	P-Value
0.000599	0.000190	79	3.158750**	$p<0.0001$

注：**は1%有意差があることを示す．
　等分散のF検定：両側検定

5）日本は1983年2月，米国は1982年11月．
6）日本については内閣府（2004b），米国についてはNBER（2005）参照．

表 3-4　製造業およびサービス業についての検定

	日本	米国	自由度	T-Value	P-Value
日米の全産業の成長率の分散の比較	0.000536	0.000160	18	3.345764*	$p=0.0140$
日米の製造業の寄与度の分散の比較	0.000148	0.000025	18	5.949767**	$p=0.0004$
日米のサービス業の寄与度の分散の比較	0.000199	0.000089	18	2.229816	$p=0.0977$
日米の製造業の成長率の分散の比較	0.002376	0.001282	18	1.852617	$p=0.2005$
日米のサービス業の成長率の分散の比較	0.000397	0.000130	18	3.058950*	$p=0.0224$
日本の製造業とサービス業の成長率の分散の比較	0.002376	0.000397	18	5.983302**	$p=0.0004$
米国の製造業とサービス業の成長率の分散の比較	0.001282	0.000130	18	9.879333**	$p<0.0001$

注：*は5%で，**は1%で有意差があることを示す.
　等分散のF検定：両側検定

全産業の成長率の分散は，共分散の影響を除いて考えると，各産業の寄与度の分散の和になる．日米で製造業の寄与度の分散を比較したところ，日本の分散は米国を上回っており，有意水準1%で分散に差がないという仮説を棄却できることがわかった．また，日米でサービス業の寄与度の分散を比較したところ，日本の分散は米国を上回っているものの，有意水準5%で分散に差がないという仮説を棄却できないことがわかった．したがって，日米で全産業の成長率の分散に差があるのは製造業の寄与度の分散に差があるためであることがわかった．

各産業の寄与度の分散は各産業の構成比の2乗に各産業の成長率の分散をかけたものになる．日米で製造業の成長率の分散を比較したところ，日本の分散は米国を上回っているものの，有意水準5%で分散に差がないという仮説を棄却できないことがわかった[7]．したがって，日米で製造業の寄与度の分散に差があるのは製造業の成長率の分散に差があるためではなく，全産業に占める製造業の構成比に差があるためであることがわかった．

そこで，全産業に占める製造業およびサービス業の比率を付加価値で比較すると，米国はサービス業の比率が日本よりも高く，製造業の占める割合が低い(図3-1)．2004年大統領経済諮問委員会年次報告(CEA，2004)でも指摘されているように，全産業に占める製造業の割合は現在も低下し続けている．また，2001年のITバブルの崩壊後の景気後退によってこの傾向はさらに進むことに

7) 日米でサービス業の成長率の分散を比較したところ，日本の分散は米国を上回っており，有意水準5%で分散に差がないという仮説を棄却できることがわかった(表3-4)．

図3-1　全産業に占める製造業とサービス業の比率

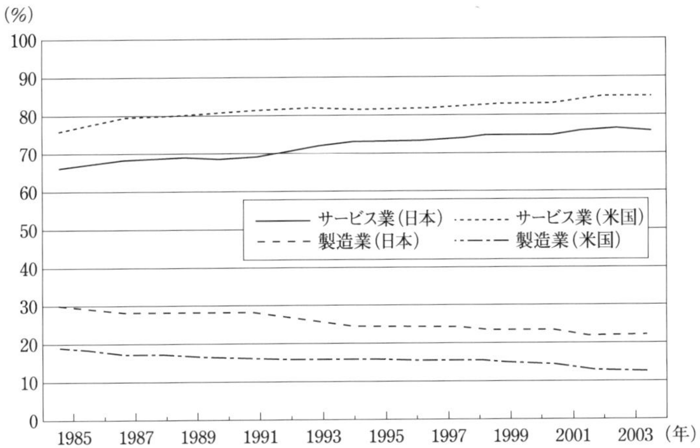

なった．日本でも製造業の占める割合は低下してきているが，米国に比べるとまだまだ高い．

日米それぞれについて，製造業とサービス業の成長率の分散を比較したところ，日米とも製造業の分散はサービス業を上回っており，有意水準1%で分散に差がないという仮説を棄却できることがわかった．製造業の成長率の分散がサービス業よりも大きくなるのは，前述のように製造業には在庫循環が存在するためである．

以上のことから，日本の経済活動水準の変動が米国よりも大きいのは，米国と比較して，日本においては，成長率の分散が大きい製造業の全産業に占める割合が大きいためであることがわかった．

したがって，①，②を総合すると，景気を評価する際に，日本では製造業関係の指標が重視されるのに対し，米国ではそれほど重視されないのは，米国と比較して，日本においては，成長率の分散が大きい製造業の全産業に占める割合が大きいことが背景にあることがわかった．

その結果，日本においては，景気を評価する際に，製造業のアウトプットに影響を与える需要項目（輸出，設備投資）の動向が重視される．たとえば，経済見通しと経済財政運営の基本的態度（内閣府，2005a）や月例経済報告（内閣府，2005b）において経済の先行きについて言及する際，世界経済の動向をどうみているかが前提条件とされる．これに対して，米国ではまったくないわけではないが，あまり語られることがない[8)]．また，日本では，経済に発生したショックが他の部門に波及していくプロセスとして製造業における在庫循環が重視されるのも同じ理由からである．

そもそも米国の経済活動水準の変動も昔から小さかったわけではなく，平準化（Great Moderation）が生じたのは1980年代半ば以降である（Kim and Nelson, 1999 ; McConnell and Perez-Quiros, 2000）．1985年から2004年にかけての実質GDPの四半期成長率の標準偏差は2.1%程度であり，1960年から1984年にかけての標準偏差のほぼ半分に過ぎない（Ferguson, 2005）．

3.　消費支出関係の指標の扱い

3.1　仮 説

米国では日本以上に消費支出関係の指標が重視される傾向にある背景として，米国の消費支出の変動が当期の所得の変動にあまり依存しないのに対して，日本の消費支出の変動は当期の所得の変動に依存していることが考えられる[9)]．

3.2　検 証

米国と日本のそれぞれについて，消費支出の増加率（前年同期比）と所得の

8）GDPに占める財貨・サービスの輸出比率は米国10.0%（2004年），日本11.8%（2003年）とそれほど差はないが，輸出に占める財貨の割合は米国69.8%（2004年），日本88.2%（2003年）と日本の方が高くなっている．

9）日米で消費支出の注目される度合いが異なるその他の原因として，消費支出の変動の大きさの違いが考えられるが，日米で消費支出の成長率の分散を比較したところ，日本の分散は米国を上回っており，有意水準1%で分散に差がないという仮説を棄却できることがわかった（表3-5）．注目される度合いとは逆の結果になっており，消費支出の変動の大きさの違いが注目される度合いが異なる原因になっているとはいえない．こうした日米の消費変動の相違を説明したものとして，羽森・徳永（1997）がある．彼らは，消費に基づく資本資産価格モデル（C-CAPM）を用い，消費における習慣形成効果や耐久効果を明示的にモデル化した上で，1980～1993年のデータを使って日本の資産市場の変動の検証を行った．その結果，日本においては米国とは異なり耐久効果（ある期の消費の増大が次期の消費の減少をもたらす効果）が習慣形成効果（一度消費が増加するとそれが継続する効果）を凌駕しているため，消費の変動が比較的大きなものとなるとしている．

表3-5　日米の消費支出の増加率の分散の比較

日本	米国	自由度	T-Value	P-Value
0.000237	0.000165	76	3.536969**	$p<0.0001$

注：** は1%有意差があることを示す．
　等分散のF検定：両側検定

表3-6　日米の消費支出の増加率と所得の増加率の相関係数の比較

日本	米国	標本数	Z-Value	P-Value
0.792469	0.613053	77	2.216*	$p=0.027$

注：* は5%で有意差があることを示す．
　相関係数の差の検定：両側検定

増加率（前年同期比）の相関係数を比較したところ，日本の相関係数は米国を上回っており，有意水準5%で相関係数に差がないという仮説を棄却できることがわかった（表3-6）．すなわち，米国の消費支出の変動に比べて，日本の消費支出の変動は当期の所得の変動に依存している[10)]．

米国の消費支出の変動が当期の所得にあまり依存しないのに対して，日本の消費支出の変動は当期の所得の変動に依存している理由の1つとして，流動性制約の存在が考えられる．流動性制約がなければ恒常所得仮説が成立し，当期の消費支出は現在から将来にわたっての期待所得に応じて変動するため，当期の所得の影響をあまり受けないが，流動性制約がある場合には，当期の消費支出は当期の所得の変動の影響を受けやすくなる．ただし，ネガティブな将来の所得の見通しについては流動性制約は働かないので，日本においても1998年のように所得の伸びがプラスなのに，消費支出の伸びがマイナスになってしまうこともある（図3-2，図3-3）．

また，可処分所得から消費支出へのグランジャーの意味での因果性の有無をみるため，消費支出の増加率（年データ，前年比）を過去の消費支出および可処分所得の増加率に回帰したところ，米国，日本とも過去の可処分所得の増加率の係数は有意ではなく，可処分所得から消費支出へのグランジャーの意味での因果性があるとはいえないことがわかった．さらに，日本においては過去の

10）このことは，日本の経済政策の議論において，乗数効果を通じた「ケインズ政策」が依然として重視される背景になっていると考えられる．

図3-2　可処分所得と家計最終消費支出（日本）

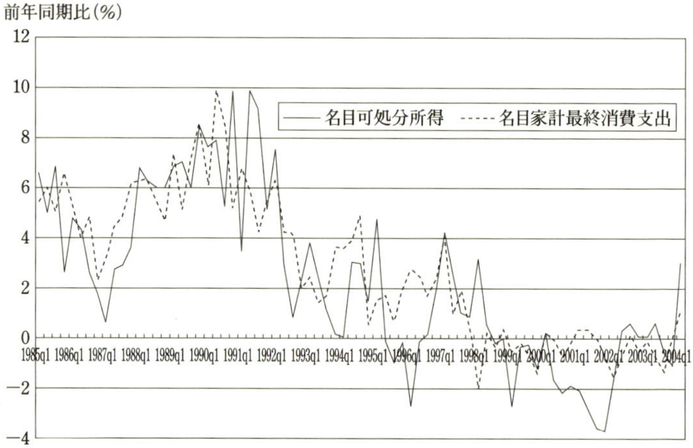

図3-3　可処分所得と家計最終消費支出（米国）

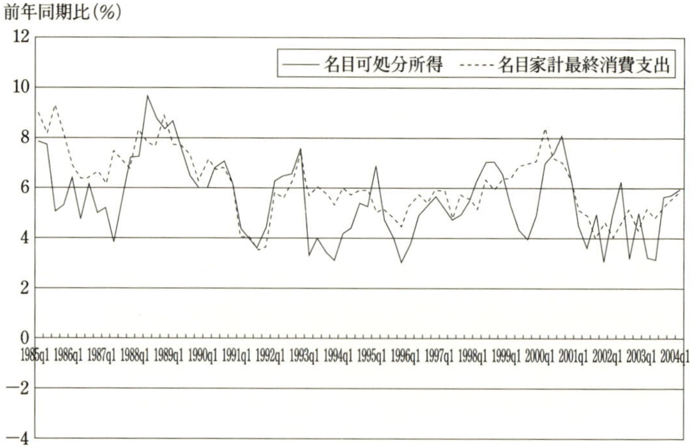

消費支出の増加率の係数は有意であるのに対して，米国においては過去の消費支出の増加率の係数も有意ではない[11]．

11）分析には名目のデータを用いた．理論的には実質のデータを用いる方が望ましいが，データを実質化する際，可処分所得も消費支出も同じデフレータ（家計最終消費支出デフレータ）を用いることになるため，回帰すると見かけの相関が出てしまう．

$$\Delta C_{US}/C_{US}=0.3687\Delta C_{US}(-1)/C_{US}(-1)$$
$$(1.18)$$
$$+0.0831\Delta Y_{US}(-1)/Y_{US}(-1)$$
$$(0.36)$$
$$+0.0331+e_{US}$$
$$(2.68)$$

自由度修正済 $R^2=0.18$

$$\Delta C_{JP}/C_{JP}=0.9532\Delta C_{JP}(-1)/C_{JP}(-1)$$
$$(3.22)$$
$$-0.0205\Delta Y_{JP}(-1)/Y_{JP}(-1)$$
$$(-0.08)$$
$$-0.0011+e_{JP}$$
$$(-0.22)$$

自由度修正済 $R^2=0.80$

ただし，C_{US}，C_{JP} は米国および日本の消費支出，Y_{US}，Y_{JP} は米国および日本の可処分所得，e_{US}，e_{JP} は米国および日本の誤差項を表す．(　) 内は t 値である．

以上のことから，景気を評価する際に，米国では消費支出関係の指標が重視されるのに対し，日本ではそれほど重視されないのは，米国の消費支出の変動が当期の所得の変動にあまり依存しないのに対して，日本の消費支出の変動は当期の所得の変動に依存していることが背景にあることがわかった．

また，米国の消費支出は，過去の消費支出にも当期の所得にもあまり影響を受けずに，それ以外の要因によって変動していると考えられるのに対して，日本の消費支出は，過去の消費支出や当期の所得に依存して変動する傾向にあることがわかった．

4.　雇用関係の指標の扱い

4.1　仮 説

米国では，日本とは異なり，財市場における経済活動水準を示す指標だけでなく雇用関係の指標も重視される傾向にある背景として，米国では経済活動水準の変動と雇用の変動の相関が大きいため，四半期統計で公表が遅くなる実質GDPを補完するものとして雇用関係の指標が経済活動水準を表す指標として活用できるのに対して，日本では相関が小さいため，雇用関係の指標が経済活動水準を表す指標として活用できないことが考えられる[12)].

4.2　検 証

米国と日本のそれぞれについて，実質成長率（前年同期比）と雇用の増加率（前年同期比）の相関係数を比較したところ，米国の相関係数は日本を上回っているものの，有意水準5%で相関係数に差がないという仮説が棄却できないことがわかった（表3-7）．すなわち，米国と日本で経済活動水準の変動と雇用の変動の関係に差があるわけではないことになる．

飯塚・浅子（2003）は，実質成長率（1期前）と雇用者数の増加率の相関関係について分析し，1980年代のサンプルに限定すると，実質成長率と雇用者数の増加率の間に有意な関係は見出せなかったが，1990年代のサンプルでは有意な正の相関を見出すことができ，「90年代に入ってそれまでの安定雇用から，成長率に応じて雇用者数が変化する経済へと日本が変わったことが確認される.」としている．すなわち，1990年代に入ってから日本で経済活動水準の変動と雇用の変動の間に関係がみられるようになったため，最近20年間のデータを用いると，日米で相関係数に有意な差が認められなくなってしまった可能性がある．

表3-7　日米の実質成長率と雇用の増加率の相関係数の比較（1985～2004年）

	日本	米国	標本数	Z-Value	P-Value
1985-2004年	0.606976	0.689778	80	0.868	$p=0.385$
1985-1994年	0.363503	0.822563	40	3.371**	$p=0.001$
1995-2004年	0.714085	0.624415	40	0.702	$p=0.483$

注：** は1%有意差があることを示す.
相関係数の差の検定：両側検定

12）こうした経済活動水準の変動と雇用の変動の相関関係はオークン法則として知られている．この関係は米国ではオークンの指摘以来，たいへん安定的とされているが，日本では，不安定とされてきた．日本におけるオークン法則の構造変化について分析したものとして，脇田（2005）がある．

そこで，データ期間を前半（1985〜1994年）と後半（1995〜2004年）に分けて，実質成長率（前年同期比）と雇用の増加率（前年同期比）の相関係数を比較したところ，後半については有意水準5%で相関係数に差がないという仮説が棄却できないのに対して，前半については，米国の相関係数は日本を上回っており，有意水準1%で相関係数に差がないという仮説を棄却できることがわかった．すなわち，1990年代半ばまでは米国と日本で経済活動水準の変動と雇用の変動の関係に差があり，米国の方が経済活動水準の変動と雇用の変動の相関が大きかったことになる．

以上のことから，景気を評価する際に，米国では財市場における経済活動水準を示す指標だけでなく雇用関係の指標も重視されるのに対し，日本ではそれほど重視されないのは，米国では経済活動水準の変動と雇用の変動の相関が大きいため，四半期統計で公表が遅くなる実質GDPを補完するものとして雇用関係の指標が経済活動水準を表す指標として活用できるのに対して，日本では1990年代半ばまでは相関が小さかったため，雇用関係の指標が経済活動水準を表す指標として活用できなかったことが背景にあることがわかった．ただし，最近は米国と日本で経済活動水準の変動と雇用の変動の関係に差があるわけではなく，日本でも雇用関係の指標が経済活動水準を表す指標として活用できるようになってきている[13]．

5.　結果のまとめと今後の展望

今回の分析で得られた結果については表3-8にまとめられている．各部門の活動水準の変動と，他の部門または経済全体の活動水準の変動（景気変動）との関係を比較分析することを通じて，日米で，経済に発生したショックが他の部門に波及していくプロセスに違いがあることが明らかになった．こうした違いが，日米でほぼ同じだけの経済指標が揃っているのに，景気を評価する際に注目される指標に違いが生じる背景にあると考えられる．

13）その背景として，非正規労働である「労働者派遣事務所の派遣社員」の雇用が急速に増加している（2005年平均で106万人）ことも関係していると考えられる．米国においては，経済活動水準の変動に対して敏感に反応するため，人材派遣業（Temporary help services）の雇用の変動が雇用全体の変動の先行指標として活用されている．

表3-8 結果のまとめ

	製造業関係の指標	消費支出関係の指標	雇用関係の指標
注目される指標の違い	日本では製造業関係の指標が重視されるのに対し，米国ではそれほど重視されない．	米国では日本以上に消費支出関係の指標が重視される傾向にある．	米国では，日本とは異なり，財市場における経済活動水準を示す指標だけでなく雇用関係の指標も重視される傾向にある．
背景にある景気変動の違い（仮説）	①日本の経済活動水準の変動は米国よりも大きく， ②それは，米国と比較して，日本においては，成長率の分散が大きい製造業の全産業に占める割合が大きいためである．	米国の消費支出の変動が当期の所得にあまり依存しないのに対して，日本の消費支出の変動は当期の所得の変動に依存している．	米国では経済活動水準の変動と雇用の変動の相関が大きいため，雇用関係の指標が経済活動水準を表す指標として活用できるのに対して，日本では相関が小さいため，雇用関係の指標が経済活動水準を表す指標として活用できない．
検証	① 1983年以降米国は2回しか景気の谷を経験していないのに対し，日本は4回景気の谷を経験している．また，日本の実質成長率の分散は米国を上回っている． ②日本の製造業の寄与度の分散は米国を上回っているが，これは，日本では全産業に占める製造業の割合が高いためであり，製造業の成長率の分散には差がない．また，日米とも製造業の成長率の分散はサービス業を上回っている．	米国よりも日本の方が消費支出の増加率と所得の増加率の相関が大きい．ただし，米国，日本とも可処分所得から消費支出へのグランジャーの意味での因果性があるとはいえない．	1990年代半ばまでは米国と日本で経済活動水準の変動と雇用の変動の関係に差があり，米国の方が経済活動水準の変動と雇用の変動の相関が大きかった．
その他	日本では，製造業のアウトプットに影響を与える需要項目（輸出，設備投資）の動向，製造業における在庫循環が重視される．そもそも米国の経済活動水準の変動も昔から小さかったわけではなく，平準化が生じたのは1980年代半ば以降である．	米国の消費支出は，過去の消費支出にも当期の所得にもあまり影響を受けずに，それ以外の要因によって変動していると考えられるのに対して，日本の消費支出は，過去の消費支出や当期の所得に依存して変動する傾向にある．	最近は米国と日本で経済活動水準の変動と雇用の変動の関係に差があるわけではなく，日本でも雇用関係の指標が経済活動水準を表す指標として活用できるようになってきている．

また，全体としてみると，日本については，消費支出が所得の影響を受け，所得が製造業の動向の影響を受けやすいため，経済全体として輸出および設備投資の変動の影響を受けやすいことがわかった．

ただ，日本においても経済のサービス化が進んで製造業の比率は低下しており，また，高齢化が進んで流動性制約が働く家計が少なくなってくると消費支出が当期の所得にあまり依存しなくなることが予想され，今後は経済に発生したショックが他の部門に波及していくプロセスが米国的になっていくことにより，景気循環の見方も米国的になっていくことが予想される．

中でも，経済活動水準の変動と雇用の変動の関係については，最近は米国と日本で差があるわけではなく，日本でも雇用関係の指標が経済活動水準を表す指標として活用できるようになってきている．

参考文献

赤羽隆夫 (1983),『シャーロックホームズに学ぶ景気探偵術入門』東洋経済新報社.

浅子和美・浅田利春・坂本和典・佐野尚史・司淳・中川和明・中田眞豪・長尾知幸・舟橋雅己・村達男 (1991),「戦後日本の景気循環：定型化された事実」『ファイナンシャル・レビュー』第19号, 大蔵省財政金融研究所.

飯塚信夫・浅子和美 (2003),「日本の景気循環—1990年代に何が起きたか—」浅子和美・福田慎一編『景気循環と景気予測』東京大学出版会, 第1章.

内閣府 (2004a),「平成16年度年次経済財政報告，第1章　改革とともに回復を続ける日本経済, 第6節　景気の将来展望」2004年7月16日,
http://www5.cao.go.jp/j-j/wp/wp-je04/04-00000.html

内閣府経済社会総合研究所 (2004b),「景気動向指数の改訂及び景気循環日付について」2004年11月1日,
http://www.esri.cao.go.jp/jp/stat/menu.html

内閣府 (2005a),「平成17年度の経済見通しと経済財政運営の基本的態度」2005年1月21日閣議決定,
http://www5.cao.go.jp/keizai1/2005/0121mitoshi.pdf

内閣府 (2005b),「平成17年5月月例経済報告」2005年5月19日,
http://www5.cao.go.jp/keizai3/2005/0519getsurei/main.html

羽森茂之・徳永俊史 (1997),「資本市場と消費活動」浅子和美・福田慎一・吉野直行編『現代マクロ経済分析』東京大学出版会, 8章.

脇田茂 (2005),「労働市場の失われた10年：労働分配率とオークン法則」『ファイナンシャル・レビュー』第78号, 財務省財務総合研究所.

Conference Board (2000), “Description of Components,” Conference Board Website, 2000年3月9日,
http://www.conference-board.org/economics/bci/component.cfm

Council of Economic Advisors (2004), “The Annual Report of the Council of Economic Advisers,” Council of Economic Advisers, 2004年1月30日,
http://www.gpoaccess.gov/usbudget/fy05/pdf/2004_erp.pdf

Ferguson, Jr., Roger W. (2005), “Remarks to the Banco de Mexico International Conference,” Federal Reserve Board Website, 2005年11月15日, http://www.federalreserve.gov/boarddocs/speeches/2005/200511152/default.htm

Kim, Chang-Jin, and Charles R. Nelson (1999), "Has the U. S. Economy Become More Stable? A Bayesian Approach Based on a Markov-Switching Model of the Business Cycle," *Review of Economics and Statistics*, Vol. 81, No. 4, pp. 608-616.

McConnell, Margaret M., and Gabriel Perez-Quiros (2000), "Output Fluctuations in the United States: What Has Changed Since the Early 1980s?" *American Economic Review*, Vol. 90, No. 5, pp. 1464-1476.

National Bureau of Economic Research (2003), "The NBER's Business-Cycle Dating Procedure," National Bureau of Economic Research Website, 2003年10月21日, http://www.nber.org/cycles/recessions.pdf

National Bureau of Economic Research (2005), "Business Cycle Expansions and Contractions," National Bureau of Economic Research Website, 2005年5月29日, http://www.nber.org/cycles.html/

第4章

景気指数の統計モデル

展望と日本経済への適用

林田元就

1. はじめに

景気は経済活動を営む経営者やビジネスマン，政策対応を行う官僚など多くの人々にとって関心の高い事柄の1つである．しかし，その景気の姿ははっきりと目に見えるものでなく，たとえば，一国全体の景気動向がどのような局面にあるかを具体的に把握するのは意外に難しい．そこで景気動向を簡単に計測する道具としてさまざまな景気指数が開発されている．本章では景気指数研究のフロンティアにおいて研究が急速に進展している新たな景気循環の計測手法について概説する．

Diffusion Index (DI) や Composit Index (CI) といった従来型の景気計測手法が記述統計の観点から計測されているのに対し，本章で述べる新たな計測手法は，景気循環の標準的な定義とされている Burns and Mitchell (1947) の考え方[1]に基づく統計モデルを構築し，計量経済学の手法を用いて景気の計測を行おうとするものである．こうした手法を用いたモデルには大きく分けて以下の3つがある．

1. ダイナミック・ファクター・モデル：Stock and Watson (1988) はダイナミック・ファクター・モデルを用いて複数のマクロ経済データから他の変数

1) Burns and Mitchell (1947) によれば，景気循環というのは「①主として私企業から成り立つ国の総体的な経済活動にみられる1つの変動の型であり，②その循環は多くの経済活動においてほぼ同時に起こる拡張と，それと同様に続く一般的な後退，収縮，そして，次の循環の拡張局面につながる回復という4つの局面から成り立つ．③この変化の一連の動きは，繰り返して起こるが，定期的なものではない．④景気循環の継続期間は1年から10年ないしは12年にわたるものである．⑤同じような振幅を持つ似たような性質のより短い循環に分割することはできない．」と定義されている．

と共通の変動部分と他の変数とは直交している部分を抽出し，共通の変動部分を数量化された景気と考えた．そこで米国商務省（Department of Commerce）が作成していた景気一致指数（CI）[2] を構成する実質個人所得，製造業と小売業の販売額，非農業雇用者数の4変数から景気指数を抽出した．

2．レジーム・スイッチング・モデル：Hamilton (1989) は景気の拡張期と後退期で変動パターンが異なる点に着目し，単変数，具体的には米国の実質GNPデータの平均変化率がマルコフ過程に基づき景気局面ごとにスイッチする時系列モデルを開発した．このモデルでは，Stock and Watson (1988) モデルのように景気の強弱は計算できないが，各期が景気後退期にある確率，あるいは，拡張期にある確率を計算することができる．

3．ダイナミック・マルコフ・スイッチング・ファクター・モデル：Diebold and Rudebusch (1996) や Kim and Nelson (1998) はダイナミック・ファクター・モデルを景気拡張期と後退期で景気変動パターンが変化するように拡張したモデルを提案した．このモデルはダイナミック・ファクター・モデルとレジーム・スイッチング・モデルを組み合わせたもので，景気指数とともに景気後退確率あるいは拡張確率を同時に計算することができる．

大まかに分類すると，ダイナミック・ファクター・モデルによる景気指数は景気の強弱を計測しているのに対し，レジーム・スイッチング・モデルによる景気後退確率は景気の方向を計測している[3]．従来型景気指数との関係では，ダイナミック・ファクター・モデルがCI型，レジーム・スイッチング・モデルがDI型，そして，ダイナミック・マルコフ・スイッチング・ファクター・モデルはDIとCIの混合型のモデルと考えることができる．

最近ではこうした新たな景気指数を日本経済に適用する研究が蓄積されつつあり，一部実用化されているものもある．景気指数に適用可能な統計モデル全般のサーベイと日本経済への適用を行った文献としては加納・小巻 (2003) が参考となる．また，ダイナミック・ファクター・モデルを日本経済に適用した

2）現在では米国民間シンクタンクのコンファレンス・ボードが作成，公表している．

3）その他に，DIを推定するタイプの統計モデルとして Neftici (1982) によるネフチ・モデルが挙げられる．ネフチ・モデルでは，ある t 時点が景気拡張期にあるか，後退期にあるかという先験的な情報を必要とするのに対し，レジーム・スイッチング・モデルでは景気の転換がマルコフ過程に従うと仮定することにより，当該 t 時点がいずれの景気局面に属するかをも推定することができる．

文献としては大日 (1992)，森・佐竹・大日 (1993)，Fukuda and Onodera (2001) をはじめとする多くの研究がなされている．Mariano and Murasawa (2002) は月次 GDP の推定のために，月次と四半期データの両方が利用できるようにダイナミック・ファクター・モデルの拡張を試みている．また，実用例としては日本経済新聞社の日経 BI，三菱 UFJ 証券の BCI があり，それぞれの新聞紙面やレポート上で毎月公表されている．他方，ダイナミック・マルコフ・スイッチング・ファクター・モデルを日本経済に適用した例は比較的少ない．Kaufman (2000) は日本を含む先進8カ国の四半期データを用いてダイナミック・マルコフ・スイッチング・ファクター・モデルを推定している．また，Watanabe (2002) は内閣府景気動向指数の一致指数に採用されている月次のマクロ経済データから5つまたは4つの変数を選択して同モデルの推定を行っている．

本章では，上記3つのモデルのうちダイナミック・ファクター・モデル，ダイナミック・マルコフ・スイッチング・ファクター・モデルに焦点をあて，日本経済への適用，モデル改良の一例を示す．

2. 景気指数の統計モデル

本節では1節で紹介した景気指数の推定に利用できる代表的な3つの統計モデルのうち，応用範囲が広いと考えられるダイナミック・ファクター・モデル，ダイナミック・マルコフ・スイッチング・ファクター・モデルの2つのモデルについて概説する．

2.1 ダイナミック・ファクター・モデル

状態空間モデルは未知の観測できない変数を含む時系列データの動学的な構造を表現する際に有用なモデルとして知られている．このうち，ダイナミック・ファクター・モデルはいくつかの変数に共通する変動が1つ存在すると仮定される場合に適用できるタイプの状態空間モデルである．Stock and Watson (1988) はいくつかのマクロ経済データに共通する観測できない変動を景気と考え，ダイナミック・ファクター・モデルを用いて景気指数を計算した．

$Y_{it}\ (i=1, \cdots, n)$ を n 個の観測可能なマクロ経済データの対数値とした場合，

景気指数を推定するためのダイナミック・ファクター・モデルは,

$$\Delta y_{it}=\gamma_{i0}\Delta c_t+\gamma_{i1}\Delta c_{t-1}+z_{it}, \tag{1}$$

$$\Delta c_t=\phi_1\Delta c_{t-1}+\phi_2\Delta c_{t-2}+v_t,\quad v_t\sim \text{i. i. d. } N(0,1), \tag{2}$$

$$z_{it}=\psi_{i1}z_{i,t-1}+\psi_{i2}z_{i,t-2}+e_{it},\quad e_{it}\sim \text{i. i. d. } N(0,\sigma_i^2). \tag{3}$$

となる[4)]. ただし, $\Delta y_{it}=\Delta Y_{it}-E(\Delta Y_{it})$ であり, 推定すべきパラメータの数を減らすためにデータは平均偏差に変換されている.

状態空間モデルの枠組みでは（1）式は観測方程式 (measurement equation) と呼ばれ, Δy_{it} の固有の動きを示す z_{it} と共通の動きを示す Δc_t の2つの要素から構成されている. この Δc_t が直接には観測できない未知の景気動向を表し, この例では当期と前期の Δc が各変数に γ_{i0}, γ_{i1} のウェイトで影響を及ぼす構造となっている. 一方,（2）,（3）式は遷移方程式 (transition equation) と呼ばれ, Δc_t と z_{it} の確率過程を表現したものである. ここでは Δc_t と z_{it} が自己回帰過程 AR(2) に従うと想定している. また, 攪乱項 v_t と e_{it} は互いに独立な正規分布に従うが, モデルを識別可能にするため v_t の分散は1に規準化されている.

景気指数を構成する変数が3つの場合 ($i=1,2,3$),（1）,（2）,（3）式からなるモデルは以下のような線型ガウシアン状態空間モデルとして表現できる.

$$\begin{bmatrix}\Delta y_{1t}\\ \Delta y_{2t}\\ \Delta y_{3t}\end{bmatrix}=\begin{bmatrix}\gamma_{10} & \gamma_{11} & 1 & 0 & 0 & 0 & 0 & 0\\ \gamma_{20} & \gamma_{21} & 0 & 0 & 1 & 0 & 0 & 0\\ \gamma_{30} & \gamma_{31} & 0 & 0 & 0 & 0 & 1 & 0\end{bmatrix}\begin{bmatrix}\Delta c_t\\ \Delta c_{t-1}\\ z_{1t}\\ z_{1,t-1}\\ z_{2t}\\ z_{2,t-1}\\ z_{3t}\\ z_{3,t-1}\end{bmatrix} \tag{4}$$

4) 上記（1）,（2）,（3）式は以下のように一般化できる.

$\Delta y_{it}=\gamma_i(L)\Delta c_t+z_{it},\quad i=1,\cdots,n$

$\phi(L)\Delta c_t=v_t,\quad v_t\sim \text{i. i. d. } N(0,1),$

$\psi_i(L)z_{it}=e_{it},\quad e_{it}\sim \text{i. i. d. } N(0,\sigma_i^2),\quad i=1,\cdots,n.$

Δc_t は n 個のデータの共動要素, すなわち, これが景気指数となる. $\gamma_i(L)=\gamma_{i0}+\gamma_{i1}L+\cdots+\gamma_{ip}L^p$, $\phi(L)=1-\phi_1L-\phi_2L^2-\cdots-\phi_qL^q$, $\psi_i(L)=1-\psi_{i1}L-\cdots-\psi_{ir}L^r$ なるラグ多項式である.

$$
\begin{bmatrix} \Delta c_t \\ \Delta c_{t-1} \\ z_{1t} \\ z_{1,t-1} \\ z_{2t} \\ z_{2,t-1} \\ z_{3t} \\ z_{3,t-1} \end{bmatrix}
=
\begin{bmatrix}
\phi_1 & \phi_2 & 0 & 0 & 0 & 0 & 0 & 0 \\
1 & 0 & 0 & 0 & 0 & 0 & 0 & 0 \\
0 & 0 & \psi_{11} & \psi_{12} & 0 & 0 & 0 & 0 \\
0 & 0 & 1 & 0 & 0 & 0 & 0 & 0 \\
0 & 0 & 0 & 0 & \psi_{21} & \psi_{22} & 0 & 0 \\
0 & 0 & 0 & 0 & 1 & 0 & 0 & 0 \\
0 & 0 & 0 & 0 & 0 & 0 & \psi_{31} & \psi_{32} \\
0 & 0 & 0 & 0 & 0 & 0 & 1 & 0
\end{bmatrix}
\begin{bmatrix} \Delta c_{t-1} \\ \Delta c_{t-2} \\ z_{1,t-1} \\ z_{1,t-2} \\ z_{2,t-1} \\ z_{2,t-2} \\ z_{3,t-1} \\ z_{3,t-2} \end{bmatrix}
+
\begin{bmatrix} v_t \\ 0 \\ e_{1t} \\ 0 \\ e_{2t} \\ 0 \\ e_{3t} \\ 0 \end{bmatrix}
\quad (5)
$$

上記の状態空間モデルは，パラメータの値を最尤推定値にしてカルマン・フィルターおよびスムージングを適用することにより景気指数 Δc_t を推定することができる[5)].

2.2　ダイナミック・マルコフ・スイッチング・ファクター・モデル

Kim and Nelson (1998) はダイナミック・ファクター・モデルとレジーム・スイッチング・モデルを組み合わせたダイナミック・マルコフ・スイッチング・ファクター・モデルと呼ばれる景気の量感と方向性を同時に推定できるモデルを提案した．ここではレジーム・スイッチング・モデルについて解説した後，ダイナミック・マルコフ・スイッチング・ファクター・モデルの基本モデルについて説明する．

Hamilton (1989) は多くのマクロ経済変数の成長率の平均が景気後退局面よりも景気拡張局面で高いことに着目し，景気局面により成長率の平均がスイッチするメカニズムを組み込んだモデルを提案した．こうしたモデルを一般にレジーム・スイッチング・モデルと呼ぶ．このモデルでは，ダイナミック・ファクター・モデルから計算された景気指数のように景気の量的変化は計測できないが，各期の景気後退期，あるいは，拡張期である確率を推定することが可能であり，この確率から景気の変化方向を判断することができる．Hamilton (1989) は米国の実質 GNP 成長率データを用い，以下のようにモデルを定式化した．

5)　推定の詳細については Kim and Nelson (1999) を参照されたい．

$$S_t=\begin{cases}1 & \text{景気後退期,}\\ 0 & \text{景気拡張期,}\end{cases} \tag{6}$$

$$\begin{aligned}&\Pr[S_t=1|S_{t-1}=1]=p,\quad \Pr[S_t=0|S_{t-1}=1]=1-p,\\ &\Pr[S_t=0|S_{t-1}=0]=q,\quad \Pr[S_t=1|S_{t-1}=0]=1-q.\end{aligned} \tag{7}$$

（6）式では景気が後退期にあるか，拡張期にあるかを示す変数を S_t，（7）式では景気が前期から引き続き後退期にある確率を p，前期から引き続き拡張期にある確率を q とそれぞれ定義し，直接には観測できない変数である S_t の推移が1階のマルコフ過程に従うと仮定した．その上で実質 GNP 成長率を以下のように定式化した．

$$\begin{aligned}&(\Delta Y_t-\mu_{st})=\phi_1(\Delta Y_{t-1}-\mu_{s,t-1})+\cdots+\phi_4(\Delta Y_{t-4}-\mu_{s,t-4})+e_t,\\ &\qquad e_t\sim \text{i. i. d.}\ N(0,\sigma^2),\end{aligned} \tag{8}$$

$$\mu_{st}=\alpha_0+\alpha_1 S_t+\mu_{s,t-1}. \tag{9}$$

ただし，Y_t は実質 GNP の対数値である．ΔY_t はその対数階差値であり，実質 GNP 成長率を示す．（8）式は実質 GNP 成長率 ΔY_t と平均成長率 μ_{st} との乖離が AR(4) の自己回帰過程に従うことを表現している．（9）式はその平均成長率が景気拡張期 $S_t=0$ の時には $\alpha_0+\mu_{s,t-1}$，景気後退期 $S_t=1$ の時には $\alpha_0+\alpha_1+\mu_{s,t-1}$ となることを示しており，ここで実質 GNP の平均成長率が景気局面によりスイッチするメカニズムを表現している．

上記モデルは，Hamilton (1989) で提案されたフィルターを適用すれば，最尤法によりパラメータ $(\mu_{s,t}, \phi_t, \sigma^2)$ を推定することができる．その後，推定されたパラメータを最尤推定値として Kim (1994) で提案されたスムーザーを適用すれば，平滑化確率 $P(S_t=1|\tilde{y}_1,\cdots,\tilde{y}_T)$，$P(S_t=0|\tilde{y}_1,\cdots,\tilde{y}_T)$ を計算することが可能となる[6]．

Kim and Nelson (1998) により提案されたダイナミック・マルコフ・スイッチング・ファクター・モデルは，前節で説明したダイナミック・ファクター・モデルに上記のレジーム・スイッチング・モデルを組み合わせたモデルであり，景気指数と景気後退確率を同時に推定することができる．モデルの基本型は，

6）推定の詳細については Kim and Nelson (1999) を参照．

$$\Delta y_{it} = \gamma_{i0}\Delta c_t + \gamma_{i1}\Delta c_{t-1} + z_{it}, \quad i=1, \cdots, n, \tag{10}$$

$$\Delta c_t - \mu_{st} = \phi_1(\Delta c_{t-1} - \mu_{s,t-1}) + \phi_2(\Delta c_{t-2} - \mu_{s,t-2}) + v_t,$$
$$v_t \sim \text{i.i.d.}\ N(0, 1), \tag{11}$$

$$z_{it} = \psi_{i1} z_{i,t-1} + \psi_{i2} z_{i,t-2} + e_{it}, \quad e_{it} \sim \text{i.i.d.}\ N(0, \sigma_i^2), \quad i=1, \cdots, n, \tag{12}$$

$$\mu_{st} = \mu_0 + \mu_1 S_t, \quad S_t = 0, 1, \tag{13}$$

$$\begin{aligned} &\Pr[S_t=1|S_{t-1}=1]=p, \quad \Pr[S_t=0|S_{t-1}=1]=1-p, \\ &\Pr[S_t=0|S_{t-1}=0]=q, \quad \Pr[S_t=1|S_{t-1}=0]=1-q. \end{aligned} \tag{14}$$

となる[7]．ここで Y_{it} は観測可能なマクロ経済データの対数値を示し，$\Delta y_{it} = \Delta Y_{it} - E(\Delta Y_{it})$ である．

(10) 式の観測方程式は前項の（1）式と同様，直接には観測できない景気指数 Δc_t が n 個のマクロ経済データ Δy_{it} にラグを持って影響を及ぼすことを表現し，(11)，(12) 式の遷移方程式は前項の（2），（3）式と同様，景気指数 Δc_t，各マクロ経済データに固有の動き z_{it} の確率過程をそれぞれ表現している．ただし，(11) 式は前項のダイナミック・ファクター・モデルとは異なり，Δc_t と (13) 式における景気局面によってスイッチする平均成長率 μ_{st} との乖離が自己回帰過程に従うことを想定している．そして，μ_{st} は (13) 式のように景気が後退期 ($S_t=1$) にあるのか拡張期 ($S_t=0$) にあるのかに依存して決まり[8]，(14) 式で景気局面 S_t の推移確率がマルコフ過程に従うと仮定している．なお，v_t と e_{it} はすべての i と t について互いに独立であり，v_t の分散はモデルの識別可能性を保つため1に規準化されている．(11) 式において μ_{st} が0であれば，ダイナミック・ファクター・モデルとなり，Δc_t が観察不可能な景気循環でなく観測可能な経済変数であれば，(11)～(14) 式はレジーム・スイ

7) 式を一般化すると以下のようになる．

$$\Delta y_{it} = \gamma_i(L)\Delta c_t + z_{it}, \quad i=1, \cdots, n,$$
$$\phi(L)(\Delta c_t - \mu_{st}) = v_t, \quad v_t \sim \text{i.i.d.}\ N(0, 1),$$
$$\psi(L) z_{it} = \epsilon_{it}, \quad \epsilon_{it} \sim \text{i.i.d.}\ N(0, \sigma^2), \quad i=1, \cdots, n,$$
$$\mu_{st} = \mu_0 + \mu_1 S_t, \quad S_t = 0, 1,$$
$$\Pr[S_t=1|S_{t-1}=1]=p, \quad \Pr[S_t=0|S_{t-1}=1]=1-p,$$
$$\Pr[S_t=0|S_{t-1}=0]=q, \quad \Pr[S_t=1|S_{t-1}=0]=1-q.$$

ただし，$\gamma_i(L) = \gamma_{i0} + \gamma_{i1}L + \cdots + \gamma_{ip}L^p$，$\phi(L) = 1 - \phi_1 L - \phi_2 L^2 - \cdots - \phi_q L^q$，$\psi_i(L) = 1 - \psi_{i1}L - \cdots - \psi_{ir}L^r$ なるラグ多項式である．

8) Kim and Nelson (1998) では景気指数の平均成長率は後退期 ($S_t=1$) よりも拡張期 ($S_t=0$) の方がより大きいことを考慮し，μ_1 は $\mu_1>0$ を仮定している．一方，Watanabe (2002) では μ_{st} の平均が正であることを考慮し，同時に $\mu_0<0$ も仮定している．

ッチング・モデルとなる．

上記のモデルを用いて景気循環 Δc_t の推計を行うことになる．ダイナミック・ファクター・モデルは線型ガウジアン状態空間モデルで表現できるので，その尤度はカルマン・フィルターを実行することによって評価することができる．レジーム・スイッチング・モデルについてもその尤度はハミルトン・フィルターを用いて評価することができる．したがって，これらのモデルのパラメータは通常の最尤法で評価できる．

しかし，上記のダイナミック・マルコフ・スイッチング・ファクター・モデルの場合，μ_{st} の値は $t-1$ 期には未知であるため，(10)，(11) 式からなるモデルはもはや線型状態空間モデルではなく，カルマン・フィルターを適用することが不可能である．つまり，ダイナミック・マルコフ・スイッチング・ファクター・モデルは最尤法を用いてパラメータを評価することができず，その尤度を評価することは不可能である．しかし，マルコフ連鎖モンテカルロ (MCMC) 法と呼ばれるサンプリングの方法を用いると，パラメータや景気指数，そして，各時点の景気後退 (拡張) 確率を同時にその事後分布からサンプリングすることが可能となる[9)]．

ダイナミック・ファクター・モデルによる景気指数の推定やレジーム・スイッチング・モデルによる景気後退確率の推定では，パラメータは最尤推定値に固定している．これは，誤差を含んでいるにも関わらず推定値を真の値として推定しているということである．一方，MCMC 法を用いたベイズ推定では，景気指数，景気後退確率をパラメータと同時に推定することができるので，パラメータの推定誤差も考慮に入れて景気指数および景気後退確率を推定できることになる．

3. 日本経済への適用と改良

本節では，適切な検定方法に基づいてダイナミック・ファクター・モデルの

9) MCMC 法とは，ランダム・サンプリングが難しい場合に 1 回前にサンプリングされた値に依存させて次の値をサンプリングする方法である．サンプリングされた値からパラメータの期待値や分散を推定する方法をベイズ推定と呼ぶ．MCMC 法やベイズ推定について詳しくは Gamerman (1997) を参照．

モデル構造を特定化し，先行研究で示されたモデルよりも望ましい景気指数の作成を試みる．その後，ダイナミック・ファクター・モデルにおいて最適とされたモデル構造をダイナミック・マルコフ・スイッチング・ファクター・モデルに適用して，景気指数と景気後退確率の推定を行う．

3.1　推定に使用するデータ

景気指数を構成するマクロ経済データである Y_{it} に用いるデータは，内閣府が作成している景気動向指数一致系列の中から，鉱工業生産指数 (Y_1)，鉱工業生産財出荷指数 (Y_2)，製造工業稼働率指数 (Y_3)，製造業中小企業売上高 (Y_4)，製造業所定外労働時間指数 (Y_5) の 5 つの変数を選択した (表 4-1)．無数にある経済データの中からどの変数を採り上げるかという変数選択の問題は別途考慮すべき問題であるが，本節は次数選択によるモデル構造の改良が目的であるため，変数の採用については Watanabe (2002) に従った．また，推定には 1978 年 6 月から 2003 年 10 月までの 305 カ月の原系列月次データを利用し，すべての変数について米国センサス局 X-11 法により季節調整を施した．

それぞれの変数の対数値の推移について観察すると，いずれの変数についても単位根の存在が示唆され，1990 年代前半に成長トレンドの屈折や段差が観察された．鉱工業生産指数の上昇トレンドは 1991 年頃を境に消滅，製造工業稼働率指数と中小企業売上高は 1991 年頃を境に上昇トレンドが減少トレンドに転じている．一方，製造業所定外労働時間指数と製造工業稼働率指数は 1991 年頃を境に大きな段差が生じている．次に，対数階差値の推移について観察すると，製造業所定外労働時間指数に自己相関の存在がうかがえたが，単位根検定 (ADF テスト) の結果，すべての変数について 1 階の階差で定常となることが示された．

表 4-1　推定に使用するデータ

コード	変数名
Y_1	鉱工業生産指数
Y_2	鉱工業生産財出荷指数
Y_3	稼働率指数 (製造工業)
Y_4	中小企業売上高 (製造業)
Y_5	所定外労働時間指数 (製造業)

3.2　ダイナミック・ファクター・モデルによる時系列構造の特定化

観察できない真の景気循環と個別経済変数（景気指数の構成変数）の時系列構造を明示的に示すことができる点で統計モデルに基づく景気指数は従来型景気指数よりも優れている．この利点を生かし，モデルの動学的構造を統計的に特定化することが本項の目的である．

当然ながら景気一致指数の構成変数は景気に一致して変動する変数を集めて作成されている．しかし，データが週次や月次のような短い単位の場合，真の景気循環と個別経済変数の間には若干のリードやラグが存在すると考える方が自然である．

2.1項で説明したダイナミック・ファクター・モデルの例では（1），（4）式は個別経済データの共動要素として景気循環を定式化しており，そのラグ構造が $\gamma_i(L)=\gamma_{i0}+\gamma_{i1}L$ で示されている．つまり，景気循環を示す景気指数 (Δc_t) は個別経済データ (Δy_{it}) へ当期と前期のラグをもって影響が波及することを想定している．一方，（2），（5）式は景気循環の時系列構造を定式化しており，その構造は $\phi(L)=1-\phi_1L-\phi_2L^2$ で示されている．つまり，景気指数の確率過程は自己回帰過程 $AR(2)$ に従うと仮定している[10)]．

本項ではダイナミック・ファクター・モデルを用いて，前項の5つの経済データの対数階差値から景気指数を推定し，情報量基準の観点からモデルの時系列構造を特定化した．推定期間は1978年6月から2003年10月までの305カ月である．

推定したモデルは以下の通りである．

$$\Delta y_{it}=\gamma_{i0}\Delta c_t+\gamma_{i1}\Delta c_{t-1}+\cdots+\gamma_{il}\Delta c_{t-l}+z_{it}, \tag{15}$$

$$\Delta c_t=\phi_1\Delta c_{t-1}+\phi_2\Delta c_{t-2}+\cdots+\phi_m\Delta c_{t-m}+v_t, \quad v_t \sim \text{i. i. d. } N(0,1), \tag{16}$$

$$z_{it}=\psi_{i1}z_{i,t-1}+\psi_{i2}z_{i,t-2}+\cdots+\psi_{in}z_{i,t-n}+e_{it}, \quad e_{it} \sim \text{i. i. d. } N(0,\sigma_i^2). \tag{17}$$

ここで，l は γ_i の次数，m は ϕ の次数，n は ψ_i の次数である．

10）確率的景気指数を日本経済に適用した先行研究においては，こうしたモデル構造はアドホックに決められている．たとえば，Fukuda and Onodera (2001) では，景気循環を示す Δc_t 自身の時系列構造については自己回帰係数の有意性を検定することにより AR(3) を選択している．しかし，景気循環から各経済変数への波及については，今期のみであることを仮定しているにとどまっているようである．

時系列モデルにおけるモデル選択法は，対数尤度をいくつかの基準の下で評価し，各式右辺の変数のラグ次数を決定する．各式のラグ次数の組 (l, m, n) に対して，対数尤度を最大化する次数の組を $\Psi^*(l, m, n)$ とすると，その時の対数尤度は $\ln L(\Psi^*(l, m, n))$ として求められる．対数尤度を評価する基準には，尤度比検定のほか，AIC (Akaike information criterion) や BIC (Bayes information criterion) などの情報量基準による検定がある．入れ子型仮説に基づくモデル選択の場合は尤度比検定を用いるが，本章でのモデル選択は非入れ子型仮説に基づくものであるため，情報量基準によるモデル選択を行うことになる．AIC，BIC はともにその値が最小となるモデルを最適として採用するが，AIC はラグ次数を長くとる傾向があることや統計量が一致性を満たさない．このため本章では判断基準は BIC を優先することにした．

上記モデルの次数を選択するための統計量が表 4-2 にまとめられている．当期の景気指数が当期のマクロ経済データに影響を及ぼすという仮定した場合，つまり，$l=1$，$n=1$，もしくは，$l=1$，$n=2$ の場合は，Fukuda and Onodera (2001) と同様，$m=3$ の時に BIC が最も小さくなる．つまり，景気循環から各マクロ経済データへの時間的波及は今期のみの場合，景気循環の時系列構造は AR(3) に従うというモデル構造が選ばれる．しかし，その他のラグ次数の組み合わせも考慮すると，BIC が最小となるのは $(l, m, n)=(3, 2, 1)$ の時である．つまり，さまざまな次数の組み合わせの中から最適な組み合わせを選択することができる情報量基準によるモデル選択によれば，景気循環から個別経済変数へは 3 カ月程度のラグを伴うこと，その場合，景気循環の時系列構造は AR(2) が選択されるということを示している．この結果，景気循環と各経済変数との間の時間的波及は，先行研究におけるモデルよりも長いラグ次数が必要であることがわかる．

3.3　ダイナミック・マルコフ・スイッチング・ファクター・モデルの推定

本項では，前項で導かれたモデルの時系列構造をダイナミック・マルコフ・スイッチング・ファクター・モデルに適用して景気指数と景気後退確率を推定する．

(l, m, n) を γ_i，ϕ，ψ_i の次数とした時，次数が $(l, m, n)=(3, 2, 1)$，かつ，観測できるマクロ経済データが k 個のダイナミック・ファクター・モデルは

表 4-2　DF モデルの次数選択

	次数			対数尤度	BIC	AIC
	l	m	n			
1	3	2	1	−1329.9	2814.5	2713.7
2	4	2	1	−1322.1	2827.6	2708.1
3	3	2	2	−1324.6	2832.8	2713.3
4	2	1	1	−1360.7	2841.8	2763.4
5	2	2	1	−1359.7	2845.5	2763.3
6	4	2	2	−1316.7	2845.5	2707.4
7	3	3	1	−1344.5	2849.6	2745.1
8	2	3	1	−1359.6	2851.1	2765.3
9	2	1	2	−1354.7	2858.5	2761.4
10	1	3	1	−1378.8	2860.8	2793.6
11	3	3	2	−1336.4	2862.0	2738.8
12	3	1	1	−1356.5	2862.1	2765.1
13	2	2	2	−1353.8	2862.5	2761.7
14	1	2	1	−1384.7	2866.8	2803.4
15	2	3	2	−1353.8	2868.2	2763.7
16	4	3	2	−1322.8	2870.2	2723.9
17	4	3	1	−1337.1	2870.8	2742.8
18	1	3	2	−1371.5	2874.9	2789.0
19	4	1	1	−1348.8	2875.3	2759.6
20	3	1	2	−1350.0	2877.7	2762.0
21	4	1	2	−1336.4	2879.2	2744.8
22	1	2	2	−1377.1	2880.4	2798.3
23	1	1	1	−1399.4	2890.5	2830.8
24	1	1	2	−1388.7	2897.8	2819.4
25	0	1	2	−1410.4	2912.5	2852.7
26	0	2	2	−1409.0	2915.5	2852.0
27	0	3	2	−1409.0	2921.2	2854.0
28	0	1	1	−1435.6	2934.3	2893.3
29	0	2	1	−1434.3	2937.4	2892.6
30	0	3	1	−1434.3	2943.1	2894.5

注：表は BIC の小さい順に並べている．

以下のようになる．ただし，$\Delta y_{it}=\Delta Y_{it}-\Delta\bar{Y}$，$\Delta c_t=\Delta C_t-\delta$ であり，$S_t=1$ は景気後退期，$S_t=0$ は景気拡張期を示す．

$$\Delta y_{it}=\gamma_{i0}\Delta c_t+\gamma_{i1}\Delta c_{t-1}+\gamma_{i2}\Delta c_{t-2}+\gamma_{i3}\Delta c_{t-3}+z_{it},\quad i=1,\cdots,k, \tag{18}$$

$$\Delta c_t=\mu_{st}+\phi_1\Delta c_{t-1}+\phi_2\Delta c_{t-2}+v_t,\quad v_t\sim \text{i. i. d. } N(0,1) \tag{19}$$

$$z_{it}=\psi_{i1}z_{i,t-1}+e_{it},\quad e_{it}\sim \text{i. i. d. } N(0,\sigma_i^2),\quad i=1,\cdots,k, \tag{20}$$

$$\mu_{st}=\mu_0+\mu_1 S_t, \tag{21}$$

$$\begin{gathered}\Pr[S_t=1|S_{t-1}=1]=p,\quad \Pr[S_t=0|S_{t-1}=1]=1-p,\\ \Pr[S_t=0|S_{t-1}=0]=q,\quad \Pr[S_t=1|S_{t-1}=0]=1-q.\end{gathered} \tag{22}$$

データは3.1項と同様，鉱工業生産指数(Y_1)，鉱工業生産財出荷指数(Y_2)，製造工業稼働率指数(Y_3)，製造業中小企業売上高(Y_4)，製造業所定外労働時間指数(Y_5)の5つの変数を用い，推定期間も前項と同じく1978年6月から2003年10月までの305カ月である．パラメータの事後分布をギブス・サンプ

表4-3　DMSモデルの推定結果

	係数	標準偏差	95%下限	95%上限	CD
p	0.743	0.045	0.087	0.946	2.190
q	0.822	0.039	0.187	0.972	2.354
ϕ_1	−0.599	0.022	−0.769	−0.275	−1.975
ϕ_2	−0.264	0.017	−0.421	−0.008	−1.974
μ_0	−0.565	0.021	−1.067	−0.191	1.047
μ_1	0.889	0.042	0.436	1.706	−1.509
δ	1.202	0.006	1.072	1.345	1.151
$\mu_0+\mu_1$	0.325	0.022	0.128	0.735	−1.833
γ_{10}	−0.138	0.002	−0.304	0.028	3.320
γ_{11}	−0.060	0.001	−0.224	0.107	0.490
γ_{12}	0.159	0.001	0.110	0.218	−1.480
γ_{13}	0.754	0.004	0.627	0.893	1.323
ψ_{11}	−0.356	0.000	−0.487	−0.224	−0.179
σ_{21}	1.076	0.001	0.901	1.276	0.202
γ_{20}	0.260	0.002	0.125	0.401	1.218
γ_{21}	0.190	0.001	0.075	0.305	−0.792
γ_{22}	0.415	0.000	0.310	0.520	0.161
γ_{23}	1.570	0.002	1.313	1.879	−0.584
ψ_{21}	1.152	0.006	1.021	1.293	1.158
σ_{22}	0.029	0.001	−0.110	0.166	−0.981
γ_{30}	0.402	0.001	0.323	0.490	−1.470
γ_{31}	1.145	0.006	1.014	1.289	1.000
γ_{32}	−0.113	0.001	−0.254	0.030	0.960
γ_{33}	0.047	0.001	−0.094	0.186	3.253
ψ_{31}	0.368	0.001	0.293	0.454	−0.932
σ_{23}	−0.039	0.000	−0.090	0.010	−0.215
γ_{40}	0.007	0.001	−0.043	0.057	−1.779
γ_{41}	0.002	0.001	−0.050	0.052	−0.257
γ_{42}	0.122	0.001	0.024	0.221	1.753
γ_{43}	0.156	0.001	0.057	0.259	0.731
ψ_{41}	0.036	0.001	−0.071	0.145	0.212
σ_{24}	0.131	0.001	−0.038	0.303	1.554
γ_{50}	0.118	0.001	−0.013	0.254	0.926
γ_{51}	−0.043	0.000	−0.110	0.023	−0.179
γ_{52}	−0.016	0.001	−0.082	0.050	−2.408
γ_{53}	0.046	0.001	−0.024	0.117	−1.092
ψ_{51}	0.054	0.001	−0.012	0.121	0.815
σ_{25}	0.023	0.001	−0.045	0.092	−0.153

ラーにより求めるにあたり，サンプリングを20,000回繰り返し，最初の5,000回を収束までの期間とし，残りの15,000回のサンプルを用いて事後分布のモーメントを計算した．

パラメータの推定値は表4-3に示されている．表中の95%下限，95%上限は推定値の95%信用区間を示す．また，CD (Convergence Diagonostics) はギブス・ランが収束したかどうかを検定する統計量であり，標準正規分布に従うことが知られている．このCD統計量によれば，一部を除き大半のパラメータが定常分布に収束していることがわかる．また，モデルは平均偏差の形で記述されているので，レジーム・スイッチがないという帰無仮説の下では，$\mu_0=0$，$\mu_0+\mu_1=0$である．$\mu_0+\mu_1$の95%信用区間は0.128～0.735と0より有意に大きく，景気変動のパターンは拡張期と後退期で非対称であることが確認できた．

図4-1上はモデルから推定された景気指数と内閣府CIを比較したグラフである．DMSF景気指数は，内閣府CIと正の相関を持つが，内閣府CIに比べ成長率の変動が緩やかであること，とりわけ，後退期における成長率の落ち込みが小さいことが特徴として挙げられる．

次に景気後退確率についてみる（図4-1下）．Kaufman (2000) に基づき景気後退確率$P(S_t=1|\Delta \tilde{y}_T)$が0.5を越えた時点を景気の山，景気後退確率が0.5を下回った時点を景気の谷と定義すると，景気後退確率の推移は1990年代は広い範囲で変動し，景気局面のスイッチが明確に現れているが，1980年代では相対的に狭い範囲での変動で，しかも，確率が低い範囲で偏っている．こうした動きは景気局面の判断を難しくする要因となる．

また，景気転換点については，1980年2月に始まる景気後退期，1985年6月に始まる景気後退期，1993年10月に始まる景気拡張期の期間中に景気の転換を示すシグナルを発している．この理由として，1つに本章で推定した景気指数がカバーしている経済変数が内閣府が判断材料とする変数よりも少ないこと，景気後退確率の上昇が短期に終了したため，内閣府が行っている伝統的な景気日付の設定手法では景気転換点を認識できなかったこと，などが挙げられる．

図 4-1　DMSF モデルによる景気指数

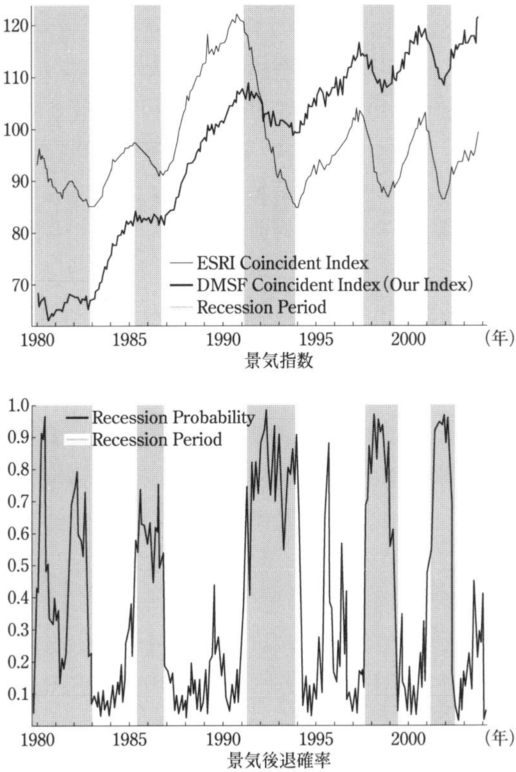

4.　おわりに

景気指数を計算するための統計モデルとして代表的なダイナミック・ファクター・モデルとダイナミック・マルコフ・スイッチング・ファクター・モデルについて概説した．これらの指数は，従来の Diffusion　Index (DI) や Composite Index (CI) と異なり，景気循環の理論に基づき，厳密な統計的基礎が導入されている点に特徴があり，このため，景気指数を構成するモデルが妥当なものかどうか，複数のモデルの比較や評価を統計理論の観点から行うことができる．今後の景気指数開発の研究はこの延長線上で進展することになると考えられる．

本章ではダイナミック・ファクター・モデルについて情報量基準の観点からモデル選択を行った．この結果，日本経済の景気循環もしくは景気動向を計測するモデルとしては，景気指数 Δc_t が指数を構成する各マクロ経済データ y_{it} に影響を及ぼす期間，すなわち，$\gamma_i(L)$ は，先行研究で示された結果よりも長い次数をとることが望ましいという結果となった．

加えて，上記から選択さたモデル構造をダイナミック・マルコフ・スイッチング・ファクター・モデルに適用し，景気指数と景気後退確率を試算した．試算した景気指数は内閣府CIと正の相関を持つが，内閣府CIに比べ成長率の変動が緩やかであること，とりわけ，後退期における成長率の落ち込みが小さいことが特徴である．

また，同時に推計される景気後退確率による景気転換点の判断では，1990年以降については，1995年の景気拡張時に景気後退を示すシグナルを発したものの，総じて良いパフォーマンスを示すことがわかった．

参考文献

大日康史 (1992),「日本における確率的景気指数の開発」,『同志社大学経済学論叢』, 第44巻, 第1号, 25-60頁, 9月.

加納悟・小巻泰之 (2003),「景気動向のモデル分析」, 浅子和美・福田慎一編『景気循環と景気予測』, 東京大学出版会, 75-102頁.

森一夫・佐竹光彦・大日康史 (1993),「ストック＝ワトソンタイプの景気指数日本経済への適用」,『同志社大学経済学論叢』, 第45巻, 第1号, 28-50頁, 9月.

Burns, A. F. and W. C. Mitchell (1947), *Measuring Business Cycles*, National Bureau of Economic Research. (春日井薫訳『景気循環　景気循環の測定』文雅堂書店, 1962).

Diebold, F. X. and G. D. Rudebusch (1996), “Measuring Business Cycles : A Modern Perspective,” *The Review of Economics and Statistics*, Vol. 78, pp. 67-77.

Fukuda, S. and T. Onodera (2001), “A New Composite Index of Coincident Economic Indicators in Japan : How Can We Improve the Forecast Performance ?,” *International Journal of Forecasting*, Vol. 17, pp. 483-498, July.

Gamerman, D. (1997), *Markov Chain Monte Carlo: Stochastic Simulation for Bayesian Inference*, Text in Statistical Science Series: Chapman and Hall.

Hamilton, J. D. (1989), “A New Approach to the Economic Analysis of Nonstationary Time Series and the Business Cycle,” *Econometrica*, Vol. 57, pp. 357-

384, March.

Kaufman, S. (2000), "Measuring Business Cycles with a Markov Switching Factor Model: An Assessment Using Bayesian Simulation Methods," *Econometrics Journal*, Vol. 3, No. 1, pp. 39–65, March.

Kim, C. -J. (1994), "Dynamic Linear Models with Markov-Switching," *Journal of Econometrics*, Vol. 60, pp. 7–22, February.

Kim, C. -J. and C. R. Nelson (1998), "Business Cycle Turning Points, a New Coincident Index, and Tests of duration Dependence Based on a Dynamic Factor Model with Regime-Switching," *Review of Economics and Statistics*, Vol. 80, pp. 188–201, May.

Kim, C. -J. and C. R. Nelson (1999), *State-Space Models with Regime Switching: Classical and Gibbs-sampling Approaches with Applications*, The MIT Press.

Koopmans, T. C. (1947), "Measurement without theory," *The Review of Economic Statistics*, Vol. 29, No. 3, pp. 161–172, August.

Mariano, R. S. and Y. Murasawa (2002), "A new coincident index of business cycles based on monthly and quarterly series," *Journal of Applied Econometrics*, Vol. 18, No. 4, pp. 427–443, October.

Neftici, S. N. (1982), "Optimal prediction of cyclical downturns," *Journal of Economic Dynamics and Control*, Vol. 4, pp. 225–241, November.

Shintani, M. (2005), "Nonlinear Forecasting Analysis Using Diffusion Indexes: An Application to Japan," *Journal of Money, Credit, and Banking*, Vol. 37, No. 3, pp. 517–538, June.

Stock, J. and M. Watson (1988), "A Probability Model of Coincident Economic Indicators," Working Paper No. 2770, National Bureau of Economic Research.

Stock, J. H. and M. W. Watson (1998), "Diffusion Index," Working Paper No. 6702, National Bureau of Economic Research.

Watanabe, T. (2002), "Measuring Business Cycle Turning Points in Japan with a Dynamic Markov Switching Factor Model," IMES Discussion Paper Series 2002-E-14, Bank of Japan.

総括コメント 1

大屋幸輔

第I部では景気や景気循環をどのようにとらえるかということと関連して，従来の景気指標がかかえている問題点を克服するためのいくつかの提案が行われている．従来の景気指標あるいは景気指数は記述統計とよばれるものであり，確率的な考え方にもとづく推論をともなっていない．しかしそれらに対して正確性やその正確さの程度を求めるならば，記述統計の枠を飛び越えて確率的な考えにもとづく統計的推測が必要になる．また景気指数の構成に利用される経済指標そのものに対する詳細な検討も必要となるが，その検討にも統計的推測が有効である．具体的にこの部では，時系列モデルにもとづくアプローチ，景気予測モデルの評価，景気指数の構成に必要な経済指標の検討，という題材があつかわれるが，いずれもが景気や景気循環に関する問題を統計的推測という観点から考察しているものである．

村澤論文「景気指数の統計的基礎」

村澤論文では景気指数をその利用目的別に整理し，それらに対して統計的な意味づけを与えている．景気の「水準」を計測・予測する指数をCI型指数，「局面」・「転換点」を計測・予測する指数をDI型指数とよび，景気の「水準」をつかむという観点から実際の経済活動水準の推計，すなわち実質GDPの計測法（推定法）について論じている．これは「景気」というものの最も自然な定義は「経済活動の水準」であるという考えに立ち返るもので，月次実質GDPを推計することで「景気」を計測することが可能となるという立場である．推計法の基本的なアイデアは，時系列解析における周期的データの欠損値問題に対処するアプローチと同等のものである．具体的には四半期系列としてしか観測されない実質GDPに対して状態空間アプローチを適用することで，潜在変数としての月次実質GDPを推計するというものである．しかし村澤論文で解説されている方法は単なる欠損値問題の応用としてではなく，ストック・ワトソン流のアプローチとの融合を図っている点で新しい方法といえる．ストック・ワトソン指数は構成指標から抽出した共通因子を「景気」と考えているが，この共通因子は構成指標の背後に共通して存在する漠然とした「景気」というものをとらえているといえる．一方，村澤論文で説明される月次実質GDPの計測法では，抽出される因子は「経済活動の水準」としての月次実質GDPであり，経済変数としての意味も明確なものである．ひとたび月次実質GDPが推計されれば，その系列を利用した更なる分析が可能となり，応用上も有効な方法と考えられる．

景気の「局面」を判断するためのDI型指数に関しては，2項応答モデル，マルコフ型スイッチング・モデルをとりあげ，前者が公的機関の公表した過去の景気局面に関する情報を利用している点で（事後的な意味で）予測精度は高いが，逆に後者は利用していない点で公的機関とは独立に局面判断が可能であることをその特徴としてあげている．また2項応答モデルに関しては説明変数の選択問題，マルコフ型スイッチング・モデルに関してはモデルの定式化，具体的にはARの次数選択が分析結果に大きな影響を与えることを示している．これは統計学や計量経済学を研究しているものには当然のことではあるが，分析手法の利用者にとっては必ずしも知られていないことでもあり有益な指摘である．

村澤論文は，景気指数はCI型，DI型と大別されるが，どちらが優れているというものではなく，その利用目的によりそれぞれの特徴を生かすべきものであることを改めて認識させる内容になっている．また利用上注意を要する点を簡潔に示している．この流れにのって1つ付け加えさせてもらえば，推計にストック・ワトソン流の因子抽出の考え方を援用するタイプの分析は，推計期間が変わったり，新しいデータが追加されたりするたびに，抽出された共通因子が必ずしも同じものではなくなるという，ストック・ワトソン流の方法がもつ欠点を共有しているということである．データ追加による新推計と旧推計の結果間の違いが小さければ問題はないが，大きい場合には既に行った分析の解釈を事後的に変更することを余儀なくされることもありうる点を指摘しておく．

林田論文「景気指数の統計モデル：展望と日本経済への適用」

これまで「景気」を確率モデルによって推計し，その量感や方向性を計測するさまざまな方法が提案されてきたが，林田論文ではそれらのサーベイと日本経済への適用，そしてその改良を提案している．従来のDIやCIに代表される景気指数は，その構成段階でその景気指数自身の時系列構造が考慮されずに各時点で計測されているものであった．林田論文では，とりあつかう問題が景気循環であるという点に着目し，景気指数を構成するに際しては，循環的，あるいは周期的なデータをその分析対象としている時系列解析の手法を統計的モデリングにもちいるべきだと主張している．この考えは極めて自然なものであり，近年の時系列解析の分野の研究の進展をみれば，今後も数多くの時系列解析的なアプローチが提案され適用されるものと思われる．

「景気」とよばれる観測されない潜在変数をその分析対象としている点が標準的な時系列解析と大きく異なっている．林田論文では，景気の量感を計測するためのダイナミック・ファクター・モデル（DF モデル），景気の方向性を計測するためのレジーム・スイッチング・モデル，そして量感，方向性の両方を同時に計測するためのダイナミック・マルコフ・スイッチング・ファクター・モデル（DMSF モデル）の特徴を簡潔にまとめている．これらのなかではDMSF モデルが最も一般的な構造をしており他のモデルを含んでいる．

統計学や計量経済学が理論的に想定している状況においては，最も一般的なモデルを推定・検定し，そこからよりシンプルなモデルへとモデルを特定化していく General to Specific アプローチが理想とされており，またその方法も確立している．たとえばDMSF モデルで，レジーム・スイッチがないことが統計的に検証されれば，そのモデルはDF モデルになる．しかしながらその検証はモデルの時系列構造の特定化とも関連している．最尤法による推定であればAIC やBIC によるモデル選択法が適用できるが，DMSF モデルは潜在変数として景気だけでなくレジーム・スイッチもとりいれたモデルであるため，標準的アプローチの適用が困難である．したがって林田論文では，第1段階でDF モデルを推定し，標準的な時系列モデルのモデル選択規準によってモデルの特定化を行っている．そして第2段階として，特定化された時系列構造を前提としたDMSF モデルをMCMC 法によって推定している．そのような手続きによって，DF モデルではとらえられなかった景気変動パターンの非対称性の存在を明らかにしている．一方，近年MCMC 法を適用する際のモデル選択法も周辺尤度の評価といった形で多くの研究成果があがってきている．しかしながら標準的に広く利用されている状況にはまだなく，実際に適用した実証研究は多いとはいえない．その意味で，本論文で採用している2段階アプローチは評価できるものである．今後の発展の方向としてはMCMC 法と関連して提案されているモデル選択規準の適用，比較，さらに新しく提案される方法の検証も含めて，MCMC 法の普及に対しての貢献も期待したいところである．

総括コメント 2

和合　肇

山澤論文「経済予測の妥当性」

山澤成康氏による「経済予測の妥当性」は，多く機関が年末に行う翌年の経済短期予測に焦点を当て，それが当たらない（予測値と実績値が乖離する）原因についていろいろな角度から検討した論文である．多くの経済研究機関は，年末の時点で次年度の実質国内総生産（GDP）の成長率を中心に予測値を発表する．この予測値は実績値と大きく乖離することが多く，その原因を明らかにすることは予測精度の向上にもつながるため重要である．過去の予測結果の検討から，予測機関の「横並び行動」についてもある程度の裏づけを行っている．日本の経済予測に関しての分析は，すでに予測の評価が各方面からなされており，本論文の結果もそれとおおきく異ならない．いくつかの興味ある結果が得られている．

まず，1 年半先の GDP を予測する場合に，多数の機関による予測で実績値と予測値を定義し，対象となる予測機関とその方法（第 2 節）と「経済予測の精度と誤差」を考える（第 3 節）．実質 GDP の予測と実績値のずれの考え方，景気基準日付と予測誤差の関係，予測年度が景気転換の時期に当たる場合など，実際に応じた状況に即して詳細に分析し，的中率についても浅子他（1989）と同じような結論を得ている．次に，予測の合理性は成り立つかという問題を，合理的期待形成仮説の検証と予測機関の予測項目に相関がある場合をパネルデータとして GMM 推定し，各予測機関の横並び行動を分析している（第 4 節）．最後に，予測値のばらつきが小さい理由として「横並び行動」の仮説を検証している（第 5 節）．予測値の分散が小さいのは「横並び行動」が原因であるということで，その検証のために実質 GDP の予測値の分散と需要項目別予測値の分散とを比較したり，予測機関が先に発表された予測値に影響されることがあるかということで，予測値を発表日順に並べて前半と後半の両者の分散を比べたり，影響力のある機関の予測の発表前後で予測値の分散に違いがあるかを調べたりしている．

経済予測の対象として，多くの情報が入手できる 17 機関を対象にして分析を行っている（表 2-1 参照）．実質 GDP を中心に予測値が構成され，その構成項目である需要項目を予測し，その積み上げ値として実質 GDP の予測値を作成する方法と，計量経済モデルや段階的接近法による予測がある．予測と実績のずれを誤差と呼ぶと，誤差の源泉として第 1 に予測機関の経済モデルに問題がある場合，第 2 にモデルは正確であるが外生変数の想定が現実と乖離している場合，そして第 3 に構造的な予測誤差を考えている．

予測年度が景気拡大期か景気後退期かにわけて予測誤差をみたとき，意外にも平均平方誤差で見る限り，転換点年度における予測の方が誤差は小さい．対象期間内で的中した機関の割合である的中率についての浅子他（1989）の分析を，最新データで置き換えて再計算しても同じ結論が得られた．これは今までに予測の改善があまり行われなかったことを意味しているのであろうか？

次に，予測が合理的期待形成あるいは適応的期待形成によって作成されているかを，浅子他（1989）と同様な方法で検定している．予測機関の予測値がほかの機関の予測値に影響を及ぼす可能性があると考え，「誤差と説明変数が無相関である」として推計した結果から，パネルデータの個別効果の大きさから各予測機関の特徴を見ることができ，この結果はっきりとした個別効果は検出されず，このことからも横並び行動が考えられる．しかし過大に予測する傾向のある機関は明らかであるが，それが個別の項目の予測に特徴が見られるかは分析されていない．この理由として，極端な予測を出すことを避ける心理を挙げている．予測値を検討するときに「常識的にこんなに大きく成長率が上がるはずはない」とか，「他の機関の予測値と著しく違う予測値を発表するのは良識が疑われる」といった制約が予測の精度を鈍らせているのではないかとし，このことを示すのに予測機関は実績値の時系列モデルとある程度整合的な予測を行っていることを示している．これは予測機関はトレンドを予測するが，景気の転換点を予測するのに勇気がいることを示している．

予測機関間の予測値のばらつきは何で決まるのか．このばらつきが小さいこと自体は問題ではない．多くの機関の予測値が実績値の周辺にあって予測を的中させているのなら問題はない．実際には，ばらつきが少ない中で，的中するときはすべての機関が的中し，はずれるときはすべての機関がはずれるという現象に問題があると指摘し，このような現象が観測されるとすれば，分散がクラスタリングするメカニズムを検証する必要があろう．「横並び行動」を検証するのに，実質 GDP の予測値の分散と需要項目別予測値の分散とを比較している（表 2-7 参照）．そこで，影響力のある予測機関として日本経済研究センターを想定し，日本経済研究センターの予測発表前後の分散を比べ，発表後の分散が小さくなることを調べているが，「日本経済研究センターの予測値発表前後の予測値の分散が等しい」という帰無仮説が統計的に有意に棄却できるのは16サンプル中5回だけであった．ただし，センターの発表はかなり遅い時期に行われるということで，結果を注意してみる必要がある．

坪内論文「景気変動の特徴と景気指標の日米比較」

坪内浩氏による「景気変動の特徴と景気指標の日米比較」は，日米でほぼ同じだけの経済指標が揃っているのに，景気を評価する際に注目する指標（景気指標）は大きく異なっていることを，（1）製造業関係の指標，（2）消費支出関係の指標，（3）雇用関係の指標について考え，日米で景気を評価するときに注目される指標に違いが生じる理由を分析している．

たとえば，日本では製造業関係の指標が重視されるのに対し，米国ではそれほど重視されない．日本の景気動向指数の一致指数の11の指標のうち製造業関係は7指標であり，さらに，商業販売額も考えると，実に9指標が製造業に関係している．米国では実質GDPが最重要視されるが，それ以外に非農業雇用者数も重視される．また，日本では製造業における在庫循環が重視されるが，米国ではそれほど注目されることがない．米国では日本以上に消費支出関係の指標が重視される傾向にある．米国では，雇用関係の指標も重視される傾向にある．日本の景気動向指数の一致指数の11の採用指標のうち雇用関係は1指標に過ぎない．

日米で景気を評価する指標の違いは，経済に発生したショックが他の部門に波及していくプロセスに違いがあると考え，各部門の活動水準の変動と，他の部門および経済全体の活動水準の変動（景気変動）との関係の比較分析を通じて，日米で経済に発生したショックが他の部門に波及していくプロセスの違いについて検証している．

分析では，1985～2004年の最近20年間のデータを用いて，①各部門の経済全体における重要性，②各部門の活動水準の変動と他の部門の活動水準の変動との関係，③各部門の活動水準の変動と景気変動との関係，に着目している．

日本では製造業関係の指標が重視されるのに対し，米国ではそれほど重視されない背景として，日本の経済活動水準の変動は米国よりも大きく，米国と比較して，日本においては成長率の分散が大きい製造業の全産業に占める割合が大きいためである，という仮説の検証を行っている．

①に関して，日米の実質成長率の分散を比較すると，日本の分散は米国を上回っており，日本の経済活動水準の変動は米国よりも大きいことが表3-3から分かる．

②に関して，日米で全産業の成長率の分散を比較すると，日本の分散は米国を上回っている．全産業の成長率の分散は，各産業の寄与度の分散の和になることから，日本の経済活動水準の変動が米国よりも大きいのは，日本は成長率の分散が大きい製造業の全産業に占める割合が大きいためである．したがって，①と②から景気を評価する際に，日本では製造業関係の指標がより重要視されるのは，成長率の分散が大きい製造業の全産業に占める割合が大きいためであることを示した．その結果，景気を評価する際に製造業のアウトプットに影響を与える需要項目の動向が重視される．これに対して，米国ではあまり重要視されない．また，日本では，経済に発生したショックが他の部門に波及していくプロセスとして，同じ理由で製造業における在庫循環が重要視される．

米国では日本以上に消費支出関係の指標が重視される傾向にある背景として，米国の消費支出の変動が当期の所得の変動にあまり依存しないことに対して，日本の消費支出の変動は当期の所得の変動に依存していることが考えられる．

この仮説に対して，1つは流動性制約の存在が考えられる．そのため，当期の消費支出は当期の所得の変動の影響を受けやすくなる．また，可処分所得から消費支出へのグランジャーの意味での因果性については，因果性は認められていない．米国の消費支出の変動が当期の所得の変動にあまり依存しないのに対して，日本の消費支出の変動は当期の所得の変動に依存している．また，米国の消費支出は，過去の消費支出にも当期の所得にもあまり影響を受けずに，それ以外の要因によって変動しているのに対して，日本の消費支出は，過去の消費支出や当期の所得に依存して変動する傾向にあることが図から読み取れる．

米国では，財市場における経済活動水準を示す指標だけでなく雇用関係の指標も重視される傾向にある．その背景として，米国では経済活動水準の変動と雇用の変動の相関が大きいため，実質GDPを補完するものとして雇用関係の指標が経済活動水準を表す指標として活用できるのに対して，日本では1990年代半ばまでは相関が小さかったため，雇用関係の指標が経済活動水準を表す指標として活用できなかったことが重要視されなかった背景にある．ただし，最近は米国と日本で経済活動水準の変動と雇用の変動の関係に差があるわけではなく，日本でも雇用関係の指標が経済活動水準を表す指標として活用できるようになってきている．このように，各部門の活動水準の変動と，他の部門または経済全体の活動水準の変動との関係を比較分析することによって，日米で波及プロセスに違いがあることを明らかにした．今後このプロセスが米国的になり，景気循環の見方も米国的になっていくことが予想されるとしている．

第 II 部

マクロデータと日本の景気循環

第5章

景気循環の構造変化と景気転換点*

複数の構造変化点を付加したマルコフ・スイッチング・モデルのベイズ推定

渡部敏明・飯星博邦

1. はじめに

戦後における景気循環の計測期間が40年から50年と長期に及ぶようになるにつれて，欧米経済における景気循環に構造変化が生じていることが多くの研究で報告されるようになってきている．たとえば，アメリカ経済ではKim and Nelson (1999a)，McConnell and Perez-Quiros (2000)，Blanchard and Simon (2001)，Stock and Watson (2002)，Kim, Nelson and Piger (2004) らが，1980年中頃に景気変動のボラティリティが縮小するような構造変化が生じたことを指摘している．同様な構造変化はイギリスやフランスなどのヨーロッパ諸国でも観測されている (Artis, Krolzig and Toro, 2004)．また，これらの構造変化は，単に景気循環の振幅だけでなく，景気循環からの乖離である短期的な変動の分散も縮小させたことが明らかになっている．その原因については未だ論争中であるが[1)]，欧米において景気循環やそこからの短期的な乖離の変動が安定化したことはすでに経済学者の間でコンセンサスを得ている．しかし，日本に関してはこうした景気循環の構造変化に関する研究はこれまでほと

* 本研究は，2004年の日本経済学会秋季大会および統計関連学会連合大会，さらに2004年5月に開催された景気循環日付研究会および学習院大学でのセミナーにて報告した論文を加筆修正したものである．本論文に対して浅子和美，本多祐三，宮川努，村澤康友，和合肇各氏はじめ研究会，学会参加者より有意義なコメントを頂いた．ここに感謝を表したい．ただし，本章に残された誤りは筆者の責任に負うものである．

1) McConnell and Perez-Quiros (2000) は，在庫循環の安定化が景気の安定化をもたらしたことを指摘しているが，Kim, Nelson and Piger (2004) は他のマクロ経済の系列においても同時期に安定化しているので，在庫循環を原因として特定できないことを主張している．他方でStock and Watson (2002) は，構造変化への金融政策の寄与が20-30%，技術ショックや商品価格ショックなどの寄与が20-30%，不明分が40-60%としている．

んど行われていない．そこで，本章では，日本経済の景気循環でも構造変化があったのかどうか，もし構造変化があったとすると，いつどのような変化があったのかについて検証を行う．

景気循環を表す計量モデルとしてよく用いられるものに，Hamilton (1989) によって提案されたマルコフ・スイッチング・モデル（以下，MSモデルと呼ぶ）がある[2]．最も簡単なMSモデルでは，景気には拡張期と後退期の2つの状態があり，景気を表すマクロ変数の平均成長率の値が景気の拡張期と後退期とで異なるものと仮定する．また，その2つの状態の推移はマルコフ過程に従っていると仮定する．Kim and Nelson (1999a) は，このモデルを構造変化を考慮したモデルに拡張している．具体的には，彼らは構造変化点の数を1に限定し，構造変化前は0，構造変化後は1をとるダミー変数を導入し，このダミー変数もマルコフ過程に従うものと仮定している．ただし，このダミー変数は，0である間（構造変化前）は次の期に1に推移する（構造変化が起きる）確率は正であるが，1になってしまう（構造変化が起きてしまう）とその後は確率1で1（構造変化後の状態）に留まり0（構造変化前の状態）には戻らないものと仮定している．また，構造変化として，景気拡張期および後退期それぞれの平均成長率のシフトと景気循環からの乖離である短期的な変動の分散のシフトを考えている．

本章でも，構造変化としては景気拡張期および後退期それぞれの平均成長率のシフトと景気循環からの乖離である短期的な変動の分散のシフトを考えるが，構造変化点の数は1に限定せず，Chib (1998) の方法を応用することにより，構造変化点が複数ある場合についても分析を行っているのが特徴である[3]．具体的には，Kim and Nelson (1999a) モデルでは，構造変化点を表すダミー変数が1つしかないのに対して，ここでは，複数のダミー変数を考える．

推定方法には，Kim and Nelson (1999a) 同様，マルコフ連鎖モンテカルロ法（MCMC）を用いたベイズ推定を採用している[4]．従来のベイズ推定は，モデルのパラメータにデータを観測する前の分布である事前分布を設定し，それをベイズの定理によってデータを観測した後の分布である事後分布に改定し，

2）その他のモデルについては，小巻（2001）を参照のこと．

3）最近，Herrera and Pesavento (2005) が Bai and Perron (1998) テストを用いて，アメリカ経済においても在庫と売上の系列で複数の構造変化点が存在することを明らかにしている．

事後分布に基づいてパラメータの推定を行うというものであった．しかし，モデルが複雑になると，ベイズの定理を用いて事後分布を解析的に求めるのが難しかったり，たとえ求まったとしても複雑であったりするので，最近のベイズ推定ではMCMCを用いて事後分布からパラメータの値をサンプリングし，サンプリングされた値を使ってパラメータを推定することが多い．MCMCとはある分布からサンプリングする場合に1回前にサンプリングされた値を用いて次の値をサンプリングする方法の総称であり，ランダム・サンプリングが難しい場合に用いられる．この方法を用いると，パラメータと構造変化点を同時推定できるので，パラメータの不確実性を考慮に入れて，構造変化点の分布を推定することができる．さらに，ここでは構造変化点の数を変えて推定を行い，ベイズ統計学でモデル比較に用いられる事後オッズ比を計算することにより，構造変化点の数まで選択している．

日本の景気を表す変数には，内閣府経済社会総合研究所が作成している景気一致指数の最近の約30年間の月次データを採用した[5)]．その結果，構造変化点の数は2が選択され，1975年と1990年前後に景気循環の構造変化の存在が確認された．1990年以降は，それ以前と比較して景気循環の振幅（拡張期と後退期の平均成長率の格差）が大きくなり，さらに景気循環からの乖離である短期的な変動の分散も倍増しているという，1980年中頃に景気循環が安定化した欧米経済とは対照的な結果が得られた．さらに，内閣府経済社会総合研究所が作成している景気基準日付を正しい景気転換点と考え，それを正確に推定できるかどうかについて，構造変化を考慮したモデルとしないモデルとで比較を行った．その結果，Kim and Nelson (1999a) のアメリカにおける結果と同様，日本においても，構造変化を考慮しない通常のMSモデルでは景気転換点を正確に推定できないことが明らかになった．それに対して，事後オッズ比の結果に従い構造変化点の数を2としたモデルでは，約30年間の全期間にわたってほぼ全ての景気転換点を正確に推定できることも明らかになった．

本章の構成は，以下のとおりである．次節では，まずMSモデルについて

---

4) MCMCやベイズ推定について詳しくは，Kim and Nelson (1999b) や和合 (2005) を参照のこと．また，Kim and Nelson (1999a) モデルをベイズ推定ではなく，最尤法を用いて日本の景気循環の分析に応用したものに，渡部・内山 (2004) がある．

5) 2005年より景気一致指数の計算方法が変更になった．本章で利用するデータは変更前のものである．

簡単に説明した後，それを複数の構造変化点を持つモデルに拡張する．3節では，そのモデルを推定するために必要なベイズ推定，MCMCといった計量手法と構造変化点の数を選択するために必要な事後オッズ比について説明する．4節では，推定結果について考察し，最後の5節は結語である．

2. 複数の構造変化点を持つマルコフ・スイッチング・モデル

Hamilton (1989) が提案したMSモデルは，以下のように表すことができる[6]．

$$y_t = \mu_t + \sum_{i=1}^{r} \phi_i (y_{t-i} - \mu_{t-i}) + \epsilon_t, \quad \epsilon_t \sim \text{i. i. d.}\ N(0, \sigma^2), \tag{1}$$

$$\mu_t = \mu_0(1 - S_t) + \mu_1 S_t, \quad \mu_0 < \mu_1, \tag{2}$$

$$S_t = \begin{cases} 1 & \text{景気拡張期} \\ 0 & \text{景気後退期} \end{cases} \tag{3}$$

ここで，(1)式の y_t は景気を表すマクロ変数の成長率である．また，μ_t は t 期における平均成長率，ϵ_t は誤差項を表す．この誤差項は過去と独立で同一な (identically and independently distributed ; i. i. d.) 正規分布に従うものとする．もし，μ_t が常に一定であるならば，(1)式は通常の自己回帰モデルである．MSモデルの特徴は，μ_t の大きさが景気拡張期と後退期の間でスイッチする点にある[7]．このことを表しているのが(2)式である．右辺にある S_t は(3)式で定義されているように景気が拡張期か後退期かを表すダミー変数であり，$S_t=1$ ならば拡張期を，$S_t=0$ ならば後退期を表す[8]．したがって，平均成長率は，景気拡張期には μ_1 になり，後退期には μ_0 になる．(2)式で $\mu_0 < \mu_1$ との制約を置いているのは，景気拡張期の方が後退期より平均成長率が高いからである．さらに，MSモデルでは，S_t はマルコフ過程に従っているものと仮定し，遷移確率を以下のように表す (本章では，以下，確率関数および確率密度関数をすべて $\pi(\cdot)$ で表す)．

---

6) MSモデルについて詳しくは，Kim and Nelson (1999b) のChapter 4を参照のこと．

7) μ_t だけでなく，ϕ_i や σ^2 もスイッチするモデルに拡張することは可能である．また，ϵ_t の分布を正規分布以外のものにすることも可能である．

8) ここでは，景気には拡張期と後退期の2状態しかないものと仮定するが，3状態以上ある場合への拡張も可能である．

$$\begin{aligned}&\pi(S_t=1|S_{t-1}=1)=p_{11},\quad \pi(S_t=0|S_{t-1}=1)=1-p_{11},\\&\pi(S_t=0|S_{t-1}=0)=p_{00},\quad \pi(S_t=1|S_{t-1}=0)=1-p_{00}\end{aligned}\tag{4}$$

たとえば，p_{11} は，$t-1$ 期が景気拡張期である時に t 期も景気拡張期のままである確率を表しており，p_{00} は，$t-1$ 期が景気後退期である時に t 期も景気後退期のままである確率を表している．マルコフ過程なので，これらの確率はすべて1期前の景気の状態 S_{t-1} のみに依存する．さらに，これらの確率はすべて時間を通じて一定であると仮定する．この遷移確率を行列表現すると，以下のようになる．

$$P=\begin{bmatrix}p_{11} & 1-p_{00}\\ 1-p_{11} & p_{00}\end{bmatrix}\tag{5}$$

このMSモデルを複数の構造変化点を付加したモデルに拡張する．本章の分析では，Kim and Nelson (1999a) に従い，構造変化によって，景気拡張期の平均成長率 μ_1，景気後退期の平均成長率 μ_0，および誤差項の分散 σ^2 の3つのパラメータの値が変化するものと仮定する．そこで，それら3つのパラメータに t を付けることにより，まず (1)，(2) 式を次のように書き換える．

$$y_t=\mu_t+\sum_{i=1}^{r}\phi_i(y_{t-i}-\mu_{t-i})+\epsilon_t,\quad \epsilon_t\sim\text{i. i. d.}\,N(0,\sigma_t{}^2),\tag{1$'$}$$

$$\mu_t=\mu_{0t}(1-S_t)+\mu_{1t}S_t,\quad \mu_{0t}<\mu_{1t}.\tag{2$'$}$$

次に，各期においてその期までに何回構造変化が起きているかを表すために，変数 D_t を導入する．以下，y_t の標本の大きさを T，構造変化点の数を n とする．さらに，構造変化点を $(\tau_1,\cdots,\tau_n)$ で表し，$1<\tau_1<\tau_2<\cdots<\tau_n\leq T$ を満たすものとする．このとき，D_t を以下のように定義する．

$$D_t=\begin{cases}0, & 1\leq t<\tau_1\\ 1, & \tau_1\leq t<\tau_2\\ & \quad\vdots\\ i, & \tau_i\leq t<\tau_{i+1}\\ & \quad\vdots\\ n-1, & \tau_{n-1}\leq t<\tau_n\\ n, & \tau_n\leq t\leq T\end{cases}\tag{6}$$

ただし，$D_1=0,\ D_T=n$.

(6) 式の示すとおり，最初の構造変化が生じる前は D_t は0であり，1回目の構造変化が起きた後には D_t は1となり，同様に，構造変化が起きるたびに D_t の値は1つずつ大きくなり，最後の n 個目の構造変化の後は D_t は n となる．構造変化点の数が n になるように，D_1 と D_T はそれぞれ0と n に固定する．また，この D_t は上で説明した景気が拡張期か後退期かを表すダミー変数 S_t と独立であると仮定する．

パラメータの構造変化を容易に表現するために，さらに上記 D_t に対応するダミー変数 $d_{it}(i=0, \cdots, n;\ t=1, \cdots, T)$ を導入する．この d_{it} は各期ごとに $n+1$ 個，すなわち，全部で $(n+1)T$ 個あり，各々の d_{it} の値は以下のように定義される．

$$d_{it}=\begin{cases} 1, & D_t=i \\ 0, & D_t\neq i \end{cases} \tag{7}$$

たとえば，t 期までに2回の構造変化が起きているとすると，d_{2t} が1となり，それ以外の $d_{0t}, d_{1t}, d_{3t}, \cdots, d_{nt}$ はすべて0となる．このダミー変数 d_{it} を使うことによって，構造変化によって値の変わる3つのパラメータ，景気拡張期の平均成長率 μ_{1t}，景気後退期の平均成長率 μ_{0t}，誤差項 ϵ_t の分散 $\sigma_t{}^2$ を，それぞれ以下のように表すことができる．

$$\mu_{0t}=m_{00}d_{0t}+\cdots+m_{0n}d_{nt}, \tag{8}$$

$$\mu_{1t}=m_{10}d_{0t}+\cdots+m_{1n}d_{nt},\ m_{00}<m_{10}, \cdots, m_{0n}<m_{1n}, \tag{9}$$

$$\sigma_t{}^2=v_0d_{0t}+\cdots+v_nd_{nt},\ v_0, \cdots, v_n>0. \tag{10}$$

このように定式化すると，m_{0i}，m_{1i}，v_i はそれぞれ，構造変化点 τ_i と τ_{i+1} の間の景気後退期と拡張期の平均成長率および誤差項 ϵ_t の分散を表すことになる．すべての期で景気後退期よりも拡張期の方が平均成長率が高くなるように，$m_{00}<m_{10}, \cdots, m_{0n}<m_{1n}$ という制約を置く．また，すべての期で分散の値が正になるように $v_0, \cdots, v_n$ の値はすべて正であるものとする．

本章の分析では，Chib (1998) に従い，それまでに何回構造変化があったかを表す変数 D_t も，S_t と同様，マルコフ過程に従うものと仮定する．ただし，通常のマルコフ過程ではなく，現行の値にとどまるか，あるいは1増えるかどちらかで，値が減ったり，一度に2以上増えることはないものとする．これを遷移確率で表すと次のようになる．

$$\begin{aligned}
&\pi[D_t=0|D_{t-1}=0]=q_{00}, \quad \pi[D_t=1|D_{t-1}=0]=1-q_{00},\\
&\pi[D_t=1|D_{t-1}=1]=q_{11}, \quad \pi[D_t=2|D_{t-1}=1]=1-q_{11},\\
&\qquad\qquad\vdots\\
&\pi[D_t=n-1|D_{t-1}=n-1]=q_{n-1,\,n-1},\\
&\pi[D_t=n|D_{t-1}=n-1]=1-q_{n-1,\,n-1},\\
&\pi[D_t=n|D_{t-1}=n]=1.
\end{aligned} \tag{11}$$

たとえば，q_{00} は，$t-1$ 期まで 1 度も構造変化が生じていない時に t 期も構造変化が生じない確率を表しており，q_{11} は，$t-1$ 期までに 1 回構造変化が生じている時に t 期に構造変化が生じない確率を表している．この遷移確率を行列表現したものが次式である．

$$Q=\begin{bmatrix}
q_{00} & 0 & 0 & \cdots & 0 & 0\\
1-q_{00} & q_{11} & 0 & \cdots & 0 & 0\\
0 & 1-q_{11} & q_{22} & \cdots & 0 & 0\\
0 & 0 & 1-q_{22} & \cdots & 0 & 0\\
\vdots & \vdots & \vdots & \vdots & \vdots & \vdots\\
0 & 0 & 0 & \cdots & q_{n-1,\,n-1} & 0\\
0 & 0 & 0 & \cdots & 1-q_{n-1,\,n-1} & 1
\end{bmatrix} \tag{12}$$

(12) 式の遷移行列は，(5) 式の遷移行列と異なり，各状態の遷移が非可逆的であり一度次の状態に遷移したら元に戻ることがないことを示している．たとえば，今期が $D_t=2$ である 3 行 3 列目の q_{22} に注目すると，この q_{22} は来期も $D_{t+1}=2$ に留まる確率であり，その下の $1-q_{22}$ は来期構造変化が起こり $D_{t+1}=3$ になる確率である．3 列目の他の値がすべて 0 になっていることからわかるように，$D_{t+1}=1$ になったり，$D_{t+1}=4$ になる確率は 0 である．

本章では，この (1′)，(2′)，(3)，(4)，(6)-(11) 式から成る複数の構造変化点をもつ MS モデルを用いて日本の景気循環の構造変化について分析する．分析方法に MCMC を用いたベイズ推定を採用することにより，パラメータだけでなく，景気の転換点や構造変化点も同時推定する．また，事後オッズ比を用いて構造変化点の数の選択も行う．次節ではこうした計量的手法について説明する．

3.　ベイズ推定法とモデル選択

3.1　ギブス・サンプラーを用いたベイズ推定

以下，データを $\tilde{Y}_T=(y_1, \cdots, y_T)$，推定する未知パラメータベクトルを $\tilde{\theta}$ とする．ベイズ推定法では，まず，未知パラメータ $\tilde{\theta}$ にデータを観測する前の分布である事前分布 $\pi(\tilde{\theta})$ を設定する．従来のベイズ推定法は，事前分布をベイズの定理

$$\pi(\tilde{\theta}|\tilde{Y}_T)=\frac{\pi(\tilde{\theta})\pi(\tilde{Y}_T|\tilde{\theta})}{\pi(\tilde{Y}_T)} \tag{13}$$

によってデータ $\tilde{Y}_T$ を観測した後の事後分布 $\pi(\tilde{\theta}|\tilde{Y}_T)$ に更新し，得られた事後分布に基づいてパラメータの値を推定するというものであった．前節で説明した複数の構造変化点を付加した MS モデルにおいて，(13) 式を用いて事後分布を計算しようとすると煩雑な手法を採らなければならない．そうした場合には，MCMC によって事後分布から未知パラメータ $\tilde{\theta}$ の値をサンプリングし，得られた値に基づいてパラメータの値を推定するという方法が用いられる．MCMC とは，通常のランダム・サンプリングと異なり，1回前にサンプリングされた値に依存させて次の値をサンプリングする方法の総称であり，代表的なものにギブス・サンプラーとメトロポリス・ヘイスティングス・アルゴリズムがある[9]．

本章の推定ではギブス・サンプラーを用いるので，以下，ギブス・サンプラーについて説明する．ギブス・サンプラーを使う場合には，未知パラメータ $\tilde{\theta}$ をいくつかのブロック $(\theta_1, \cdots, \theta_k)$ に分割する．$(\theta_1, \cdots, \theta_k)$ はそれぞれ1変量であっても多変量であっても構わないが，各ブロックの全条件付事後分布 (full conditional posterior distribution) $\pi(\theta_i|\theta_1, \cdots, \theta_{i-1}, \theta_{i+1}, \cdots, \theta_k, \tilde{Y}_T)$ $(i=1, \cdots, k)$ は，基準化定数 (normalizing constant) 以外はすべて解析的に求められ，かつ，そこからサンプリングできるものとする．このとき，適当な初期値 $(\theta_2^{(0)}, \cdots, \theta_k^{(0)})$ からスタートして，まず，全条件付事後分布 $\pi(\theta_1|\theta_2^{(0)}, \theta_3^{(0)}, \cdots, \theta_k^{(0)}, \tilde{Y}_T)$ から $\theta_1^{(1)}$ をサンプリングし，次に，全条件付事後分布 $\pi(\theta_2|\theta_1^{(1)}, \theta_3^{(0)},$

9) 詳しくは，大森 (2001)，中妻 (2003) 第6章，和合 (2005) 第2章を参照のこと．

$\cdots, \theta_k^{(0)}, \tilde{Y}_T)$ から $\theta_2^{(1)}$ をサンプリングする．これを繰り返し，最後に $\pi(\theta_k|\theta_1^{(1)}, \theta_2^{(1)}, \cdots, \theta_{k-1}^{(1)}, \tilde{Y}_T)$ から $\theta_k^{(1)}$ をサンプリングする．以上を第1ループと呼ぶことにする．この第1ループでサンプリングされた $(\theta_1^{(1)}, \theta_2^{(1)}, \cdots, \theta_k^{(1)})$ からスタートして，同様に第2ループを行い，$(\theta_1^{(2)}, \theta_2^{(2)}, \cdots, \theta_k^{(2)})$ をサンプリングする．以上を繰り返すと，第 l ループでは，$(\theta_1^{(l)}, \theta_2^{(l)}, \cdots, \theta_k^{(l)})$ がサンプリングされることになる．緩い制約条件の下で，$l\to\infty$ とすると，以上のようにしてサンプリングされた $(\theta_1^{(l)}, \theta_2^{(l)}, \cdots, \theta_k^{(l)})$ は同時事後分布 $\pi(\theta_1, \theta_2, \cdots, \theta_k|\tilde{Y}_T)$ からサンプリングされた確率変数に分布収束することが知られている[10]．

そこで，最初の M ループ（M は十分大きな値とする）でサンプリングされた値を捨て（この捨てる最初の M ループのことを “burn-in” と呼ぶ），さらに N ループを行ってサンプリングされた $(\theta_1^{(l)}, \theta_2^{(l)}, \cdots, \theta_k^{(l)})$ $(l=M+1, M+2, \cdots, M+N)$ を，同時事後分布 $\pi(\theta_1, \theta_2, \cdots, \theta_k|\tilde{Y}_T)$ からサンプリングされた値と見なし，推定に用いる．たとえば，θ_1 の平均はサンプリングされた値の標本平均として次のように推定できる．

$$E(\theta_1)\approx\frac{1}{N}\sum_{l=M+1}^{M+N}\theta_1^{(l)}$$

前節で説明した複数の構造変化点を付加したMSモデルでは，未知パラメータは $\tilde{\theta}=(\tilde{m}, \tilde{\phi}, \tilde{v}, \tilde{p}, \tilde{q})$ である．ただし，$\tilde{m}=[m_{01}, \cdots, m_{0n}, m_{11}, \cdots, m_{1n}]'$, $\tilde{\phi}=[\phi_1, \cdots, \phi_r]'$, $\tilde{v}=[v_0, \cdots, v_n]'$, $\tilde{p}=[p_{00}, p_{11}]'$, $\tilde{q}=[q_{00}, \cdots, q_{n-1, n-1}]'$．このモデルにギブス・サンプラーを応用する場合には，さらに潜在変数である $\tilde{D}_T=[D_1, \cdots, D_T]'$, $\tilde{S}_T=[S_1, \cdots, S_T]'$ もパラメータと一緒にサンプリングを行う．具体的には，以下の7つの全条件付事後分布から繰り返しサンプリングを行う．

ステップ1．$\pi(\tilde{m}|\tilde{\theta}_{-\tilde{m}}, \tilde{S}_T, \tilde{D}_T, \tilde{Y}_T)$

ステップ2．$\pi(\tilde{\phi}|\tilde{\theta}_{-\tilde{\phi}}, \tilde{S}_T, \tilde{D}_T, \tilde{Y}_T)$

ステップ3．$\pi(\tilde{v}|\tilde{\theta}_{-\tilde{v}}, \tilde{S}_T, \tilde{D}_T, \tilde{Y}_T)$

ステップ4．$\pi(\tilde{S}_T|\tilde{\theta}, \tilde{D}_T, \tilde{Y}_T)$

ステップ5．$\pi(\tilde{D}_T|\tilde{\theta}, \tilde{S}_T, \tilde{Y}_T)$

ステップ6．$\pi(\tilde{p}|\tilde{S}_T)$

ステップ7．$\pi(\tilde{q}|\tilde{D}_T)$

10）詳しくは，大森（2001）の7節を参照のこと．

ここで，たとえば，$\tilde{\theta}_{-\tilde{m}}$ は $\tilde{\theta}$ に含まれる $\tilde{m}$ 以外のすべてのパラメータを意味する．ステップ 6 と 7 で条件の中にそれぞれ $\tilde{S}_T$ と $\tilde{D}_T$ しかないのは，それらが与えられると，$\tilde{p}$ や $\tilde{q}$ が他のパラメータや $\tilde{Y}_T$ と独立になるからである．全条件付事後分布の導出方法について詳しくは，Kim and Nelson (1999b) の Chapter 9 や Watanabe (2003) の Appendix 1 を参照のこと．以上のステップ 1 から 7 までの全条件付事後分布からのサンプリングを繰り返せば，同時事後分布

$$\pi(\tilde{m}, \tilde{\phi}, \tilde{v}, \tilde{S}_T, \tilde{D}_T, \tilde{p}, \tilde{q} \mid \tilde{Y}_T) \tag{14}$$

からサンプリングした確率変数に分布収束するので，最初の何回かを burn-in として捨てて，残りのサンプルを使ってパラメータの推定を行えばよい．

ただし，その前に burn-in 以降のサンプルが同時事後分布 (14) からサンプリングされた確率変数に分布収束しているかどうか確かめる必要がある．本章では，そうした収束診断の方法として，Geweke (1992) によって提案された方法を用いる11)．この方法は，burn-in 以降の各パラメータの N 個のサンプルを前半と後半に分け，平均に有意な差がないかどうか検定するものである12)．具体的には，N 個のサンプルの内，最初の n_A 個のサンプルの平均 $\bar{\theta}_A=(1/n_A)\sum_{j=1}^{n_A}\theta^{(j)}$ と最後の n_B 個のサンプルの平均 $\bar{\theta}_B=(1/n_B)\sum_{j=N-n_B+1}^{N}\theta^{(j)}$ を用いて，次のような収束診断 (Covergence Diagnostic ; CD) 統計量を計算する．

$$\mathrm{CD}=\frac{\bar{\theta}_A-\bar{\theta}_B}{\sqrt{\hat{\sigma}_A{}^2/n_A+\hat{\sigma}_B{}^2/n_B}} \tag{15}$$

ただし，$\hat{\sigma}_A{}^2/n_A$ と $\hat{\sigma}_B{}^2/n_B$ は，それぞれ $\bar{\theta}_A$ と $\bar{\theta}_B$ の分散の推定量である．もしギブス・サンプラーが収束していれば，CD 統計量は漸近的に標準正規分布に従う．この CD 統計量を計算する上で注意しなくてはならないのは，MCMC はランダム・サンプリングではないので，サンプリングされた値に自己相関が生じることである．そこで，$\hat{\sigma}_A{}^2$，$\hat{\sigma}_B{}^2$ は自己相関を考慮して計算する必要がある．自己相関のあるサンプル $\{\theta^{(1)}, \theta^{(2)}, \cdots, \theta^{(n)}\}$ の標本平均の分散の推定値は以下の式から計算できる．

$$\hat{\sigma}^2=\hat{\Gamma}(0)+\frac{2n}{n-1}\sum_{i=1}^{B}K\left(\frac{i}{B}\right)\hat{\Gamma}(i). \tag{16}$$

11)　他の方法については，大森 (2001) の 6 節を参照のこと．
12)　ただし，平均に差がないことは収束の必要条件であって十分条件ではない．

ただし,

$$\hat{\Gamma}(i)=\frac{1}{n}\sum_{k=i+1}^{n}(\theta^{(k)}-\bar{\theta})(\theta^{(k-i)}-\bar{\theta}),$$

である．本章では，$K(\cdot)$ にパルツェン・ウインドーを採用する[13]．B はそのバンド幅を表す．

3.2　事後オッズ比によるモデル選択法

ベイズ統計学では通常，事後オッズ比を用いてモデル選択を行う．モデル M_k と M_l の間の選択を行う場合，データ $\tilde{Y}_T$ が与えられた下でのそれぞれのモデルが正しい確率の比率 $\pi(M_k|\tilde{Y}_T)/\pi(M_l|\tilde{Y}_T)$ を事後オッズ比と呼び，以下，$PO(M_k, M_l)$ と表す．これが1よりも大きければ M_k を選択し，1よりも小さければ M_l を選択する．

事後オッズ比は次のように表すことができる．

$$PO(M_k, M_l)=\frac{\pi(M_k)}{\pi(M_l)}\cdot\frac{\pi(\tilde{Y}_T|M_k)}{\pi(\tilde{Y}_T|M_l)} \tag{17}$$

ここで，右辺第1項 $\pi(M_k)/\pi(M_l)$ は事前オッズ比と呼ばれ，データを観測する前のそれぞれのモデルが正しい確率の比率である．また，右辺第2項 $\pi(\tilde{Y}_T|M_k)/\pi(\tilde{Y}_T|M_l)$ はベイズ・ファクターと呼ばれる．どちらのモデルが正しいか事前情報がない場合には，事前オッズ比は1に設定される．そうすると，事後オッズ比はベイズ・ファクターと等しくなり，ベイズ・ファクターの分子，分母を計算すれば事後オッズ比が求まることになる．

ベイズ・ファクターの分子，分母はそれぞれ周辺尤度と呼ばれる．本章では，それをChib (1995) の方法を用いて計算する[14]．周辺尤度はベイズの定理 (13) 式の右辺の分母に該当するので，モデル M_k の周辺尤度は以下のように表せる．

$$\pi(\tilde{Y}_T|M_k)=\frac{\pi(\tilde{Y}_T|\tilde{\theta}, M_k)\pi(\tilde{\theta}|M_k)}{\pi(\tilde{\theta}|\tilde{Y}_T, M_k)} \tag{18}$$

ここで，$\pi(\tilde{Y}_T|\tilde{\theta}, M_k)$ は尤度であり，$\pi(\tilde{\theta}|M_k)$ と $\pi(\tilde{\theta}|\tilde{Y}_T, M_k)$ は，それぞれパラメータ $\tilde{\theta}$ の事前密度と事後密度である．したがって，それらがすべて求

---

13) Shephard and Pitt (1997) を参照のこと．

14) 周辺尤度の他の計算方法については，大森 (2001) の 8.2 節を参照のこと．

まれば，(18) 式より周辺尤度を計算できる．(18) 式は，$\tilde{\theta}$ がどのような値でも成り立つが，Chib (1995) に従い，以下の分析では，$\tilde{\theta}$ の値をギブス・サンプラーによってサンプリングされた値から求めた事後平均にしている．

4.　構造変化点と景気転換点の推定結果

本節では，上記のモデルと分析方法を用いて，最近の約30年間の日本の景気循環において，構造変化があったのかどうか，もしあったなら，その構造変化点の数はいくつで，それぞれいつどのような変化があったのかを検証する．さらに，構造変化点を考慮することが，景気転換点の推定に対してどのような影響を及ぼすのかについても検討する．そのために，4種類のMSモデルを推定する．この4種類とは，構造変化点を持たない通常のMSモデルと構造変化点が1つのMSモデル，2つのMSモデル，および3つのMSモデルである．推定後，各MSモデルの周辺尤度を計算することでモデル選択を行い，選択されたMSモデルに基づいて構造変化点の数と時期を特定化する．日本の景気を表す変数として用いるのは，図5-1に描かれている内閣府経済社会総合研究所が11個の景気一致系列を使って作成している景気一致指数である．標本期間は1974年5月から2004年1月までであり，データ数は357である．

図5-1　景気一致指数

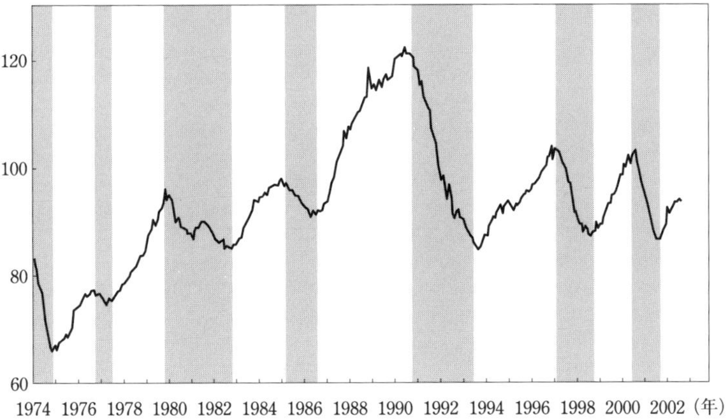

注：影の部分は，内閣府経済社会総合研究所が報告する景気後退期を表す．

この指数を自然対数化して1階の階差をとり，さらに100倍することにより％表示にしたものを y_t として用いた．（1）もしくは (1′) 式の自己回帰モデルのラグ次数 r については，通常のMSモデルを使ってシュバルツ情報量基準(SIC) を計算した結果，2が選択されたのでこれを採用した．各パラメータの事前分布には，通常の自然共役の事前分布を設定した．詳細は，表5-2の注を参照のこと．全推定で，burn-inを5,000回とし，その後の10,000回のサンプルを事後分布からサンプリングされたものと見なして推定に用いた．

表5-1（a）には，各モデルの対数周辺尤度の値が記されている．それによると構造変化点が2つのモデルの対数尤度が最も高くなっている．このことから，事前オッズ比が1の場合，構造変化点の数は2が選択されることがわかる．表5-1（b）にはベイズ・ファクターの値が記されている．(17) 式からわかるように，事前オッズ比を1にすると，ベイズ・ファクターは事後オッズ比に等しくなる．Jeffreys (1961, p. 432) は，ベイズ・ファクターの値によってそのモデルが支持される度合いを1の「それほど支持されない」から5の「決定的」まで5つの等級に分類している[15]．それによると，構造変化点2のMSモデルは，構造変化点1のMSモデルに対しては等級2で相当支持され，それ以外のモデルに対しては等級5で決定的に支持される．この結果から，最近の約30年間の日本の景気循環における構造変化点の数は2であると結論付けることができる．

図5-2は，構造変化点2つのMSモデルから推定された各構造変化点の事後分布を描いたものである．これは，$\tilde{D}_T$ のburn-in以降の10,000回のサンプルそれぞれで，$D_{t-1}<D_t$ となっている t が2カ所あるので，それらを抽出し

表5-1 モデル選択

(a) 対数周辺尤度

構造変化点の数	対数周辺尤度
0	−555.993
1	−548.512
2	−546.208
3	−553.369

(b) ベイズ・ファクター

	分子		
	1	2	3
分 0	1774.014	17765.257	13.791
1		10.014	0.008
母 2			0.001

15) 詳しくは，中妻 (2003, p. 63) の表3.2を参照のこと．

図 5-2　構造変化点 2 の MS モデルから推定した構造変化点の事後分布

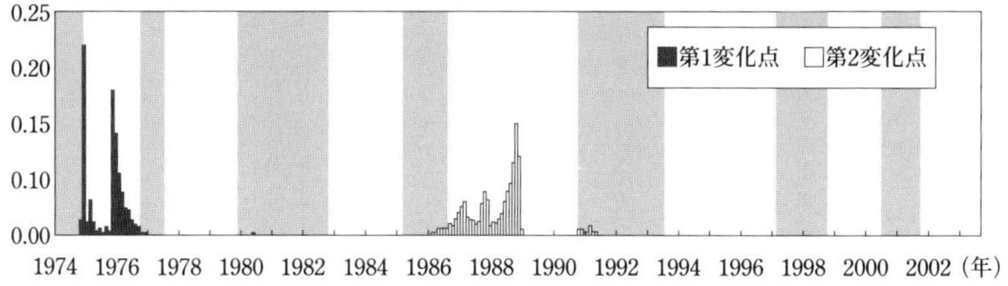

注：影の部分は，内閣府経済社会総合研究所が報告する景気後退期を表す．

て，それぞれのヒストグラムを描いたものである．第 1 構造変化点の事後分布は複峰になっており，1975 年 3 月と 1976 年 3 月の 2 つがピークになっているが，前者の方がより高い．第 2 構造変化点は 1986 年から 1991 年までかなり幅広く分布しており，そのピークは 1989 年 3 月である．

表 5-2 は，構造変化点 2 つの MS モデルのパラメータの推定結果である．そこには，burn-in 以降の 10,000 個のサンプルを使って計算された，パラメータの事後分布の平均，標準偏差，95%信用区間 (credible interval)[16]，CD 統計量が計算されている．平均と標準偏差はそれぞれ各パラメータの 10,000 個のサンプルの平均と標準偏差として計算した．95%信用区間は，サンプルを大きさの順に並べ替え，下 2.5%点と上 2.5%点を抽出することで導出した．CD 統計量は $N=10000$，$n_A=1000$，$n_B=5000$ として (15) 式を用いて計算した．その際，$\hat{\sigma}_A{}^2$ および $\hat{\sigma}_B{}^2$ は (16) 式を用いて計算し，パルツェン・ウインドーのバンド幅 B はそれぞれ 100 および 500 に設定した．表 5-2 の CD の値からからわかるように，ギブス・サンプラーが収束しているという帰無仮説は，すべてのパラメータにおいて，有意水準 5%で受容されている[17]．(m_{00}, m_{01}, m_{02}, m_{10}, m_{11}, m_{12}) の事後平均から，景気拡張期，後退期ともに，景気の平均成長率が最も高かったのは第 1 構造変化点と第 2 構造変化点の間で，次いで第 2 構造変化点の後，最も低かったのは第 1 構造変化点の前であることがわかる．逆に，景気循環の振幅 (景気拡張期と後退期の間の平均成長率の差) が最も大

16) ベイズ統計学では「信頼区間」ではなく，「信用区間」という言葉を用いることが多い．鈴木 (1978) 参照．
17) 構造変化点 0，1，3 の MS モデルでも同様に受容されている．

表 5-2　構造変化点 2 つの MS モデルの推定結果

パラメータ	事前分布 平均	事前分布 標準偏差	事後分布 平均	事後分布 標準偏差	事後分布 95%信用区間	CD
ϕ_1	0	2	−0.260	0.062	(−0.381　−0.137)	−1.526
ϕ_2	0	2	0.015	0.061	(−0.104　0.139)	−0.863
m_{00}	0	2	−2.219	0.299	(−2.844　−1.670)	−0.921
m_{01}	0	2	−0.367	0.135	(−0.629　−0.095)	−0.370
m_{02}	0	2	−1.127	0.127	(−1.384　−0.887)	1.661
m_{10}	0	2	0.212	0.918	(−2.009　1.270)	−0.956
m_{11}	0	2	0.708	0.110	(0.487　0.928)	1.198
m_{12}	0	2	0.527	0.081	(0.366　0.686)	0.058
v_0	1	1	1.160	0.561	(0.384　2.501)	−1.068
v_1	1	1	0.549	0.094	(0.392　0.758)	0.431
v_2	1	1	1.094	0.128	(0.869　1.367)	−0.768
p_{00}	0.8	0.163	0.921	0.027	(0.860　0.965)	1.061
p_{11}	0.8	0.163	0.952	0.016	(0.915　0.979)	0.187
q_{00}	0.989	0.033	0.961	0.037	(0.860　0.998)	−1.721
q_{11}	0.989	0.033	0.993	0.007	(0.976　0.999)	0.011

注：1．表にある記号は，(1′)，(2′)，(4)，(8)-(11) 式のものである．
2．CD は (15) 式で定義される Geweke (1992) の収束診断 (CD) 統計量を表す．
3．各パラメータの事前分布は以下のとおり．
$\tilde{\phi}=[\phi_1,\phi_2]'\sim N((0,0)',4I_2)I[s(\tilde{\phi})]$，$\tilde{m}=[m_{00},m_{01},m_{02},m_{10},m_{11},m_{12}]'\sim N((0,0,0,0,0,0)',4I_6)$ $I[m_{00}<m_{10},m_{01}<m_{11},m_{02}<m_{12}]$，$1/v_i\sim G(1,1)$ $(i=0,1,2)$，$p_{00}\sim Beta(4,1)$，$p_{11}\sim Beta(4,1)$，$q_{11}\sim Beta(9,0.1)$，$q_{22}\sim Beta(9,0.1)$．
ここで，I_a は $a\times a$ の単位行列，$N(\cdot)$ は正規分布，$G(\cdot)$ はガンマ分布，$Beta(\cdot)$ はベータ分布を表す．また，$I[s(\tilde{\phi})]$ は $\tilde{\phi}$ が定常性の条件を満たせば 1，そうでなければ 0 となる指示関数，$I[m_{00}<m_{10},m_{01}<m_{11},m_{02}<m_{12}]$ は括弧の中の不等式がすべて満たされれば 1，そうでなければ 0 となる指示関数である．
4．ϕ_1，ϕ_2，m_{00}，m_{01}，m_{02}，m_{10}，m_{11}，m_{12} の事前分布の平均および標準偏差には，切断する前の正規分布の平均と分散が示されている．

きかったのは第 1 構造変化点の前であり，次いで第 2 構造変化点の後，最も小さかったのは第 1 構造変化点と第 2 構造変化点の間である．(v_0, v_1, v_2) の事後平均からわかるように，景気循環からの短期的な乖離を表す誤差項 ϵ_t の分散 σ_t^2 は，景気循環の振幅同様，最も大きかったのが第 1 構造変化点の前であり，次いで第 2 構造変化点の後，最も小さかったのは第 1 構造変化点と第 2 構造変化点の間である．事後平均から判断すると，最も景気循環や短期的な変動が安定化していた第 1 構造変化点と第 2 構造変化点の間と比べると，景気循環の振幅は，第 1 構造変化点の前が約 2.3 倍，第 2 構造変化点の後が約 1.5 倍になっている．短期的な変動の分散は，第 1 構造変化点の前，第 2 構造変化点の後ともに，第 1 構造変化点と第 2 構造変化点の間の約 2 倍になっている[18)]．

以上の結果は次のようにまとめられる．(1) 日本の過去 30 年における景気循環における構造変化点の数は2つであり，変化点はそれぞれ第一次石油ショック後の1975年3月と，「失われた10年」と呼ばれる1990年代に入る直前の1989年3月である可能性が最も高い．(2)最初の構造変化は，景気の平均成長率を上昇させるとともに，景気循環およびそれからの乖離である短期的な変動をどちらも安定化させ，第2の構造変化は，逆に景気の平均成長率を低下させるとともに，景気循環および短期的な変動をいずれも不安定化させている．

次に，構造変化を考慮するのとしないのとで，景気転換点の推定値がどのように影響を受けるかを分析する．図5-3には構造変化点0，1，2，3のそれぞれのMSモデルから推定された各期が景気後退期である事後確率が描かれている．これは，S_t の事後平均 S_t^* を使って，$(1-S_t^*)$ として計算している．図5-3の影の部分は内閣府経済社会総合研究所が公表している景気基準日付から割り出された景気後退期である．内閣府の景気基準日付が正しい景気転換点であるとは限らないが，ここではそれが正しいものと仮定して比較の基準とする．まず，図5-3(a)に描かれている構造変化点を付加しない通常のMSモデルから推定された景気後退確率を見てみると，1977年から1987年までの間は内閣府が公表している景気後退期を十分に捕捉しきれていないことがわかる．図5-3(b)から，構造変化点を1つ付加することによって，構造変化を考慮しないMSモデルと比べて，その時期を景気後退期であるとする事後確率が上昇していることがわかるが，それはまだ50%を下回っている．図5-3(c)から，構造変化点の数を2にすると，その確率は50%を超え，全体的に景気後退期の事後確率が内閣府の景気基準日付と極めてよく適合するようになっているのがわかる．ただし，1981年にみられる景気後退期の事後確率の落ち込みの原因は，図5-1に示されている景気一致指数の動きを見てわかるように，この時期は一時的に上昇しており，そのために生じたものである．しかし，その期間が半年未満だったために内閣府では景気拡張期とは認識されていない．最後に，図5-3の(c)と(d)を比較するとわかるように，構造変化点3つのMSモデルから推定された景気後退期の事後確率は構造変化点2つのMSモデルと

18) その他のパラメータに関しては，事後平均および95%信用区間から，ϕ_1 は負であることがわかる．内閣府の景気一致指数の変化率が負の自己相関を持つことはよく知られており，これは景気一致指数を構成する11のほとんどの景気一致系列の変化率が負の自己相関を持っているからである(Fukuda and Onodera, 2001; Watanabe, 2003)．ϕ_2 は，事後平均がほぼ0であり，95%信用区間が0を含むので，除いても問題ないものと思われる．

図 5-3 景気後退期の事後確率

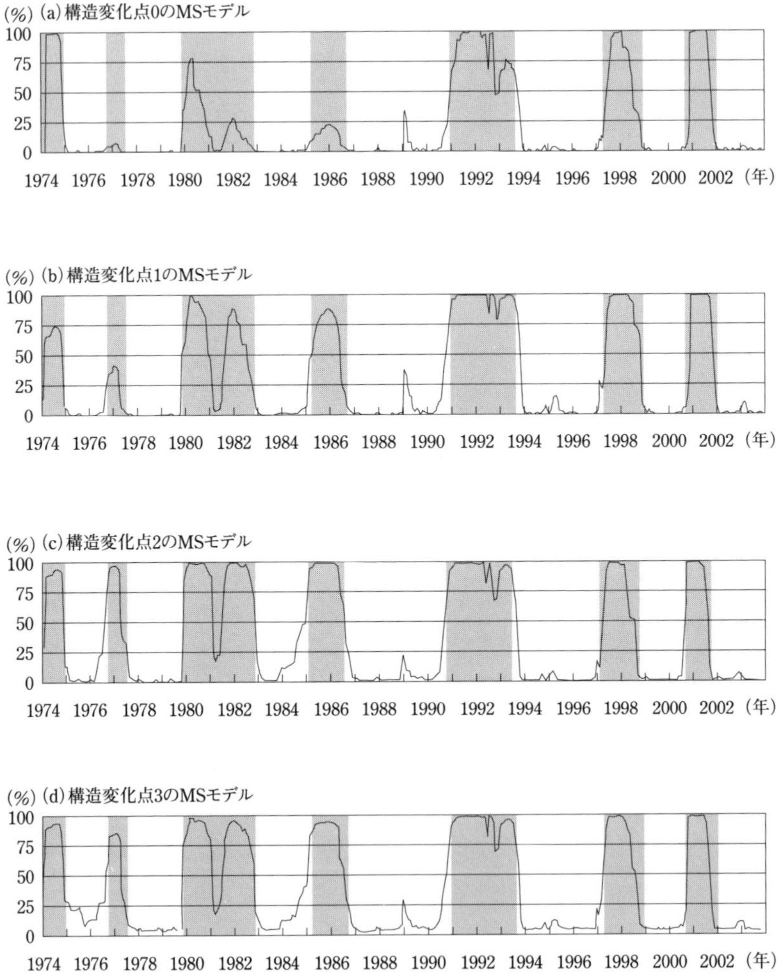

注：影の部分は，内閣府経済社会総合研究所が報告する景気後退期を表す．

ほぼ同じであるが，構造変化点 3 つの MS モデルの方が景気後退期の事後確率の変動の範囲が若干狭くなっている．

さらに表 5-3 は，4 種類の MS モデルから推定された各景気転換点がそれぞれ内閣府の景気基準日付と何日ずれているかを記したものである．この表 5-3

表5-3　景気転換点の推定精度

景気基準日付	構造変化点のないMSモデル	構造変化点1つのMSモデル	構造変化点2つのMSモデル	構造変化点3つのMSモデル
		山		
77/1	—	—	−2	−2
80/2	+3	0	0	0
85/6	—	0	−7	−2
91/2	+1	−2	−1	0
97/5	+2	+1	+1	+1
00/10	+2	+2	+2	+2
		谷		
75/3	0	0	0	0
77/10	—	—	−2	−3
83/2	−27	−4	0	0
86/11	—	−3	0	0
93/10	+1	+2	+2	+2
99/1	−5	−2	−4	−5
02/1	−2	−1	−2	0

注：1．正の数字は，基準日付に対してMSモデルによる推定値が遅れていることを表し，負の数字は先行していることを表す．
2．バーになっている箇所はそのMSモデルでは認識できなかったことを表している．
3．景気の山の日付は，景気後退期の確率が50％を切った時点とし，一方で，景気の谷の日付は景気後退期の確率が50％を越えた時点とする．

からわかるように，構造変化点の数が0および1のMSモデルでは，内閣府の景気基準日付の中で景気転換点として推定されないものがあるが，構造変化点の数を2および3にしたMSモデルでは，多少の時期のずれはあるものの全て景気基準日付を景気転換点として推定することに成功している．

5．結　語

本章では，複数の構造変化点を付加したMSモデルをMCMCを用いてベイズ分析することにより，1974年から2004年までの約30年間にわたる景気一致指数から日本の景気循環の転換点と構造変化点を同時推定した．また，構造変化点の数の異なるモデルの中から事後オッズ比によってモデル選択を行うことで，構造変化点の数と時期について特定化した．その結果，日本の景気循環における構造変化点は2カ所あり，第一次石油危機後の1975年と「失われた10年」と呼ばれる1990年代の直前の1989年であること，最初の構造変化は景気の平均成長率を上昇させるとともに景気循環およびそれからの乖離である短期的な変動をどちらも安定化させ，第2の構造変化は逆に景気の平均成長率を低下させるとともに景気循環および短期的な変動をいずれも不安定化させたことが明らかになった．今後は，こうした構造変化がなぜ生じたのかについても分析を行う必要がある．

本章では，さらに，構造変化を付加していない通常のMSモデルでは内閣府の景気基準日付を正しく捕捉できないのに対して，事後オッズ比によって選択された2つの構造変化点を付加したMSモデルではうまく捕捉できることもわかった．この結果は，景気転換点を正しく推定するためには，本章で行ったように，MSモデルに複数の構造変化点を加味し，構造変化点の数まで推定する必要があることを示しており，重要である．

参考文献

大森裕浩 (2001),「マルコフ連鎖モンテカルロ法の最近の展開」『日本統計学会誌』31, pp. 305-344.

小巻泰之 (2001),「景気の転換点予測モデルの有効性——日本経済への応用」『フィナンシャル・レビュー』第57号, pp. 42-69.

鈴木雪夫 (1978),『統計解析』筑摩書房.

中妻照雄 (2003),『ファイナンスのためのMCMC法によるベイズ分析』三菱経済研究所.

和合肇 (2005),『ベイズ計量経済分析——モンテカルロ法とその応用』東洋経済新報社.

渡部敏明・内山博邦 (2004),「日本の景気変動の構造変化と日経225株価指数先物取引」『フィナンシャル・レビュー』第4号 (通巻第73号), pp. 153-164.

Artis, M., Krolzig, H.-M. and Toro, J. (2004), "The European Business Cycle," *Oxford Economic Papers*, 56, pp. 1-44.

Bai, J. and Perron, P. (1998), "Estimating and Testing Linear Models with Multiple Structural Changes," *Econometrica*, 66, 1, pp. 47-78.

Blanchard, O. and Simon, J. (2001), "The Long and Large Decline in U. S. Output Volatility," *Brooking Papers on Economic Activity*, 1, pp. 135-174.

Chib, S. (1995), "Marginal Likelihood from the Gibbs Output," *Journal of the American Statistical Asociation*, 90, pp. 1313-1321.

Chib, S. (1998), "Estimation and Comparison of Multiple Change-Point Models," *Journal of Econometrics*, 86, pp. 221-241.

Fukuda, S. and Onodera, T. (2001), "A New Composite Index of Coincident Economic Indicators in Japan : How Can We Improve Forecast Performances ?" *International Journal of Forecasting*, 17, pp. 483-498.

Geweke, J. (1992), "Evaluating the accuracy of sampling-based approaches to the calculation of posterior moments," in J. M. Bernardo, J. O. Berger, A. P. Dawid and A. F. M. Smith eds., *Bayesian Statistics*, 4, Oxford University Press, Oxford.

Hamilton, J. D. (1989), "A New Approach to the Economic Analysis of Nonstationary Time Series and Business Cycle," *Econometrica*, 57, pp. 357–384.

Herrera, A. M. and Pesavento, E. (2005), "The Decline in U. S. Output Volatility : Structural Changes and Inventory Investment," *Journal of Business and Economic Statistics*, 23, 4, pp. 462–472.

Jeffreys, H. (1961), *Theory of Probability*, Oxford, UK : Oxford University Press.

Kim, C.-J. and Nelson, C. R. (1999a), "Has the U. S. Economy Become More Stable ? A Bayesian Approach Based on a Markov-Switching Model of the Business Cycle," *Review of Economics and Statistics*, 81, pp. 608–616.

Kim, C.-J. and Nelson, C. R. (1999b), *State-Space Models with Regime Switching*, Cambridge, Massachusetts : MIT Press.

Kim, C.-J., Nelson, C. R. and Piger, J. (2004), "The Less-Volatile U. S. Economy : A Bayesian Investigation of Timing, Breadth, and Potential Explanations," *Journal of Business and Economic Statistics*, 22, 1, pp. 80–93.

McConnell, M. M. and Perez-Quiros, G. P. (2000), "Output Fluctuations in the United States : What Has Changed Since the Early 1980s ?" *American Economic Review*, 90, pp. 1464–1476.

Shephard, N. and Pitt, M. K. (1997), "Likelihood Analysis of Non-Gaussian Measurement Time Series," *Biometrika*, 84, pp. 653–667.

Stock, J. H. and Watson, M. W. (2002), "Has the Business Cycle Changed and Why ?" *NBER Macroeconomics Annual*, 17, pp. 159–218.

Watanabe, T. (2003), "Measuring Business Cycle Turning Points in Japan with a Dynamic Markov Switching Factor Model," *Monetary and Economic Studies*, 21, pp. 35–68.

第6章

在庫循環図のモデルと計量分析*

脇田　成

なに，あれは眉や鼻を鑿で作るんじゃない．あの通りの眉や鼻が木の中に埋っているのを，鑿と槌の力で掘り出すまでだ．まるで土の中から石を掘り出すようなものだからけっして間違うはずはない．

夏目漱石『夢十夜』

1.　在庫循環図の統計的特性

天気予報をテレビで見ると，天気図を前に予報士が説明を加えている．私たちは天気図の見方を詳しく知っているわけではないが，前線が発達しているといわれるとなるほどと思うし，台風が近づいてくれば目分量でどのくらい近づいているか考える．景気分析で天気図にあたるものは，いわゆる在庫循環図である．図中の45°線にデータが近づくと，景気の転換点が近いことに気づくのである．ただし天気図と異なり，これまで在庫循環図の理論的な背景や計量的な分析がなされてきたわけではない．またその解説には恣意的な判断が多く含まれる場合もある．そこで本稿では在庫循環図を多様な側面から検討し，在庫循環図から導出される実証分析の推定式はいかなるものか，さらに背後にある理論的メカニズムを検討する[1)]．

まず一般的な在庫循環図とは，

・出荷指数（あるいは生産指数）の季節階差（あるいは対前年同期変化率）

* 浅子和美，飯塚信夫，竹田陽介，徳井丞次，宮川努各氏のコメントに感謝します．

1) 日本の在庫に関する分析は，伝統的な分析に対して包括的な説明を加えたもの（栗林，1977），部分調整モデルを使ったもの（Nakamura and Nakamura, 1989）など，出荷の分散と生産の分散を比較したもの（Beason, 1993；小塩，1995；飯田，2003）などがある．

ΔS を y 軸に

・在庫指数の季節階差（あるいは変化率）ΔH を x 軸に

取り，在庫循環を示したものである[2)]．データは経済産業省発表の鉱工業生産指数が通常使われるので，本稿でもそれを踏襲する．図6-1は戦後景気循環における第11循環（1986年11月～）からの4つの循環を示しており，反時計回りのサイクルを描いていることが容易に読み取れる．もともと在庫投資はキチン・サイクルと呼ばれる3，4年の短期循環の主役として，現実の景気循環を考察する際には非常に重要視されているが，図が明らかにするように視覚的にも明らかな循環を描いており，政府定義の景気循環日付にもおおむね対応していることが認められる．在庫変動は四半期ベースでも5兆円程度に達することもあり，現在の500兆円程度のGDPやノーマルな成長率1～2%から考えると，大きな比率を占めるものであることが分かる．

在庫循環と景気循環日付

さて実際の景気循環日付と在庫循環図を対応させて考察しよう．図6-1に即して検討すると，「在庫循環は死んだ」と言われたバブル期第11循環においては第I象限に滞留時間が長く，また在庫循環技術の促進に伴って，在庫変化が下方シフトしていることが読み取れる．なお紙数の都合上図の掲載は見合わせるが，季節調整済データの前月比を使って循環図を描くと，極めて不安定であることが分かる．米国のデータや，鉱工業生産指数のいわゆるIT部門（電子デバイス）のみを使って，季節階差の循環図を描いたとしても，いずれも循環していることが分かる．

図6-2は在庫循環図の概念，考え方を示しており，そこでは $\Delta S=0$ と $\Delta H=0$ の軸により，4つの象限に分類され，さらに $\Delta H=\Delta S$ の直線式（45°線）が描かれて，第I象限と第III象限が2分割されている．

2）本稿では横軸に出荷，縦軸に在庫を取っており，これは日本銀行流の描き方である．異なる描き方として，横軸に在庫，縦軸に出荷を取る場合（内閣府）もあるが，説明変数が出荷，被説明変数が在庫と考えるのが自然であるので，前者の描き方が望ましい，と思われる．また生産指数を縦軸を取る場合（経済産業省）もあり，この方法は企業の選択という意味では一貫性を持ち，望ましい場合もある．ただし出荷指数と生産指数はほぼ同一に動く（表6-4）ものの，若干，出荷指数の方が景気に先行しているので，本稿では出荷指数を使うことにするが，今後の解説等で，出荷を生産と読み替えて説明する場合もあるので注意されたい．

図 6-1　在庫循環図

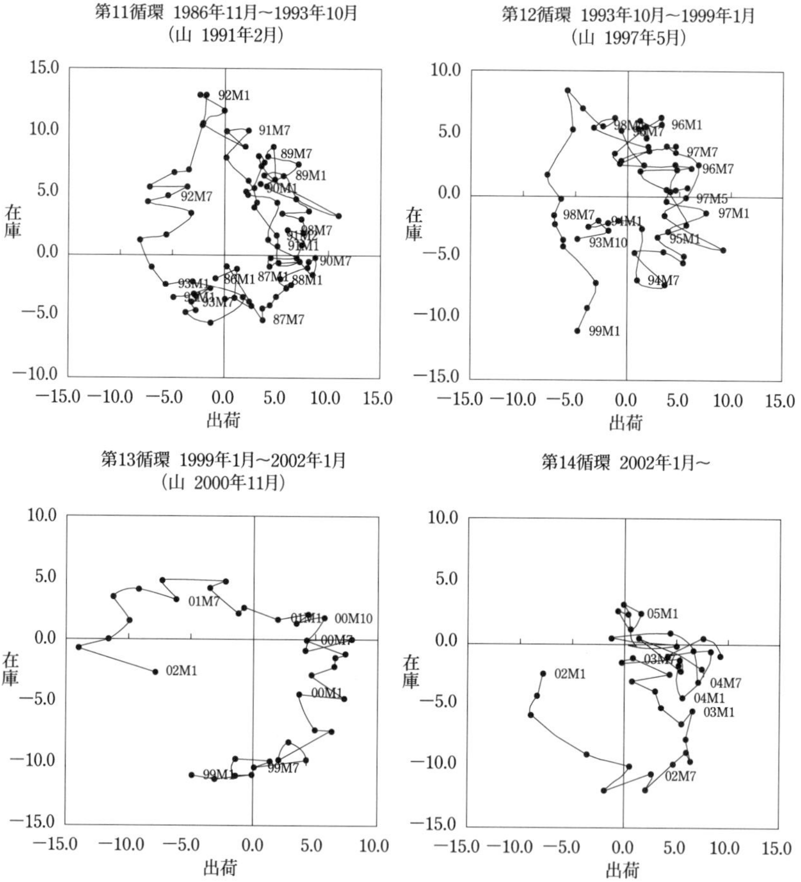

・まず景気の山 (peak) は正の在庫の変化 ΔH が出荷の変化 ΔS を追い越して在庫過剰になる第 I 象限における時期とされている．

・45° 線を切った後の I b～IIIa は景気後退期であり，そこでは在庫 H の変化 ΔH は出荷の変化 ΔS より大きい $(\Delta H > \Delta S)$．

・景気の谷 (bottom) は負の出荷の変化 ΔS が，在庫の変化 ΔH を追い越して在庫が減少する第III象限における時期である．

・IIIb～ I a は景気上昇期であり，出荷 S の変化 ΔS は在庫の変化 ΔH より

図6-2　在庫循環概念図

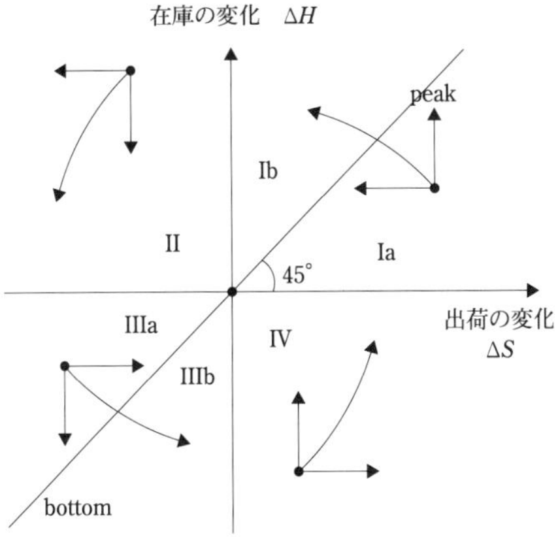

大きい．

このように45°線を切るかどうかが，景気の山谷を判断する重要な材料となるわけである．

実際の在庫循環と在庫循環図

さて在庫循環図に使われる実際のデータはどのような性質を示しているだろうか．通常，循環図を描くのに使われるデータは，先述したように経済産業省発表の鉱工業生産・出荷・在庫指数であり，それより出荷 S，在庫 H，生産 Y の原指数の季節階差（対前年同月比）の統計的特性を表6-1～6-4でまず検討しよう（以下の分析では断らない限り，現時点における改訂済み鉱工業生産指数を最大限使用する．そこで全データ数は318，サンプル期間は1979年1月～2005年6月である）．

表6-1に示されるように出荷並びに在庫の季節階差の変動幅は，共に25%程度である．さらに両者の相関係数はわずかに負であり，連動して動くわけではないことがわかる．そこで以下で示すような局面別の分析が意味を持つのである．単純な計量分析のみでは，サイクルを描くような構造をとらえられないことに注意されたい．

それでは実際のデータは，在庫循環図のどの象限に入るのだろうか．表6-3に示されるとおり，総数318のうち第I象限は109であるなど，図右側の第I，

表 6-1 基本統計量

変数	$\Delta_{12}S$	$\Delta_{12}H$	$\Delta_{12}S$-$\Delta_{12}H$	$\Delta_{12}Y$
非負のデータ数	222	162	186	219
確率	.698	.509	.585	.689
最大値	10.9	13.0	16.9	10.4
最小値	−13.9	−12.0	−17.2	−15.2
平均	1.623	.38644	1.2397	1.53
標準偏差	4.1679	4.9319	6.6409	4.6018
歪度	−.76977	−.13329	−.29884	−.85558
尖度	.56463	−.21437	−.38091	.55119
変動係数	2.568	12.7626	5.3567	3.0078

表 6-2 相関係数

	$\Delta_{12}S$	$\Delta_{12}H$	$\Delta_{12}S$-$\Delta_{12}H$	$\Delta_{12}Y$
$\Delta_{12}S$	1.0000	−.063186	.64198	.97922
$\Delta_{12}H$		1.0000	−.78572	.0033770
$\Delta_{12}S$-$\Delta_{12}H$			1.0000	.58294
$\Delta_{12}Y$				1.0000

表 6-3 象限別データ数

	I	II	III	IV
データ数	109	53	43	113
確率	0.34	0.167	0.135	0.36
	I a	I b	IIIa	IIIb
データ数	60	49	24	19
確率	0.19	0.15	0.08	0.06

第IV象限に多いことがわかる．総データ数で割って求めた確率は表 6-3 にも示されている．

いくつかの観察事項を列挙しておこう．

- 在庫循環図では x 軸 y 軸の目盛りなど，対称的に扱っているが，現実はそうではない．サンプルは右側半分つまり出荷の季節階差 $\Delta_{12}S$ が正の場合に集中している一方，在庫は均等に上下に散らばっていることに気付く．実際，分散はほぼ同じであるものの，出荷の平均は 1.62 であるので，重心はやや右にあることがわかる．
- 次に 45° 線で分割すると景気上昇期（IIIb〜 I a, 58%）は長く，景気下降期は（ I b〜IIIa, 42%）は短い．

推移確率とサイクル

さて在庫循環図は本当に循環を示しているのだろうか．ここで各象限からおのおの次の象限に移動する推移確率を計算してみよう．表6-4に示されるとおり，まず1行目の第I象限から，第I象限に留まったケースは317サンプル中，88ケースで確率は0.815である．第I象限から，第II象限に移動する確率は0.12である．以下同様に，同一象限に留まる確率が7〜8割であり，隣接象限に移行する確率が1〜2割である．在庫循環に反する動きや逆行する動きの確率は極めて小さく，第III象限に至ってはゼロである．

以上のように，データは概ね在庫循環図に沿った動き

$$\text{I} \Rightarrow \text{II} \Rightarrow \text{III} \Rightarrow \text{IV} \Rightarrow \text{I} \cdots$$

をしており，これより外れた動きの確率は小さい．唯一の例外は第I象限と第II象限の間の動きであり，第II象限から第I象限に逆行する確率は第III象限に移行する確率より大きい．この第I，II象限とも在庫変化が正であり，出荷につれて両象限を変動することになる．

在庫循環図がきれいに円を描いているように見えるのは，図6-1に示されるように，景気の谷近くの第II象限から第III象限への動きによるところが大きい．第II象限から第III象限へ推移したケースは，表6-4にあるように4ケースであ

表6-4　推移数と推移確率

	出荷指数を使った場合					生産指数を使った場合			
	I	II	III	IV		I	II	III	IV
I	88**	13*	0	7	I	92**	13*	2	6
II	9	39**	4*	1	II	9	34**	3*	1
III	0	0	34**	9	III	0	0	43**	9*
IV	12*	1	5	95**	IV	13*	0	4	87**
	確率					確率			
I	0.815	0.12	0	0.065	I	0.814	0.115	0.018	0.053
II	0.17	0.736	0.075	0.019	II	0.191	0.723	0.064	0.021
III	0	0	0.791	0.209	III	0	0	0.827	0.173
IV	0.106	0.009	0.044	0.841	IV	0.125	0	0.038	0.837
	2局面分析					2局面分析			
	正->正	正->負	負->負	負->正		正->正	正->負	負->負	負->正
データ数	166	20	112	19	データ数	168	17	116	16
確率	0.524	0.063	0.353	0.06	確率	0.530	0.054	0.366	0.05

注：左は横軸に出荷指数を使った場合であり，右は生産指数を使った場合である．2局面分析とは45°線で分割し，景気上昇局面を正，下降局面を負とした場合である．**は同一象限に留まるケース，*は正常な循環経路に沿った動きを示す．全データ数317．サンプル期間：1979年1月〜2005年5月

り，当該データ・サンプル期間中の4度の景気循環中，それぞれ1度である．つまり景気の谷近辺では，行きつ戻りつのジグザグ行動は起っていないのである．

2. 出荷・在庫バランスと計量分析

前節で分析された統計的特性をどのように計量分析につなげればよいのだろうか．ここではいわゆる出荷・在庫バランスを拡張し，考察することにしたい．出荷・在庫バランスとは，出荷の伸び（季節階差）から在庫の伸びを引いたものであり，在庫率の変化率とほぼ同様の定義をされ，在庫循環図と共に景気分析で多用されている．この指標は在庫循環図の数値的表現の第一歩と考えられよう．

まず生産 Y を予測する手法と考えると，差分を取らない定式化では，

$$Y_t = \gamma(S_{t-1} - H_{t-1}) \tag{1}$$

あるいは差分をとって

$$\Delta Y_t = \gamma(\Delta S_{t-1} - \Delta H_{t-1}) \tag{2}$$

という単回帰を考えていることになるであろう．つまり図6-3に表されるように

- $\Delta S_{t-1} - \Delta H_{t-1} > 0$ の場合，生産 Y は上昇局面であり，
- $S_{t-1} - \Delta H_{t-1} < 0$ の場合，生産 Y は下降局面である，

という分析を行っていることになる．

しかしこの分析では

$$\Delta Y_t = \text{const} + \gamma_1 \Delta S_{t-1} + \gamma_2 \Delta H_{t-1} \tag{3}$$

という回帰式において，$\gamma_1 = -\gamma_2$ という制約をおいて分析していることに等しい．出荷がもたらす正の力と，在庫がもたらす負の力が，たまたま等しい場合を考えているのである．そこで制約をおかず，

$$\Delta Y_t = \text{const} + \text{trend} + \gamma_1 \Delta S_{t-1} + \gamma_2 \Delta H_{t-1} \tag{4}$$

の推定式のもとで推定を行った．結果は割愛するが，当然のことではあるが，出荷・在庫バランスを示す（2）式より，（3）式の定式化のほうが，決定係数などが高く，より説明力が高い[3)]．つまり出荷・在庫バランスは分かりやすいものの，適当でない制約のため説明力が低いのである．

図6-3　出荷・在庫バランス

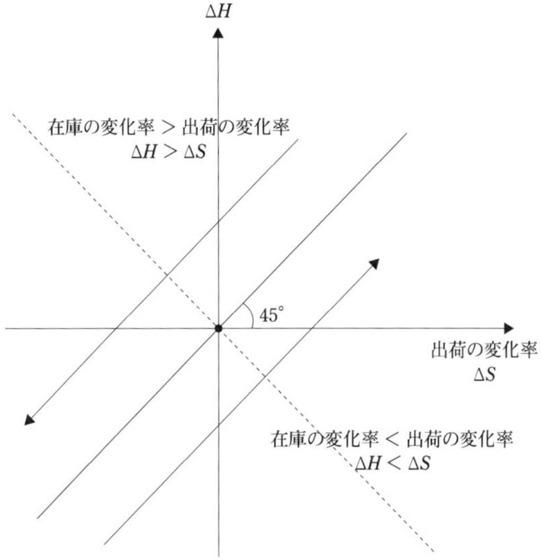

さらにトレンド項の有無などさまざまな定式化を検討した．推定結果は省略するが，対前期比を使った推定はいずれも結果が悪く，符号条件すら充たさない．これは図解すると明らかであり，対前期比を景気分析で使うことは望ましくない．一方，対前年同月比を使った推定では，当てはまりは良好である．

多期間の推定

さて1カ月先の予測ではなく多期間先の予測を考察しよう．ラグを1期ずつ増やしてゆき，推定して予測能力を見ると，興味深いことがわかる．以下の推定式に即して言えば，

$$Y_t = \text{const} + \text{trend} + \gamma_1 \Delta S_{t-n} + \gamma_2 \Delta H_{t-n} \qquad (5)$$

n を増やしてゆくのである．

具体的な推定結果は省略するが，推定された係数は γ_1，γ_2 ともいずれも減

3）図解法で言えば，右上から左下に切る45°線（$\Delta S = \Delta H$）のみならず，左上から右下に切る線（$\Delta H = -\Delta S$）もあることが望ましいと言う意味である．

少していることがわかる．出荷の係数 γ_1 は1カ月ラグを取るほど，0.1程度減少するので10カ月先以上の生産に対する説明力はなくなってゆくが，在庫の係数 γ_2 はもともと負であるので，絶対値は上昇してゆき，$-.4$ 程度で頭打ちとなる．

結果をまとめると，出荷の動きは生産に正の影響を与えて，また直近数カ月の説明力は強い．一方，在庫は生産に負の影響を与えるが，その負の影響は最初は小さいものの，半年後から1年後まで大きくかつ永続的な説明力を持つ．

なお出荷・在庫バランスは景気の転換点に6カ月先行するといわれることがある．推定結果においてもラグを6にすると両者の係数の絶対値がほぼ等しくなり，$\Delta Y_t=\gamma(\Delta S_{t-1}-\Delta H_{t-1})$ の形に近くなる．このため出荷・在庫バランスの6カ月先行性が示されることになると思われる．逆に言えば，本来，直近の予測のほうが，より精度が高いはずだが，経験的にそう思われていないのは，適当でない制約（式で言う $\gamma_1=-\gamma_2$）のためであることを推定結果は示唆しているのである．

さてこのような在庫の永続的な説明力を考慮して，在庫のラグを拡大すると

$$\Delta Y_t=\text{const}+\text{trend}+\underset{(.030)}{.893\Delta S_{t-1}^{***}}-\underset{(.026)}{.127\Delta H_{t-6}^{***}} \tag{6}$$

$\bar{R}^2=.78,\ \hat{\sigma}=4.64,\ DW=2.56,\ LL=-371.3,\ T=\text{79M5}-\text{05M5},\ N=308,$

となる．なおここでの記号の定義は以下の通りである．また括弧内は標準誤差である．そして $\bar{R}^2$ は回帰分析の自由度調整済決定係数であり，$\hat{\sigma}$ は回帰の標準偏差である．DW はダービン・ワトソン統計量，LL は対数尤度の最大値，T はサンプル期間，そして N はサンプル数である．

なお季節階差を取る場合，必然的に系列相関が生じるので，標準誤差を修正しなくてはならない[4]．そこでNewey and West (1987) の方法により，Bartlett Windowを12として，標準誤差は修正してある．

4) たとえば推定期間内の n 年3月に突発的ショックが生じた場合，n 年3月のデータを含む季節階差をとった変数は同一のショックに影響される．つまり $n+1$ 年3月の前年同月比のみならず，$n+1$ 年2月のデータから n 年4月の前年同月比に突発的ショックは影響を与えるのである．この点に関しては，Hayashi (2000) が標準的な解説のみならず，パッケージ・ソフトに即して方法を述べているので参照されたい．

景気の2局面プロビット・モデル

さて以上では在庫指数と出荷指数を使って，生産（指数）を予測したが，その他の指標についての予測力はどうであろうか．まず景気循環日付に基づいて，好況期をゼロ，不況期を1と置いてプロビットやロジット推定を使った景気の2局面モデルの実証分析を行った．結果は，それなりの説明力を示している．

ただし内閣府定義の景気転換点に関しては，景気動向指数DI，CIを説明変数として使ったモデルが，より説明力が高く，逆に鉱工業生産指数を被説明変数とすると，DIやCIより，これまでの推定式のほうがパフォーマンスが高い．

レジーム・スイッチング・モデルと景気の持続性

続いて景気局面に即して，推定モデルが異なるとするレジーム・スイッチングの可能性を調べた（加納・小巻（2003，p. 90）参照）．定数項ならびに出荷・在庫に関する係数が6局面ごとに異なるとする定式化で以下の推定を行った．

$$\underset{(.604)}{2.444^{***}}-\underset{(.001)}{0.05\,T^{**}}-\underset{(.145)}{.028\Delta_{12}SR1a(-1)}-\underset{(.067)}{.125\Delta_{12}SR1b(-1)^{*}}$$

$$+\underset{(.169)}{.251\Delta_{12}SR2(-1)}-\underset{(.170)}{.006\Delta_{12}SR3(-1)}+\underset{(.112)}{.578\Delta_{12}S(-1)^{***}}$$

$$-\underset{(.101)}{.062\Delta_{12}HR1a(-6)}-\underset{(.158)}{.302\Delta_{12}HR1b(-6)^{*}}-\underset{(.095)}{.033\Delta_{12}HR2(-6)}$$

$$+\underset{(.073)}{.049\Delta_{12}HR3(-6)}-\underset{(.066)}{.108\Delta_{12}H(-6)}-\underset{(.514)}{.597R1a}+\underset{(.482)}{1.166R1b^{*}}$$

$$-\underset{(.704)}{2.875R2^{***}}-\underset{(.610)}{3.422R3^{***}}$$

$\bar{R}^2=.839$, $\hat{\sigma}=1.86$, $DW=2.25$, $LL=-626.00$, $T=$79M7−05M5, $N=311$,

ここで $\Delta_{12}SR1a$ は第Ｉa象限の出荷 S の季節階差を表しており，$R1a$ は第Ｉa象限ダミーを表している．

推定結果はまず係数に関しては，出荷，在庫ともに象限別に異なる動きはほとんど認められないが，ダミー項はＩb，II，III象限が有意である．特に第II，III象限では大きく生産が減少することがわかる．

次に出荷・在庫に関する係数は同一とするが，局面ダミーに加えて第 i 象限に何期間留まっているか，継続（Duration）を表す項 D_i を挿入してみた．

$$2.060^{***} - 0.05T^{***} + .482\Delta_{12}S(-1)^{***} + .152\Delta_{12}S(-6)^{***}$$
$$(.739) \quad (.002) \quad (.070) \quad (.053)$$
$$-.058\Delta_{12}H(-1) - .043D_1 - .336D_2^{***} + .143D_3^{***} + .098D_4 + .068R1a$$
$$(.044) \quad (.028) \quad (.119) \quad (.049) \quad (.083) \quad (.796)$$
$$+1.275R1b^{*} - 2.235R2^{**} - 3.358R3a^{***} - 4.858R3b^{***}$$
$$(.740) \quad (.942) \quad (.845) \quad (1.107)$$
$$\overline{R}^2 = .851,\ \widehat{\sigma} = 1.79,\ DW = 2.05,\ LL = -614.33,\ T = 79M7 - 05M5,\ N = 311,$$

ここで第II象限の項 D_2 が負に有意，第III象限の項 D_3 が正に有意である．第II象限に止まっている期間が長いほど，生産は減少するが，第III象限に止まっている期間が長いほど生産は増加する，つまり第IV象限に移行することを示している．

以上，2つの式の推定結果をまとめると，第II，第III象限の動きが明確であり，生産を大きく引き下げ，かつ滞留期間が長いほど次の象限に移行することがわかる．一方，データ数がもともと多い第I，第IV象限では，さほど動きは明確ではないのである．

3. 位相図から動学モデルの導出

本節と次節では，在庫循環図の背景にはどのような理論的メカニズムを考えるのが適当なのか，を考察する．本節では在庫循環図を差分方程式の位相図と考え，背後のメカニズムを探る．

標準的な在庫循環図は対前年同期比（変化率）を使って定義される場合がほとんどであり，縦軸，横軸とも階差を取った形で表されている．このような操作は大きな季節変動を除去するため，やむを得ない措置だが，本節では季節変動は分析の対象外とし，以下では未階差の関係が成立していると考え，分析すべき位相図は H と S の関係を表したものを想定する．

さてこの未階差位相図から導出される動きは，t を時間として

$$\text{第I象限}\quad \frac{\mathrm{d}S}{\mathrm{d}t}<0,\ \frac{\mathrm{d}H}{\mathrm{d}t}>0,\quad \text{第II象限}\quad \frac{\mathrm{d}S}{\mathrm{d}t}<0,\ \frac{\mathrm{d}H}{\mathrm{d}t}<0$$
$$\text{第III象限}\quad \frac{\mathrm{d}S}{\mathrm{d}t}>0,\ \frac{\mathrm{d}H}{\mathrm{d}t}<0,\quad \text{第IV象限}\quad \frac{\mathrm{d}S}{\mathrm{d}t}>0,\ \frac{\mathrm{d}H}{\mathrm{d}t}>0$$

とまとめられる[5)]．これを順に検討すると，

・第Ⅰ象限・第Ⅳ象限では，$S>0$ であり，H の動きは正である．

・逆に第Ⅱ象限・第Ⅲ象限では，$S<0$ であり，H の動きは負である．

つまり在庫量の変化は出荷に正に依存し，α を正のパラメーターとして

$$H_{t+1}-H_t=\alpha S_t \tag{7}$$

とまとめられる．同様に

・第Ⅰ象限・第Ⅱ象限では，$H>0$ であり，S の動きは負である．

・逆に第Ⅲ象限・第Ⅳ象限では，$H<0$ であり，S の動きは正である．

さてこれをまとめると，出荷の変化は在庫に負に依存することになる．β を正のパラメーターとして，

$$S_{t+1}-S_t=\beta H_t \tag{8}$$

となる．ここでパラメーター α，β はいずれも正 $(\alpha, \beta>0)$ である[6)]．

在庫の差分方程式

このような連立差分方程式の定性的な振る舞いはどのようなものだろうか．在庫 H の差分方程式を形成しよう．

まず（7）式と1期ずらして

$$H_{t+2}-H_{t+1}=S_{t+1} \tag{9}$$

と（9）式をそれぞれ（8）式に代入して整理すると，以下の2階差分方程式が得られる．

$$(1+\alpha\beta)H_t-2H_{t+1}+H_{t+2}=0 \tag{10}$$

特性方程式は根を λ として

$$\lambda^2-2\lambda+(1+\alpha\beta)=0 \tag{11}$$

と計算され，根は

$$\lambda_1, \lambda_2=1\pm\sqrt{-\alpha\beta} \tag{12}$$

となる．

5）在庫循環図の象限を分割する際に，本文のような十字型ではなく，×印型も考えられるかもしれない．しかし×印型で分割する場合，分割線は $\Delta S=0$ や $\Delta H=0$ に対応せず，これでは4分割することにはならない．

6）つまりもともとの在庫循環図は変化率をとった形で表されているため，

・在庫量の加速度は出荷の変化率に正に依存し

・出荷の加速度は在庫の変化率に負に依存することになる．

α，β は正であるので，判別式は負である．そこで差分方程式は虚根を持ち，振動解を持つ．

つまり在庫循環図から導出された動きは，まず在庫が二階差分方程式で表され，そしてその差分方程式が振動解を持つことを示唆している．この点は標準的な在庫理論モデルに即して再検討する．

4. 出荷・在庫理論モデルと在庫循環図

前節の分析により，在庫循環図は在庫の二階差分方程式が振動解を持つ場合に対応していることが分かった．ここで既存の理論モデルと在庫循環図の性質がどのように対応しているか，検討してみよう．

3 つの在庫理論

在庫理論にはさまざまなモデルがあるが，主要な考え方は以下の 3 つである．前者 2 つに関しては脇田 (1998) を参照されたい．

a：常に同じような分量だけ生産する生産平準化

b：品切れ防止のストック切れ防止

c：Ramey (1989；1991) は生産関数が収穫逓増の場合，生産を活発に行う時期と調整を行う時期が交互に行われることを，実証分析を通じて主張している．この分析は Cooper and Haltiwanger (1992) らによって重視され，時間的に集中する Bunching 行動として，さらに分析されている．

線形二乗型在庫モデル

在庫理論で標準的なモデルは線形二乗型 (Linear-Quadratic) モデルである．このモデルは線形式と微分して線形になる二乗型関数形を使って，明示的に問題を解いたものである．Ramey and West (1999) はこれらのモデルを使って，在庫について包括的な分析を加えているので，それに沿って，本章で展開した分析との関連を探ってみよう．

まず危険中立的な代表的企業の目的関数は

$$\max E_0 \sum_{t=0}^{\infty} \beta^t [P_t X_t - Cost_t], \tag{13}$$

であり，以下の需要関数の制約に従うこととしよう．

$$X_t = gP_t + u_t + a_d u_{t-1} \tag{14}$$

ここで P_t は製品価格，X_t は需要，β は割引要素である．

さて $Cost$ は以下の線形二乗型であり，Ramey and West (1999) に沿って

$$Cost_t = u_{ct} Y_t + a_1 Y_t^2/2 + a_2(H_{t-1} - a_3 X_t)^2/2 \tag{15}$$

と定式化する．

ここでパラメータ a_1〜a_3 は先の3つの考え方に対応している．

- まず Y_t^2 にかかる a_1 が正の場合，費用は逓増的であり，在庫平準化をもたらす．
- 逆に a_1 が負の場合，Ramey (1989；1991) が強調する収穫逓増を意味する．
- a_2 がゼロでない場合，在庫保有の費用を表す．
- 前期に蓄積した在庫 H_{t-1} と，今期の需要量 X_t を比較して X_t が大きい場合，$a_3>0$ の場合，Kahn (1987；1992) らが強調する在庫のストック切れ費用を表す．

もちろんより複雑な定式化は可能であり，実証分析ではさまざまな項が加えられて推定されているが，ここでは省略する．さて一階条件は在庫と生産に関して導出され，二階条件より概ね g が大きければ極大値の条件を満たすことが分かる（結果は省略）．

さて在庫に関する一階条件を書き換えて

$$Y_t = \frac{2g(H_t - H_{t-1}) + a_2 a_3 (a_3 (H_t - H_{t-1}) + H_{t-1}) + u_t + a_d u_{t-1} - u_{ct}}{a_1 + a_2 a_3^2 + 2g} \tag{16}$$

が導出される．生産に関する一階条件式に代入して，在庫の2階差分方程式 $H_{t+1} - t_1 H_t - t_2 H_{t-1} = 0$ が形成され，その差分方程式の特性方程式の根は以下のように計算される．

$$\lambda_1, \lambda_2 = \frac{t_1 \pm \sqrt{t_1^2 + 4t_2}}{2} \tag{17}$$

ここで

$$t_1=\frac{1}{\beta}\frac{2a_2g\beta+2a_1g+2\beta a_1g+a_1a_2a_3^2(1+\beta)-2\beta a_1a_2a_3+a_1a_2\beta}{a_1a_2(a_3-1)a_3+2a_1g},$$
$$t_2=-\frac{1}{\beta} \tag{18}$$

である．ここで虚根であるためには判別式は負 $(D=t_1^2+4t_2<0)$ でなくてはならないが，この条件は残念ながら上式より直ちに明らか，というわけではない．そこで特性を 1 つずつ列挙して，考察してみよう．

・まず需要関数の制約が必要であり，(14) 式の代わりに価格所与とおいて計算すると

$$\lambda_1, \lambda_2=\frac{a_3-1}{a_3}, \frac{a_3}{(a_3-1)\beta} \tag{19}$$

解は実根となり，振動しない．

・次に在庫費用ゼロ $(a_2=0)$ とすると $t_1=\dfrac{1+\beta}{\beta}$, $t_2=-\dfrac{1}{\beta}$ となり，

$$\lambda_1, \lambda_2=1, \frac{1}{\beta} \tag{20}$$

やはり振動しない．つまり非ゼロの在庫費用の存在が重要である．

・次に図 6-4〜6-5 の数値シミュレーション結果が示すように，判別式が負であるケースは実は 2 つある．

図 6-4　費用関数の変化と判別式

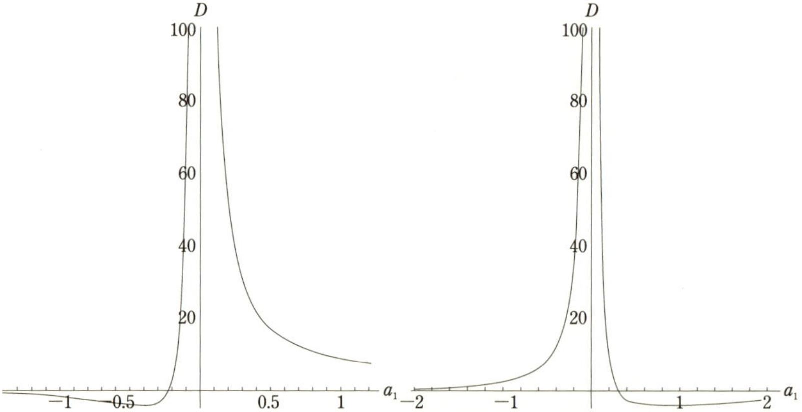

(a) 在庫費用が収穫逓減 $(a_2=1)$　　(b) 収穫逓増 $(a_2=-1)$ のもとでの費用関数の変化と判別式

注：$g=1$, $\beta=0.95$, $a_3=1$ のもとでのシミュレーション．

図6-5　判別式が負である $\boldsymbol{a_1}$ と $\boldsymbol{a_2}$ の組合せ

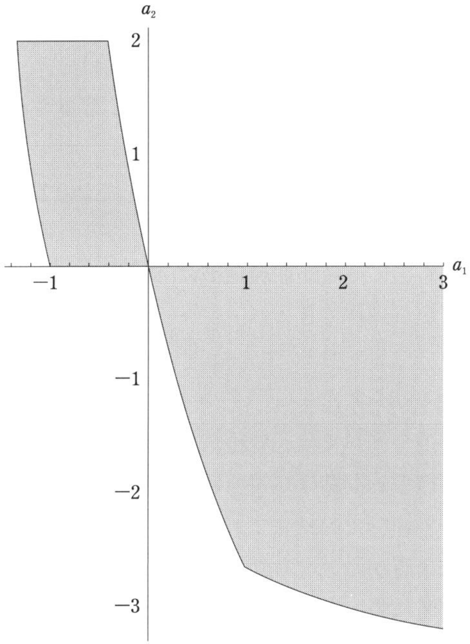

注：$g=1$，$\beta=1$，$a_3=1$ のもとでのシミュレーション．

（a）　まず $a_2>0$，在庫費用が収穫逓減のもとでは，生産は $a_1<0$，収穫逓増でなくてはならない．

（b）　逆に $a_2<0$，在庫費用が収穫逓増のもとでは，生産は $a_1>0$，収穫逓減でなくてはならない．

つまり生産と在庫保有のどちらかのみが収穫逓増となっていなくてはならないのである．これをさらに明確にするために，図6-5では $g=1, \beta=1, a_3=1$ のもとで判別式が負であり，二階条件を満たす a_1 と a_2 の組合せを図示している．なおここで判別式は

$$\frac{a_2(2+a_1)(2a_2+a_1(8+a_1))}{4a_1^2}<0, \tag{21}$$

となり，さらに以下の二階条件も簡略化されている．

$$-2<a_1,\ -4<a_2,\ 2a_1+(a_1+2)(a_2+2)>0, \tag{22}$$

なお在庫のストック切れ費用を表す a_3 は判別式の符号には重要ではなく，また需要の系列相関 (a_d) も影響を及ぼさない．

つまり在庫循環図の意味するところは，一般的には

・生産関数が収穫逓増であるため，生産を大きく変動させる力と

・在庫保有の収穫逓減という，

相反する 2 つの動きが合わさったものと考えられるのである．この相反する 2 つの力が存在するところがポイントであって，この点は，直観的には考えにくいケースではあるものの生産が収穫逓減，在庫保有が収穫逓増のケースも振動解をもたらすことから理解できよう．

在庫調整とマクロ的カンバン方式

以上のように本章のモデルでは，収穫逓増・費用低減の生産関数と整合的であるという比較的非標準的な結果が得られた．もちろんこの結果は単純化された線形二乗モデルの枠組内での結果であり，より一般的なモデルの結果ではないという制約を念頭に置かねばならない．ただしこの制約を前提としたとしても，日本の優れた生産調整・在庫管理技術を念頭に置く場合，この結果に多少の違和感を感じる向きも多いだろう．それは通常，優れた在庫モデルと言われれば，経済学者は生産平準化をまず念頭に置くからであろう．

ところが在庫循環図から導出されたモデルが示すのは，生産平準化により生じた生産水準の固定化という形ではなく，好況期に生産を集中させ，その結果としての在庫調整が生じるという形なのである．言ってみれば収穫逓増の生産関数が示すところは，好況期に過剰生産を行い，不況期にその在庫調整に苦しむという形であり，必ずしも合理的・効率的というイメージにそぐわないのではないだろうか．

そこで日本の優れた在庫管理技術であるカンバン方式を思い起こしてみよう．下請け工場が親工場から出されたカンバンに基づき，時間ちょうどに (Just-in-Time) 部品を納入するカンバン方式の考え方は，言わば生産平準化の考え方と 180 度異なるものではないだろうか．

つまり

・生産平準化モデルが示す，不可避な需要変動のもとで，関数として与えられた生産調整費用を最小化するように生産パターンを選ぶ最適化問題では

なく，

・できる限り需要に生産を合わせて，残った在庫を重大視するのがカンバン方式

と考えられよう．そう考えると，生産集中を行うのが大きなメリットがあり，在庫は高い保有費用がかかるという本モデルの結果は，カンバン方式と同一の特徴を持つと考えることもできよう．

収穫逓増の内容

さてこれまでのモデルでは，収穫逓増の生産関数の存在を示唆したが，これは狭義の生産関数における収穫逓増に留まらないことに注意しなくてはならない．

・たとえば一定以上の在庫ストック量の増減が減産・増産をもたらすいわゆるS-s政策や

・タイミングの連鎖や市場取引の確率的マッチングを重視する新ケインジアン経済学

・さらに本章では分析を割愛したが労働保蔵の存在による労働の固定要素化なども含めて，収穫逓増の源泉をより広く考える必要もあるだろう．

意図せざる在庫変動と季節変動

先に在庫投資には3つの考え方が存在することを示したが，これらの考え方とは独立に在庫投資には2つのポイントがある．ここで補足しておく．

[d：意図せざる変動と意図した変動]

第1は在庫投資の

・意図せざる変動，つまり売れ残りのためやむなく在庫が増えた場合

・意図した在庫投資，つまりストック切れを防ぐためあらかじめ在庫を増やしておく場合

の分類である．先の3つの考え方は，いずれもが「意図した在庫投資」を念頭に置いているといえる．

在庫循環図においても，このような区別がなされる場合があり，想定する性質は

・第Ⅰb象限から第Ⅱ象限へ動くと想定されているため，景気上昇期にお

ける在庫の正の積み増し($\Delta H>0$)はIa期にのみ生じることになる.($\Delta H>\Delta S$)Ia期など景気上昇に先行し，出荷増大を上回る「意図した在庫積み増し」増加の直後に，景気転換を迎えることになる.

・在庫循環図の一般的な解説によればIb期など，「意図せざる」在庫が循環的に必ず生じることになる．このような特性は，合理的期待を特徴とする近年の動学モデルの考え方とは相容れない.

このように考えると，在庫循環図上で「意図した・せざる」在庫投資の区別をつけるのは，少し無理があるように思われる．ただし現実的に意図せざる在庫投資が存在しないとは言えないだろう．本章の趣旨からは外れるが，日銀短観を使って意図した在庫投資と意図せざる在庫投資を分離し，グラフに描くと意図せざる在庫投資の部分が大きいことがわかる(図は割愛する).

[e：季節変動とキチンサイクル]

第2のポイントは，在庫投資は

・1年周期の季節変動

・4年程度の在庫循環(キチンサイクル)

の組み合わさったものであることである．在庫の季節変動においては，生産平準化動機が極めて強いと考えられるが，生産調整技術の発展の結果，日本経済においても，木村・足立(1998)は両者を区別し，生産調整速度の増加は季節変動を増加させているものの，在庫管理技術の発達は在庫変動を減少させていることを主張している．また米国におけるOwen(2005)も出荷在庫比率の低下を指摘している．図6-1を観察しても，年月を経て在庫の積み上がり幅は減少しているように見受けられる．繰り返しになるが，本章では季節階差を取ってデータを修正していることから，在庫循環図は4年程度のキチン・サイクルを考察したものであり，季節変動は考慮していない．ただしCecchetti et al.(1997)が考察しているように，キチンサイクルと季節変動の相互作用を考慮する必要は今後，あるだろう.

5. 結 語

出版界には「ベストセラー倒産」という言葉がある．本を作るという作業は固定費用が高く，収穫逓増の生産関数があてはまる．そこで本が売れだしベストセラーになると，刷れば刷るほど出版社は儲かる見込みが強くなるので，どんどん増刷する．しかし売れ行きは突然停まることが多く，ベストセラーを出したばっかりに在庫過剰で倒産してしまうことになる．本稿で説明した在庫循環図のロジックは，収穫逓増の生産関数と費用逓増の在庫保有費用を組み合わせたものであり，ベストセラー倒産に類似していると考えると理解しやすい．

本章でとりあげた在庫循環図の分析を列挙すると以下のようになる．

A．図解法：まず在庫循環図の図解法であるが，微分あるいは差分方程式の位相図に対応するものと，本章ではとらえた．位相図では偏微分等により，時間を通じた変数の動きが決定されるが，在庫循環図においてもそれにならって，分析を加えた．

B．実証分析：次に在庫循環図の含意を実証分析の枠組みに対応させることを考えた．いわゆる出荷・在庫バランスを変形し，推定式を導出した．この分析の中で，旧来の図解法の分析の限界が明らかになった．

C．理論モデル：さらに在庫循環図がどのような理論モデルと整合的であるのか，分析を加えた．生産平準化・ストック切れ防止・収穫逓増の3つの在庫のとらえ方を比較検討し，収穫逓増の考え方と整合的であることを見いだした．

D．全産業と景気変動：なお本章では紙数の都合上，割愛したものの，在庫循環図と同様の手法でもって，サービス業の変動を規定する労働保蔵と在庫の関連を比較検討した．

以上，4点にわたって在庫循環図を検討した．日本経済の実証分析を行う場合，米国で有益な経験法則を手のこんだ手法で推定したとしても，法則自体が不安定で予測に役立つとは言いがたい場合が多々ある．しかし本章で考察した在庫循環図は経験的にも妥当し，また考え方も分かりやすい．ただし図解法のままではマクロ経済理論ならびに計量経済学の連関がなく，データや情報が有効に縮約されなかったうらみがある．しかし本章で説明したように，若干の計量分析の知識があれば，より有効な分析が今後も可能となると思われる．

参考文献

飯田泰之 (2003),「在庫投資の生産平準化機能―不確実性に注目した検証」『日本経済研究』43, 日本経済研究センター, pp. 46-62, 2001.07

飯塚信夫・浅子和美 (2003),「日本の景気循環――1990 年代に何が起きたか」浅子和美・福田慎一編『景気循環と景気予測』東京大学出版会.

小塩隆志 (1995),「製品在庫と生産行動」『日本経済研究』28, pp. 76-90.

加納悟・小巻泰之 (2003),「景気動向モデルの展望」浅子和美・福田慎一編『景気循環と景気予測』東京大学出版会.

木村武・足立正道 (1998),「在庫変動と景気循環――生産・在庫管理技術の発達を巡って――」日本銀行月報 1998 年 4 月号.

栗林世 (1977),「在庫変動と生産調整」金森久雄編『景気予測入門』日本経済新聞社.

脇田成 (1998),『マクロ経済学のパースペクティブ』日本経済新聞社.

Beason, Richard (1993), "Tests of Production Smoothing in Selected Japanese Industries," *Journal of Monetary Economics*, 31-3, pp. 381-394.

Blinder, A. S. and L. J. Maccini (1991), "Taking Stock : A Critical Assessment of Recent Research on Inventories," *Journal of Economic Perspectives*, 5-1, pp. 73-96.

Cecchetti, Stephen G., Kashyap, Anil K. and Wilcox, David W. (1997), "Interactions between the Seasonal and Business Cycles in Production and Inventories," *American Economic Review*, 87-5, pp. 884-892.

Christiano, Lawrence J. (1988), "Why Does Inventory Investment Fluctuate So Much ?" *Journal of Monetary Economics*, 21-2/3, pp. 247-280.

Cooper, Russell W. and Haltiwanger, John C., Jr. (1992), "Macroeconomic Implications of Production Bunching : Factor Demand Linkages," *Journal of Monetary Economics*, 30-1, pp. 107-127.

Hayashi, Fumio (2000), *Econometrics*, Princeton and Oxford : Princeton University Press.

Kahn, James A. (1987), "Inventories and the Volatility of Production," *American Economic Review*, 77-4, pp. 667-679.

Kahn, James A. (1992), "Why Is Production More Volatile Than Sales ? Theory and Evidence on the Stockout-Avoidance Motive for Inventory-Holding," *Quarterly Journal of Economics*, 107-2, pp. 481-510.

Nakamura, Alice and Nakamura, Masao (1989), "Inventory Management Behavior of American and Japanese Firms," *Journal of the Japanese and International Economies*, 3-3, pp. 270-291.

Newey, Whitney K. and West, Kenneth D. (1987), "Hypothesis Testing with Efficient Method of Moments Estimation," *International Economic Review*, 28-3, pp. 777-787.

Owen, I. F. (2005), "Trend Breaks in US Inventory to Sales Ratios," *International Journal of Production Economics*, 93-94, pp. 13-23.

Ramey, Valerie A. (1989), "Inventories as Factors of Production and Economic Fluctuations," *American Economic Review*, 79-3, pp. 338-354.

Ramey, Valerie A. (1991), "Nonconvex Costs and the Behavior of Inventories,"

Journal of Political Economy, 99-2, pp. 306-334.

Ramey, Valerie A. and West, Kenneth D. (1999), "Inventories," Taylor, J. B. and Woodford, M., eds., *Handbook of Macroeconomics*, Volume 1 B, North-Holland, pp. 863-923.

Rotemberg, Julio J. and Saloner, Garth (1989), "The Cyclical Behavior of Strategic Inventories," *Quarterly Journal of Economics*, 104-1, pp. 73-97.

West, Kenneth D. (1992), "Sources of Cycles in Japan, 1975-1987," *Journal of the Japanese and International Economies*, 6-1, pp. 71-98.

第 7 章

ヴィンテージ資本と更新投資循環*

宮川　努・浜潟純大

1.　はじめに

「失われた 10 年」の桎梏からは，何とか脱却したものの，日本経済の行く末には，依然として克服していかなくてはならない重要な課題が横たわっている．その中で最も大きな問題は，人口減少下において，どのようにして一定の経済成長を維持していくかということであろう．多くの人々は，人口の減少と高齢化の進行が，国内市場を縮小させたり，技術力の減退に伴う国際競争力の低下をもたらすと懸念している．こうした中で，2005 年 4 月に発表された政府の『21 世紀ヴィジョン』では，資本蓄積と生産性の向上によって，人口減少下での経済成長を達成する見通しを描いている．

しかしながら，単に資本を量的に増加させるだけでは，長期的に経済成長を維持することはできない．また生産性上昇の源泉となる技術進歩も労働や資本と独立に天から与えられるものではない．むしろ新たな資本蓄積の際に，最新の技術革新が資本に体化され，それが生産性を向上させ，国際競争力を高めていくと考えるのが自然であろう．

* 本稿を作成するにあたり，文部科学省科学研究費プロジェクト「基盤研究（A）：景気循環論の理論的・実証的再考察と景気判断モデルの構築（課題番号：14203001）」（代表者：浅子和美一橋大学教授）の資金補助を受けた．信州大学で行われた景気循環日付検討会のコンファレンスにおいて，福田慎一東京大学教授から，日本経済学会 2006 年度春季大会（於福島大学）での報告で，野坂博南関西大学助教授から貴重なコメントを頂いた．さらに，櫻川昌哉慶應義塾大学教授，細野薫学習院大学教授，石原秀彦専修大学准教授，飯田泰之駒澤大学准教授や日本経済研究センターにおける産業景気循環検討会のメンバーからも有益な助言を頂いた．ここに記して謝意としたい．宮川研究室の森山由美子さんには，純資本ストックベースのヴィンテージを計算する上で御協力をいただいた．なお，本論文は筆者達が所属する組織の意見を反映しているものではなく，残された誤りは筆者達の責任である．

米国では1990年代のIT化によって，従来の景気循環局面では異例と言えるほどの資本蓄積による長期の好景気が達成された．このような現象に触発され，米国では資本蓄積に伴う技術進歩と経済成長に関する研究が進んでいる．これらの研究は，Lucas (1988) や Romer (1990) が始めた内生的成長モデルとも異なり，むしろ1960年代に Solow (1960)，Phelps (1962)，Nelson (1964) らが提起した vintage capital の系譜に連なるものである．すなわち vintage capital は，各期に投資される資本が同質的でなく，しかも年を経過する毎に陳腐化していくという点で，これまでの内生的成長モデルで利用されていた資本とは異なる概念に属している．先進国のように，継続的に技術進歩が生じ，その技術を体化した設備が連続的に生み出されていく一方で，古い機械が使われなくなっていく中，70年代半ばからの生産性低下や90年代のIT化を説明するには，vintage capital の概念が有用だという認識が広まっている．

かつて Denison (1964) は，資本年齢の変化が経済成長にそれほど影響を与えないという実証結果を示したため，vintage model は，深く研究される課題とはならなかった．しかし1990年代に入って，Wolff (1991 ; 1996)，Hulten (1992)，Bahk and Gort (1993) らが，資本に体化された技術や設備年齢が，生産性や GDP に無視できない影響を与えているとの実証結果を示し，再び注目され始めた．これを受けて Benhabib and Rustichini (1991)，Boucekkine, Germain and Licandro (1997)，Jovanovic (1998) や Benhabib and Hobijn (2002) は，vintage capital を含む経済成長モデルを構築し，そこから所得の不平等やエコー効果を含む経済成長経路の変化を導出している．

技術進歩が資本の質を変化させていく場合，新規の資本財価格は低下傾向を示す．これを受けて，Greenwood, Hercowitz and Krusell (1997 ; 2000) などはIT機器などの資本財価格の低下が，景気循環に与える影響を，Cummins and Violante (2002) は，経済成長への寄与度を分析している．特に Greenwood, Hercowitz, and Krusell (2000) では，設備の更新による資本の質の向上が，GDP 上昇の30%を占めるという calibration の結果を示している．

このように，設備更新が景気循環や経済成長に重要な影響を与えることは，広く認識されるようになったが，更新の動機に関する実証分析はさほど多くはない．更新投資に焦点をあてた分析としては，Feldstein and Foot (1971) が知られている．これはMcGraw-Hill社が行った設備投資調査を使って設備投資の中で企業が更新と考えているものを対象に，設備投資関数を推計したものである．このFeldstein and Foot (1971) 以降，久しく更新投資に関する実証分析はみられなかったが，最近Goolsbee (1998) は，B 727型旅客機の更新を取り上げ，資本財価格の低下や技術革新が更新投資のパターンを変えるかどうかを検討している．またCooper, Haltiwanger and Power (1999) も，Goolsbee (1998) と同様の生存確率関数を利用して事業所レベルの更新投資動機を探り，過去の設備投資の山からの経過期間が，更新投資にとって重要であることを示している．

日本でも，新しい資本ほど新技術が体化されるという認識はあった．たとえば，国則・高橋 (1984) や鈴木・宮川 (1986) は，資本の設備年齢を計測し，石油危機後日本の設備年齢が上昇し，米国との差が縮小していることに警鐘を鳴らしていた．

本稿では，この設備更新とそれに伴う資本の質の向上について多面的に分析する．次節では，資本の経過年数（ヴィンテージ）と設備の更新期間（エコー効果）をJCERデータベースを使って算出する．次に第3節では，Wolffらの分析にしたがって，ヴィンテージ資本の変化が生産性にどのような影響を与えているかを検討する．そして第4節では，更新投資の動機について実証分析を行い，最終節で本稿の分析で得られた結論を要約する．

2.　ヴィンテージと平均更新期間

2.1　ヴィンテージの計測

それでは，まず資本のヴィンテージからみてみよう．国則・高橋 (1984) や鈴木・宮川 (1986) で計測されたヴィンテージは，内閣府（当時は経済企画庁）の『民間企業資本ストック統計』を利用して計算されていた．現在でもこの方法での計測は可能だが，『民間企業資本ストック統計』で使われている粗資本ストックは，物理的な資本ストックを測る概念として考えられ，生産効率的な観点からみた資本量ではない．現在，生産性等を計測する場合に用いられている資本ストックは，定率で資本効率が減耗すると想定して計測された従来の

「純資本ストック」に近い概念である[1]．本稿では，この資本ストックの概念にしたがって作成された日本経済研究センターの産業別データベース（以下 JCER データベースと呼ぶ）を利用して分析を行う[2]．

ヴィンテージは以下の式にしたがって求められる．

$$V_t=[(V_{t-1}+1)(K_t-I_t)+0.5I_t]/K_t \qquad (1)$$

ここで V_t は，t 期におけるヴィンテージで，K_t，I_t は，それぞれ t 期における資本ストック，設備投資を示している．(1) 式は，1期前の資本ストックで減耗せずに残った資本が1年老朽化し，今期投資された資本は0.5年として，それぞれの資本量をウエイトとして加重平均して今期のヴィンテージを計算する式になっている．

(1) 式にしたがって実際のヴィンテージを計算するためには，ヴィンテージの初期値を知る必要がある．粗資本ストックでヴィンテージを計算する場合は，『昭和45年　国富調査』に資本の経過年数が記載されていたが，純資本ストックの場合は，それに相当するデータがない．代わりに我々は，『昭和45年国富調査』にある1970年時点での純資本ストックの年次別取得額のデータを利用した．そこでは，各産業の資産について1965年以降は毎年，それ以前については5年毎の資産取得額が記載されている．このデータを利用すれば，1970年時点で取得後何年目の資産がどれだけあるか（5年毎のデータについては中間年をとった）を把握することができ，同時点での平均的な設備年齢を計算することができる．こうして得られたヴィンテージの初期値と JCER データベースを利用して計測された全産業および産業別のヴィンテージが，表7-1に記載されている[3]．

表7-1をみると，資本のヴィンテージは，1970年の4年から2002年の9年

1）最近では，米国も公式統計で粗資本ストックの系列を公表しておらず，純資本ストックの系列のみを公表している．資本ストックの概念や呼び名については，様々なものがあり，例えば野村（2004）は，純資本ストックとは別に生産資本（Productive Capital）という概念を提示し，これが経済学で使われる資本概念であるとしている．

2）JCER データベースの作成方法については，Miyagawa, Ito and Harada（2004）を参照されたい．我々はこの JCER データベースの他に深尾京司一橋大学教授を中心に作成された JIP 2006 データベースを用いて検証を行っている．JCER データベースと JIP 2006 データベースの相違点は，①前者が民間23産業を対象としているのに対し，後者は，公的企業部門も含めて108産業で構成されている，②前者は，各産業の付加価値，労働力，資本の系列で構成されているのに対し，後者は，生産量，中間投入額，労働力，資本の系列で構成されている，という点である．なお JIP データベースの詳しい作成方法については，深尾他（2003）を参照されたい．

表 7-1　産業別ヴィンテージ　(単位：年)

	1970	1975	1980	1985	1990	1995	2000	2002	2002年と1970年との差
全産業	3.93	4.26	5.61	6.65	7.05	7.89	8.74	9.11	5.18
食品工業	3.81	4.73	6.47	6.92	6.78	7.96	7.85	7.82	4.00
繊維製品	3.99	4.71	7.49	8.79	8.43	9.25	10.80	11.49	7.49
パルプ・紙・木製品	3.22	4.28	6.71	8.01	7.38	8.18	9.80	10.45	7.24
化学	3.30	4.21	6.59	8.20	8.03	8.72	9.64	10.02	6.72
石油・石炭製品	3.30	3.97	6.44	9.17	9.84	8.59	9.81	10.73	7.43
窯業土石製品	3.30	4.92	6.78	7.58	8.02	9.24	10.55	11.06	7.76
一次金属	3.32	4.15	6.59	8.58	8.36	9.24	11.12	11.89	8.56
金属製品	3.32	4.71	7.29	8.10	7.54	8.38	9.57	10.05	6.73
一般機械	3.27	4.43	5.78	6.03	5.95	7.11	8.00	8.31	5.04
電気機械	3.27	4.60	5.75	5.16	5.22	6.50	7.30	7.60	4.34
輸送機械	3.27	4.03	5.68	6.15	6.02	7.32	8.62	9.05	5.79
精密機械	3.27	4.86	5.01	5.59	5.96	7.28	7.70	7.81	4.55
その他製造業	3.30	4.59	6.36	5.92	6.05	7.13	7.79	8.07	4.77
農林水産業	4.85	4.38	5.99	7.67	9.08	10.45	11.37	11.71	6.86
鉱業	3.84	4.34	6.82	8.98	9.91	10.20	11.14	11.70	7.85
建設	2.46	3.39	4.59	6.18	7.18	8.17	9.58	10.20	7.73
電力・ガス・水道	5.99	5.42	5.46	7.08	8.70	9.47	10.22	10.60	4.61
商業	3.65	4.17	5.51	6.84	7.66	8.89	10.30	10.85	7.20
金融・保険	4.92	5.65	6.78	7.78	7.95	9.08	10.57	11.12	6.20
不動産	4.92	4.21	5.39	5.89	5.66	7.31	9.84	10.80	5.89
運輸	3.39	4.68	5.88	6.74	7.35	8.18	9.32	9.84	6.45
通信	3.39	4.37	5.57	6.44	7.78	7.87	7.15	7.20	3.81
サービス	4.24	2.91	4.31	5.46	5.80	6.55	7.33	7.72	3.48

まで，5年上昇している．すなわちこの30年余りの間に設備は平均して5年老朽化したといえる．このヴィンテージの推移を産業別に見ると，2002年時点で最も老朽化した設備を抱えているのは，一次金属（11.9年）であり，最も新鋭の設備を抱えている産業は，通信業（7.2年）である．またこの30年余りの老朽化のスピードをみると，最も老朽化のスピードが速い産業は，やはり一次金属である．逆に老朽化のスピードが遅い産業は，サービス業で，次に通信業が続いている[4)]．

ただ，産業別のヴィンテージの違いに関しては，その産業の資産構成の違い

3)『昭和45年　国富調査』における，取得年次別資産額のデータは，JCERデータベースやJIP 2006データベースに比べ産業分類が粗い．このため，複数の産業について共通の初期値を利用している（たとえば，一般機械，電気機械，輸送機械，精密機械は，『昭和45年　国富調査』の機械産業で計算されたヴィンテージを初期値としている）．また，JCERデータベースでは産業別の受注ソフトウェアストックを計算しているが，利用データの限界から，その系列は1980年までしか遡れない．このため今回のヴィンテージの計算には含まれていない．

が影響している．またGreenwood, Hercowitz and Krusell (1997; 2000) やCooper, Haltiwanger and Power (1999) などの分析は，機械設備の更新が新技術の導入を通して資本の質を高める効果をもたらすという問題意識にたっている．このため機械資産のヴィンテージの推移をみると，機械の耐用年数が建物や構築物に比して短いことから，全体的にヴィンテージの水準は低くなっている．勿論機械資本だけを取り出してもやはり老朽化は進んでいるが，それは4年程度の上昇となっている[5]．この結果2002年時点での全産業ベースのヴィンテージは，6.6年となっている[6]．

以上をみると，経済全体で設備の老朽化は着実に進んでいることがわかる．ただその老朽化の程度は産業によって差があり，一次金属，鉱業など伝統的な産業では老朽化がより進み，電気機械産業や通信業，サービス業などでは活発な機械投資によって，老朽化に一定の歯止めがかかっていることが確認できる．

2.2　更新サイクルの長期化

それでは，こうした老朽化した設備の更新サイクル期間はどれくらいなのだろうか．ここでは，t 期における減価償却分の投資が，どれくらい過去の粗投資量を反映しているのかということを基準に更新サイクルを考える．つまり，

$$\delta_t K_{t-1} = I_{t-T} \tag{2}$$

となる期間 T を更新期間と考えるのである．(2)式のように考えると，t 期の投資全体は，

$$I_t = gK_{t-1} + \delta_t K_{t-1} = gK_{t-1} + I_{t-T} \tag{3}$$

である．純投資率 g が長期的に変化せず，過去も T 期間毎に更新が繰り返されると考えると

4) 我々は，JIP 2006データベースでも同様の推計を行っているが，産業数が多いため，本稿では省略している．ただ全産業ベースの結果は，JCERデータベースとほぼ同じで，1970年から2002年まで，ヴィンテージは約6年上昇している．JIP 2006データベースは非製造業の比重が大きいこともあり，全産業のヴィンテージの動きと非製造業のヴィンテージの動きはほとんど同じである．一方製造業は，2002年時点でのヴィンテージが8.5年とJCERデータベースの結果よりは少し若くなっている．

5) JIP 2006データベースでは3年程度の老朽化に止まり，2002年時点でのヴィンテージは5.5年となっている．

6) 全資本では，製造業のヴィンテージだけが低下していたが，機械資本に限ると製造業，非製造業ともに1980年代にはヴィンテージが低下している．

$$I_{t-T}=gK_{t-T-1}+I_{t-2T-1}$$

である．

$$K_{T-1}=K_{T-2}+gK_{T-2}=(1+g)K_{T-2}$$

を考慮すれば，（3）式は，初項が gK_{t-1}，公比が $\frac{1}{(1+g)^T}$ の無限等比級数で表され，

$$I_t=gK_{t-1}+gK_{t-T-1}+gK_{t-2T-1}+\cdots=gK_{t-1}\left[\frac{(1+g)^T}{(1+g)^T-1}\right] \quad (4)$$

となる．（4）式を整理して，平均更新期間 T について解くと，

$$T=[\log H_t-\log(H_t-g)]/\log(1+g) \quad (5)$$

となる．ここで，$H_t=I_t/K_{t-1}$ である．

この（5）式にしたがって，平均更新期間を算出したものが表 7-2 である．表 7-2 をみると，ほとんどすべての産業で，1980 年代後半は，平均更新期間が低下したが，その後は，食品，精密機械，通信といった一部の産業を除いて，

表 7-2　平均更新期間　　（単位：年）

	1976-80	1981-85	1986-90	1991-95	1996-2000	2001-2002
全産業	11.50	11.81	11.41	11.96	12.29	12.58
食品工業	11.94	10.95	10.46	11.35	10.54	10.49
繊維製品	14.20	13.28	11.38	12.08	13.43	14.37
パルプ・紙・木製品	12.73	12.39	10.90	11.99	13.66	14.38
化学	12.77	13.03	11.38	12.24	12.74	12.94
石油・石炭製品	12.12	15.23	12.91	11.15	13.52	16.54
窯業土石製品	12.52	11.88	11.57	12.72	13.42	13.81
一次金属	12.78	13.98	11.80	13.16	15.49	16.33
金属製品	14.38	12.80	11.32	11.82	12.65	13.10
一般機械	11.06	10.13	9.70	10.49	10.70	10.83
電気機械	11.49	11.25	10.77	11.08	10.95	10.99
輸送機械	11.52	10.74	10.21	11.40	12.04	12.09
精密機械	10.30	10.94	10.03	10.58	10.10	9.96
その他製造業	11.93	9.94	9.83	10.41	10.42	10.64
農林水産業	11.81	13.10	13.69	14.17	14.02	14.23
鉱業	12.34	13.50	12.65	12.41	13.33	14.50
建設	9.46	10.67	10.95	11.61	12.78	13.55
電力・ガス・水道	12.52	14.00	14.97	14.27	14.49	14.94
商業	11.99	12.63	12.60	13.76	14.93	15.45
金融・保険	12.68	13.34	12.30	13.41	14.41	14.49
不動産	13.37	13.42	13.01	14.74	18.15	19.18
運輸	11.30	11.41	11.25	11.86	12.94	13.72
通信	12.15	11.94	12.68	11.56	10.78	11.34
サービス	10.84	10.95	10.62	10.90	11.03	11.34

平均更新期間は一貫して長期化している．2000年代における全産業ベースの平均更新期間は12.6年だが，最も長い産業（不動産業）では19.2年にも及んでいる．

ただし不動産業は，耐用年数が比較的長い建物や構築物の比重が高いという業種の特性上更新期間が長くなっている可能性がある．したがって，ヴィンテージのケースと同じく，機械資産に限った平均更新期間を確認する必要がある．これを計算すると，表7-2に比べて全体的に平均更新期間は短縮している．2000年代における全産業ベースの平均更新期間は8.9年で，不動産業だけをとると8.8年に短縮している．

また約30年間における平均更新期間の推移についても，産業間での共通性はあまりみられない．1980年代後半に一度平均更新期間が短縮する産業が多いことは確かだが，電気機械産業では，80年代前半に，通信業では90年代前半に平均更新期間の短縮がみられる．予想されていたように不動産業の平均更新期間は，それほど長くはなく，むしろ2000年代で平均更新期間が最も長い産業は繊維産業になっている．

以上を整理すると，産業全体としては，1980年代後半を除いて，平均更新期間が長期化する傾向がみられる．しかし食品，精密機械，通信などは，90年代に入っても機械資産の更新を積極的に行っている．

3. ヴィンテージ資本の変化と生産性

すでにWolff (1991 ; 1996)，Gittleman, Raa and Wolff (2003) らが，資本の質が生産性にどのような影響を与えるかということを分析している．我々も彼らにならって，以下のようなコブ＝ダグラス型生産関数を考える．

$$Y_t=(Z_{Et})^{\alpha}(Z_{St})^{\beta}(Ae^{gt}L_t)^{1-\alpha-\beta} \qquad (6)$$

と考える．ここで Y は生産，L は労働力，g は労働節約的な技術進歩率である．そして Z_{it} は，次のように表すことができる．

$$Z_{it}=Q_{it}K_{it} \qquad (7)$$

（7）式において，Q_{it} は，i 資産（$i=E, S$ であり，E は機械，S は建物を表す）における t 期の資本（K_{it}）の質を示している[7)]．この Q_{it} は，設備年齢（V_{it}）に依存し，$Q_{it}=V_{it}^{-\gamma_i}$（$\gamma_i>0$）とする．（7）式を使って（6）式を変形す

ると，

$$y_t = \ln A + gt + \frac{\alpha}{1-\alpha-\beta}(q_{Et} + x_{Et}) + \frac{\beta}{1-\alpha-\beta}(q_{St} + x_{St}) \qquad (8)$$

となる．ここで，y_t は労働生産性の対数値，q_{it} と x_{it} はそれぞれ資本の質と資本係数の対数値である．

（8）式に基づいて，Wolff (1991 ; 1996) らのように，労働生産性を被説明変数として，各資本の質がどの程度の貢献をするかについて，実証的に検討してみよう．ただ（8）式をそのまま推計すると，機械資本係数，建物資本係数ともに上昇しているため，多重共線性が生じる可能性がある．そこで，（6），（7）式と資本の質の定義式を利用して，以下の式を推計する．

$$\begin{aligned} y_t = &(1-\alpha-\beta)(a+gt) + (\alpha\gamma_E)(v_{Et} - v_{St}) + \alpha(k_{Et} - k_{St}) \\ &+ [(\alpha+\beta)\gamma_S]v_{St} + (\alpha+\beta)(k_{St} - l_t) \end{aligned} \qquad (9)$$

となる．ここで，k_i，l は，それぞれ各資本，労働力に関する対数値である．

我々は，先ほどヴィンテージや平均更新期間を計算するために利用したJCER データベースを利用して，（9）式を推計する[8]．すでに述べたように，JCER データベースは 23 産業の産業別データなので，産業の固定効果と時間ダミーを含めた FGLS によって推計を行う．推計データは，第 1 次石油ショック後の 1975 年からのデータを利用している．また実際の推計において，ヴィンテージは逆数を入れて推計を行っている（したがって予想される符号は正である）．推計結果は，表 7-3 にまとめられている．

表 7-3 をみると，全産業ベースの推計では，すべて符号条件を満たし，そのほとんどが有意となっている．ただし，係数の値については，注意が必要である．全期間における推計では，機械資本への分配率が 35%，建設資本への分配率が 5%となっている．このことは，建設資本の資本収益率が機械資本に比べて著しく低いということを示している．一方設備年齢の変化が各資本の質の変化に及ぼす弾力性は，機械資本の場合が 1.3 で，建設資本の場合が 0.6 とな

7) Wolff (1991 ; 1996) の分析は，単一の資本による分析だが，最近では，機械資本に体化された技術進歩に着目する研究が多いため，ここでは，機械資本と建設資本との 2 資産による生産関数を考える．機械資本と建設資本の分離の仕方については，宮川・山澤 (2003)，宮川・真木 (2004) を参照されたい．

8) JIP 2006 データベースを利用すると，より多数のサンプルによる推計が可能となるが，付加価値額の推計が不安定なため JCER データベースによる推計のみを行った．

っている（$\gamma=1$ という仮説も棄却されている）．すなわち，設備年齢が上昇するに伴って資本の質が劣化する度合いは，機械資本の方が建設資本より大きいことになる．最後に推計から計算される労働節約的技術進歩率は，2.5%である．

全産業全期間ベース以外の推計結果をみると，機械資本に対する分配率は，全期間で機械資本の質だけを考慮した推計や，1990年代に限った推計では，30%台から50%程度の値をとっている．ただ70年代から80年代に限った推計では，分配率の値は相当低くしかも有意ではない．一方建設資本に対する分配率は，機械資本の質のみを考慮した推計や，90年代の推計でマイナスの値をとってしまう．また資本の質の設備年齢に対する弾力性は，機械資本の質のみを考慮した推計や90年代の推計では，ほぼ1に近い値をとっているが，70年代から80年代にかけての推計では，機械資本/建設資本の係数値が非常に小さいことから，異常に大きい値となっている．労働節約的技術進歩率は，90年以前の推計による値と90年以降の推計による値を比べると，後者が前者を大きく下回っていることが確認できる．

業種別の推計をみると，製造業では，1970年代から80年代の推計を除いて，すべて符号条件を満たしており有意となっている．係数の値をみると，全産業での推計結果に比べて機械資本の分配率が少し低下し，反対に建設資本の分配率が上昇している．資本の質の設備年齢に対する弾力性は，機械資本で非常に高くなっており，製造業では設備年齢の低下が機械資本の質を大きく低下させる効果を持っていることがわかる．また労働節約的技術進歩率は，全期間と90年代以降の推計値を比べると，全産業の場合と同じく，後者が前者よりも低くなっている．

非製造業の推計結果は，機械資本の質や建物資本の係数がしばしば負になっており，仮説をすべて満たした推計結果は得られていない．この点は業種を絞った推計でも同じである．どちらのケースでも，建設資本の質を考慮しない90年代の推計結果が比較的良好だが，それでも，機械資本の分配率は非常に大きく，建設資本の分配率と合わせると，1を超えるため，労働力の分配率は負になってしまう．ここで，機械資本の質の設備年齢に対する弾力性は負か非常に小さい値をとっており，非製造業の場合は，設備年齢の上昇による資本の質の低下はそれほど大きな影響を与えていないとみられる．

表 7-3　労働生産性

全産業

	(1)	(2)	(3)	(4)	(5)	(6)
LN（機械資本の質/建物資本の質）①	0.446***		0.681***		0.512***	
	(.027)		(.072)		(.172)	
LN（機械資本/建物資本）②	0.351***	0.379***	0.065	0.054	0.496***	0.355***
	(.013)	(.013)	(.047)	(.053)	(.078)	(.075)
LN（機械資本の質）		0.364***		0.720***		0.449***
		(.023)		(.069)		(.112)
LN（建物資本の質）③	0.246***		0.747***		0.709***	
	(.032)		(.072)		(.129)	
LN（建物資本/労働投入）④	0.399***	0.346***	0.109**	0.180***	0.373***	0.302***
	(.025)	(.024)	(.054)	(.059)	(.087)	(.087)
TIME	0.015***	0.021***	0.061***	0.056***	0.015***	0.013***
	(.002)	(.001)	(.005)	(.005)	(.005)	(.004)
期間	1976-2002	1976-2002	1976-1990	1976-1990	1991-2002	1991-2002
no. of obs.	621	621	345	345	276	276
no. of groups	23	23	23	23	23	23
①と②の係数の一致（chi^2）	8.07**		28.12***		0.00	
③と④の係数の一致（chi^2）	10.91***		30.00***		4.02**	
②と③の係数の一致（chi^2）		0.30		32.71***		0.54
α	0.351	0.379	0.065	0.054	0.496	0.355
β	0.048	−0.033	0.044	0.126	−0.123	−0.053
γ_E	1.271	0.960	10.477	13.333	1.032	1.265
γ_S	0.617		6.853		1.901	
g	0.025	0.032	0.068	0.068	0.024	0.019

製造業

	(1)	(2)	(3)	(4)	(5)	(6)
LN（機械資本の質/建物資本の質）①	0.715***		1.553***		0.441***	
	(.093)		(.101)		(.053)	
LN（機械資本/建物資本）②	0.293***	0.296***	−0.328***	−0.371***	0.135***	0.273***
	(.041)	(.038)	(.032)	(.032)	(.045)	(.049)
LN（機械資本の質）		0.554***		1.446***		0.291***
		(.085)		(.090)		(.036)
LN（建物資本の質）③	0.424***		1.204***		0.147***	
	(.122)		(.085)		(.081)	
LN（建物資本/労働投入）④	0.613***	0.546***	0.729***	0.561***	0.188***	0.148***
	(.075)	(.066)	(.044)	(.044)	(.050)	(.047)
TIME	0.012***	0.022***	0.059***	0.079***	0.012***	0.016***
	(.006)	(.004)	(.005)	(.004)	(.004)	(.003)
期間	1976-2002	1976-2002	1976-1990	1976-1990	1991-2002	1991-2002
no. of obs.	351	351	195	195	156	156
no. of groups	13	13	13	13	13	13
①と②の係数の一致（chi^2）	13.34***		241.16***		12.75***	
③と④の係数の一致（chi^2）	1.25		19.08***		0.16	
②と③の係数の一致（chi^2）		6.06**		259.28***		0.06
α	0.293	0.296	−0.328	−0.371	0.135	0.273
β	0.320	0.250	1.057	0.932	0.053	−0.125
γ_E	2.440	1.872	−4.735	−3.898	3.267	1.066
γ_S	0.692		1.652		0.782	
g	0.031	0.048	0.218	0.180	0.015	0.019

注：***, **, *はそれぞれ1，5，10％で有意であることを示す．すべての推計で，産業ダミー，年ダミーを付計している．カッコ内は標準誤差である．

の推計結果

非製造業

	(1)	(2)	(3)	(4)	(5)	(6)
LN（機械資本の質/建物資本の質）①	−0.546***		−0.036		−0.667***	
	(.116)		(.081)		(.105)	
LN（機械資本/建物資本）②	0.601***	0.297***	0.102*	0.095*	1.174***	0.798***
	(.085)	(.074)	(.055)	(.049)	(.040)	(.037)
LN（機械資本の質）		−0.053		0.034		−0.009
		(.073)		(.052)		(.103)
LN（建物資本の質）③	0.144*		0.101		0.435***	
	(.074)		(.073)		(.057)	
LN（建物資本/労働投入）④	−0.008	−0.048	−0.046	−0.085	0.468***	0.808***
	(.074)	(.079)	(.069)	(.059)	(.075)	(.071)
TIME	0.024***	0.024***	0.035***	0.034***	0.009***	−0.016***
	(.005)	(.005)	(.006)	(.005)	(.002)	(.002)
期間	1976-2002	1976-2002	1976-1990	1976-1990	1991-2002	1991-2002
no. of obs.	270	270	150	150	120	120
no. of groups	10	10	10	10	10	10
①と②の係数の一致（chi^2）	36.73***		1.16		204.84***	
③と④の係数の一致（chi^2）	1.78		1.42		0.30	
②と③の係数の一致（chi^2）		7.20***		0.42		53.99***
α	0.601	0.297	0.102	0.095	1.174	0.798
β	−0.609	−0.345	−0.148	−0.180	−0.706	0.010
γ_E	−0.908	−0.178	−0.353	0.358	−0.568	−0.011
γ_S	−18.000		−2.196		0.929	
g	0.024	0.023	0.033	0.031	0.017	−0.083

非製造業（農業，鉱業，不動産業除く）

	(7)	(8)	(9)	(10)	(11)	(12)
LN（機械資本の質/建物資本の質）①	−0.887***		−0.357**		0.121	
	(.150)		(.171)		(.161)	
LN（機械資本/建物資本）②	0.680***	0.441***	0.146*	0.031	1.016***	0.916***
	(.081)	(.102)	(.075)	(.070)	(.070)	(.084)
LN（機械資本の質）		−0.097		−0.001		0.436**
		(.108)		(.104)		(.186)
LN（建物資本の質）③	0.044		0.249**		1.129***	
	(.107)		(.109)		(.219)	
LN（建物資本/労働投入）④	0.107	0.083	−0.235**	−0.277**	0.320*	1.287***
	(.117)	(.132)	(.120)	(.122)	(.180)	(.097)
TIME	0.021***	0.017***	0.050***	0.045***	0.028***	−0.014***
	(.007)	(.008)	(.009)	(.009)	(.008)	(.004)
期間	1976-2002	1976-2002	1976-1990	1976-1990	1991-2002	1991-2002
no. of obs.	189	189	105	105	84	84
no. of groups	7	7	7	7	7	7
①と②の係数の一致（chi^2）	57.10***		4.78**		18.81***	
③と④の係数の一致（chi^2）	0.11		7.13***		5.57**	
②と③の係数の一致（chi^2）		8.11***		0.04		3.56*
α	0.680	0.441	0.146	0.031	1.016	0.916
β	−0.573	−0.358	−0.381	−0.308	−0.696	0.371
γ_E	−1.304	−0.220	−2.445	−0.029	0.119	0.476
γ_S	0.411		−1.060		3.528	
g	0.024	0.019	0.040	0.035	0.041	0.049

加している．説明変数についてはラグをとっている．産業間で残差の不均一分散を仮定したFGLSにより推

以上の結果をまとめると，全産業ベースや製造業ベースの推計では，資本の質の低下は，労働生産性を低下させるとみなすことができる．また設備年齢の上昇が資本の質の低下に与える影響は，おおむね機械資本の方が建設資本よりも大きい．特に製造業では，機械資本と建設資本の差が大きい．

4.　更新投資関数の推計

前節では，資本の質の向上が，労働生産性に正の影響を与え，この資本の質が設備年齢に影響されることを確認した．その設備年齢は90年代以降単調に上昇していることから，生産性の上昇を図ろうとするならば，積極的な更新投資によって資本の質の低下を食い止める必要がある．ここでは資本の質の低下を，どのようにしたら抑制することができるかを更新投資の推計を通して考察する．

第2節でヴィンテージや更新投資期間を計算する場合は，減価償却分を更新投資とみなしていた．しかし企業の更新投資動機を考える場合，それぞれの減価償却分を，更新投資分とみなすことは適切ではない．その理由は，第2節で使用したデータベースでは，減価償却額は，各資産における定率的な償却率から機械的に算出された値となっているからである．

そこで，本節では，更新投資を企業の資本ストックの質を維持するために必要な投資と考え，次のような定義を行う．これまでの議論から，資本ストックの質を維持するということは，資本のヴィンテージを維持することであると解釈できる．資本ヴィンテージの定義を表す（1）式において，もし前期と今期のヴィンテージが等しくなるとすれば，すなわち $V_t = V_{t-1} = V^*$ であるとすれば，（1）式は，

$$H^* V^* = -0.5H^* + 1 \tag{10}$$

と書き換えることができる．ここで，H^* は，資本の質を一定にするために必要な，設備投資比率 (I/K) とする．

したがって，H^* は

$$H^* = 1/(V^* + 0.5) \tag{11}$$

ということになる[9)]．

ここでは，現実の設備投資比率 $(H_t = I_t/K_{t-1})$ と H^* の比率 $(IK_t = H_t/H_t^*)$

を被説明変数として，次のような設備投資関数を推計する．

$$IK_{jt}=a_1CC_{jt-1}+a_2CF_{jt-1}+a_3Y_{jt-1}+a_4V_{jt-1}+a_5R_{jt-1}+\mu_j+v_t+\varepsilon_{jt} \qquad (12)$$

(12) 式において，CC は資本コストである．この資本コストは，実質金利の低下が設備投資に及ぼす効果をみるとともに，投資財価格の低下が設備投資に及ぼす影響を測る役割を持つ．すでにみたように，Greenwood, Hercowitz and Krusell (1997 ; 2000)，Cummins and Violante (2002) らの研究では，急速な技術革新によって，資本財価格が低下し，機械投資の更新が促進された点に着目している．したがって，我々はこうした効果をより明確に把握するために，資本コストをIT 投資財の相対価格に置き換えた推計も試みる．いずれのケースにおいても，$a_1<0$ が期待される．

(12) 式の右辺第2項は，企業の資金制約を測る変数である．我々はこれを表す指標として，負債比率とキャッシュ・フロー (内部留保と減価償却を足したもの) の2つの変数を利用した．これらの変数は，JCER データベースでは用意できないので，財務省の『法人企業統計年報』から算出した．『法人企業統計年報』は，金融・保険業を含んでいないため，全産業ベースでの産業数は22となる．いずれのケースも予想される係数の符号は，負債比率を説明変数に使用した場合は負で，キャッシュ・フローを説明変数に使用した場合は正である．

Y は企業が直面する需要を表している．需要が更新投資に与える影響は2種類ある．1つは需要の増加が更新投資を増加させる効果であり，もう1つは企業が需要の増加に対して，既存設備の稼働率を上昇させて対応するため，更新が遅れるという見方である．前者の場合であれば，係数の符号は正であり，後者の場合であれば，係数の符号は負である[10]．こうした効果をみるためには，本来は稼働率を説明変数としたほうがわかりやすい．ここでの推計では，データの制約から1990年以降の推計においてのみ，稼働率を説明変数とし，それ

9) 野坂関西大学准教授より，資本のヴィンテージを一定にする設備投資比率より，資本の質も含めた資本投入量 (Z) を一定にするような設備投資比率 (H^{**}) を考えてはどうかという提案があった．(1)，(7) 式を利用して H^{**} を計算すると，$H^{**}=(\gamma+\delta V^*)/(g+\gamma V^*)$ となる．ここで g は資本成長率である．このように変形してもヴィンテージの上昇に伴って必要とされる設備投資比率が低下することには変わりは無い．

10) Goolsbee (1998) の実証分析では，後者の見方をとっている．

以前は付加価値を用いている．また製造業の稼働率については，経済産業省が公表している稼働率指数を用いているが，非製造業には公表されている稼働率がない．そこで，ここではWakita (1997) が，労働保蔵を推計する際に用いたインデックスを応用する．Wakita (1997) は，日本銀行の『主要企業短観』の労働に関する過剰・不足DIを用いて労働保蔵インデックスを作成したが，我々は同調査の生産・販売設備に関する過剰・不足DIを用いて，Wakita (1997) と同様に，次のような生産・販売設備の過剰度指数を作成して，この逆数を稼働率の代理変数とみなした．

生産・販売設備の過剰度指数＝(過剰と答えた企業数－不足と答えた企業数)/(過剰でも不足でもない企業数)

ヴィンテージについては，ヴィンテージの上昇による資本の質の低下が，更新を促進するかどうかを確かめている．通常はヴィンテージの上昇は，更新を促進すると考えられるので，予想される符号は正である．

この (12) 式をJCERデータベースについてFGLS推計を行ったものが，表7-4-1，表7-4-2である．ここでは，90年代に入って更新投資動機が変化したかどうかを確かめるため，90年の前後で推計期間を分けた推計も試みている．

まず表7-4-1をみると，いずれの推計も，ほぼ符号条件を満たしている．資本コストやIT財価格の符号はいずれも負で，負債比率やキャッシュ・フローの係数も前者が負で，後者が正となっている．付加価値額の符号は，正と負の両方のケースがあるが，需要が増加すると更新を先延ばしにするケースの方が多い．最後のヴィンテージの符号は正で，資本の質の低下が更新を促進させることを示している．そしてこれらの推計された係数は，いずれも1%水準で有意となっている．

これを業種別でみたときに，製造業ではほぼ符号条件を満たしており，しかも有意である．付加価値額の符号は負で有意のケースが多く，需要の増加によって更新が先延ばしになっていることが伺える．一方非製造業では，資本コスト，IT投資財価格ともに正の符号となっており，金利の低下や投資財価格の低下が更新投資を増加させる方向へ働いていない．資金制約を表す変数については，キャッシュ・フローは逆符号となっているが，負債比率については，予想された符号となっている．付加価値額の係数については，製造業と同様負のケースが多く，ヴィンテージについては，すべて正で有意となっている．

次に推計期間を1990年で区切ったケースについて推計した結果をみてみよう（表7-4-2）．全産業ベースでは，両期間とも資本コスト，IT投資財価格とも逆符号になっている．資金制約を表す変数についてみると，1990年以前の結果では負債比率は期待通りの符号である一方，キャッシュ・フローについては仮説と整合的ではない．1990年以降の推計では負債比率，キャッシュ・フローともほぼ期待通りの符号となっている．企業の直面する需要を表す変数である付加価値額や稼働率は，正の符号となり，稼働率の上昇が更新を促進する効果を持っていることを示している．これは，稼働率が単に需要の代理変数としての意味を持っているだけではなく，稼働率の上昇が，資本の減耗を早め，更新を促進するという効果もあるため，むしろ後者の効果が強く働いているのではないかと思われる．またヴィンテージについては，1990年以前の推計では全てのケースで正となっているが，90年代後半の推計では有意な結果が得られていない．

製造業，非製造業別にみた推計では，製造業は，負債比率，キャッシュ・フロー，ヴィンテージについてはすべて符号条件を満たし，しかも有意となっている．また，企業の直面する需要を表す変数については，1990年以前で負，1990年以降で正となっている．このことは1990年以前については需要の増加に対して既存設備の稼働率を上昇させることにより対応したため更新が遅れたことを示すのではないかと考えられる．ヴィンテージについては，その上昇が資本の質を低下させるため，更新比率を上昇させる効果がすべての推計でみられる．

非製造業については，1990年以前，以降の両推計ともに，パフォーマンスが良くない[11)]．

以上の推計結果を要約すると，ほとんどの推計において，ヴィンテージの係数は，正で有意な符号となっている．これは，ヴィンテージの上昇に伴う資本の質の低下は，更新投資の比率を高める効果を持っていることを示している[12)]．資金制約の効果も，キャッシュ・フローを説明変数とした場合には，製造業に

11）本章では示していないが，JIP 2006データベースを利用し，規制緩和の度合いを示す変数を入れて推計を行うと，非製造業ではこの変数が更新投資を抑制するような働きをし，同時に他の変数も符号条件を満たすようになっている．こうしたことから非製造業では規制などの制度的要因が重要な役割を果たしていると考えられる．

表 7-4-1 更新投資関数の推計結果（1976-2002 年）

全産業

	(1)	(2)	(3)	(4)
資本コスト	−0.610***	−0.234***		
	(.011)	(.024)		
IT 財価格			−0.021***	−0.028***
			(.001)	(.002)
負債比率	−0.441***		−0.358***	
	(.006)		(.005)	
キャッシュフロー		2.136***		2.201***
		(.046)		(.051)
付加価値額	0.0003***	−0.003***	−0.003***	−0.004***
	(.0001)	(.0003)	(.0001)	(.0003)
ヴィンテージ	0.017***	0.028***	0.015***	0.022***
	(.0004)	(.0003)	(.001)	(.001)
no. of obs.	594	594	594	594
no. of groups	22	22	22	22

製造業

	(1)	(2)	(3)	(4)
資本コスト	−1.025***	−0.636***		
	(.122)	(.134)		
IT 財価格			−0.022***	−0.045***
			(.006)	(.007)
負債比率	−0.764***		−0.785***	
	(.038)		(.036)	
キャッシュフロー		4.008***		4.140***
		(.309)		(.329)
付加価値額	−0.018***	0.010	−0.072***	−0.007
	(.006)	(.008)	(.004)	(.005)
ヴィンテージ	0.034***	0.069***	0.028***	0.058***
	(.003)	(.002)	(.002)	(.003)
no. of obs.	351	351	351	351
no. of groups	13	13	13	13

非製造業

	(1)	(2)	(3)	(4)
資本コスト	2.929***	2.865***		
	(.110)	(.130)		
IT 財価格			0.073***	0.053***
			(.006)	(.004)
負債比率	−0.255***		−0.350***	
	(.063)		(.070)	
キャッシュフロー		−0.579***		−0.866***
		(.168)		(.167)
付加価値額	0.001	−0.013***	0.004***	−0.013***
	(.001)	(.001)	(.001)	(.001)
ヴィンテージ	−0.001	0.006***	0.009**	0.007***
	(.002)	(.002)	(.004)	(.002)
no. of obs.	243	243	243	243
no. of groups	9	9	9	9

注：***，**，*はそれぞれ 1，5，10% で有意であることを示す．
すべての推計で，産業ダミー，年ダミーを付加している．
説明変数についてはラグをとっている．
産業間で残差の不均一分散を仮定した FGLS により推計している．
カッコ内は標準誤差である．

表 7-4-2　更新投資関数推計結果

	(1976-1990 年)				(1991-2002 年)			
全産業	(1)	(2)	(3)	(4)	(1)	(2)	(3)	(4)
資本コスト	0.460***	0.718***			1.256***	1.101***		
	(.140)	(.075)			(.221)	(.207)		
IT 財価格			0.023***	0.041***			0.184***	0.209***
			(.008)	(.006)			(.021)	(.008)
負債比率	−0.965***		−0.907***		−0.356***		−0.358***	
	(.090)		(.102)		(.055)		(.049)	
キャッシュフロー		−1.074***		−1.093***		1.147***		0.913***
		(.096)		(.103)		(.132)		(.083)
付加価値額	0.046***	0.010***	0.045***	0.011***				
	(.003)	(.004)	(.003)	(.004)				
稼働率					0.122***	0.127***	0.124***	0.118***
					(.006)	(.005)	(.005)	(.004)
ヴィンテージ	0.050***	0.055***	0.054***	0.056***	0.002	−0.002	−0.005	0.013
	(.008)	(.003)	(.009)	(.003)	(.004)	(.003)	(.004)	(.009)
no. of obs.	330	330	330	330	264	264	264	264
no. of groups	22	22	22	22	22	22	22	22
	(1976-1990 年)				(1991-2002 年)			
製造業	(1)	(2)	(3)	(4)	(1)	(2)	(3)	(4)
資本コスト	−0.222	−0.068			1.812***	1.743***		
	(.236)	(.156)			(.093)	(.078)		
IT 財価格			−0.010	0.002			0.252***	0.241***
			(.013)	(.010)			(.016)	(.012)
負債比率	−1.275***		−1.272***		−1.747***		−0.174***	
	(.106)		(.105)		(.111)		(.112)	
キャッシュフロー		3.869***		3.916***		1.808***		1.426***
		(.142)		(.141)		(.195)		(.183)
付加価値額	−0.125***	−0.063***	−0.126***	−0.070***				
	(.026)	(.018)	(.025)	(.017)				
稼働率					0.108***	0.101***	0.101***	0.112***
					(.006)	(.006)	(.006)	(.005)
ヴィンテージ	0.120***	0.131***	0.120***	0.131***	0.040***	0.034***	0.033***	0.023***
	(.008)	(.004)	(.008)	(.004)	(.009)	(.007)	(.009)	(.006)
no. of obs.	195	195	195	195	156	156	156	156
no. of groups	13	13	13	13	13	13	13	13
	(1976-1990 年)				(1991-2002 年)			
非製造業	(1)	(2)	(3)	(4)	(1)	(2)	(3)	(4)
資本コスト	1.174***	1.204***			−0.498**	−0.653**		
	(.262)	(.162)			(.198)	(.321)		
IT 財価格			0.007	−0.004			0.247***	0.339***
			(.012)	(.039)			(.042)	(.030)
負債比率	0.345***		0.284***		0.013		0.007	
	(.083)		(.057)		(.055)		(.065)	
キャッシュフロー		−4.378***		−4.512***		1.066***		1.398***
		(.423)		(.428)		(.224)		(.249)
付加価値額	−0.005	−0.010***	0.005*	−0.004				
	(.004)	(.002)	(.003)	(.004)				
稼働率					−0.024	0.055*	0.031*	−0.024
					(.034)	(.032)	(.019)	(.028)
ヴィンテージ	0.007	−0.015	0.015***	−0.003	−0.029**	−0.043***	−0.029***	−0.042***
	(.005)	(.012)	(.004)	(.012)	(.013)	(.015)	(.011)	(.011)
no. of obs.	135	135	135	135	108	108	108	108
no. of groups	9	9	9	9	9	9	9	9

注：***，**，*はそれぞれ1，5，10%で有意であることを示す．すべての推計で，産業ダミー，年ダミーを付加している．説明変数についてはラグをとっている．産業間で残差の不均一分散を仮定したFGLSにより推計している．カッコ内は標準誤差である．

限ったケースや 90 年代の推計において，すべて予想された符号で有意となっている．特に 90 年代の推計ではすべての推計で符号条件を満たしていることから，90 年代の更新投資は，キャッシュ・フローを媒介として資金制約を受けていたと考えられる．稼働率については，90 年代の全産業，製造業の推計で，ほぼ正で有意な符号となったことから，稼働率の上昇が，資本の減耗を早め，更新を促進したと考えられる．

5. 結論

資本の質の向上による生産性の上昇は，今後の人口減少化における日本経済において，適切な経済成長を維持するために不可欠の要素である．しかしながら，日本では 1990 年初頭からの長期停滞により，設備の更新が制約され，更新期間も長期化してきた．本章では，こうした問題意識にたって，設備更新の状況と，設備更新を促進するための要件を探る分析を行った．主要な結論は，以下の通りである．

（1）　設備年齢を表すヴィンテージは，1980 年代後半の一時期低下する局面もあったが，90 年代に入ってからはほぼ単調に上昇している．電気機械，精密機械，通信などの先端的産業では，比較的ヴィンテージは低いが，それでも相当の上昇を続けている．

（2）　平均更新期間も 1980 年代後半や 90 年代前半に一時短縮する動きがあったが，おおむね長期化している．

（3）　生産関数の推計を通しても，機械資本を中心とした資本の質の低下は，労働生産性を低下させている．このことはヴィンテージの上昇に伴う資本の質の低下が，労働生産性の上昇を抑制していることを示している．

（4）　資本の質を一定に保つことを目標として，どれだけの投資がなされているかということを被説明変数として，更新投資関数を推計すると，ヴィンテージの上昇は，おおむね更新投資を促進していることが確認された．

それでは，こうした更新投資を促進するためには，今後どのような政策がと

12）ヴィンテージの上昇が更新投資を増加させる効果は，機械資本を説明変数とする推計でより明確にみられる．

られるべきなのであろうか．すでに宮川・浜潟 (2004) では，投資減税がIT投資を促進する効果を有することを実証している．本稿の推計でも，推計によって資本コストの低下が更新投資を促進するという結果が得られている．しかし，こうした投資減税は，一時的なものであり，また近年税制上の特別措置を縮小する方向を考えると適切とはいえない．また技術革新の速い投資財では，投資減税による資本コストの低下効果よりも，投資財価格の低下のほうがより大きいと考えられる．

したがって長期的に設備の更新を促進するためには，むしろ税制上の耐用年数を全面的に見直し，IT 投資財やソフトウェアのように技術進歩が速い機械を中心に短縮化，簡素化を進めるべきであろう．

人口の高齢化だけでなく，設備の老朽化も進むようであれば，変転激しいグローバル化の中で，日本が競争力を維持していくことは困難であると考えられる．

参考文献

国則守生・高橋伸彰 (1984),『設備投資と日本経済』東洋経済新報社.

鈴木和志・宮川努 (1986),『日本の企業投資と研究開発戦略』東洋経済新報社.

野村浩二 (2004),『資本の測定』慶應義塾大学出版会.

深尾京司・宮川努・河井啓希・乾友彦・岳希明・奥本佳伸・中村勝克・林田雅秀・中田一良・橋川健祥・奥村直紀・村上友佳子・浜潟純大・吉沢由羽希・丸山士行・山内慎子 (2003),「産業別生産性と経済成長：1970–98年」『経済分析』第170号.

宮川努・山澤成康 (2003),「景気判断と GDP 統計」浅子和美・福田慎一編『景気循環と景気予測』東京大学出版会.

宮川努・真木和彦 (2004),「潜在成長力，GDP ギャップと資本ストックの計測」福田慎一・粕谷宗久編『日本経済の構造変化と経済予測』東京大学出版会.

宮川努・浜潟純大 (2004)「わが国 IT 投資の活性化要因—JIP データベースを利用した国際比較と実証分析—」『経済研究』第55巻, pp. 245–260.

Bahk, Byong-Hyong and Michael Gort (1993), "Decomposing Learning by Doing in New Plants," *Journal of Political Economy*, 101, pp. 561–583.

Benhabib, Jess and Bart Hobijn (2002), "Another View of Investment: 40 Years Later," in Philippe Aghion, Roman Frydman, Joseph Stiglitz and Michael Woodford eds, *Knowledge, Information and Expectations in Modern Macroeconomics*, Princeton University Press.

Benhabib, Jess and Aldo Rustichini (1991), "Vintage Capital, Investment, and

Growth," *Journal of Economic Theory*, 55, pp. 323-339.

Boucekkine, Raouf, Marc Germain, and Omar Licandro (1997), "Replacement Echoes in the Vintage Capital Growth Model," *Journal of Economic Theory*, 74, pp. 333-348.

Cooper, Russel, John Haltiwanger, and Laura Power (1999), "Machine Replacement and the Business Cycle : Lumps and Bumps," *The American Economic Review*, 89, pp. 921-946.

Cummins, Jason G. and Giovanni L. Violante (2002), "Investment-specific Technical Change in the United States (1947-2000) : Measurement and Macroeconomic Consequences," *Review of Economic Dynamics*, 5, pp. 243-284.

Denison, Edward (1964), "The Unimportance of the Embodied Question," *American Economic Review*, 54 (Papers and Proceedings), pp. 90-93.

Feldstein, Martin S. and David K. Foot (1971), "The Other Half of Gross Investment : Replacement and Modernization Expenditures," *Review of Economics and Statistics*, 53, pp. 49-58.

Gittleman, Maury, Thijs ten Raa and Edward N. Wolff (2003), "The Vintage Effect in TFP Growth : An Analysis of the Age Structure of Capital, " NBER Working Paper Series no. 9768.

Goolsbee, Austan (1998), "The Business Cycle, Financial Performance, and the Retirement of Capital Goods," *Review of Economic Dynamics*, 1, pp. 474-496.

Greenwood, Jeremy, Zvi Hercowitz, and Per Krusell (1997), "Long-Run Implications of Investment Specific Technological Change," *American Economic Review*, 87, pp. 342-362.

Greenwood, Jeremy, Zvi Hercowitz and Per Krusell (2000), "The Role of Investment-specific Technological Change in the Business Cycle," *European Economic Review*, 44, pp. 91-115.

Hulten, Charles R. (1992), "Growth Accounting When Technical Change Is Embodied in Capital," *American Economic Review*, 82, pp. 964-980.

Jovanovic, Boyan (1998), "Vintage Capital and Inequality," *Review of Economic Dynamics*, 1, pp. 497-530.

Lucas, Robert E. Jr. (1988), "On the Mechanics of Economic Development," *Journal of Monetary Economics*, 22, pp. 3-42.

Miyagawa, Tsutomu, Yukiko Ito and Nobuyuki Harada (2004), "The IT Revolution and Productivity Growth in Japan," *Journal of the Japanese and International Economies*, 18, pp. 362-389.

Nelson, Richard R. (1964), "Aggregate Production Functions and Medium-range Growth Projections," *The American Economic Review*, 54, pp. 575-606.

Phelps, Edmund S. (1962), "The New View of Investment : A Neoclassical Analysis," *Quarterly Journal of Economics*, 76, pp. 548-567.

Romer, Paul (1990), "Endogenous Technological Change," *Journal of Political Economy*, 98, pp. S 71-S 102.

Solow, Robert (1960), "Investment and Technological Progress," in Kenneth J. Arrow, Samuel Karlin and Paptick Suppes eds., *Mathematical Methods in the Social Sciences* Stanford University Press.

Wakita, S. (1997), "Chronic Labor Hoarding : Direct Evidence from Japan," *Japanese Economic Review*, vol. 48, pp. 307-323.

Wolff, Edwards N. (1991), "Capital Formation and Productivity Convergence over the Long-term," *The American Economic Review*, 81, pp. 565-579.

Wolff, Edwards N. (1996), "The Productivity Slowdown : The Culprit at Last? Follow-Up on Hulten and Wolff," *The American Economic Review*, 86, pp. 1239-1252.

第8章

景気循環と資金循環*

「バブル」前後の変化

矢嶋康次・地主敏樹・竹田陽介

1. はじめに

日本経済は，1990年代初頭の「バブル」崩壊以後，持続的な停滞を経験してきた．2005年に入って景気回復の兆候が見られているが，この「失われた10年」の間にも数回の景気回復はあり，どれも短命に終わってきたのである(Ogawa，2003a；b)．しかし，今回の回復はより堅調なものではないかという見方が強い．その理由の1つとしては，法人企業部門や金融機関のバランスシート調整が相当に進んだことが挙げられよう．これまでの回復が本格化しなかった一因として，主要経済部門のバランスシート調整があり，景気拡張期の通常のメカニズムが働かなかったのだが，その調整がほぼ終了したとすれば，本格的な回復が生じるのではないかという考え方である．

本章は，こうした考え方の基礎を確認するために，「バブル」期前後において生じたと考えられる，資金循環と景気循環との連関の変化を調べる．次節では，各部門のバランスシート調整と，それに付随して生じたと考えられる資金循環の変化を検討する．第3節では，景気循環と資金循環との連関の変化を，「バブル以前」期と「バブル以後」期の2つの期間に対してVARを推計し，その結果を比較して調べる．推計手法としては，まず主要なマクロ3変数からなるVARモデルを推計し，それをコア体系として，様々な資金循環のデータを1変数だけ加えた4変数VARモデルを繰り返し推計して，景気循環と資金循環との連関を分析する．そこでは，「バブル以前」期に支配的であった「正

* 宮尾龍蔵教授（神戸大学），高坂章教授・小川一夫教授（大阪大学），細野薫教授・宮川努教授（学習院大学），飯塚信夫主任研究員（日本経済研究センター）および神戸大学金融研究会，中央大学，一橋大学，信州大学でのセミナー参加者に感謝する．

常」な波及メカニズムが，「バブル以後」期に顕著に変質していることが検出される．結びでは，結果をまとめるとともに，分析に関する問題点などを述べる．

2. 「バブル」崩壊後のバランスシート調整と資金循環の変化

「バブル」期の前後で，資金循環の構造は大きく変化した．特に，「バブル」崩壊後の構造変化は，前例を見ないほどのものであると言えよう．本節では，この構造変化を資金循環表のデータを用いて，見てみよう．

資金循環統計は，経済主体（「部門」）毎に，各金融商品（「取引項目」）の取引額あるいは資産負債残高が複式簿記の形式に則り記録されている．「部門」は，大きく金融機関，非金融法人企業，一般政府，家計，対家計民間非営利団体，海外に分類され，「取引項目」は，現金・預金，貸出，株式以外の証券，株式・出資金，保険・年金準備金などの項目に大きく分類されているが，「部門」，「取引項目」ともに，さらに細分化された内訳がある．計数は日銀から四半期ごとに公表されており，金融の動きを包括的に把握できる極めて重要な統計となっている[1)]．

主要部門の資金過不足の構造変化

図 8-1 は，経済の主要各部門の資金過不足を，時系列的に表したものである．

① 民間非金融法人企業部門が，従来の資金不足部門から，資金過剰部門になり，かつ，資金過剰の規模でも第 1 位になったこと．

② 一般政府部門が巨大な資金不足部門となったこと．

③ 家計部門は従来通りに資金過剰部門であるが，その規模が急速に縮小していること．

などが，大きな変化として指摘されよう．

資金フローの構造変化

バランスシート調整に伴う資金循環の変化をうまく表した図があるので，紹

---

1) 資金循環統計については，日本銀行（2005b）参照のこと．

図 8-1 部門別の資金過不足

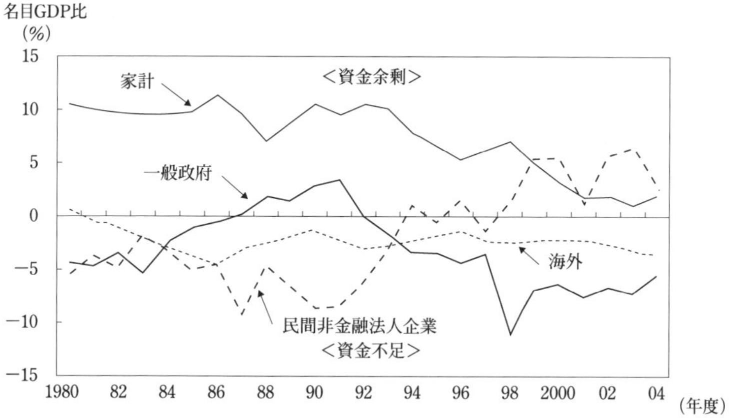

注 1：資金循環は新統計による．
注 2：一般政府の 98 年度は，国鉄清算事業団・国有林野事業特別会計の債務承継があるため段差が生じている．

介しておきたい[2]（図 8-2）．パネル A が，「バブル」発生前の 1984 年度における資金フローのパターンを要約したもので，比較のベンチマークとなる．

パネル B は，「バブル」期の 1990 年度の資金フロー・パターンを示している．「バブル」前のベンチマークと比較すると，民間金融機関から法人企業部門へのフローが（貸出・有価証券ともに）約 50% も増加している．家計部門から金融部門への預金も 2 倍以上に増えている．逆に，政府部門へのフローは縮小し，日本銀行から供給されるマネタリーベースも顕著に小さい．

パネル C は，「バブル」崩壊後の 1998 年度の資金フロー・パターンを表している[3]．パネル B とほとんど正反対のイメージとなっている．民間金融機関から法人企業部門への資金フローは縮小し，家計部門から民間金融部門への預金レベルは 1984 年水準に戻っている．他方で，政府部門へのフローは増大し，日本銀行も大量の国債を購入して巨額のマネタリーベースを供給している．

2）経済財政諮問会議において本間正明前委員が使用した図表のイメージに合わせて作成した．
3）旧 FOF データの最終年度である．

図8-2　資金の流れ

○パネルA(単位:億円)

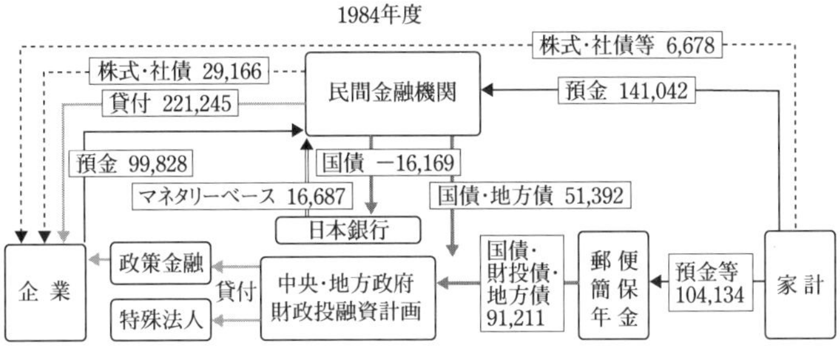

○パネルB(単位:億円)

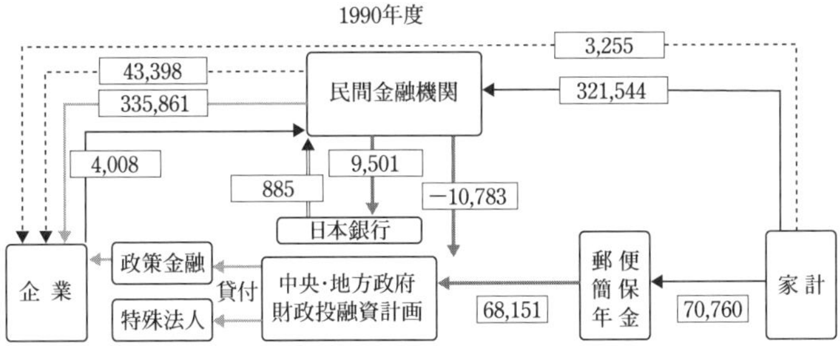

○パネルC(単位:億円)

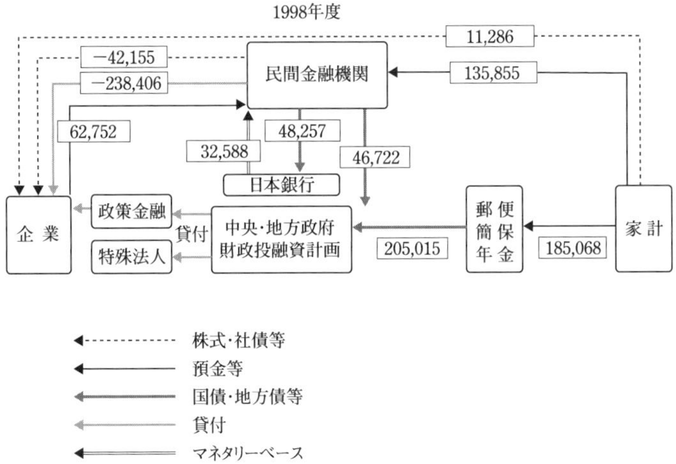

表 8-1　景気と部門別資金循環との相関関係

部門			相関係数① 75/1-2005/2	相関係数② 90/1-2005/2
法人部門	資金過不足	名目（季調値）	0.00	−0.26
		名目 GDP 比	0.09	−0.28
		実質（季調値）	0.04	−0.25
		トレンドからの乖離	−0.12	−0.16
		実質 GDP 比	0.09	−0.28
	資産	実質残高	0.86	0.57
		増減	−0.08	−0.12
	負債	実質残高	0.67	−0.10
		増減	0.03	−0.04
個人部門	資金過不足	名目（季調値）	0.12	−0.12
		名目 GDP 比	−0.49	−0.08
		実質（季調値）	−0.08	−0.10
		トレンドからの乖離	−0.06	−0.05
		実質 GDP 比	−0.49	−0.08
	資産	実質残高	0.71	−0.09
		増減	0.04	−0.15
		実質預金残高	0.66	−0.08
		預金増減	0.19	−0.31
	負債	実質残高	0.75	−0.16
		増減	0.00	0.10
		実質借入残高	0.75	−0.19
		借入増減	0.05	0.10
金融部門	資金過不足	名目（季調値）	0.13	0.09
		名目 GDP 比	0.11	0.09
		実質（季調値）	0.13	0.09
		トレンドからの乖離	0.00	0.00
		実質 GDP 比	0.11	0.09
	資産	実質残高	0.73	−0.13
		増減	0.02	−0.10
		実質貸出残高	0.75	−0.48
		貸出増減	−0.04	0.13
	負債	実質残高	0.71	−0.15
		増減	0.04	−0.10
		実質預金残高	0.70	−0.02
		預金増減	0.11	−0.14
海外部門	資金過不足	名目（季調値）	−0.52	0.27
		名目 GDP 比	−0.36	0.25
		実質（季調値）	−0.50	0.18
		トレンドからの乖離	0.29	0.44
		実質 GDP 比	−0.36	0.25
政府部門	資金過不足	名目（季調値）	0.21	0.53
		名目 GDP 比	0.68	0.55
		実質（季調値）	0.35	0.51
		トレンドからの乖離	0.22	0.30
		実質 GDP 比	0.68	0.55

景気循環と資金循環

次に，資金循環の景気循環との関係について見てみよう．表8-1は景気循環と部門別の資金循環との相関を，全期間（75年第1四半期〜2005年第2四半期）と90年以降（〜2005年第2四半期）の2つの期間で計測したものである．

全期間においては，政府部門の資金過不足や，法人・個人・金融の3部門の資産・負債の実質残高や借入・預金といった項目が，景気循環と有意なプラスの同時相関を示している．しかし，90年代以降になると，（海外・政府部門を除き）有意でないマイナスの同時相関に変化している．

90年代以降，景気循環と資金循環の関係がなくなったのは，法人・個人・金融の負債増減項目（金融機関には資産増減）と景気循環との相関係数の絶対値が90年代以降大きくなっていることに現れているように，バランスシートの縮小・調整，とくに負債返済の影響が出ていると考えられる．

3. 景気循環と資金循環の関係のための実証分析の枠組み

本節では，前節まで検討してきたバランスシート調整と，マクロ経済変数やマクロ経済政策との相互連関[4)]を調べるために，それらの諸変数から構成されるVARモデルを推定する．本章では，その相互連関に関して明瞭な結果を得るために，金融面に焦点を当てたマクロVARモデルを，実質GDP（*GDP*），実質コールレート（*FF*），日銀短観の金融機関貸出態度（*TANKAN*：緩い―厳しい）の3変数で構築した．これが，われわれのVAR分析の中核部分を構成するので，コア3変数体系と呼ぶ．シンプルなモデルであるが，実体経済に関連する動きを*GDP*に集約する一方で，*FF*によって金融政策を，*TANAKAN*によって金融機関の貸出行動を，それぞれ捉えようと意図している[5)]．

全体としてのVARモデルは，4変数から構成される．コア3変数体系に追

4）Tobin（1969）の金融資産の一般均衡分析を嚆矢とする金融政策と経済主体のバランスシート調整との関係は，Kashyap and Stein（1994），Christiano, Eichenbaum and Evans（1999）が詳しい．本章が理論モデルとして念頭に置いているのは，銀行貸出，家計の預金，企業の流動資産・負債に関する最適化行動を明示的に扱った，Bernanke and Gertler（2001）らのFinancial Accelerator モデル，Limited Participation モデル（Lucas, 1990；Fuerst, 1992；Christiano and Eichenbaum, 1992），Holmstrom and Tirole（1998）の企業の流動性管理（liquidity management）の3つのマクロ経済モデルである．

加される4番目の変数は，経済の主要部門のバランスシート調整を反映するもので，資金循環表からの変数を1つずつ加えてみた．これは，Christiano, Eichenbaum and Evans (1996) の手法であり，資金循環表の中の諸変数の相互連関を捨象して，マクロ経済と個別の資金循環変数の相関に注目するものである．資金循環の変数として，われわれは，主要各部門の資金過不足（ISバランス）を採用した．部門は，法人企業部門（*COR*），金融機関部門（*FIN*），家計部門（*PER*），政府部門，および海外部門である．したがって，各部門に余剰資金が生じた時にマクロ経済にどのような影響が起きるのか，あるいはマクロ経済の変動に応じて各部門の資金過不足がどう変化するのかを，検討していくことになる．なお，資金過不足の変動は，金融資産と金融負債の変動とに分解できる．

部門別資金過不足≡部門別金融資産－部門別金融負債

VARの結果の解釈を深めるために，副次的なVARとして，資金過不足の替わりに第4の変数として，金融資産か金融負債を入れたVARを，追加的に推定した[6]．

日本の資金循環（*FOF*）データは，最近に大幅な改定を経験した．改定系列は，四半期ベースでは1998年第1四半期までしか遡及して作成されなかった上[7]，旧系列の作成・公表は1999年第1四半期で断絶している．改定系列と旧系列との関係は，相当に複雑なので，片一方の公表系列からもう一方の系列を作成することはできない[8]．どちらの系列を作成するにも，公表されていない詳細な原系列が必要である．したがって，資金循環データを，1980年代から現在に至る時期を通して，厳密に分析することは，残念ながら不可能である．

しかしながら，バブル以前とバブル崩壊後の2つの時期における，マクロ経

5) 他の論文（Jinushi, Takeda and Yajima, 2005）においては，CPI，商品価格指数，ハイパワードマネーも加えたコア6変数体系を利用した．資金循環の変数を加えると最終的なVAR体系が7変数となるので，ラグ次数は1に留めざるを得なかった．本章では，こうした副次的な変数を捨象する替わりに，ラグ次数を4にまで伸ばして，頑健な結果を得ることを試みた．また，別の論文（Takeda, Yajima and Jinushi, 2004）においては，旧FOFを一貫して用いて，長期間にわたるVAR分析を試みた．観察数が多いので，ラグ4にして，上記の3変数を加える一方で，日銀短観の貸出態度を落としている．

6) フローの変化に注目するために，金融資産や金融負債の増加額を第4の変数として用いたVARも推定した．推定結果は明示しないが，資金過不足のVARの解釈に利用する．

7) その後，年次ベースでは，1980年までの改定系列が作成・公表された（日本銀行，2005a）．

8) 部門分けまでも大幅に変更された．

済と資金循環との相互連関を比較することが，本章の分析にとっては不可欠である．そこで，われわれは，厳密性を多少犠牲にすることになるが，改定系列に旧系列を接続することを試みた．旧系列と改定系列の2系列の公表されている期間が重なっている98年の4四半期分を使って，部門別の資金過不足，金融資産・負債残高についてそれぞれに延長指数を算出し，この延長指数を97年以前の旧系列に乗じることで，新旧2系列の接続を行った．VARで用いている97年以前のデータは，日本銀行が公表している旧系列のデータに延長指数が乗じられた数値，98年以降のデータは公表されている改定系列の数値となっていている．2つの時期のVARモデルを，上記接続したFOF系列を用いて推定し，比較することとした．第1のVARモデルは「バブル以前」の第1期＝1975：1〜1989：4の時期について，第2のVARモデルは「バブル以後」の第2期＝1990：1〜2005：1の時期について推定された．

モデルの識別としては，Takeda, Yajima and Jinushi (2004) に倣い，単純なCholesky decompositionを用いることとし，変数の順序も同論文を参考にして，コア3変数を*GDP*，*FF*，*TANKAN*の順とし，最後に部門別資金過不足を置いた．なお，VARのラグの長さも同論文を踏襲して，4四半期とした．

4.　推定結果と解釈

4.1　コア3変数VARの推定結果

推定されたインパルス応答関数 (*IRF*) は，図8-3に報告されている．パネルAは「バブル以前」の第1期のインパルス応答関数を，パネルBは「バブル以後」の第2期のインパルス応答関数を，示している．推定結果は下記のようにまとめられる．

①　実質GDP (*GDP*) の反応

*GDP*の*FF*ショックに対する反応は，第1期においては基本的にマイナスであり，5四半期以後は有意になっている．「バブル以前」期に，「貨幣チャネル」が機能していたことを示唆する結果である．第2期においては，ほぼゼロの値をとっており，8四半期以後に僅かにマイナスとなるが，有意ではない．

図 8-3　変数 VAR のインパルス応答関数

○パネル A

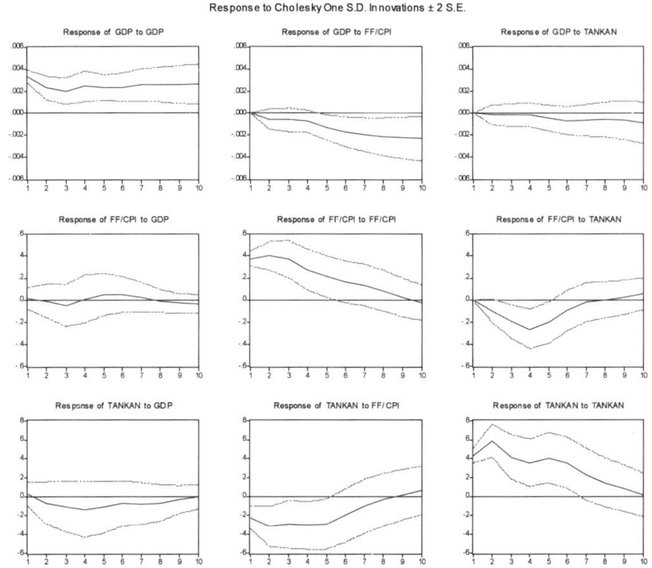
Response to Cholesky One S.D. Innovations ± 2 S.E.
Response of GDP to GDP
Response of GDP to FF/CPI
Response of GDP to TANKAN
Response of FF/CPI to GDP
Response of FF/CPI to FF/CPI
Response of FF/CPI to TANKAN
Response of TANKAN to GDP
Response of TANKAN to FF/CPI
Response of TANKAN to TANKAN

○パネル B

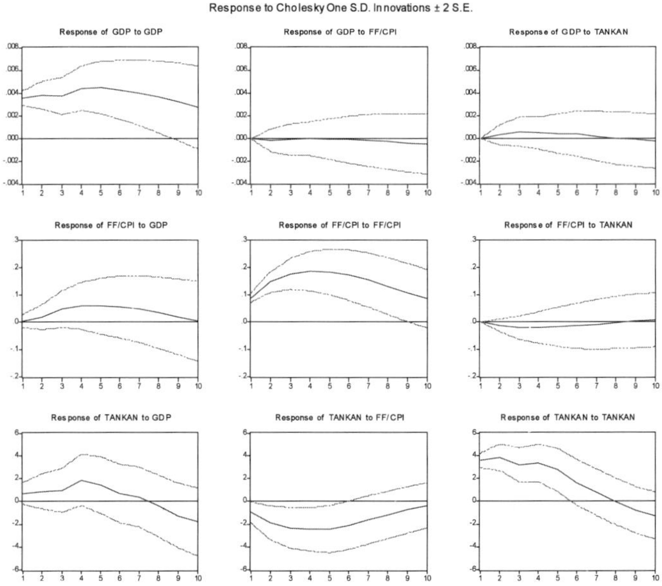
Response to Cholesky One S.D. Innovations ± 2 S.E.
Response of GDP to GDP
Response of GDP to FF/CPI
Response of GDP to TANKAN
Response of FF/CPI to GDP
Response of FF/CPI to FF/CPI
Response of FF/CPI to TANKAN
Response of TANKAN to GDP
Response of TANKAN to FF/CPI
Response of TANKAN to TANKAN

「バブル」崩壊以後には金利の影響が小さかったという，通常の見方を支持する結果であると言えよう．

GDP の *TANKAN* ショックに対する反応は，第1期においてはゼロに近く，5四半期以後に僅かにマイナスになるが全く有意ではない．第2期になると，2四半期以後にプラスになるが，やはり有意ではない．「信用チャネル」は明確には検出できなかったわけだが，「バブル」崩壊後にはその影響が大きくなったことを示唆しているとも考えられる．*TANKAN* ショックの影響増大は，企業が深刻な金融制約に直面している場合に生じ得よう．法人企業部門全体としてはこの時期を通して資金過剰であるが，それは大企業の状況に左右された結果であり，中小企業のかなりは異なる状況にあったであろうと考えられる．実際，中小企業のバランスシート調整は，大企業に比べて顕著に遅いものであった．

GDP の *GDP* ショックへの反応は，当然，両期ともに有意にプラスである．ただし，第1期に比べて，第2期の減衰傾向が甚だしい．「バブル」崩壊後には景気回復が持続的なものにならなかった状況を反映している．

②　コールレート（*FF*）の反応

コールレートの *GDP* ショックへの反応は，第1期においては極めて小さく，有意ではない．第2期にはプラスであり，4四半期後までは有意性もそれほど低くない．第1期の弱い反応は，インフレーションなどを加えた6変数体系でも，ほぼ同じ結果となっている．第2期における正の反応は，正常な金融政策運営であり，その初期における「バブル」崩壊前後の政策運営を強く反映したのではないかと考えられる．

コールレートの *FF* ショックへの反応は，当然，両期ともに有意にプラスである．ただし，第1期に比べて，第2期の減衰傾向が小さく，プラスの影響が持続的である．第2期の多くの期間において，金融緩和政策が持続的に実施されてきたことを，反映しているのであろう．コールレートの貸出態度（*TANKAN*）への反応は，第1期において，5四半期まで有意にマイナスである．第2期には僅かにマイナスであるが，まったく有意ではない．

③　貸出態度（*TANKAN*）の反応

貸出態度は，*GDP* ショックに対して，第1期には僅かにマイナスだが，有意には反応していない．第2期には8四半期間にわたってプラスの反応だが，

4四半期前後には有意性もかなり高い．景気が低下した場合に貸出態度が厳しくなる傾向が，より明確になったのであろう．金融引締め（*FF*）ショックに対しては，どちらの期間においても有意にマイナスの反応を示している．そのマイナス効果の持続期間も，両期間ともに5-6四半期にわたって有意である．短観ショックに対する反応は，どちらの期間においても，ほぼ6四半期間にわたって，有意にプラスである．

コアの3変数体系についての結果をまとめておこう．第1期と第2期とを比べると，貨幣チャネルは弱まり，信用チャネルはやや強まり，金融政策は慣性が強まり，貸出態度は順循環性が強まったことになる．

4.2 資金循環との連関

次に，4変数VAR体系を用いて，各部門の資金余剰（過不足）との相互作用を検討しよう．部門毎に，両期間の間で重要な変化が生じたIRFを，図8-4，8-5，8-6に図示した．

① 法人部門（図8-4）

法人部門の資金余剰ショック（*COR7*）に対する*GDP*の反応は，第1期においてはプラスで拡大していく上に有意性も比較的高いが，第2期になるとプラスであっても3〜4四半期間ほどだけ有意性が高く，その後は顕著に縮小していく．法人部門の金融資産増加と金融負債増加をVARの第4変数として入れてみた．金融資産増加ショックに対して*GDP*は，第1期には有意にプラスに反応しているのに，第2期の反応はプラスだが有意性は低い．他方で，金融負債増加ショックに対して*GDP*は，第1期には僅かなプラスで有意でない反応だが，第2期には強く有意なプラスの反応を示している．第2期においては，借入を増やせたときに*GDP*が伸びているので，企業部門への金融制約の強まりを示唆していると考えられる．信用チャネルの影響度が増大しているのである．

金融政策は資金余剰ショックに対して，第1期には顕著にマイナスに反応しているが，第2期には有意性が低下している．第2期にはゼロ金利制約が影響しているのかもしれない．金融資産増加と金融負債増加に分解してみると，後者に対して興味深い結果が得られた．金融負債増加ショックに対して，第1期には4〜7四半期に有意性が低くてもプラスの反応があるのに，第2期にマイ

図8-4-1　法人部門：資金過不足

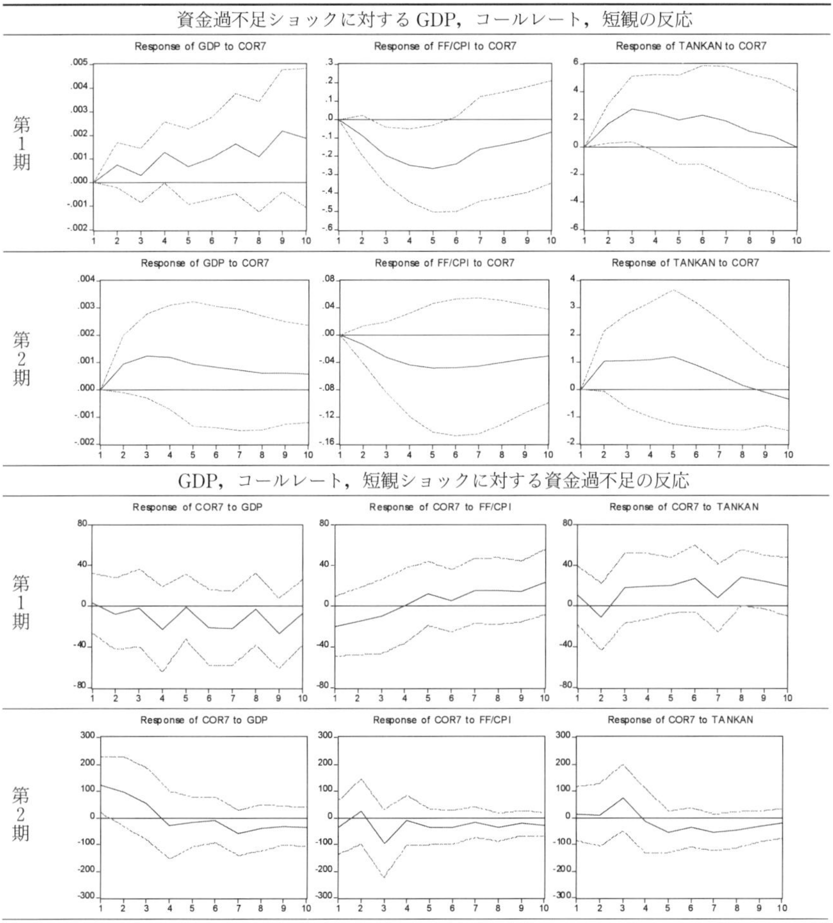

ナスの反応であり2～4四半期には有意性も高い．「バブル以前」期にはある程度反循環的な政策運営をしていたのに，「バブル以後」期にはむしろ順循環的な政策運営に変化したのである．

法人部門の資金余剰ショックは，貸出供給の要因（*TANKAN*）とは独立である借入需要をシフトさせる変動要因に影響を受ける．その短観に対して資金余剰ショックは，第1期にはプラスに4四半期間は有意に効いているが，第2

図 8-4-2　法人部門：資産（増分）

資産（増分）ショックに対する GDP，コールレート，短観の反応

第1期／第2期

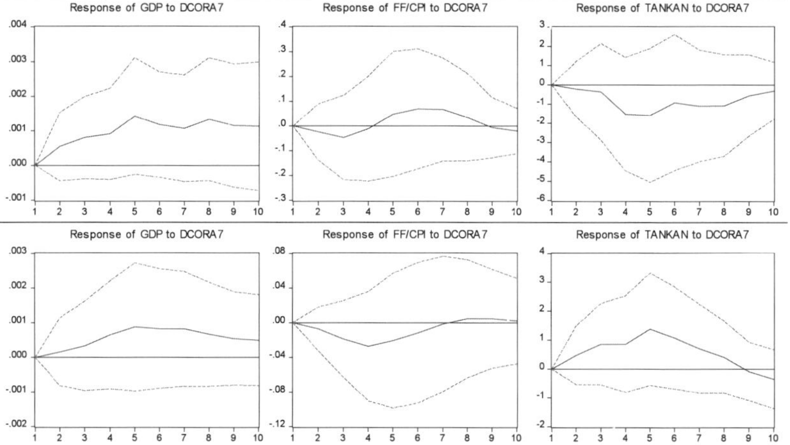

図 8-4-3　法人部門：資産（ストック）

GDP，コールレート，短観ショックに対する資産（ストック）の反応

第1期／第2期

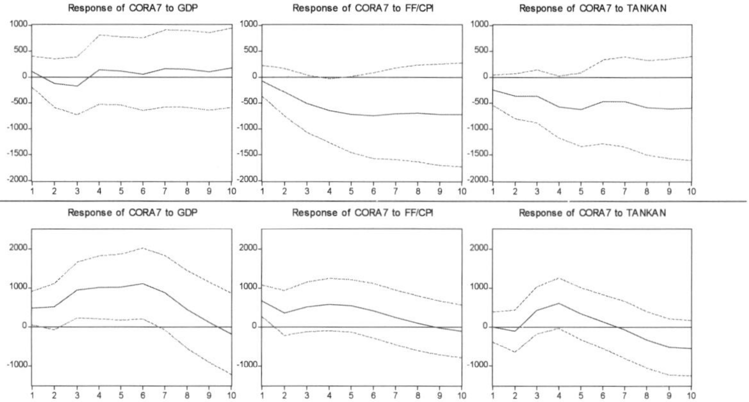

期に入ると 2 四半期しか有意ではない．企業の資金が潤沢な時に，貸し手側は安心して貸せるのかもしれない．

法人企業部門の資金余剰（*COR7*）は，第 2 期において，*GDP* ショックに対して，2 四半期間ほどのみ有意にプラスに反応する．資金過不足のレベルを

図8-4-4　法人部門：負債（増分）

負債（増分）ショックに対するGDP，コールレート，短観の反応

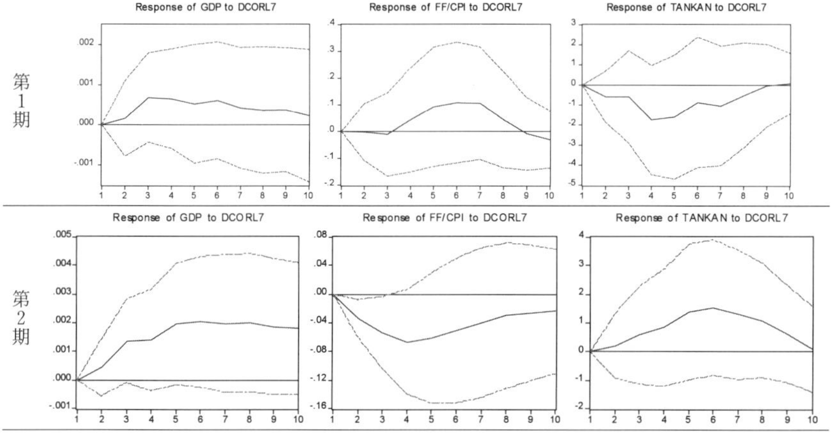

図8-4-5　法人部門：負債（ストック）

GDP，コールレート，短観ショックに対する負債（ストック）の反応

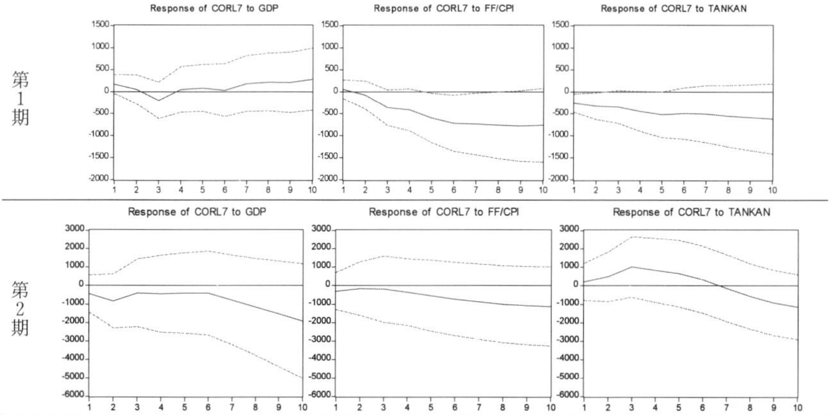

金融資産と金融負債の各レベルに分解すると，第1期には資産・負債ともに僅かなプラスで有意でない反応しか見られないが，第2期には資産は強くプラスに6四半期まで有意に反応し，負債は有意ではないが僅かにマイナスに反応する．利益増大を投資などの実物購入にまわさずに留保し，かつ，その一部を資

金返済にあてていた状況を反映しているのであろう．

短観ショックに対する *COR7* の反応は，第1期においてほぼゼロから次第にプラスとなり有意性も高まっていくが，第2期においてはむしろマイナス反応で有意性も強まっていく．金融資産と金融負債とに分解すると，第1期には，資産・負債ともにマイナス反応だが，負債の減少の有意性が相対的に強く見られる．第2期には，資産・負債ともにプラス反応だが負債の増加の方が大きい．バブル崩壊後は，金融機関の貸出態度に企業借入がより強く左右されるようになったということであろう．

金融政策（*FF*）ショックに対する *COR7* の反応は，3四半期間はほぼ有意にマイナスでその後次第にプラスへと転じて行くが，第2期にはほとんど有意でなく第3四半期にやや強くマイナスになっている程度である．金融資産と金融負債に分解すると，第1期には共に強くマイナスの反応だが，資産の減少の方が大きい．第2期になると，資産は当初小さいが有意にプラスに反応する上，負債は次第にマイナスに反応していくが有意性は低い．コア3変数体系で観察されたように，金融政策（*FF*）ショックに対する実体経済の反応を表す貨幣チャネルの有効性が「バブル」以後期において低下してきたことを反映している．

② 金融部門[9]（図8-5）

金融部門の資金余剰ショック（*FIN7*）に対する *GDP* の反応は，第1期には僅かにマイナスであるが，第2期にはプラスであり，5〜8四半期にかけては有意性もあまり低くない．金融機関の余剰資金が，金融システム不安が生じていた第2期においてより重要であったということだと，解することができよう．

金融政策の *FIN7* ショックに対する反応は，第1期において明瞭ではないが，第2期にはプラスである（ただし，有意性はさほど高くない）．金融不安の下，金融機関の手元流動性低下に対して，金利引下げで対応したのであろうか．取引項目別にまで分解してみると，第1期には貸出には有意にプラスに反応していたのに，第2期になるとむしろ有意にマイナスに反応している．政策運営の反循環性が明確に低下している．

9）金融部門については，金融資産と金融負債の増加の相関がかなり高く個別の動きを見るのが難しいので，さらに取引項目のレベルにまで降りて，貸出と預金にも注目した．

図8-5-1　金融部門：資金過不足

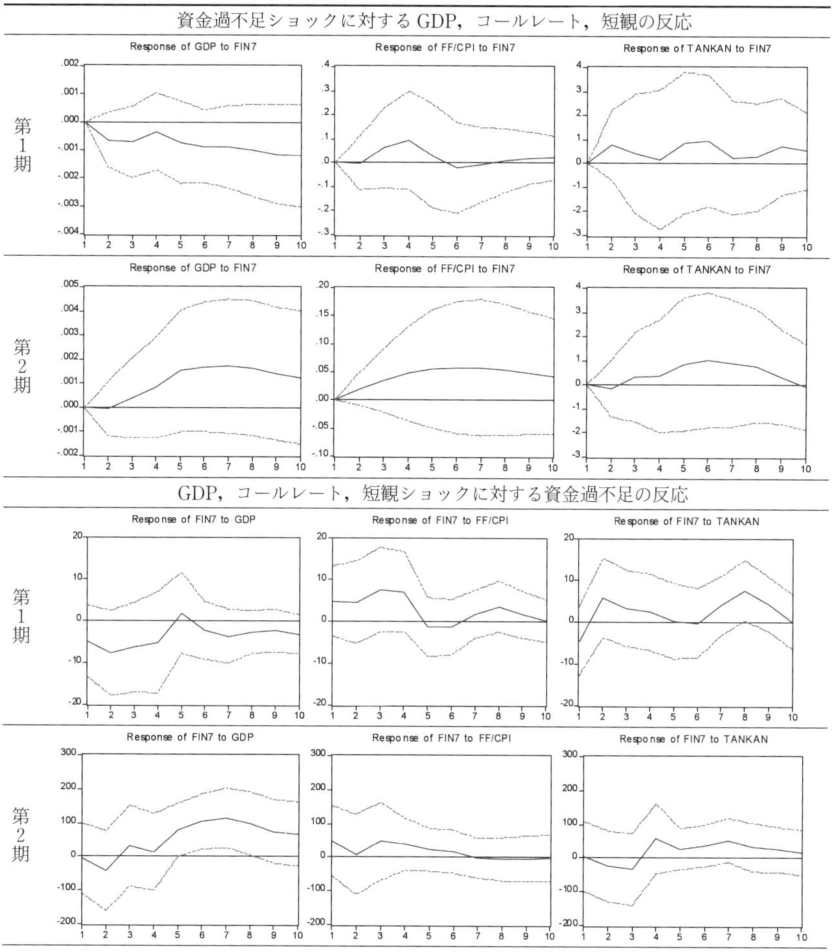

短観の *FIN7* ショックに対する反応は，両期ともに小さく有意ではない．取引項目水準で見ると，預金ショックに対しては，第1期にもマイナス反応であるが，第2期になると1〜2四半期は有意なマイナス反応となっている．預金が増えても景気が良くならない傾向が強まったのである．また，貸出ショックに対しては，第1期には1〜4四半期はマイナス反応だったのに，第2期になるとプラス傾向となっている．貸出が減るとさらに貸出態度も厳しくなると

図8-5-2　金融部門：資産（貸出，ストック）

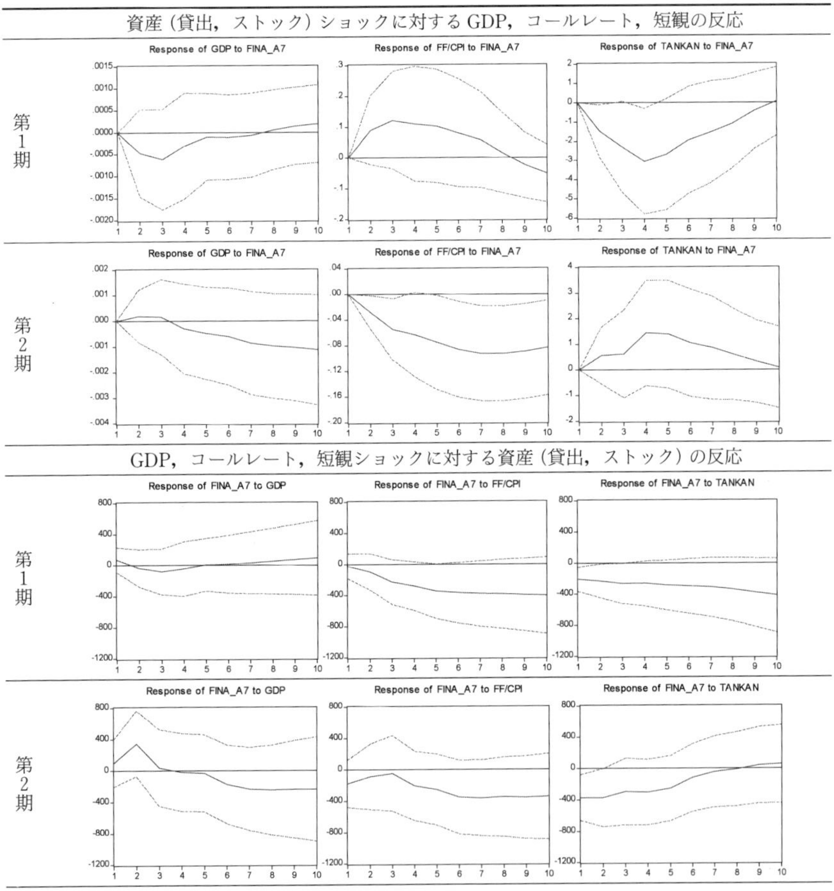

いうことで，景気の循環性を強めてしまう傾向となったのである．

金融部門の資金余剰（*FIN7*）は，*GDP* ショックに対して，第1期には，初期にはかなり有意にマイナスだが，5四半期以後はほぼゼロとなっている．第2期においては，初期にはほぼゼロだが5四半期以後に有意にプラスとなっている．ショック発生後の影響の変動方向は同じだが，レベルが違うのである．ショック発生後，第1期には預金流入が増えたのに，第2期にはあまり増えなかったのではないかと考えられる．しばらくすると金融機関の所得増加が生じ

図8-5-3　金融部門：負債（預金，ストック）

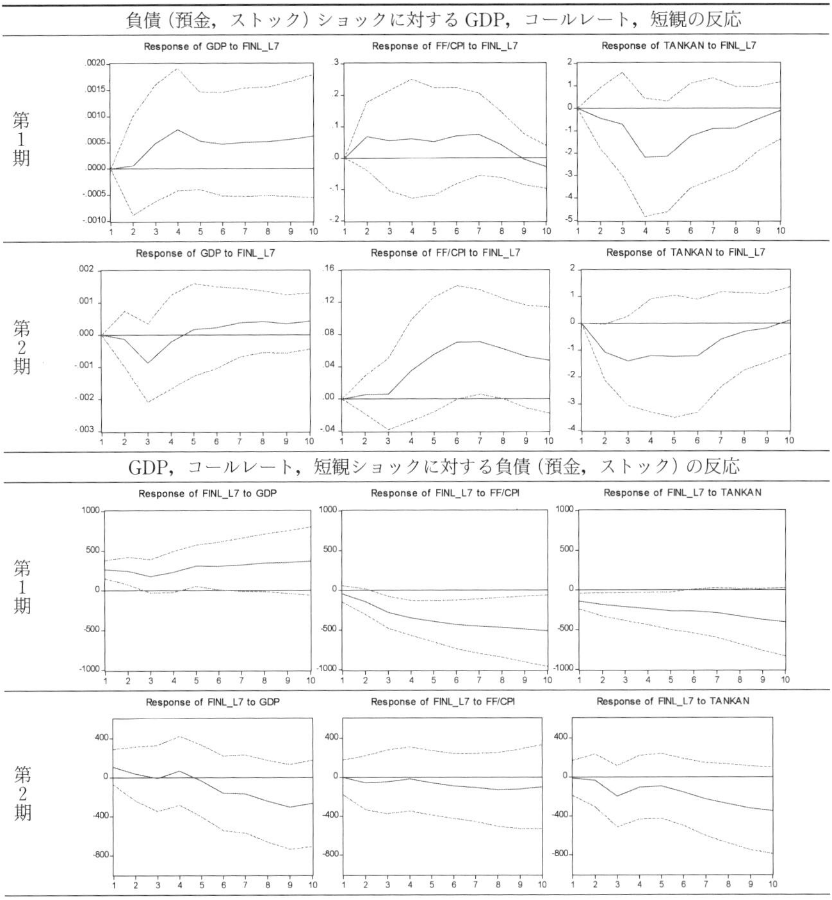

るので，その運用で資金余剰傾向が現れるのだが，第1期には預金流入とで相殺し合ったのであろう．取引項目水準に分解すると，この見方はある程度，裏付けられる．預金の *GDP* ショックへの反応を見ると，第1期には有意にプラスだったのに，第2期に入るとゼロからマイナス傾向となっており，景気が回復しても預金は増えなくなったことを示している．貸出の *GDP* ショックへの反応は，第1期にはほぼゼロだったのに，第2期には2四半期頃にプラス傾向となっている．貸出は，やや順循環的になったのかもしれない．

金融政策（*FF*）ショックに対しての資金余剰の反応は，やはり第1期の方が顕著であり，4四半期間ほどはプラスの反応であり，その後減少して有意性も低くなる．当初は利益増大が勝るのかもしれない．第2期の反応も当初はプラスだが，有意性が低い．取引項目レベルで見てみよう．貸出も預金も，*FF*ショックに対しては，第1期において有意にマイナスに反応していたのに，第2期に入ると反応が弱まっている．コア3変数体系における「貨幣チャネルの有効性低下」を基礎付けている．

短観ショックに対する資金余剰の反応は，両期ともにほとんど有意ではない．貸出の反応は，第1期にはむしろ有意にマイナスだったのに，第2期になるとマイナス反応が弱まっている．貸出に関しては，「バブル」以前には需要サイドの影響が強かったのに，「バブル」以後には供給サイドの影響も互角になったということであろうか．

金融政策運営の反循環性が低下したこと，および政策金利変動の影響が低下して，貨幣チャネルの有効性も低下したことを強く示唆している．また，預金については，景気が変動しても預金はあまり反応しなくなったし，預金が動いても短観も変わらず*GDP*への影響も小さくなった．貸出についてはあまり明確な結果ではないが，*GDP*ショックへの反応も*GDP*への影響も共に，僅かながら順循環性が強まったのかもしれない．

③ 家計部門（図8-6）

*GDP*の家計部門資金余剰ショックに対する反応は，第1期には小さく有意ではないが，第2期には有意に負になっている．金融資産と金融負債に分解してみよう．第1期に比べると，第2期に入って，金融資産ショックの*GDP*への影響はプラスに強まる一方で，金融負債ショックの*GDP*への影響は有意にプラスのままだがその持続性が低下した．取引項目レベルで見ても，ほぼ同じ結果である．預金ショックの*GDP*への影響は僅かにプラス方向に変化し，他方で借入ショックの*GDP*への影響はプラスのままだが持続性が低下した．住宅ローンなど家計の借入は，繰り返された住宅減税などもあって「バブル」崩壊後の景気下支えに効いたが，その効果は短くなったのであろう．また，資産価格の変動が，景気に強く影響するようになったのだとも言えよう．

金融政策の資金余剰ショックに対する反応は，第1期にほぼゼロだったのに，第2期にはややマイナス傾向となっている．金融資産ショックについては，両

図 8-6-1　家計部門：資金過不足

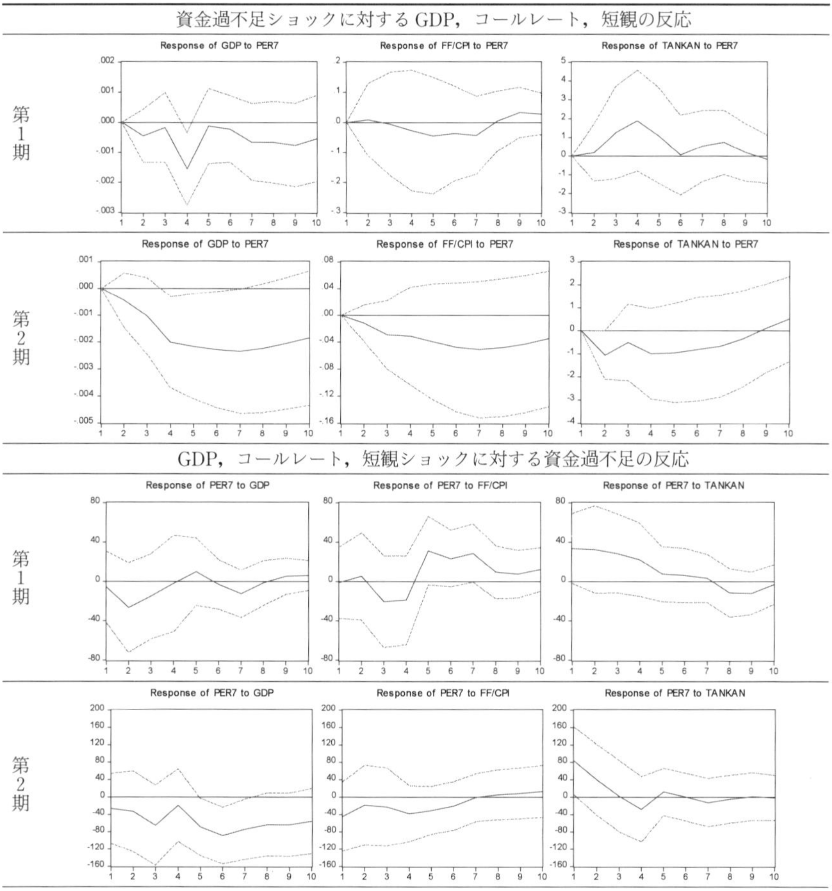

期ともにあまり明確な反応をしていない．金融負債ショックに対しては，第1期には明確な反応をしていないのに，第2期には4四半期間ほどのみかなり有意なプラスの反応をしている．家計の借入ショックに対する金融政策の反応は，第2期により有意になっている．「バブル」期には住宅ローン増加の継続に対して金利を引き上げ，「崩壊」後には負債減少に対して金利を引き下げていたのであろう．

家計への資金余剰ショック（*PER7*）は，第1期においては，有意性はあま

図 8-6-2 家計部門：資産（預金，ストック）

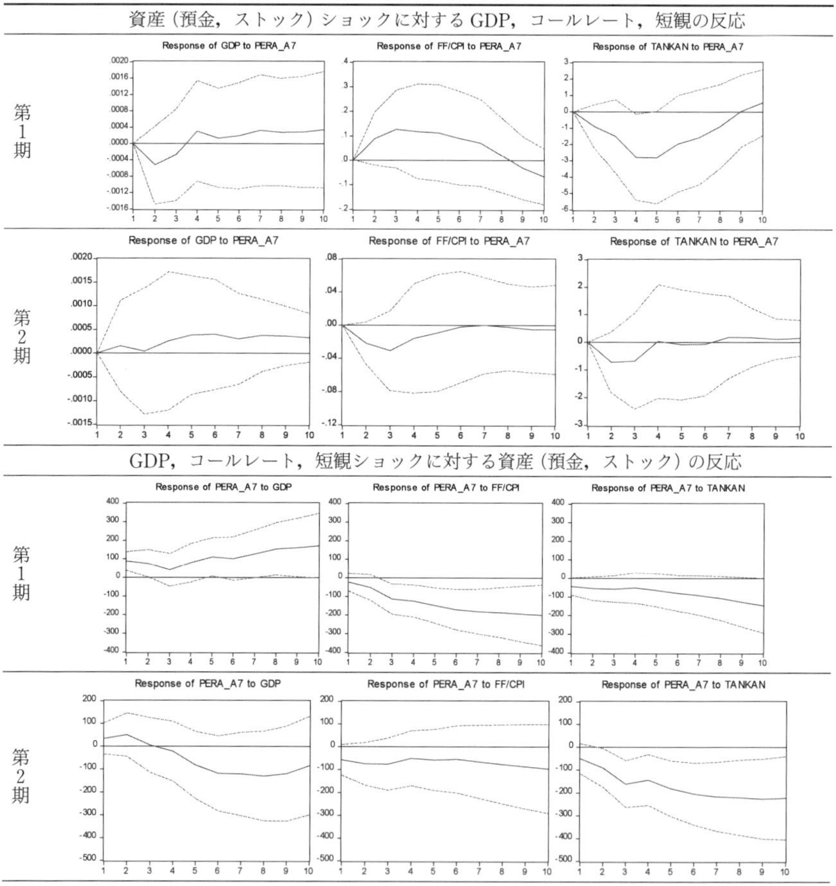

り高くないが *TANKAN* にプラスの反応をもたらしているのに，第 2 期にはむしろマイナスの反応となっている．金融資産と金融負債の 2 つのショックに分解してみると，第 1 期においては両方のショックにマイナスの反応をしていたのに，第 2 期にはどちらのショックにも有意でも明確でもない反応をするように変化していることが判る．さらに，取引項目レベルに降りてみても，第 1 期には預金・借入両ショックに対して有意なマイナス反応をしていたのに，第 2 期には有意でない僅かな反応に変わっている．家計の預金や住宅ローンの変

図8-6-3　家計部門：負債（借入，ストック）

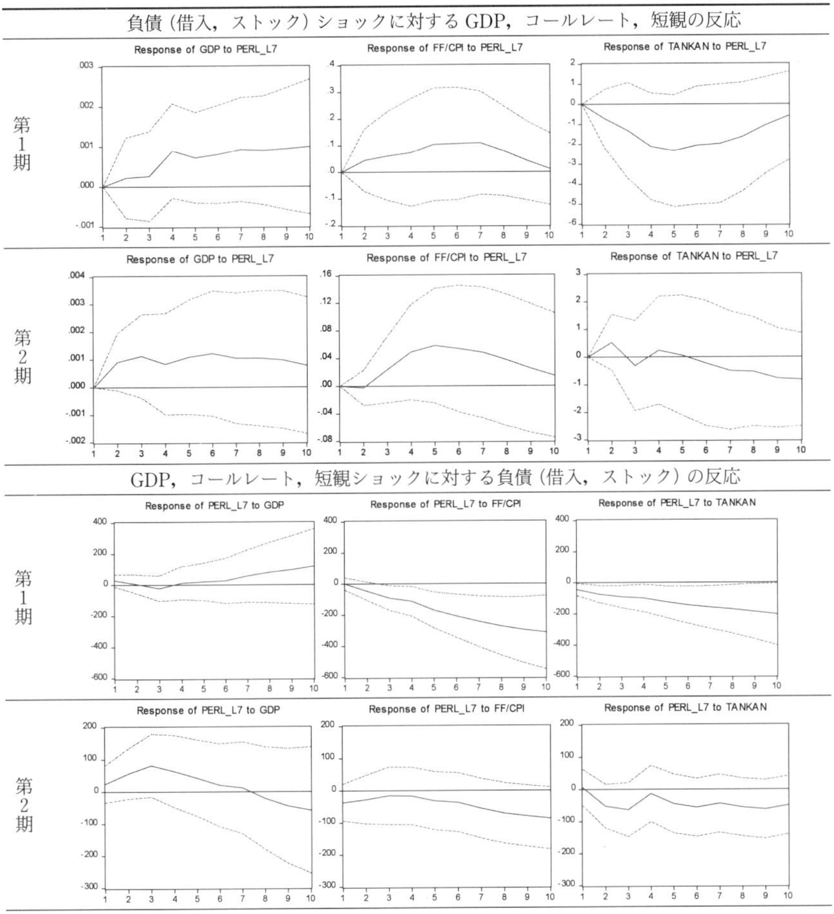

動が，企業向けの貸出を左右しなくなったのである．

GDP ショックに対して，家計の資金余剰は，第1期には明確な反応がないのに，第2期になると持続的に有意なマイナスの反応を示すようになっている．金融資産と金融負債に分解すると，金融資産は第2期にプラス反応の傾向が強まっている．金融負債の反応は，両期ともにプラス傾向だが，第2期には反応の持続性が低下している．預金と借入を見てみよう．預金の反応は，第1期に

はプラスだったのに第2期にはマイナスになっており，家計が銀行預金を増やさなくなっていることが判る．借入の反応は，第1期には弱いプラス傾向だが，第2期にはフロー（借入増加額）ではマイナス傾向となっている．所得が増加しても返済に回していたのであろう．

金融政策（*FF*）ショックに対しては，第1期において，5〜7四半期に有意なプラス反応となっており，家計が支出を減らしていることが判る．第2期においては，明確な反応がないので，金利を下げても，支出を増やさなかったのであろう．金融資産と金融負債とに分解すると，第1期にはマイナス反応が明確であったのに，第2期にはその反応が小さくなるか有意性の持続期間が短くなっている．さらに詳しく，預金と借入とを見ても，同じ結果が得られた．コア3変数体系の「貨幣チャネルの有効性低下」の基礎をなす変化である．

貸出態度（*TANKAN*）ショックに対して，家計の資金余剰は，第1期には4四半期間にわたってプラスでかなり有意であるが，第2期に入ると有意なプラスの反応は1四半期のみに短期化した．金融資産と金融負債とに分解すると，第1期にマイナス反応が強かったのに，第2期に入ると，借入への効果が少し弱まっている．「バブル以前」には企業向け貸出が増えると家計向け貸出がクラウドアウトされていたのが，「バブル以後」には住宅ローンなどが重視されるようになり，家計向け貸出もあまりクラウドアウトされなくなったのかもしれない．

④　政府部門と海外部門

この両部門についても，2期間の間で顕著な変化が生じているが，頁数の制約のために図表は掲載できない．変化の例を挙げておこう．政府部門の資金余剰ショックは，第1期には*GDP*にプラスの影響を与えているのに，第2期には明確な影響が消えてしまう．逆に，金融政策は第2期に入って少しプラスの反応を示すようになる．また，海外部門の資金余剰は*GDP*ショックに対して，第1期にはプラスに反応して後に減衰していくが，第2期には当初ほぼゼロで5四半期以後マイナスとなり有意になっていく．

以上の資金循環に関わる部分の分析結果をまとめてみよう．

（1）　金融政策については，「貨幣チャネルの有効性が低下」したし，景気安定化にシステマティックに使われなくなった．ゼロ金利制約も影響したのであろうが，その運営において信用拡張に対する「反循環性が低下」したし，資金過不足や金融資産・負債，および預金・貸出（借入）への金利変動の影響力が低下したのである．

（2）　法人企業部門の金融資産・負債は，貸出態度に左右されるようになり，*GDP* 変動への順循環性も高まった．法人企業部門の「金融制約の強まり」を反映していると考えられよう．金融システム不安も併せて反映しているのだろうが，金融部門の余剰資金や金融資産・負債増加が，*GDP* を明確に引き上げるようになった（「信用チャネルの影響度増大」）．

（3）　金融機関の「貸出行動が順循環的」になった．貸出が増える（減る）と貸出態度も緩和する（引き締る）ようになった．（2）の「金融制約の高まり」と組み合わさると，貸出の変動の慣性が高まり，一方向の調整が継続し易くなる．

（4）　*GDP* が増えた時に，家計の預金や借入はプラスの反応をしなくなった．*GDP* が低下した時に預金が増えるのは，安全志向の反映であろう．法人企業負債も，*GDP* ショックに対して増えるよりも減る傾向を（弱いが）示しており，法人所得が伸びたときに返済をしていることを反映しているのであろう．同時に，法人金融資産も増えているので，所得増加を実物投資に回していないことを表している．家計・法人両部門で，「危険回避傾向の強まり」が生じたのだと考えられよう．

（5）　家計部門の負債（借入）や法人部門の余剰資金などのショックに対して，GDP の反応の持続性が低下した．

5.　おわりに

本章では，1990 年代初頭の「バブル」崩壊の前後における，日本の景気循環と資金循環との連関の変化を分析してきた．「バブル」崩壊後に，民間経済諸部門はバランスシートの規模を縮小するべく，調整に励んだ．その裏側で，政府・公共部門のバランスシートは肥大化した．それらのバランスシート調整は，景気循環と資金循環との通常の連関を，顕著に変質させた．

「バブル」崩壊後には，企業部門の直面する金融制約が強まって，企業向け貸出は金融機関の貸出態度に大きく左右されるようになる一方で，その貸出態度は順循環的となった．結果的に，「バブル」崩壊ショックがもたらした貸出減少が持続的累積的となって，信用チャネルを通じて，景気にもマイナスの影響をもたらし続けた．他方で，金融政策が反循環的に動く余地は減り，かつ，動いたとしても貨幣チャネルの有効性は低下してしまった．さらに，景気が回復しかけても，預金は感応しなくなったし，貸出態度が緩和しない限り貸出も減少傾向が変わらないので，景気回復を資金フローが支えなくなり，持続性のないものとなった．

本章では，景気循環と資金循環との連関をVARによって分析して，その連関の興味深い変化を検出したが，それらの変化の原因について探るレベルには達していない．分析結果の解釈において，いくつかの考え方も示したが，その正否は今後の課題としたい．また，データの利用可能性の制約に直面して，元来の分析目的を優先して分析の厳密性を犠牲にした面のあることも否めない．他の分析によって，この結果の頑健性を確かめたい．

参考文献

日本銀行 (2005a),「資金循環統計からみた80年代以降のわが国の金融構造」日本銀行調査季報, 2005年春号.

日本銀行 (2005b),「資金循環統計の解説」日本銀行調査統計局.

Bernanke, Ben and Mark Gertler (2001), “Should Central Banks Respond to Movements in Asset Prices?” *American Economic Review*, 91 (2), pp. 253-257.

Christiano, Lawrence J. and Martin Eichenbaum (1992), “Liquidity Effects and the Monetary Transmission Mechanism,” *American Economic Review*, 82, pp. 346-353.

Christiano, Lawrence J., Martin Eichenbaum and Charles Evans (1996), “The Effects of Monetary Policy Shocks: Evidence from the Flow of Funds,” *The Review of Economics and Statistics*, 78, pp. 1113-1136.

Christiano, Lawrence J., Martin Eichenbaum and Charles L. Evans (1999), “Monetary Policy Shocks: What Have We Learned and to What End?” in J. B. Taylor and M. Woodford, eds., *Handbook of Macroeconomics 3 A*, Amsterdam, Elsevier Science B. V., pp. 65-148.

Fuerst, Timothy (1992), “Liquidity, Loanable Funds, and Real Activity,” *Journal of Monetary Economics*, 29, pp. 3-24.

Holmstrom, Bengt and Jean Tirole (1998), “Private and Public Supply of Liquidity,” *Journal of Political Economy*, 106, pp. 1-40.

Jinushi, Toshiki, Yosuke Takeda and Yasuhide Yajima (2005), “The Macroeconomic Policy under the Balance-Sheet Adjustments in Japan”, paper presented at the PEO Structure Session, 16th PECC General Meeting, Seoul, Korea, September 5, 2005.

Kashyap Anil K. and Jeremy Stein (1994), "Monetary Policy and Bank Lending", in *Monetary Policy*, edited by N. Gregory Mankiw, University of Chicago Press, pp. 221-256.

Lucas, Robert E., Jr. (1990), "Liquidity and Interest Rates," *Journal of Economic Theory*, 50, pp. 237-264.

Ogawa, Kazuo (2003a), "Financial Distress and Corporate Investment: The Japanese Case in the 90s," Discussion Paper No. 584. Institute of Social and Economic Research, Osaka University, June 2003.

Ogawa, Kazuo (2003b), "Financial Distress and Employment: The Japanese Case in the 90s," NBER Working Paper 9646.

Takeda, Yosuke, Yasuhide Yajima, Toshiki Jinushi (2004), "Asset Substitution in Response to Liquidity Demand and Monetary Policy: Evidence from the Flow of Funds Data in Japan", mimeo, July, 2004.

Tobin, James (1969), "A General Equilibrium Approach to Monetary Theory," *Journal of Money, Credit and Banking*, 1 (1), pp. 15-29.

総括コメント 1

福田慎一

長い間低迷に悩んできた日本経済にも，最近，ようやく本格的に回復しているのではないかという意見が幅広く聞かれる．2005年以降の株価の急上昇は，その象徴的なものである．実体経済そのものに目を向けても，重要な経済指標の多くは着実な改善を見せている．しかし，景気の回復がどこまで本格的なものであり，持続性のあるものであるかを議論するには，そもそも「90年代の日本の低迷（失われた10年）の原因は何であったのか？」という問題に明確な答えを出さなければならない．本書の第II部「マクロデータと日本の景気循環」における4つの論文は，共通の背景として，以上のような問題意識があると考えて読むと全体の流れがわかりやすい．

90年代の日本の低迷（失われた10年）の原因については，伝統的なケインズ経済学の立場から需要サイドの要因を強調する研究が存在する一方で，林・プレスコットに代表されるように全要素生産性（TFP）の伸びが低下したことに原因をもとめる研究も有力である．しかし，伝統的なケインズ経済学の説明力に関しては，近年，さまざまな疑問が呈せられている．また，林・プレスコットでは，なぜTFPが低下したかは不明であり，その究明は依然としてきわめて重要な研究テーマであるといえる．

第II部「マクロデータと日本の景気循環」における4つの論文は，大きく分けると2つの異なるアプローチがとられている．第1のアプローチは，時系列分析を応用した景気循環の分析であり，渡部・飯星論文「景気循環の構造変化と景気転換点」と矢嶋・地主・竹田論文「景気循環と資金循環」がこのアプローチを採用している．第2のアプローチは，経済構造の変化を理論モデルとデータを使って分析するものであり，脇田論文「在庫循環図のモデルと計量分析」と宮川・浜潟論文「ヴィンテージ資本と更新投資循環」がこれを使っている．いずれのアプローチにも長所と短所があり，本書全体として類似の問題を2つの異なるアプローチから多角的な分析が行われたことは，結果的にさまざまな示唆が得られたといえる．ただ，本書の第II部を1つの研究成果としてみた場合，各論文で導かれた結論がどのように関連しているかを理解することは読者任せになっており，一見お互いに矛盾しているかのようにも見える各論文の結論を1つの整合的なストーリーで理解することは決して容易なことではない．

以下では，各論文の内容を，評者なりにまとめることを通じて，各論文のインプリケーションおよび関連を議論してみることにしたい．まず，渡部・飯星論文は，複数の構造変化を考慮したマルコフ・スイッチング・モデルのベイズ推定を用いることによって，日本経済に起こった景気循環の構造変化のタイミングを検証した．分析手法は最近の研究成果を踏まえたものであり，従来の類似の分析に比して，テクニカルには進んだ研究であるといえる．この分析を通じて，従来は検出することができなかった問題が分析可能になったという貢献は大きいといえる．しかし，筆者たち自身が「結語」で認めているように，得られた構造変化がなぜ起こったのかに対する答えは提示されていない．時系列分析は，そもそもmeasurement without theory（理論なき計測）であり，その結果を経済理論で解釈することは決して容易なことではない．また，本来の役割分担からすれば，渡部・飯星論文から得られた結果の解釈は，第2のアプローチを採用している脇田論文や宮川・浜潟論文にゆだねられたともいえる．しかし，渡部・飯星論文で「失われた10年」のきっかけとなる構造変化が起こったとされる1989年を，本書のそれ以外の論文の結果から特別な年として考えるのは残念ながら不可能である．やはり，渡部・飯星論文で，暫定的なものでもよいので提示してもらいたかった気がする．

矢嶋・地主・竹田論文は，時系列分析を用いながらも，テクニカルには渡部・飯星論文ほど最新の手法を使っているわけではない．しかし，この論文のセールスポイントは，景気循環と資金循環の関連を常に念頭に置きながら，時系列分析を進めていることである．このため，純粋なmeasurement without theoryではなく，論文では暫定的ながら結果の経済学的な解釈も示されている．企業部門のバランスシート調整という発想は，宮川・浜潟論文とも共通の問題意識があり，重要な着眼点であるといえる．特に，バブル崩壊によるバランスシートの悪化が日本経済にさまざまなマイナスの影響を及ぼしたとする主張は，説得力のあるものである．しかし，残念なことに，筆者たちも認めている通り，利用した得られた資金循環表のデータは，結論の頑健性やその原因を十分に探求できるほど，データの質が高いものではない．資金循環表は大まかな資金の流れをつかむには有益であるが，より洗練された分析手法に適したデータであるかは議論の余地が大きい．したがって，論文を通じてさまざまな重要な問題提起はなされたが，謎はさらに深まったというのが評者の率直な印象である．

脇田論文は，景気循環を在庫循環の観点から多角的に分析したものである．在庫変動は，その GDP に占める比率は無視できるほど小さいものの，他の経済変数に比してその変動はきわめて大きい．このため，在庫変動が短期の景気変動を説明する上で有益である点は，キチンサイクルとして古くから認識されてきた．また，近年では，渡部・飯星論文の書き出しに引用されている McConnell and Perez-Quiros (2000) や Blanchard and Simon (2001) が，多くの先進国で 1980 年代半ば以降景気変動のボラティリティが小さくなった要因の 1 つとして，在庫変動の安定化を挙げている．しかしながら，脇田論文および渡部・飯星論文に共通してほとんど認識されていない重要な問題は，1980 年代半ば以降の景気変動のボラティリティに関しては，日本は先進国の中で例外中の例外であったということである．すなわち，1980 年代半ば以降の日本の景気変動は，バブル期の行き過ぎた好景気から始まり，バブル崩壊後の「失われた 10 年」に至るまで，それ以前よりもむしろボラティリティが高かった時期も多かった．そうした中で，在庫変動のあり方も，他の先進国とは全く異なった視点からの分析が必要になってくる．残念ながら，脇田論文では，このような国際比較という問題意識は存在していない．その結果，在庫循環を多角的に分析した力作ではあるが，「失われた 10 年の原因は何であったのか？」に対する答えは，本稿ではオープン・クエスチョンのままになっているといえる．

宮川・浜潟論文は，更新投資循環という観点から景気循環の問題を分析したものである．他の 3 つの論文に比べると，「失われた 10 年の原因は何であったのか？」という問題意識はより明確である．また，需要側の要因と供給の要因のどちらが重要かという発想に立てば，はっきりと供給サイドに注目したものである．分析では，更新投資の低迷が設備年齢（ヴィンテージ）を上昇させたため，資本の質が低下し，それが生産性を低迷させたことが明らかにされている．90 年代におけるヴィンテージの上昇を，詳細なデータを用いて，数量的に明らかにしており，これだけでも論文の価値は高いといえる．ただし，90 年代にヴィンテージが上昇したことは事実であろうが，それが 90 年代の日本の低迷の原因なのか結果なのかは，論文からははっきりしない．本稿では，資金制約（キャッシュ・フロー制約）の存在が，更新投資を低迷させた点にも言及されているが，この点の分析は現状では不十分であるという印象はぬぐえない．90 年代にヴィンテージが上昇したのは，日本の低迷の原因なのか結果なのかも含めて，より突っ込んだ議論があっても良かったかもしれない．企業部門のバランス・シート調整に注目した矢嶋・地主・竹田論文との関連に言及してもらえると読者としては有り難かったと言える．

最近の日本経済では，景気の持続的な回復に伴って，2001年3月末から続いてきた日本銀行の「量的緩和政策」は2006年3月に終了した．また，2006年7月には，「ゼロ金利政策」も終了した．これからの日本経済は，これまでのある意味で異常事態から徐々に正常な状態へと移行していくに違いない．しかし，直近の問題としては，いついかなるタイミングで超低金利を正常化すべきかという大問題が残っている．また，景気回復が本格的になったと指摘される一方で，このところの日本経済の現状は，消費者物価指数の上昇率がようやくプラスに転じつつあるとはいえ，目だった物価の上昇は起こっていない．単に，「失われた10年の原因は何であったのか？」というオーソドックスな疑問に加えて，解かれなければならない問題は山積しているといえる．4つの論文が，今後，われわれが日本経済の景気循環のあり方を考えていく上でのさまざまな重要な手がかりを提供してくれることを期待したい．

総括コメント 2

飯田泰之

本書第II部では，景気循環の構造変化点の特定，在庫循環，投資循環，在庫行動から投資行動に至る投資にとって不可欠な資金調達に関する考察と，現代日本の景気循環に関する重要論点が網羅的に取り扱われている．さらには，先進的な理論の日本経済への応用というアカデミックな興味関心にとどまらず，実務的な要求にも十分に返答したものとなっておりその価値は高い．

景気循環を巡る経済理論の実証的検討を行う際に，第1に問題となるのは標本期間の選択であろう．短い標本期間ではサンプル数が不足し明確で安定的な推計結果を得ることはできず，一方，長期にわたる時系列データの利用はその途中に構造変化点を含む危険性がある．多くの実証研究では，二次にわたるオイルショック以降の循環，内閣府定義による第10循環の谷である1983年以降のデータが選択されたり，「失われた10年（15年）」を視野に1991年から直近までを標本期間とするといった対応が行われている．しかし，これらの期間選択は特に理由のあるものではなく，恣意的であるとの批判を免れない．

渡部・飯星論文（「景気循環の構造変化と景気転換点：複数の構造変化点を付加したマルコフ・スイッチングモデルのベイズ推定」）では，このような景気循環研究の出発点に当たる問題について，重要な示唆を与えている．景気循環の計量的モデリングとしてしばしば用いられるのが，景気循環のフェーズ毎に問題とする経済変数の平均的な挙動が異なることを仮定するマルコフ・スイッチング（MS）モデルである．本論文ではMSモデルの構造を援用した構造変化点の定式化を用いて，マルコフ連鎖モンテカルロ（MCMC）法に基づくベイズ推定によって，第1次オイルショック後の日本の景気循環について構造変化点を探っている．MCMC法の入門的解説とその適用が紹介されているという点においても本章は大きな重要性を持っていると言えるだろう．

得られた結果は1974年以降の日本の景気循環は，1975年（または76年）3月と1989年3月という2回の構造変化を経験しているというものである．構造変化の回数として2回というのは多くのエコノミストの直観とも適合的であるが，その転換のタイミングについてはあらたな発見といえよう．

本書内でも何度か登場する 90 年代日本経済の大停滞という課題は，現在または将来の経済学徒にとっての Holy Grail である．90 年代の景気循環がそれ以前のものとは構造的な相違を持っているという本稿の発見は，戦後の日本経済研究のなかで 90 年代以降の分析が特異な地位をもっていると言うことを明らかにしている点で興味深い．さらに，このような大停滞の分析に当たって，推計期間の開始期を特定することにつながる本研究は，今後の研究にとって大きな出発点を提供するものと言えるだろう．

一方，分析期間が 1974 年以降に限られている点は，70 年代央の構造転換点の説得力を低下させている．より長期のデータを使って戦後日本経済の構造転換点に関するあらたな仮説が提供されると，現代経済の実証分析のみならず，経済史研究にもあらたな枠組みを提供する研究となったのではないだろうか？

また，経済政策との関連において景気循環の問題を考える際に，必要となるのは好況・不況期の期間の特定である．そこで，内閣府経済社会総合研究所が利用するのがブライ＝ボッシャン法に基づくヒストリカル DI による判断である．しかし，移動平均を繰り返し行うブライ＝ボッシャン法の統計上の問題点や，最終的な日付確定が検討委員会の判断にゆだねられているという恣意性の問題も残る．

渡部・飯星論文では，内閣府の景気日付が正しいと仮定して，2 つ（以上）の構造転換を伴う MS モデルが示す景気後退確率がそれを上手くトレースすることを示している．しかし，理論的には潜在成長率の推計により潜在 GDP を求め，そこからの乖離をもって好不況を判断する必要がある．もちろん，潜在 GDP の推計はその前提条件やデータ制約に大きく依存するという問題点はあるが，理論的に定義された好況・不況モデルにおいて同様の構造転換点の導出が可能かを考えることは，本論文の説得力を増す上で重要な拡張となり得るのではないだろうか．

内閣府の定義による景気，つまりは渡部・飯星論文で主な対象となっている景気循環は 3〜4 年をワンサイクルとするキチン循環と呼ばれる景気循環である．キチン循環において中心的な役割をはたすのが在庫変動であることは多くの研究者の一致した見解であろう．しかし，その一方で在庫活動が「循環運動する」ことへの理論的なバックグラウンドは明確なものとは言い難い．時として，在庫循環による景気予想は「星占いのようなもの」と紹介されることもあるほどである．脇田論文（「在庫循環図のモデルと計量分析」）では，実務家による景気分析で多用される在庫循環概念や出荷在庫バランスの景気先行性といった経験則の理論的基礎を整理し，理論的な分析へと至る導入を試みている．

横軸に出荷，縦軸に在庫をとったグラフにおける反時計回りの経済変動が生じることは，我々にとって周知の経験則である．脇田論文においても，1979年以降の在庫・出荷データを在庫循環のフェーズ毎に分割し，その変動が在庫循環概念と整合的であることを示している．

一方，経済理論における最適な在庫理論といって最初に思いつくのは生産平準化（Production Smoothing）仮説であろう．この場合，需要の代理変数である出荷と在庫変化は逆相関する．一方，生産平準化仮説への実証的批判から生じた生産集中（Time Agglomeration）仮説に従うと出荷と在庫変化は順相関することが予想される．このような二大仮説を排他的なものとして扱うと現実の在庫・出荷関係を捕らえることは出来ない．

そこで脇田論文では，「在庫が出荷に与える影響」と「出荷が在庫に与える影響」から在庫が循環運動をする（振動解を持つ）ための条件を整理している．得られた結論は，生産関数が収穫逓増構造であり在庫保有が収穫逓減ならば，在庫の運動は循環構造をもつというものであった．これは，多くの実務家の直観とも適合的な事実であろうし，今後の在庫動向の計量分析にとり重要な整理といえるだろう．

しかし，アカデミックな文脈においては在庫循環への関心はそう高くないのが現状である．さらには，経済のサービス化に伴いGDPの変動に占める在庫投資の寄与も高度成長期に比べ低下していることも関心の低下の理由であろう．ただし，GDPにおける在庫投資のウェイトが低下したことは，必ずしも在庫投資動向の「景況説明力」の低下を意味しないのである．これはサービス業における労働保蔵が製造業における在庫行動と同様の性質を持っていることからも容易に類推できる．90年代の非正規雇用の拡大は労働量調整を容易にした．今後，全産業活動指数と常用雇用指数に限らず，生産活動と雇用統計間での循環概念について追加的な検証が待たれるだろう．

脇田論文は，在庫変動に関する代表的な仮説の組み合わせが循環運動をもつ条件を示した重要な整理である．今後，この整理を利用して在庫循環，それにもとづく生産変動の計量モデルへの拡大が望まれるだろう．その際に，予期せざるショックと予期されたショックの区別は大きな重要性を持つ．予期されたショックの典型は季節循環である．キチン循環と季節循環において在庫変動の説明モデルに違いがあるか否かを明確にすることは，これは企業行動を考える上で大きな発見となり得る．

ただし，大停滞の分析において主役となるのは在庫循環ではない．実際，失われた 10 年とも 15 年ともよばれる 90 年代においてもキチン循環の意味での好況期は健在であった．このように，より長いスパンでの停滞を考える上で重要な要因となるのは設備投資の存在である．宮川・浜潟論文（「ヴィンテージ資本と更新投資循環」）は資本設備の質的な側面に注目してその設備投資需要への影響を分析している．

生産活動にとり資本が不可欠な生産要素であることは言を待たないが，資本に関する実証的分析を試みる際にかならずぶつかるのがデータ制約の壁である．SNA などでの公表・マクロベースデータは理論上の資本概念との乖離が大きく，そこから得られる結論も限定的なものとならざるを得ない．宮川・浜潟論文では日本経済研究センターデータベース，JIP（Japan Industry Productivity）データベースを用いることでそれらの問題がクリアされている．

詳細なデータ収集に基づく観察から得られる結論は，90 年代を通して全ての産業において資本のヴィンテージは長くなっており，それにともなって老朽化による資本の質的低下が発生しているというものである．このような資本設備の老朽化は，定義により，設備投資の更新期間が長期化していることを示している．さらに，成長会計の手法を用いると資本の質の低下が 90 年代の労働生産性低下要因となっていることも示されており，大変興味深い．ただし，資本の質の成長への寄与度は 80 年代においても負であり，特に建設資本については 90 年代以上に労働生産性引き下げの大きな要因となっているという結果にはより詳細な検討が必要かもしれない．

一方，このような資本の老朽化は理論的にはその更新のための投資を刺激すると考えられる．宮川・浜潟論文においても，ヴィンテージが設備投資に正の影響を与えることが確認されている．

90 年代には資本設備の老朽化が生じ，それによって労働生産性の伸びが低下した．すると，90 年代には資本設備の老朽化によって更新のための投資が拡大していたと考えられるが，設備投資データのみを観察する場合にはそのような現象は生じていない．したがって，ヴィンテージが上昇した「にもかかわらず」投資が伸び悩んだ要因を探らなければならない．宮川・浜潟論文で示唆されるのは資金制約の存在である．

ただし，本論文で示される資金制約による投資停滞は，90年代後半の経済論壇をにぎわせた「貸し渋り」「貸し剝がし」といった銀行による資金供給制約の問題ではないことには注意せねばならない．本論文では，負債比率・キャッシュフロー比率を資金制約の代理変数として用いている．したがって，投資停滞を招いたのは企業側の担保可能資産の低下によるフィナンシャル・アクセラレーター経路，もしくは利益低下や将来利益の低下予想にもとづく投資停滞という一種の加速度型投資関数経路ということとなる．

この点に注目すると，90年代の長期停滞について明快な整理が得られる．不況の長期化は，フィナンシャル・アクセラレーター，加速度型投資関数を経てヴィンテージの長期化とそれによる生産性の低下を招く，生産性の低下は景況の悪化要因となり，企業の財務を悪化させることを通じヴィンテージのさらなる長期化を招くという解釈である．需要要因と供給要因が一体となった形での長期停滞という視点は，ともすると二分法的な議論に陥りがちな大停滞解釈に新たな光を投げかけている．

在庫投資・設備投資はもとより有効需要の裏側にはそのための資金調達が不可欠である．その意味で，景気循環と資金循環は表裏一体の関係と言って良い．しかし，資金循環に注目した景気循環の検証は多いとは言えない．その意味で，矢嶋・地主・竹田論文（「景気循環と資金循環：「バブル」前後の変化」）は大きな意味を持っている．

バブル前後で資金循環の様相に大きな変化があったことはよく知られた事実である．なかでも景気循環において大きな影響を与えたと想定されるのは企業部門の莫大な資金需要であろう．教科書的な経済学では家計部門の資金余剰が金融仲介機関を経由して，資金不足部門たる企業へと融通されるという状況が想定される．それに対して，90年代半ばには非金融法人は資金不足主体ではなくなり，さらに90年代末には最大の資金余剰部門となった．このような企業の資金余剰主体化は世界大恐慌や昭和恐慌などの長期停滞において観察される現象である．一方，家計・企業がともに資金余剰主体となる中で，その余剰の多くが政府部門に吸収される結果となった．

このような長期的な資金の流れの変化をもたらした政策レジームの転換とは何かという問題については今後の研究の大きな課題となるであろうが，本論文においてはむしろ「バブル前」「バブル後」に分割したVARモデルを用いることで，バブル前後の各レジームにおける（予想されない）ショックの波及の変化に注目する．得られた結果は，バブル前後で景気循環に対する金融政策態度，貸出態度，各部門の信用行動がそれぞれ大きく異なっているという点である．特に金融政策が 90 年代以降順循環性を強めたという点は，90 年代金融政策の不安定化効果を考える上で興味深い．

本論文の特長はマクロの分析に集中しがちな VAR モデルによる分析を精緻化して，部門別の信用調達に関して多数の応答関数を示しているところにある．このように広範な分析を行うに当たっては，変数の絞り込みが大きな作業となるであろう．したがって，変数選択の細部に関する指摘は「ないものねだり」の感がある．

このような無理を承知の上で敢えてコメントするならば，金融政策変数の選択には追加的検討の余地があるといえる．周知のように，90 年代央より短期金利はその下限制約に達しており，その変化はごくわずかである．したがって，論文中の第 2 期に関して，コールレートを政策変数とすることには疑問が残る．CPI で実質化したコールレートでは，その変化はコンマ以下の，いわば誤差の範囲に止まってしまい政策ショックを表すとの解釈は困難だろう．経済主体の行動に影響を与えるのが予想実質利子率であることから，実質化の際に足下の値や実現値を使うことにも問題が残る．その意味で，同様の分析を代替的な金融政策変数を用いて行うことを通じ，分析のロバストネスがチェックされるならばより実りある代替的な景気循環，長期停滞分析になるのではないかと愚考する．

第 III 部

景気循環のミクロ的特性

第 9 章

景気の地域別先行性・遅行性

浅子和美・板　明果・上田貴子

1. はじめに

戦後の日本では 13 回の景気循環が観察され，2006 年初頭段階では，1 年間弱ほど足踏みした踊り場からの脱却論議の喧騒はあったものの，14 番目のサイクルの拡張期にある．過去の景気循環に関しては，浅子他 (1991) や飯塚・浅子 (2003)，あるいはその他いくつかの文献でも整理されているように，循環の長さや変動の振幅などにはそれなりの規則性が認められないわけではない．しかしながら，それでも多くの側面でサイクルごとに局面の variation が大きいのが特徴といえる．

大きな variation が生じる源泉については必ずしも満足に解明されているわけではないが，需要側要因・供給側要因多々あるなかでも次の 2 つが特記されよう．まず第 1 に，製造業・非製造業の構成比率，製造業の中でも素材産業か装置産業か，さらにはその時代時代でのリーディング産業は何かといった産業構造が少なからぬ影響を及ぼしている．そして，この産業構造による相違は，全国レベルよりも地方レベルでより明確に，しかも増幅されて現れる傾向がある．第 2 には，地方レベルでは，地震や風水雪害などの自然災害が発生したり，地域の景気の現状に鑑みた地域特有の景気対策が発動されることである．

こうした産業構造や景気対策発動の地域ごとの相違は，地域の景気の跛行性をもたらしやすい．すなわち，景気は全国一律に変動するのではなく，地域によって景気循環の先行や遅行が起きる．本研究の目的は，この地域景気の先行・遅行といった跛行性の特色を探ることである．地域景気の跛行性に関しては，日本銀行の「日銀短観」や内閣府の「景気ウォッチャー調査」，朝日新聞社の「地域経済アンケート」といったアンケート調査や内閣府政策統括官室の

「地域経済動向」，日銀の支店長会議の「地域経済報告」，財務省の全国財務局長会議，経済産業省の拡大経済産業局長会議，あるいは日本政策投資銀行の「地域別設備投資計画調査」，日本経済新聞社の「地域経済500調査」，等々官民少なからずの調査報告がある．しかしながら，これらいずれもが必ずしも本研究と目的を一にするものではない．

すなわち本研究では，地域による景気動向の先行・遅行関係を厳密な統計的手法を用いて分析する．利用するデータは，地域別の景気に関連する月次系列のデータであり，生産面から鉱工業生産指数，雇用面から有効求人倍率を取り上げる．具体的な分析手法としては，地域の景気動向が全国の景気動向に比較してどのくらい先行あるいは遅行しているか確かめるために，浅子・上田(1997)ないし浅子(2000)と同様に「DPマッチング」の手法を応用する．

この手法では，2つの時系列データ間に一律に先行あるいは遅行するといったリード・ラグ構造を前提するのではなく，各期各期を伸縮させて対応させる．この手法の応用により，グラフ等の目視による目の子算的印象ではなく，統計的・機械的に先行・遅行関係を判別することが可能となる．また，ある期は何カ月先行，別の期は何カ月遅行というように，先行と遅行について柔軟に対応可能であり，景気拡張期と景気後退期での差異や，循環局面別での差異を確認することができる．

本章の以下の構成は次の通りである．まず第2節と第3節では，本研究で用いる地域景気関連データと分析手法であるDPマッチングについて説明する．第4節では，鉱工業生産指数と有効求人倍率について，地域別のこれらの景気指標が対応する全国の景気指標と比べて先行・遅行関係がどのようになっているかの推計結果を報告する．ついで，鉱工業生産指数の先行・遅行結果と有効求人倍率についての先行・遅行結果が，お互いに整合的な関係にあるか否かを分析する．第5節は，本研究の結語部分である．

2.　地域別景気関連データ

地域による景気循環のタイミングを計る目的からは，できるだけ短い周期で観察されるデータを分析対象とすることが望ましい．年次データや四半期データでは，もともと1〜2カ月程度のタイミングのずれを直截的に捉えることは困難であるし，逆に，地域により拡張期と後退期が頻繁に入れ替わってしまうほどに景気のタイミングがずれ込むとも考えにくい．そこで，短いリードやラグであっても把握できるよう，月次系列のデータを使用することが望まれる．しかしながら，現時点では，景気関連の月次時系列指標が都道府県単位などの地域別データとして整備されているとは言い難い状況にある．

たとえば，全国レベルでのGDPに相当する地域別の指標として県内総生産が考えられる．しかし，県民経済計算は年次での推計が基本となっており，本研究の分析目的からは周期がおおまかすぎる．この他には，全国レベルの景気指標としては月次データとして景気動向指数（DI, Diffusion Index）が内閣府により公表されている．しかし，都道府県別の景気動向指数の作成に関しては各都道府県に一任されているために，2002年段階で47都道府県中33道府県は作成しているものの，残りの14都府県ではDIは作成されておらず，1県を除いて今後の作成予定もないという[1)]．

また，本研究の分析目的を果たすには，ほんらい短くとも景気の拡張期・後退期の転換点を含む1つの完成されたサイクルの時系列データ（＋アルファ）が必要となる．ところが，地域別の景気動向指数が作成されている都道府県においても，今までに公表されたデータはたかだか期間1年前後と短く，サンプル数が大幅に不足しているという問題がある．

こうしたデータの利用可能性から，本研究では，十分な期間利用可能な月次系列の地域景気動向指標としては，消去法的に鉱工業生産指数（2000年基準）をとりあげる．また，この際の地域は，都道府県レベルではなく集計された全国9地域（北海道・東北・関東・中部・近畿・中国・四国・九州・沖縄）に分割されている．ただし，ここでの各地域に含まれる都道府県はデータ付録に列記してあるが，関東と中部は通常と異なる地域概念となっていることに注意が必要である．すなわち，関東は埼玉，千葉，東京，神奈川，茨城，栃木，群馬，山梨，長野，新潟，静岡の11都県と広く捉えており，その分中部は岐阜，愛

1）内閣府経済社会総合研究所ホームページ「都道府県における景気動向指数への取り組みについて」（http://www.esri.cao.go.jp/jp/stat/di/021007pref/main.html）による．2002年6月1日時点での各都道府県の経済統計主管課へのアンケート調査の結果である．景気動向指数を作成していないのは，埼玉県，東京都，千葉県，山梨県，長野県，富山県，滋賀県，京都府，岡山県，広島県，徳島県，愛媛県，高知県，沖縄県の14都府県であり，このうち愛媛県のみが今後作成予定ありと回答している．

知，三重，富山，石川の 5 県と狭く捉えている．三重県が関西でなく中部に含まれるのも注意が必要である．本研究では沖縄を除く 8 地域について分析を行っている[2)]．

本研究の分析対象となるサンプル期間については，やはりデータの利用可能性の制約から，四国・九州の 2 地域については 1998 年 1 月から 2005 年 5 月までを対象とし，残りの 6 地域については 1993 年 1 月から 2005 年 5 月までを対象とする．これには以下の事情がある．すなわち，地域別の鉱工業生産指数の作成は各地域の経済産業局が行っているが，全国および先の 6 地域については 1997 年以前の指数を過去に公表された，異なる産業構造（ウェイト）が基となっている異なる基準年のデータを用い，単純な係数処理で便宜的に接続させ，2000 年基準の指数水準と連続するよう加工を施した上で，接続指数として公表している．四国・九州については接続指数の作成が行われていないため，本研究の分析では接続を断念した．

以上は，結果論として消去法的に生産活動の指標として鉱工業生産指数を採用した経緯であるが，これだけでは本研究の目的である地域別の景気循環の跛行性を検証するには十分とはいえないことから，別の景気循環に関連するデータとして雇用の指標も取り上げる．その際，景気指標としてのインパクトが強いのは，失業率や有効求人倍率であろう．失業率に関しては，地域別に利用可能なデータは，全国を 10 地域に分けた上での四半期系列に限られており，月次系列は公表されていない．そこで本研究では，月次系列のデータが利用可能な有効求人倍率を採用した．これは，都道府県別および 10 地域別（北海道・東北・南関東・北関東と甲信越・北陸・東海・近畿・中国・四国・九州沖縄）で公表され，1988 年 1 月から 2004 年 12 月までが対象である．残念ながら，ここでの地域分割法が先の鉱工業生産指数とは異なっているため，都道府県データに戻って加重平均を取る形で鉱工業生産指数と同一の 8 地域別データを作成し，本研究の分析に用いた[3)]．

図 9-1 は，全国の鉱工業生産指数と有効求人倍率の推移を示したものである．

2）沖縄については鉱工業生産指数が景気循環とは異なる動きをしているため，分析から除外した．

3）鉱工業生産指数は都道府県別の指数がないため，都道府県別データのある有効求人倍率の方を加工した．有効求人倍率の都道府県ウェイトには国勢調査の県別就業者数を使用し，整合性を重視して，地域区分が同じ地域（東北・中国・四国・九州）についても，ここでの方法による加工値を使用した．

図 9-1 全国の鉱工業生産指数と有効求人倍率の推移

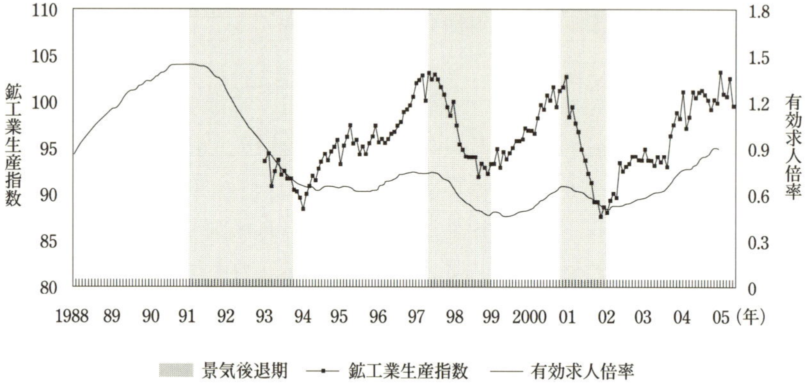

鉱工業生産指数は月々の変動が多く短い周波数での変動が際立つが，日本全体での景気基準日付による景気局面分割（図 9-1 のシャドウ期間が景気後退期，シャドウとシャドウの間の期間が景気拡張期）に概ね則っているのが理解される．これに対して，有効求人倍率は滑らかに推移しており変動は短い周波数よりも長い周波数で顕著であるが，これも概ね景気循環に沿って推移している．

2 つの系列を比較すると，目の子で判断する限り，先行・遅行には必ずしも明らかな傾向が見られるわけではない．しかし，あえてまとめるならば，景気の山での転換点は鉱工業生産指数も有効求人倍率もほぼ一致しているが，景気の谷に関しての転換点では，鉱工業生産指数が有効求人倍率に比べて先行しているように見受けられる．

3. DP マッチング法

地域別の景気の跛行性を検証するにあたって，地域の景気が常に一定のタイミングで全国の景気に先行あるいは遅行しているのであれば，通常の時系列モデルの手法を用いて，このリードないしラグを推定することが考えられる．しかしながら，本研究で検証対象とするデータを一見したところでは，各地域の景気指標が常に全国からどちらかの方向に一定期間ずれているということはまず考えられない．また，景気拡張期と後退期で，先行・遅行の傾向が異なるケースも頻発する．さらには，そのような先行・遅行の傾向があるとしても，景気対策としての財政・金融政策が発動されたタイミングや発動期間によって異なっている可能性も考えられる．

横軸方向に時間をとり，縦軸方向には全国平均の景気指標の動きを実線で，また当該地域の景気指標を破線で表して，この間の関係をイメージ図として示そう．図9-2では，この地域の景気が常に一定の期間全国平均に対して先行している様子を表している．すなわち，景気の山も谷も，固定期間だけこの地域が先に記録している．これに対して，図9-3は，この地域の景気が時期によって先行したり遅行したりする場合の一例を示している．

図9-2　先行・遅行期間が固定

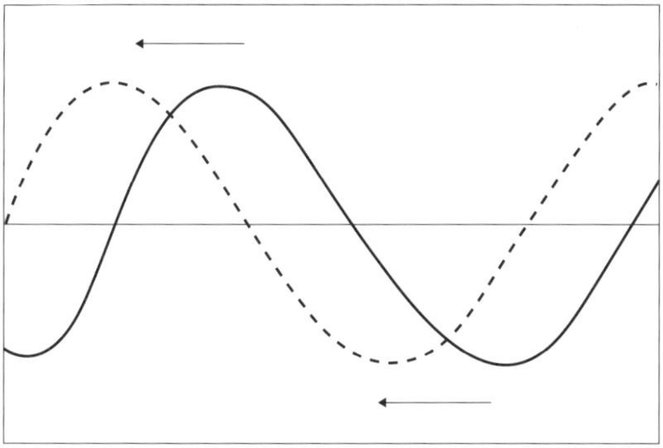

図9-3　先行・遅行期間が変動

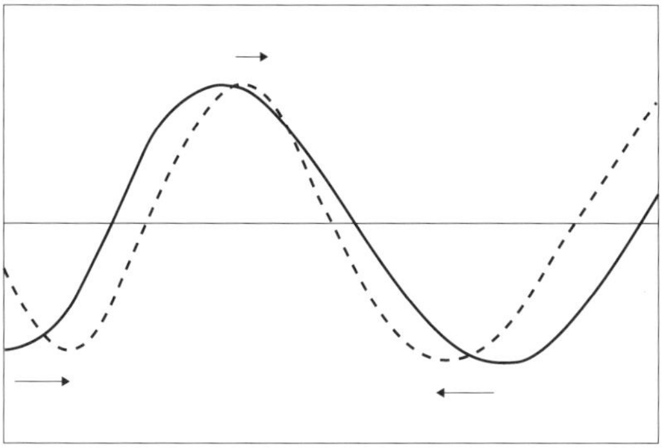

図 9-2 のような先行・遅行関係は現実の景気指標関連データで厳密に成立しているとは考えにくいが，近似としては，分布ラグタイプの固定パラメータの線形回帰式で追跡できるであろう．あるいは，時系列分析によるインパルス応答関数などの推計からも有用な情報を得られる可能性がある．しかしながら，図 9-3 のような時系列のリード・ラグ関係を，通常の固定パラメータの線形回帰式やインパルス応答関数で描写するのは困難な業である．そこで本研究では，それに替わって，経済学ではなじみが薄い手法によって推計を試みる．具体的には，図 9-3 のように地域の景気が時期によって全国に先行・遅行する期間が変動する可能性を許容した上で，このタイミングの変動を機械的に割り出す手法として DP (Dynamic Programming) マッチングを適用する．

DP マッチングは，言語学における音声認識や言語解析，たんぱく質におけるアミノ酸系列の整列化，あるいは DNA 配列の分類などさまざまな分野でのパターン認識に応用されている．この手法では，2 つの時系列データについて，各期を伸縮させることによって対応関係を見出す．一方が一律に先行，もう一方が一律遅行というリード・ラグ構造ではなく，ある地域はある期間内では全国に先行し，別の期間内では遅行しているといった対応関係を探るものである．DP マッチングは，もともと要素が 1 列に並んで出来上がっている特定のパターンを，パターンを構成する要素の一部を増減させ，パターンを伸縮させることによって他のパターンに対応させ，パターン間の類似性を見出す手法である．以下，上坂・尾関 (1990) に準拠してエッセンスを説明する．

いま，要素数 N のパターン $[A]$ と要素数 M のパターン $[B]$ が，以下のような要素から構成されているとする．

$$[A]=\{a(1), a(2), a(3), a(4), \cdots, a(N)\}$$
$$[B]=\{b(1), b(2), b(3), b(4), \cdots, b(M)\}$$

ここで，$[A]$ と $[B]$ の 2 つのパターンの対応には

① 両パターンの類似度が最も高くなる (距離 D が最小になる) ように，$[B]$ を伸縮させる．

② $[A]$ と $[B]$ それぞれの最初の要素と最後の要素はお互いを対応させる．

③ 伸縮した $[B]$ の，もともとの要素の並ぶ順番が逆転することはない．

の 3 つの条件を課すものとする．こうした制約条件を課しても，類似度を考えられるすべての伸縮パターンに対して計算する場合，要素数である時系列デー

タが長くなればなるほど，幾何級数的に計算量が増大することになる．このような問題を，最小の計算量で解くアルゴリズムが DP マッチングである．

2 つの要素 $a(i)$ と $b(j)$ の距離を $d(i, j)$，$\{a(1), a(2), \cdots, a(i)\}$ と $\{b(1), b(2), \cdots, b(j)\}$ における最小距離を $g(i, j)$ と表すと，以下の漸化式により，[A] と伸縮させた [B] の最小距離を計算できる．

$$g(1, 1) = d(1, 1)$$

$$g(i, j) = d(i, j) + \min\{g(i-1, k) | 0 \leqq k \leqq j\}$$

本研究では，景気循環の地域によるリード・ラグを示す目的で，パターン [A] を地域の時系列データ，パターン [B] を全国の時系列データとして対応させる．地域系列の各期各期の要素は，必ず全国系列の要素と対応させる．結果として，連続した 2 期以上の地域データが，全国データの同一期に対応することがあったり，逆に，全国データの中には，対応する地域データが脱落していることがある．

以下はパターン対応の一例である．なお，N と M の要素数は一般的には異なるが，本研究で問題とする時系列データ同士の場合には，分析対象期間が決まれば要素数に差はなく $N = M$ となる．

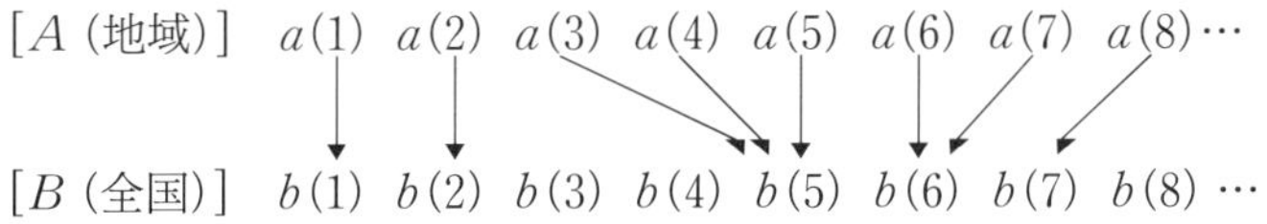

上の例では，この地域は第 3 期と第 4 期は全国に先行，第 7 期と第 8 期は遅行している．このような場合，パターン [B] を伸縮させて，以下のようなパターン [BW] を作成すると，パターン [A] と要素を 1 対 1 に対応させることができる．

[A (地域)]　　$a(1), a(2), a(3), a(4), a(5), a(6), a(7), a(8), \cdots, a(N)$

[BW (全国)]　$b(1), b(2), b(5), b(5), b(5), b(6), b(6), b(7), \cdots, b(N)$

この例では，一見すると，全国パターンを地域パターンに合わせているようにも見えるが，基準は全国パターンであり，基準となる要素が伸縮の対象となっていると解釈できる．地域パターンの要素が基準となる全国パターンのどの要素に対応しているか，対応要素を並べたものが伸縮パターン [BW] である．

こうした伸縮に際しての先の 3 つの条件①，②，③に加えて，本研究では，必要な計算量をさらに少なくするために，次の 2 つの条件④，⑤を追加する．

④　景気の次の循環までパターンがずれることがないように，リードおよびラグの最大値をそれぞれ6カ月とする．

⑤　景気の急激な変化を抑制するために，全国系列データの脱落を最大で連続2期間とする．

条件④は，たとえば1つのサイクルが4年間の規則的な正弦曲線（sine curve）で表現される景気変動（谷から山までの拡張期が24カ月間）に対して，景気の山に対して3カ月リードしている先行関係にある関係を，その前の谷より21カ月ラグの遅行関係にある関係と判断することがないようにする条件である．最大値を4カ月とした上での計算も試したが，先行・遅行の傾向に大きな差異は見られなかった．

条件⑤が適用されるのは，上の例で，全国系列$[B]$の第3期と第4期が脱落している部分にあたる．これは，全国平均で$b(2)$から$b(5)$へ3カ月かかっている変化が，対象となる地域では1カ月で起きていることを意味する．基準パターンの伸縮に当たって，このような急激な変動を多用しないというのが条件⑤の制約である．脱落制限を連続3期間に緩めた場合も試してみたが，それによる伸縮パターンの差異はわずかなものだった．

最後に，DPマッチングの評価基準となるパターン間の「距離」については，残差2乗和

$$\sum_{i=1}^{N}[e(i)]^2$$

を採用し，これを最小化するものとする．残差そのものの計算方法については，以下の2通りを考慮する．

$$(1)\quad BW = A + e$$

$$(2)\quad BW = \alpha + \beta \cdot A + e$$

ただし，eは残差系列のベクトル，$\{\alpha, \beta\}$はパラメータである．(1)は，単純に地域系列と伸縮後の全国系列の要素の差をとったものである．全国系列と地域系列の間でのパターン値の絶対水準に大きな差が見られない場合や，絶対水準の差がほぼ一定であるような場合は，(1)を用いることができる．

これに対して，地域系列の方が全国系列に比べて指標の高低差が一貫して大きい（小さい）など，地域系列の値が全国系列の値と異なる場合には，(2)を考慮する．この際，$\{\alpha, \beta\}$のパラメータは，与えられたパターンについて最小二乗法（OLS）により推定する．ただし，係数パラメータと最適マッチン

グ・パターンの同時推定を行うために，計算にあたっては最適化ルーチンを使用する．

ここでの残差は，当該地域に対する，ある時期に固有の経済ショックと捉えることが可能であろう．パターンの伸縮に加えて全体のレベルの調整を行ってもなお，全国と地域の景気指標が完全に一致するとは考えられない．地域特有の自然災害や景気対策により景気関連指標が大きく上下した場合には，大きな残差として算出されるという点では，通常の計量分析と変わることはない．

なお，上記の手法については，以下の点に留意する必要がある．第1として，DP マッチングの条件②として最初の期と最後の期は全国と各地域の実現タイミングが一致すると仮定している．このため，さらに長い期間のデータが得られれば，特に最初と最後のしばらくの期間については，異なる結果が得られる可能性がある[4]．また，データ期間内の要素を一致させる手法であるため，将来予測を行うことはできない．

第2に，通常の時系列計量分析では，ラグを固定することによりレベル差を推定するが，DP マッチングではリード・ラグを変動させてしまうことにより，レベル差の推定は困難な問題になる．データのレベルの乖離を調整する方法の選択により，レベルの差とラグの判別基準が変わり，結果も変わってしまう可能性が残るといえよう．

4.　地域と景気動向

本節では，鉱工業生産指数と有効求人倍率についての DP マッチングの推定を行い，推計結果についていくつかの観点から考察する．

4.1　鉱工業生産指数

鉱工業生産指数は季節調整済みの系列を使用し，既述のように，全国8地域のうち四国と九州については1998年1月から2005年5月までの89カ月分，残りの6地域については1993年1月から2005年5月までの149カ月分を対象とする．国レベルの景気基準日付でいえば，2地域は第12循環後退期後半か

4）実際，鉱工業生産指数を1998年以降のみ使用した場合，全期間を使用した場合に比べて最初の1年程度異なる結果が得られた地域が見られた．

ら，6地域は第12循環拡張期に入る前から分析対象となり，第13循環拡張期・後退期を経て第14循環拡張期を含む．すなわち，2地域では2回の拡張期と1回の後退期が，6地域では3回の拡張期と2回の後退期が分析期間に含まれる．

図9-4と図9-5は，全国および各地域の鉱工業生産指数の動きを，それぞれ太実線と細実線で，DPマッチングによる地域指標の全国指標からのリードないしラグを黒塗りの棒グラフにより示したものである．棒グラフが正の場合は先行（リード），負の場合は遅行（ラグ）を示している．残差2乗和の最小化の際に（1）の単純差の形式で処理を行った結果が図9-4であり，（2）の線形回帰形式で処理を行った結果が図9-5である．線形回帰形式の際の定数項と係数パラメータの推定結果は章末の付表9-1に示してある．

まず，全国と各地域の鉱工業生産指数の動きをみると，どの地域の鉱工業生産指数にも全国の指数に比べて明白な一貫した先行・遅行の傾向は見られず，全体的に地域別の指数の動きは全国の指数の動きと同様の動きをしている．ただし，近年に関しては，全国の指数と顕著に乖離した動きを示している地域が2つある．1つは北海道であり，全国と比べて生産活動が停滞している．もう1つは中部であり，北海道とは反対に，全国と比べて明らかに生産活動水準は高まっており，しかも近年の伸びも著しい．

さて，DPマッチングによる結果は，単純差形式（1）と線形回帰形式（2）の間で多少異なった結果となる地域もあるが，概ね似た結果が得られている．異なる結果が得られた地域としては，東北と近畿において，単純差形式（1）の方が線形回帰形式（2）よりも先行の結果が増えている．この理由の1つとして考えられるのは，（1）の場合には景気のリード・ラグとして捕らえられている差異が，（2）では景気のレベルの差に吸収されている可能性である．

いずれにしても，線形回帰形式（2）において推計されたパラメータについて，帰無仮説「H_0：$\alpha=0$，$\beta=1$」の検定を行って棄却されたならば，線形回帰形式（2）の結果を重視するのが1つの解決法であろう．もちろん，単純差形式（1）と線形回帰形式（2）で大差ない結果が得られるならば，これは頑健な結果と判断できる．

表9-1は，線形回帰形式（2）を用いた先行・遅行の傾向を，地域別・循環期間別に，先行月（ラグが正となっている月）数から遅行月（ラグが負となっ

図 9-4　鉱工業生産指数の地域別リード・ラグ（1）

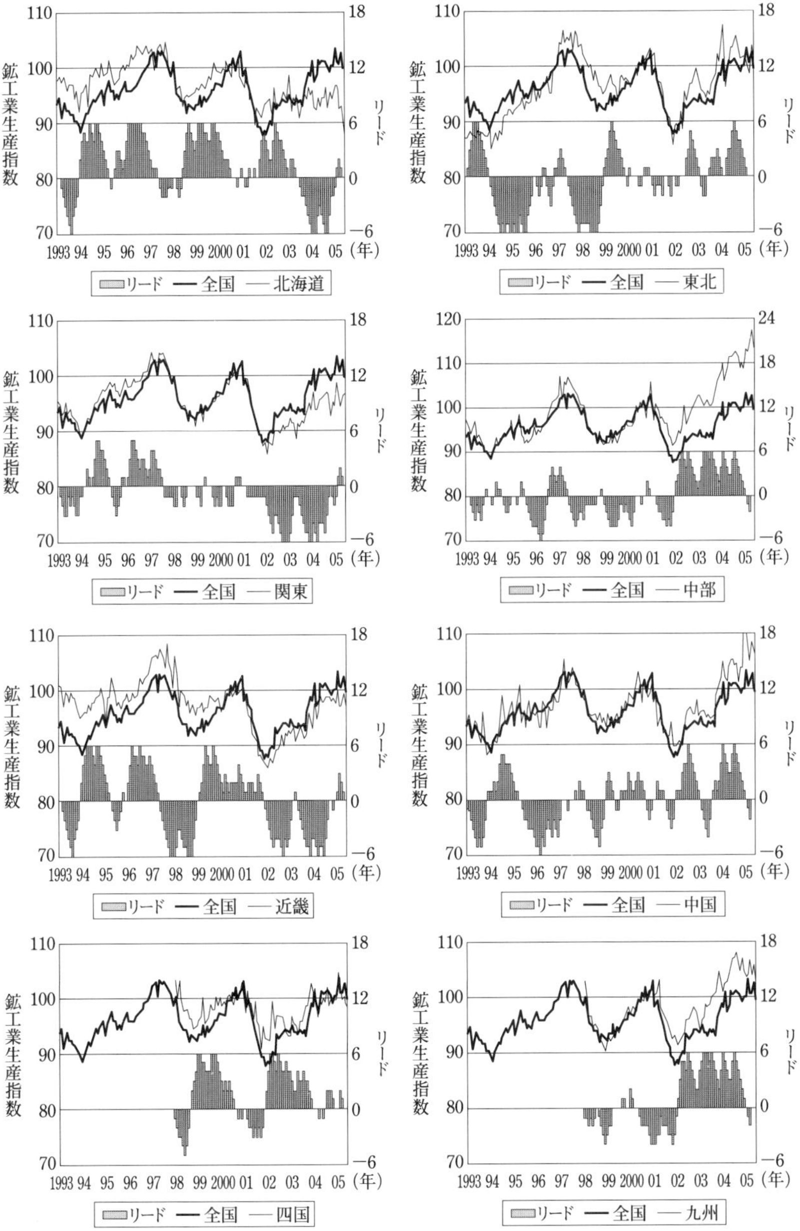

図 9-5　鉱工業生産指数の地域別リード・ラグ（2）

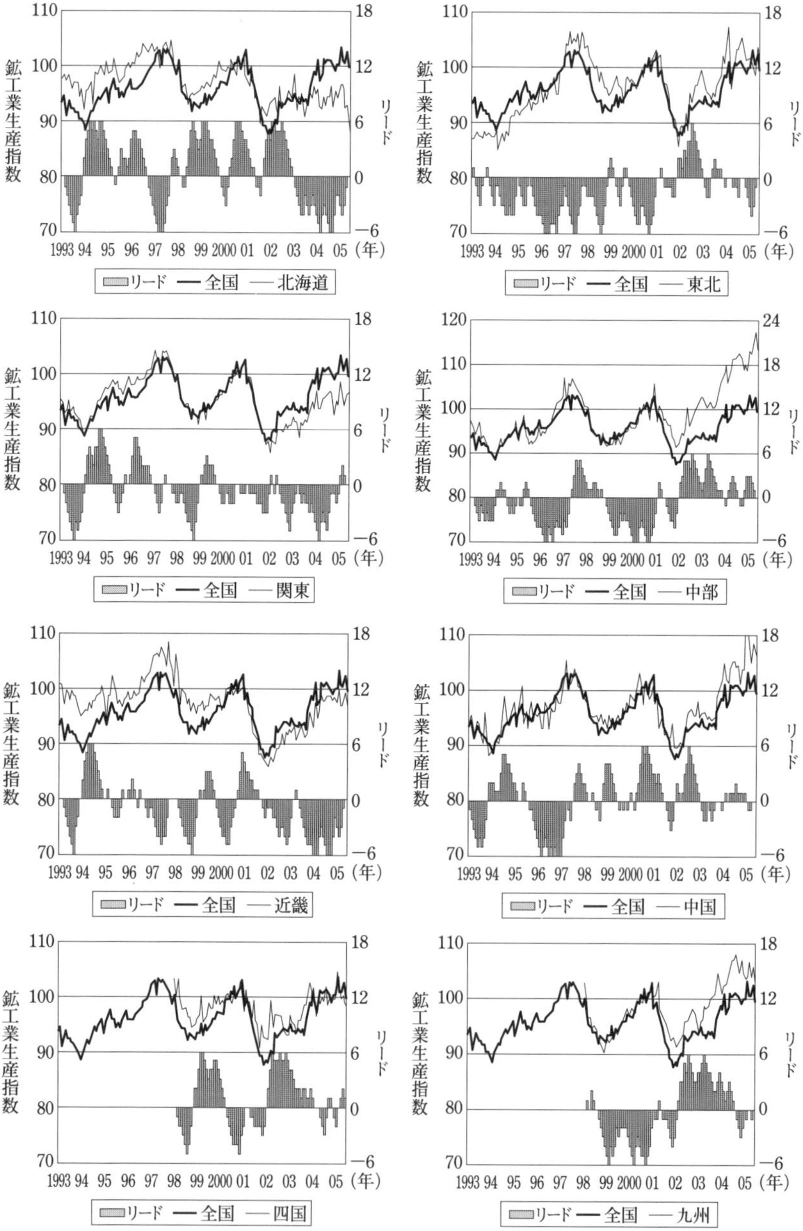

表 9-1　鉱工業生産指数の月数に占める〈先行月数−遅行月数〉の割合

	北海道	東北	関東	中部	近畿	中国	四国	九州
第12循環拡張期（1993.10〜）	0.44	−0.93	0.35	−0.53	0.05	−0.09		
第12循環後退期（1997.5〜）	0.25	−0.85	−0.70	0.65	−0.75	0.25		
第13循環拡張期（1999.1〜）	0.59	−0.55	0.00	−1.00	−0.05	0.36	0.32	−1.00
第13循環後退期（2000.11〜）	0.43	−0.43	−0.86	−0.43	0.57	0.29	−0.71	−0.71
第14循環拡張期（2002.1〜）	−0.37	0.10	−0.63	0.73	−0.85	0.27	0.56	0.54
期間平均	0.20	−0.51	−0.26	−0.06	−0.29	0.17	0.16	−0.12

ている月）数を引いた月の割合を示したものである．割合が正であれば先行月の方が多く，負であれば遅行月の方が多い．循環の各期間は，内閣府の「景気基準日付」に基づいており，山・谷の月はそれぞれに続く後退期・拡張期に算入している．

北海道は2002年に至るまでの循環局面の4期間で，また中国は1997年以降の4期間で，概ね先行の傾向にある．東北は2002年以前の4期間で遅行の傾向にあり，関東でも1997年以降の4期間で少なくとも先行ではない．その他の地域では先行期間と遅行期間が混在している．四国は，拡張期に先行，後退期に遅行となっており，景気循環の観点からは最も好ましい状況の地域と考えることができるが，分析対象は3期間と短い．関東も2つの後退期では遅行であるが，3つの拡張期では先行から中立，遅行へと変化してきている．

期間別に見ると，1993年末からの第12循環拡張期では，北海道と関東がやや先行で東北は遅行している．1997年半ばからの後退期には中部が先行，北海道と中国もやや先行傾向が見られる．1999年初からの第13循環拡張期では，北海道は先行，中部と九州は全期間遅行である．2000年末からの第13循環後退期には，近畿・北海道とともに中国もやや先行傾向が見られる．2002年初からの第14循環拡張期では，中部・四国・九州と，次いで中国がやや先行の傾向にある．

4.2　有効求人倍率

有効求人倍率は，都道府県別および都道府県データから加工した8地域別の季節調整済み月次系列を対象とする．1988年1月〜2004年12月まで，204カ月分が対象となる．

有効求人倍率は地域により，全国水準からの一方的な乖離が見られるところがある．たとえば青森県では全期間にわたって，地域の倍率が全国の倍率よりも低く，倍率の高いバブル期には特にその差が開いているため，単純差形式（1）の採用は適当でないと考えられる．そこで，有効求人倍率については，全地域について線形回帰形式（2）を用いてDPマッチングを試みる．回帰係数の推定結果は鉱工業生産指数の場合同様に，章末の付表9-2にまとめてある．

図9-6には，全国と8地域別の有効求人倍率をそれぞれ太実線と細実線で表してある．関東・中部・中国の3地域では全国に比較して常に有効求人倍率が高く，逆に北海道，近畿，九州の3地域では全国よりも常に有効求人倍率が低い．東北・四国の2地域では，時期によって全国水準よりも高い場合も低い場合もある．なお，図9-6で特記すべき点として，1990年代初頭以来の関東の地域別有効求人倍率が全国のそれとほぼ一致した動きを示していることがあげられる．ここでの関東が11都県と広く定義されており，全国に占めるウェイトが高いことと無関係ではないであろう．

さて，図9-6の黒塗りの棒グラフのリード・ラグがDPマッチングの推計結果であり，正の場合が全国に対して先行（リード），負の場合が全国に対して遅行（ラグ）を示す．有効求人倍率についても，鉱工業生産指数と同様，景気循環を通して一貫した明白な地域特有のリード・ラグは見られない．もっとも，中国・四国・九州では全般的に遅行となる割合が高く，その他の地域については先行・遅行が混在している．

表9-2は，表9-1と同様に，先行・遅行の傾向を，地域別・循環期間別に，先行月（ラグが正となっている月）数から遅行月（ラグが負となっている月）数を引いた月の割合で示したものである．全期間平均で見ると，関東と近畿で先行，その他の地域は遅行の傾向にある．特に，中国・四国・九州での純遅行割合が0.5を超えており，図9-6での目の子計算結果を裏付けている．期間別状況では，各地域とも正符号と負符号が混在しており，拡張期と後退期別の特有の傾向は見られない．中部では3後退期で遅行になっているが，拡張期には先行・遅行が混在している．

期間毎の比較では，バブル経済期には関東が全国に先行，中部は中立的で，その他の地域は全て遅行の割合が高い．バブル経済崩壊後の第11循環後退期では関東とともに近畿も先行している．北海道と東北はバブル経済崩壊直後に先行しているが（図9-6参照），その後遅行に転じているため，表9-2では中

図 9-6　有効求人倍率の地域別リード・ラグ

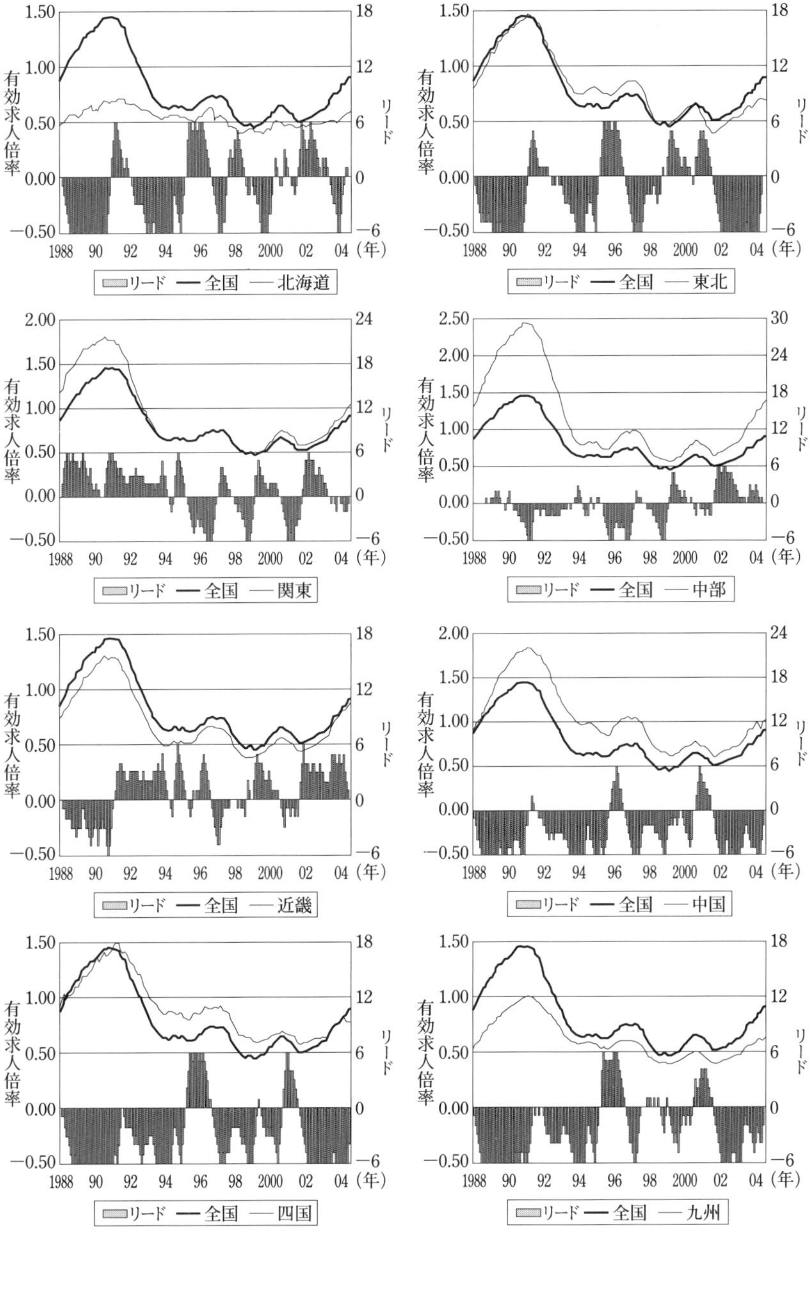

表 9-2 有効求人倍率の月数に占める〈先行月数―遅行月数〉の割合

	北海道	東北	関東	中部	近畿	中国	四国	九州
第 11 循環拡張期 (1986.11〜)	−0.95	−0.97	0.89	0.00	−0.97	−0.97	−0.97	−0.97
第 11 循環後退期 (1991.2〜)	−0.22	0.06	1.00	−0.97	0.94	−0.75	−0.94	−0.84
第 12 循環拡張期 (1993.10〜)	−0.16	−0.16	−0.19	−0.47	0.37	−0.51	−0.16	−0.16
第 12 循環後退期 (1997.5〜)	0.20	−1.00	−0.05	−0.40	−0.55	−1.00	−1.00	−0.05
第 13 循環拡張期 (1999.1〜)	−0.64	0.82	0.55	0.41	0.91	−0.95	−0.86	−0.86
第 13 循環後退期 (2000.11〜)	−0.07	0.71	−0.93	−0.79	−0.86	0.71	0.71	0.93
第 14 循環拡張期 (2002.1〜)	0.31	−0.97	0.14	0.89	0.94	−0.97	−0.97	−0.97
期間平均	−0.24	−0.33	0.29	−0.14	0.20	−0.73	−0.67	−0.55

立かやや遅行傾向に読み取れる．その他の地域は遅行である．

1993 年末からの第 12 循環拡張期では，近畿が先行，97 年半ばからの第 12 循環後退期には北海道が先行している．1999 年初からの第 13 循環拡張期では，東北と近畿で先行の傾向が強く，次いで関東と中部にも先行の傾向がある．北海道・中国・四国・九州は遅行傾向にある．2000 年末からの第 13 循環後退期には，東北・中国・四国・九州が先行，北海道は中立的，関東・中部・近畿は遅行となっている．2002 年初からの第 14 循環拡張期では，中部と近畿が先行，北海道と関東はやや先行，東北・中国・四国・九州は遅行となっている．

4.3 鉱工業生産と有効求人倍率の関連

図 9-4 ないし図 9-5 と図 9-6 を同時に見ると，鉱工業生産指数と有効求人倍率の 2 つのデータの共通の期間 (1993 年 1 月〜2004 年 12 月) について，全国 8 地域別の両指標は各地域ともそれなりに同調し景気循環を形成しているように見える．しかしながら，それぞれについて DP マッチングにより推計されたリード・ラグを地域別に比較すると，北海道・関東・中部ではリード・ラグ構造が類似しているが，その他の地域では両者にはあまり関連が見られない．

以上を，サンプル期間を通じて景気拡張期と景気後退期の景気局面別に具体的な数字として整理したのが，表 9-3 と表 9-4 である．表 9-3 が鉱工業生産指数，表 9-4 が有効求人倍率についてのリード・ラグの平均値と標準偏差を示している．これらの原データは，それぞれ表 9-1 と表 9-2 に凝縮された先行月数と遅行月数の差を求めたものと同じものであり，その意味では前 2 項の観察と重複するが，ここでは若干異なった視点からの情報を提供している．すなわち，全国平均と比べた相対的な景気循環のタイミングを問題とした場合，景気拡張

表 9-3　地域別鉱工業生産指数の先行性・遅行性

	全体	景気拡張期	景気後退期
北海道	0.70 (0.29)	0.86 (0.36)	0.33 (0.48)
東北	−1.56 (0.20)	−1.49 (0.25)	−1.74 (0.32)
関東	−0.71 (0.21)	−0.20 (0.25)	−1.98 (0.27)
中部	−0.59 (0.25)	−0.84 (0.32)	0.02 (0.35)
近畿	−1.18 (0.23)	−1.11 (0.28)	−1.35 (0.43)
中国	0.16 (0.23)	0.23 (0.28)	0.00 (0.38)
四国	0.78 (0.31)	1.71 (0.36)	−1.50 (0.33)
九州	−0.33 (0.33)	−0.02 (0.45)	−1.08 (0.33)
サンプル数	149 (89)	106 (63)	43 (26)

注：カッコ内は平均値の標準誤差.
　　サンプル数は北海道～中国，カッコ内が四国・九州.

表 9-4　地域別有効求人倍率の先行性・遅行性

	全体	景気拡張期	景気後退期
北海道	−1.35 (0.28)	−1.77 (0.36)	−0.53 (0.43)
東北	−1.84 (0.27)	−2.58 (0.35)	−0.38 (0.37)
関東	0.96 (0.23)	1.16 (0.29)	0.58 (0.40)
中部	−0.43 (0.19)	0.13 (0.25)	−1.59 (0.20)
近畿	0.77 (0.19)	0.84 (0.26)	0.67 (0.26)
中国	−3.12 (0.21)	−3.86 (0.23)	−1.68 (0.37)
四国	−3.08 (0.24)	−3.51 (0.31)	−2.29 (0.39)
九州	−2.38 (0.23)	−3.00 (0.29)	−1.09 (0.35)
サンプル数	204	136	66

注：カッコ内は平均値の標準誤差.

期に先行し，景気後退期には遅行するならば，当該地域は総じて全国平均を上回る「優等生的な景況」を維持していることになり，逆に景気拡張期に遅行し景気後退期には先行するならば，全国平均を下回る「劣等生的な景況」に甘んじた地域ということになる.

表 9-3 からは，鉱工業生産指数については景気拡張期には（平均値の絶対値の順に）四国と北海道が先行，東北・近畿・中部が遅行，関東・中国・九州はどちらともいい難い．景気後退期には，関東・東北・四国・近畿・九州で遅行の傾向にあるが，とくに有意に先行の傾向にある地域は見られない．これには，後退期のサンプル数が少ないことや，後退期の中で先行や遅行が入り混じっていることが関与していると考えられる．たとえば，表 9-1 でみたように，中部では第 12 循環後退期では先行傾向，第 13 循環後退期では遅行傾向にあり，近畿ではこの逆が観察されている.

なお，本研究が対象としているサンプル期間としては，景気後退期に比して景気拡張期の方が多いことと，そもそも平均的な景気循環のサイクルにおいて景気後退期よりも景気拡張期の方が長いこともあって，景気循環を通した全体のリード・ラグ関係は，当然ながら拡張期のそれをより重く反映したものとなっている．これは，表 9-4 の有効求人倍率の場合でより顕著であり，景気循環を通して全体に関東と近畿で先行，その他の地域では概して明白な遅行傾向が見られ，確かにこの傾向は景気拡張期でよりはっきりしている．

これらの観察からは，敢えて総括すれば，関東や近畿といった都市圏では鉱工業生産については遅行，有効求人倍率については先行の傾向が見られ，北海道・中国・四国では，逆に鉱工業生産については先行，有効求人倍率では遅行の傾向が見られる．東北・九州では，総じて鉱工業生産も有効求人倍率も遅行傾向にあり，残りの中部でははっきりした傾向はうかがわれない．

先に見た景況の優等生・劣等生の別でいえば，典型的な優等生は，鉱工業生産指数で見た場合の四国であり，有効求人倍率で見た中部が続く．景気拡張期で先行し後退期は全国平均と有意な差がないという意味での準優等生としては，鉱工業生産指数で見た場合の北海道と有効求人倍率で見た場合の関東があげられる．また，景気拡張期は全国平均並みであるが後退期は遅行する別の準優等生地域としては，鉱工業生産指数で見た場合の関東と九州があげられる．有効求人倍率で見た場合の中部も景気拡張期の先行は有意とはいい難く，典型的な優等生というよりも正確にはこのカテゴリーに入るといえよう．

これに対して，景況の典型的な劣等生となる地域は鉱工業生産指数でも有効求人倍率でもどこにも見られない．しかしながら，景気拡張期で遅行し後退期は全国平均と有意な差がない準劣等生地域としては，鉱工業生産指数で見た場合の中部と有効求人倍率で見た場合の北海道・東北・九州があげられる．この逆の，景気拡張期は全国平均並みであるが後退期が先行する準劣等生地域は，鉱工業生産指数でも有効求人倍率でも該当がない．

最後に，より直截的に地域別に鉱工業生産指数のリード・ラグと有効求人倍率のリード・ラグの相関係数を求めると，北海道 0.352，東北 −0.325，関東 −0.017，中部 0.557，近畿 −0.137，中国 −0.355，四国 −0.329，九州 −0.466 となる（ちなみに，全体では −0.077）．すなわち，北海道と中部の 2 地域でプラスの相関が認められるものの，関東も含めて他の 6 地域ではマイナスの相関となっている．もっとも，近似的に相関係数の標準偏差がサンプル数の逆数の平方根となることを利用すると，標準偏差はサンプル数が89の四国・九州では0.106，サンプル数が149のその他6地域では0.082であるから，関東と近畿ではほとんど有意でなく，東北・中国・四国・九州も有意性は低い．

4.4　都道府県別有効求人倍率

有効求人倍率については，8地域別分析に加えて，都道府県別についても同様の分析を行った．図9-7は，景気拡張期・後退期の局面別に，先行月数から遅行月数を引いた月数の，局面毎の全月数に占める割合をまとめて示したものである．8地域別に7つの景気局面毎に分析した表9-2同様，正であれば先行の傾向が強く，負であれば遅行の傾向が強いことを示している．なお，この図における割合は各景気局面毎の割合の積算になっており，全体が0と1の間に入るように基準化されているわけではないことに注意する必要がある．

景気拡張期では，狭義の関東（群馬・埼玉・千葉・東京・神奈川）と，中部（愛知・三重），関西（京都・大阪）の三大都市圏とその周辺で，全国に先行する傾向が見られる．これらの都府県では，必ずしも景気後退期にも先行の傾向が見られるわけではない．むしろ，バブル経済崩壊直後の第11循環後退期（1991年2月～93年9月）を除けば，遅行傾向が強い．このことからは，大都市圏においては，有効求人倍率が改善する期間が長くなっていることを示唆しており，全国平均と比べると景況の意味での優等生地域になっていることがうかがわれる．

三大都市圏を除く地方圏では，景気拡張期はおおむね遅行傾向が顕著であるが，後退期には逆に先行傾向が顕著になるといった典型的な景況の劣等生地域になっているわけではない．むしろ，奈良県などごく一部の地域を除くと，後退期のリード・ラグ関係は循環によって変動が激しいのが特徴ともいえる．したがって，もしあるとしても準劣等生地域程度と総括できよう．

最後に，福岡県を取り上げておこう．福岡県は景気後退期での遅行傾向が顕著であり，1999年以降の第13循環と第14循環では拡張期にも先行傾向を示しており，景況での優等生地域といえる．これは九州内での雇用が福岡県に集中している労働市場の状況を反映したものであり，その意味においては，三大都市圏並みの位置付けがされているといえよう．

図 9-7　都道府県別有効求人倍率の〈先行月－遅行月〉の割合

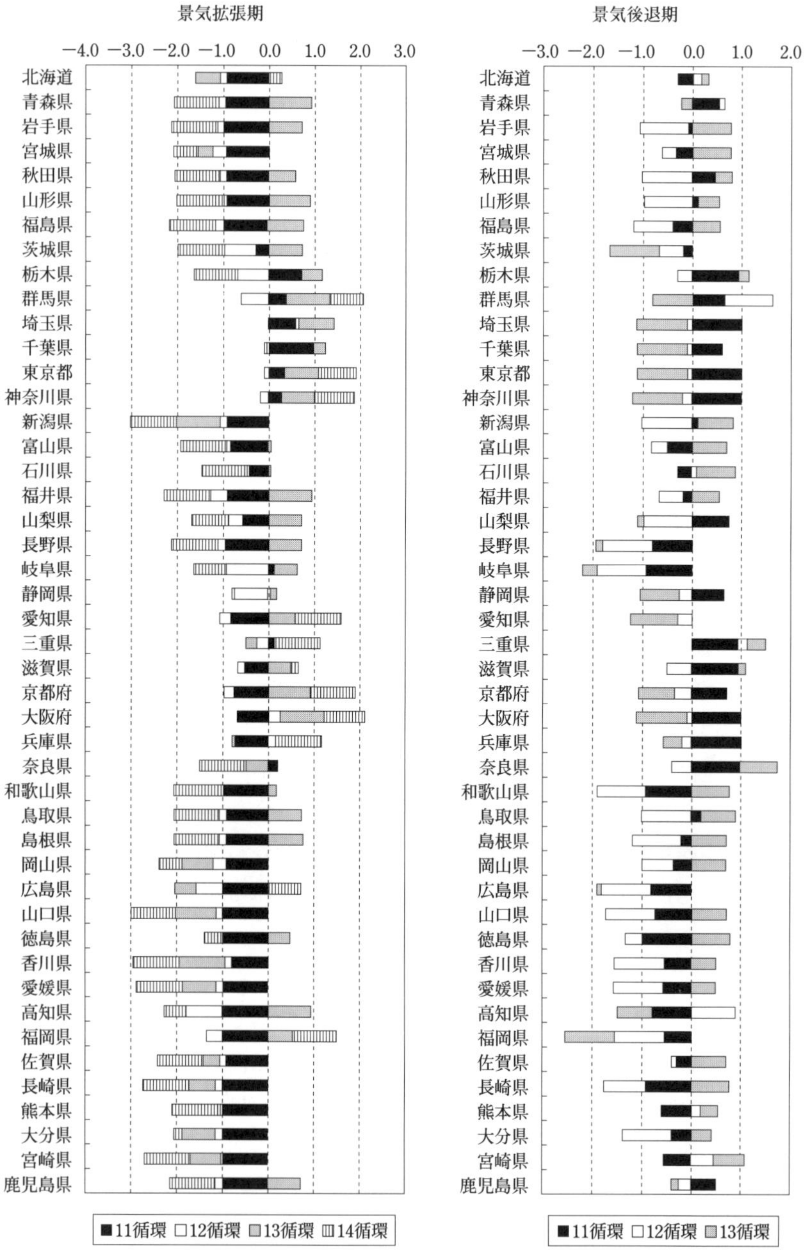

5. おわりに

景気は全国一律に変動するのではなく，地域によって景気循環の先行や遅行が起きる跛行性は不可避といえる．本研究では，この地域別の景気の跛行性を統計的に探るのが目的であったが，そのために利用可能なデータは限られ，結局，鉱工業生産指数と有効求人倍率について相応の分析が出来たに過ぎない．その結果，確かに，どちらの指標によっても地域による跛行性があることは確認されたが，地域によるそのパターンは多くの場合景気循環の局面によって異なり，あるいは同じ景気拡張期や後退期の局面であっても循環が異なる度に異なったものとなるなど，不安定で多様なものとなっている．この跛行性の多様さは，同じ地域での同じ景気局面であっても，鉱工業生産指数と有効求人倍率によっても異なった様相を呈することからも確認される．

本研究では，こうした多様性を示す景気循環の地域毎の跛行性のなかで，どちらかといえば普遍的なものを探す試みをしたのであるが，結果的には，リード・ラグ構造についての顕著な特徴を指摘できた地域もいくつかあったものの，総じてこの試みは不発に終わってしまったと総括できよう．その原因としては，2点可能性があろう．

まず第1は，本研究で用いたDPマッチング法によっては必ずしも真のリード・ラグ構造が解明されなかった可能性である．これにはデータそのものやデータのサンプル数の問題からDPマッチング法そのものの問題点が関わっている可能性まで考えられ，以下でも関連問題に多少言及するが，最終的には本研究にとっては将来の課題として残されよう．

第2には，冒頭でも指摘したことではあるが，景気循環の地域の跛行性には理論的には需要側要因・供給側要因おりまぜて多々関与しており，それらはもともと結果として多様なリード・ラグ構造を生み出すことである．とりわけ，地域特有の産業構造の変遷や地域特有の景気対策の発動，そして地震や風水雪害など地域特有の自然災害の発生は，地域の景気循環を特徴付ける大きな要因になりうると考えられる．こうした要因の精査を通じてはじめて地域毎の跛行性が解明できるとの立場では，それぞれの地域毎に細かく事例研究（event study）を行う必要があろう．本研究ではごく一部でのみ推計結果の経済学的解釈を試み，詳しい事例研究は射程外としたが，もしデータマイニング的な事例研究の掘り起こしが追加的に行われるならば，本研究にとって有用な補完的研究成果が得られるものと期待される．

この際，本研究のDPマッチング法によっては必ずしも検証されなかった，特色ある地域の景気動向がとりわけ興味深い．たとえば，日本を代表する自動車産業が牽引する愛知県ないし8地域分類で言う中部は，他地域と比べて常に好況を維持し文字通り日本の景気をリードしているのではないかといった先入観が存在するが，本研究で推計されたリード・ラグ構造からはサポートされない．逆に，慢性的な不況感が漂い景況の意味では日本の中の劣等生と目される北海道についても，本研究で推計されたリード・ラグ構造からは，必ずしもそうした先入観は（とくに鉱工業生産指数では）サポートされないといえる．

景気判断では，経済指標の変化方向と経済指標のレベルそのもののどちらを重視するかといった論点があるが，ここでもこの問題が絡んでいる可能性がある．すなわち，DPマッチング法は時系列データの先行・遅行の判別という意味では，ほんらいダイナミックな変化ないし変化方向を重視しているともいえる．しかし同時に，DPマッチング法はタイミングがずれているとはいえ，あくまでも基本的には時系列データの水準同士を比較するものであるから，経済指標のレベルそのものが問題となる．上で言及した愛知県・中部や北海道に関する先入観も，その根拠は経済指標のレベルに基づく景気判断の比重が大きいが，それが全国平均とのリード・ラグ構造には直截的に反映される場合もされない場合もあるというのが，本研究で帰納的に導かれた知見になるのである．

参考文献

浅子和美（2000），『マクロ安定化政策と日本経済』岩波書店．

浅子和美・浅田利春・坂本和典・佐野尚史・司淳・中川和明・中田眞豪・長尾知幸・舟橋雅己・村達男（1991），「戦後日本の景気循環：定型化された事実」『フィナンシャル・レビュー』第19号，pp. 124-183.

浅子和美・上田貴子（1997），「財政政策のラグ—DPマッチングによる推計」平成8年度建設省道路局委託調査報告書『道路資本整備の需要創出効果に関する研究』（財政経済協会），pp. 61-70.

飯塚信夫・浅子和美（2003），「日本の景気循環—1990年代に何が起きたか」，浅子和美・福田慎一編『景気循環と景気予測』東京大学出版会，pp. 13-42.

上坂吉則・尾関和彦（1990），「パターン認識と学習のアルゴリズム」文一総合出版．

付表 9-1　地域別鉱工業生産指数の形式（2）の推定結果

地域	定数項	係数	R^2	サンプル数
北海道	55.1 (4.5)*	0.423 (0.046)*	0.366	149
東北	38.4 (1.3)*	0.594 (0.014)*	0.929	149
関東	27.0 (2.2)*	0.726 (0.023)*	0.874	149
中部	52.2 (1.5)*	0.440 (0.015)*	0.850	149
近畿	36.4 (2.6)*	0.607 (0.027)*	0.774	149
中国	30.9 (1.5)*	0.667 (0.016)*	0.925	149
四国	3.7 (4.6)	0.952 (0.047)*	0.825	89
九州	27.8 (1.7)*	0.693 (0.017)*	0.948	89

カッコ内は標準誤差，* は1%水準で有意であることを示す．

付表 9-2　地域別有効求人倍率の形式（2）の推定結果

地域	定数項	係数	R^2	サンプル数
北海道	−0.899 (0.055)*	3.119 (0.100)*	0.828	204
東北	0.056 (0.011)*	0.899 (0.013)*	0.961	204
関東	0.172 (0.003)*	0.694 (0.003)*	0.996	204
中部	0.218 (0.002)*	0.512 (0.001)*	0.999	204
近畿	0.089 (0.003)*	1.018 (0.004)*	0.997	204
中国	−0.024 (0.009)*	0.788 (0.008)*	0.981	204
四国	−0.203 (0.013)*	1.111 (0.013)*	0.971	204
九州	−0.184 (0.012)*	1.556 (0.018)*	0.974	204

カッコ内は標準誤差，* は1%水準で有意であることを示す．

<景気循環日付>

第11循環　（谷）1986年11月　（山）1991年 2月　（谷）1993年10月
第12循環　（谷）1993年10月　（山）1997年 5月　（谷）1999年 1月
第13循環　（谷）1999年 1月　（山）2000年11月　（谷）2002年 1月

<8地域に含まれる都道府県一覧>

北海道：北海道
東北：青森，岩手，宮城，秋田，山形，福島
関東：埼玉，千葉，東京，神奈川，茨城，栃木，群馬，山梨，長野，新潟，静岡
中部：岐阜，愛知，三重，富山，石川
近畿：福井，滋賀，京都，大阪，兵庫，奈良，和歌山
中国：鳥取，島根，岡山，広島，山口
四国：徳島，香川，愛媛，高知
九州：福岡，佐賀，長崎，熊本，大分，宮崎，鹿児島

<参照データ等出所>

・鉱工業生産指数（月次・季節調整済み，8地域別，1998年1月～2004年7月）：経済産業省各地方経済産業局ホームページ（http://www.meti.go.jp/network/data/b100001j.html）
・有効求人倍率（パートを含む，月次・季節調整済み，10地域別及び都道府県別）：厚生労働省　職業安定局雇用政策課
・景気基準日付：内閣府経済社会総合研究所ホームページ「景気基準日付」（http://www.esri.cao.go.jp/jp/stat/di/041112hiduke.html）

第 10 章

公共投資の景気循環平準化機能と地域配分*

川崎一泰

1.　はじめに

戦後数次にわたって発表されてきた全国総合開発計画（以下「全総計画」という）では，「国土の均衡ある発展」を目標とし，過疎過密の問題に対して，地方の雇用の場を確保すべく，工場立地，リゾート開発等の地域振興策を促してきた．また，全総計画はこうした地域振興策を実施するための財源に関する投資規模が明記され，公共投資計画的な色彩も強くあった．さらに，全総計画の背景には，大都市集中の主要な要因の１つとして都市と地方の所得格差が挙げられ，相対的に高い所得を生み出す産業を地方への立地を促すことによって，人口移動を抑制し，地域経済の活性化を図ろうとしてきた．

しかしながら，市場メカニズムが機能していれば，こうした地域間所得格差が生じた場合は，長期的には縮小（収束）する方向に力が働き，格差は是正されることになる．新古典派的テキストでは，地域間の限界生産性に差が生じた場合，限界生産性の低い地域から高い地域へと生産要素が移動し，限界生産性は収束し，社会全体での生産が効率化されるとされてきた．同様に，賃金格差が生じた場合は，賃金が低い地域から高い地域に移動することによって，平準化するものと考えられてきた．ところが，戦後のわが国では，こうした地域間格差に対して公共投資が地方経済活性化のための重要な手段として位置づけら

* 筆者は，本研究に関連して，文部科学省科学研究費補助金（課題番号 19730209），（財）科学技術融合振興財団，（財）日本経済研究奨励財団からの研究助成を受けている．本研究はこれらの成果の一部である．また，本研究のアイディア段階での，浅子和美先生（一橋大学），宮川努先生（学習院大学），上田貴子先生（早稲田大学）および本研究会メンバーの先生方からのご教示が非常に有益であった．ここに記して感謝の意を表したい．なお，残された過誤はすべて筆者の責任である．

れ，市場を通じずに格差是正を試みたものと考えられる．

こうした観点とは別に，マクロ経済の観点からは，景気循環の平準化のために，不況時の拡張的な財政政策がとられ，その地域配分の際に，全総計画が利用されたりもした．こうした景気循環を平準化させる機能を持つ公共投資が地域に配分された結果，雇用の確保等により地域経済が支えられてきた側面がある一方，地域の競争力を高めるには至らなかったのではないかと考えられる．

図10-1は，戦後の公共投資の地域配分を示す指標として，公的資本形成が地域間にどのように配分されてきたかを各年次の地域配分シェアの推移で示している．このデータは，後に使用データのところで詳しく説明するが，国民経済計算の基準改定[1]に伴い，連続性を失っているため，改定前後の双方のデータの重複部分を手がかりに，接続式を推計し，接続している．なお，ここで「大都市圏」とは関東，東海，近畿ブロックの都府県を指し，それ以外の道県を「地方圏」とした．

高度経済成長期とバブル経済期に相対的に大都市圏への公共投資がなされてきた様子がうかがえ，石油危機後とバブル経済崩壊後に，地方圏への投資配分

図10-1　公的資本形成の地域配分の推移

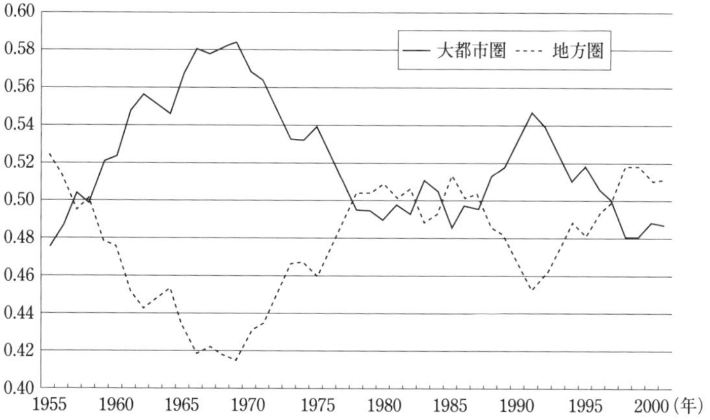

資料：「県民経済計算年報」（内閣府）および「県民経済計算遡及推計」（経済企画庁）より作成．

1) 2000年以降の国民経済計算およびそれと連動する県民経済計算の基準が93年基準（93 SNA）へと移行し，これに伴い，1999年まで使われていた68年基準（68 SNA）との連続性を失った．2005年現在，93 SNAに基づく遡及推計が行われているが，支出項目については1980年まで遡及推計されているものの，他の項目の多くは，概ね1990年までの遡及推計にとどまっている．

が拡大している．こうした政策は景気後退期の需要創出として，地域経済を下支えしてきた面については否定しないが，低生産性部門を滞留されることによって長期的な生産力を高めるような構造改革を遅らせた可能性も否定できないものと考えられる．こうした問題意識に対して，供給面からの長期的な実証研究により，景気循環を平準化する機能を持つ公共投資が地域経済の生産力にどのような影響を与えたかを明らかにすることを目的とする．

同様の問題意識の先行研究として，本間・田中 (2004) があげられる．本間・田中 (2004) では，大都市圏と地方圏の双方の生産関数を推計し，外生的に与えた公的資本形成の配分比をいくつかのケースに分けた分析を行い，大都市圏への公共投資の配分を強化することで，現在の配分を維持するよりも将来的に望ましいことを示している．また，Alesina et al. (1999) では，イタリアの南北問題に着目し，所得再分配の手段として公的雇用 (public employ)[2] が低生産性の南部に集中しており，この公的雇用が政治プロセスを通じて悪循環を引き起こし，市場 (競争) の発展を阻害すると指摘している．筆者は，わが国の公共投資政策，特に 90 年代後半になされた投資が Alesina et al. (1999) の言う “public employ” に相当するのではないかと考えている．

以下，第 2 節では，本稿で使用するモデルの定式化を行うとともに，推計で使用するデータを概観する．第 3 節では，社会資本を含め，生産要素がマクロ経済に与えた影響を計測する地域生産関数の推計を行う．この生産関数の推計により各生産要素の限界生産性を導出する．第 4 節では，導出された限界生産性の差が生産要素の移動を誘発したかどうかを年代別に検証することで，資源配分機能が働くかどうかに加え，機能不全を起こす要因の特定を行う．最後に，第 5 節では，本研究により得られる帰結と残された課題を整理することでむすびにかえたいと考えている．

2.　モデルとデータの特性

Aschauer (1989) 以降，社会資本の生産力効果の分析が日本でも盛んに行わ

2) Alesina et al. (1999) では，public employ は直接再分配される仕事ではなく，プロジェクト等を通じて間接的に再分配される仕事を指している．筆者は，これが日本における公共事業を通じた建設業への間接的再分配に近い考え方であるものと考えている．

れてきた．これらの先行研究では，マクロデータを用いて，社会資本が一国全体の生産にどの程度の影響を与えるかを計測する分析と，社会資本を分野別もしくは地域別に分けて分析する2つの方法が採られてきた．本稿では，地域間の資源配分問題を主題としているので，地域別の分析を行っていくこととする．

2.1　定式化

Aschauer (1989) 以降，社会資本の生産力効果を計測する実証研究が数多くなされてきた．関数型の特定化や社会資本の弾力性などに関して，本間・田中 (2004) で包括的なサーベイがなされており，関数型に関しては，Cobb-Douglass 型や Translog 型による計測が多い．また，林 (2004) が指摘するように，社会資本が直接生産に貢献するのではなく，民間資本を通じて生産性の向上という間接的な影響を及ぼしているという考え方もあるが，本研究では，環境創出型の生産関数を仮定し，以下のような定式化を行う．

$$y_{it}=A_tK_{it}^{1-\alpha}L_{it}^{\alpha}G_{it}^{\beta} \qquad (1)$$

ここで，y は県内総生産，A は技術のパラメータ，K は民間資本ストック，G は社会資本ストック，L は就業者数を表す．また，i は地域（ブロック），t は時間のインデックスを表す．ここで，（1）式の両辺の自然対数をとると，以下のように変形できる．

$$\ln y_{it}=\alpha_i+(1-\alpha)\ln K_{it}+\alpha\ln L_{it}+\beta\ln G_{it} \qquad (2)$$

ただし，$\alpha_i=\ln A_i$ を表す．

本稿で利用する地域生産関数は，これを展開し整理した上で，以下の推計モデルを用いて推計を行うこととした．また，林 (2003) などでもしばしば指摘されるように，資本ストックは期末データで，その時点での生産活動に寄与できないとする同時性の問題が存在する．そこで，本研究では，資本ストックデータに関しては，1期ラグをとり，実証分析することとした．

$$\ln(y_{it}/K_{it-1})=a_i+\alpha\ln(L_{it}/K_{it-1})+\ln G_{it-1} \qquad (3)$$

（1）式の定式化により，民間資本ストック，社会資本ストック，労働の限界生産性をそれぞれ MPK，MPG，MPL と表すと，以下のような関係になる．

$$\partial y/\partial K\equiv MPK=(1-\alpha)y_{it}/K_{it-1} \qquad (4)$$

$$\partial y/\partial L\equiv MPL=\alpha y_{it}/L_{it} \qquad (5)$$

$$\partial y/\partial G\equiv MPG=\beta(y_{it}/G_{it-1}) \qquad (6)$$

2.2 データ

本研究では長期データを利用した分析を試みるため，基準改定等により統計的な整合性を維持することが難しい．そこで，利用データに関して，以下のような加工を施し，利用することとした．

① 県民総支出 (y_{it})

名目県民総支出は『県民経済計算年報』(内閣府) のものを利用している．ただし，2000 年以降の同統計は 93 SNA に準拠しており，それまでの 68 SNA を基準としたものとは必ずしも整合的ではない．また，1974 年以前のデータについては，『長期遡及推計 県民経済計算報告 (S 30〜S 49)』(経済企画庁 (現内閣府)) のものを利用した．この 74 年以前の名目データに関しても 68 SNA に準拠している．こうした不整合に対して，本研究では，68 SNA を 93 SNA ベースに置き換える関係式を別途推計することでデータをつなげる作業を施した．具体的には，93 SNA データは，県民経済計算レベルでも，1990 年まで遡及推計[3] されており，93 SNA と 68 SNA の重複期間 (1990〜99 年) のデータを使用し，定数項なしで回帰分析を行い，そのパラメータを使用し，68 SNA データを 93 SNA データに置き換えた．

次に，この名目データを実質化する作業を行う．本研究では『国民経済計算年報』(内閣府) の GDP デフレーターを利用し，実質化することとした．ここで県民経済計算ではなく国民経済計算としたのは，県民経済計算では，一部の県において欠値[4] が存在し，分析上不都合が生じるためである．また，デフレーターに関しても，93 SNA と 68 SNA の問題は存在し，これに加えて基準年の違いも存在する．1999 年までの統計では，1990 年を 100 とする基準設定の統計であったが，2000 年以降の統計は 1995 年を基準年とするものへと変わった．そこで，本研究では，県民総支出と同様に，双方の重複期間のデータで定数項なしの単回帰式を推計し，そのパラメータを利用し，変換式とすることとした．

3) なお，マクロ統計の国民経済計算の支出項目については，1980 年まで遡ることができる．
4) 具体的には，福島県，埼玉県，富山県，岡山県，沖縄県において 70 年代に欠値が存在し，実質化できない状況である．

② 就業者数 (L_{it})

就業者数[5] に関しては，1975 年以降は『県民経済計算年報』(内閣府) に掲載されている数値を利用した．また，1974 年以前のものは土居 (1998) で推計され，そのホームページ[6] に公開されているものを利用した．

③ 実質民間資本ストック (K_{it})

実質民間資本ストックに関しては，全産業を対象としたマクロデータである．直近のデータで利用可能なものとして，電力中央研究所 (以下，電中研と記す) が推計したデータがある．これは 1975 年以降のデータが収録されている．電中研の民間資本ストックデータは 1995 年価格で実質化されている．また，土居 (2002) では 1955～1998 年までの実質民間資本ストックが推計されており，これは 1990 年価格で実質化されている．この 2 つのデータを利用し，推計用のデータセットを構築することとした．

県民総支出の際と同様に，データの重複期間 (この場合，1975～1998 年) を利用し，変換式を推計し，過去のデータを代入し，1974 年までのデータと接続した．

④ 実質社会資本ストック (G_{it})

実質社会資本ストックデータに関しても，民間資本ストックと同様の方法で，電中研推計の社会資本ストックデータをベースとし，土居 (2002) データを接続する作業を施した．なお，電中研データおよび土居 (2002) データは双方とも，「昭和 45 年国富調査」をベンチマークとした推計をし，1985 年以降の NTT，JR の民営化に伴う統計的不整合を調整するための措置を施し，社会資本ストックに組み入れている．

2.3　生産要素の流動性

Lilien (1982) が提起した尺度 (以下，Lilien measure と呼ぶ) を使って，各生産要素の移動が活発化してきたかどうかを調べることとする．Lilien measure は以下の定式にしたがって導出される指標である．

5) なお，就業者数に関しては，SNA の基準改定の影響はない．
6) http://www.econ.keio.ac.jp/staff/tdoi/

$$\sigma_L = [\sum_i S_{Li}(\Delta L_i/L_i - \Delta L_A/L_A)^2]^{1/2}$$

ただし，L_i は地域 i の就業者数，L_A は経済全体の就業者数，S_{Li} は地域 i の就業者の全国シェアを示す．宮川 (2003) では，この Lilien measure を生産要素の流動性の指標として利用し，Lilien measure が低いときは，生産要素市場での流動性が低く，生産要素配分の非効率が生じていると解釈し，産業構造の転換に関する分析を行っている．本研究では，各生産要素の Lilien measure を計測し，宮川 (2003) の考え方に従った解釈を試みることとした．Lilien measure は非常にセンシティブなため，1975 年以降の同一基準で算出されたデータベースの指標から計測することとした．これは本研究のストックデータがデータ接続を行っている関係で，1975 年に断層が生じる傾向があったためである．

①　就業者数

就業者数の Lilien measure を算出したものは，図 10-2 のとおりである．70 年代後半から 80 年代前半にかけて Lilien measure は低水準にあり，労働力の流動性が低かったことがうかがえる．また，傾向的には，バブル経済崩壊後の 90 年代前半は Lilien measure が低下し，かつ，低水準にあり，流動性が低かったことがうかがえる．さらに，95 年，97 年，01 年は，急激に Lilien measure が高まっており，何らかのショックにより，労働力の地域間流動性が一

図 10-2　就業者数の Lilien measure の推移

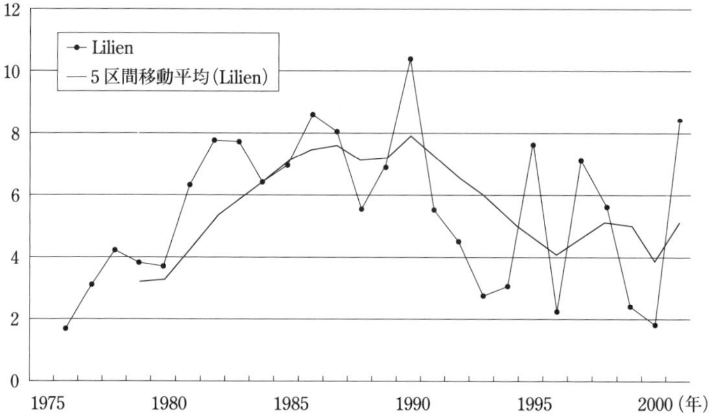

図10-3　社会資本ストックのLilien measureの推移

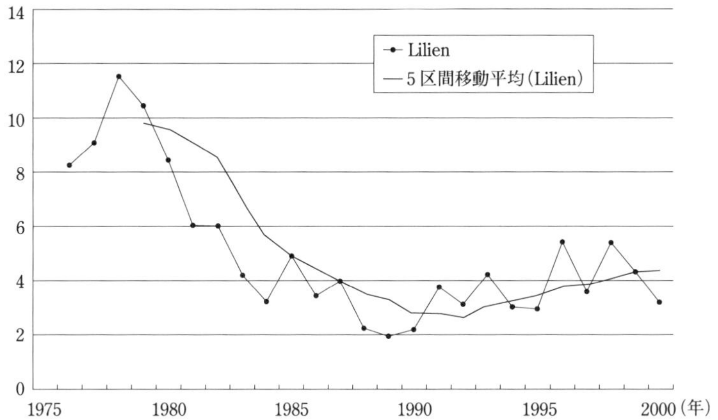

時的に高まった可能性がある．

② 資本ストック

民間資本ストックのLilien measureを計測すると，70年代後半と90年代前半の時期に大きくLilien measureを低下させ，長期的に循環的な動きをしていた．

社会資本のLilien measureに関しては，図10-3のとおりである．70年代後半をピークとし，低下傾向を示している．また，1990年代に入ると，移動平均を見ていると，漸増の傾向を示しているが，明確に上昇しているとはいえない．これは，社会資本の地域配分が硬直化し，配分の非効率が生じていることを示唆するものと考えられる．

3．地域生産関数の推計

3.1　推 計

吉野・中野（1996），土居（1998）などで指摘されるように，社会資本の効果がスピル・オーバーする可能性を考慮し，全国を以下に示すような7ブロックに分割し，分析することとした．なお，沖縄県に関しては，本土復帰前のデータが採れない変数が存在するため，分析の対象から除外している．

北海道・東北ブロック

北海道，青森県，岩手県，宮城県，秋田県，山形県，福島県

関東ブロック

茨城県，栃木県，群馬県，埼玉県，千葉県，東京都，神奈川県

北陸甲信越ブロック

新潟県，富山県，石川県，福井県，山梨県，長野県

東海ブロック

岐阜県，静岡県，愛知県，三重県

近畿ブロック

滋賀県，京都府，大阪府，兵庫県，奈良県，和歌山県

中国四国ブロック

鳥取県，島根県，岡山県，広島県，山口県，徳島県，香川県，愛媛県，高知県

九州ブロック

福岡県，佐賀県，長崎県，熊本県，大分県，宮崎県，鹿児島県

これらのブロックのレベル変数は各都道府県の値を単純合計した．また，生産関数の推計期間については，データ接続等を考慮し，1975 年以降のデータを利用し，推計した．また，Hausman 検定の結果，Random Effect モデルが支持され，そのパラメータを使い（4）～（6）式に従い限界生産性を導出した．なお，（3）式を Random Effect モデルで推計した結果は以下のとおりである．各係数下の（ ）は t 値を表す．

$$\ln(y_{it}/K_{it-1}) = -2.308 + 0.739 \ln(L_{it}/K_{it-1}) + 0.197 \ln G_{it-1}$$
$$(-4.51) \quad (24.48) \qquad\qquad (6.12)$$
$$\text{adj } R^2 = 0.919, \ F = 7633.42, \ \text{Hausman Test} = 1.09$$

3.2 各生産要素の限界生産性の導出

この Random Effect モデルの推計されたパラメータを使い，（4）～（6）式に従い，限界生産性を計算した．Arrow and Kurz (1970) の社会資本の最適供給理論によると，社会資本の限界生産性と民間資本の限界生産性が均等化するような資源配分が効率性の観点から望ましいとされている．この考え方を

利用し，多くの先行研究においては，社会資本と民間資本の限界生産性を比較することによって，公共投資の地域配分の評価等を行ってきた．これに従い，各地域ブロックにおける社会資本と民間資本の限界生産性を整理したものが図 10-4 である．

高度経済成長期においては，社会資本と民間資本との間では，社会資本が過大供給，民間資本が過小供給であったことを示唆している．これは，民間資本の蓄積が遅れていたことを示すものと考えられる．これが石油危機以降，地方への公共投資の重点配分等により，徐々に大都市圏を中心に社会資本の限界生産性が民間資本の限界生産性を超えるようになり，大都市圏での社会資本の過小供給状態が 90 年代に入って鮮明になってきている．

こうした推計されたパラメータおよび近年の限界生産性の動向に関しては，先行研究とも整合的な結果である．以下，地域別の各生産要素の時系列的な推移と地域間分散の推移を簡単に概観する．

①　労働の限界生産性の地域別推移

労働の限界生産性は分析期間においては，右肩上がりの傾向を示し，高度経

図 10-4　地域別民間資本および社会資本の限界生産性

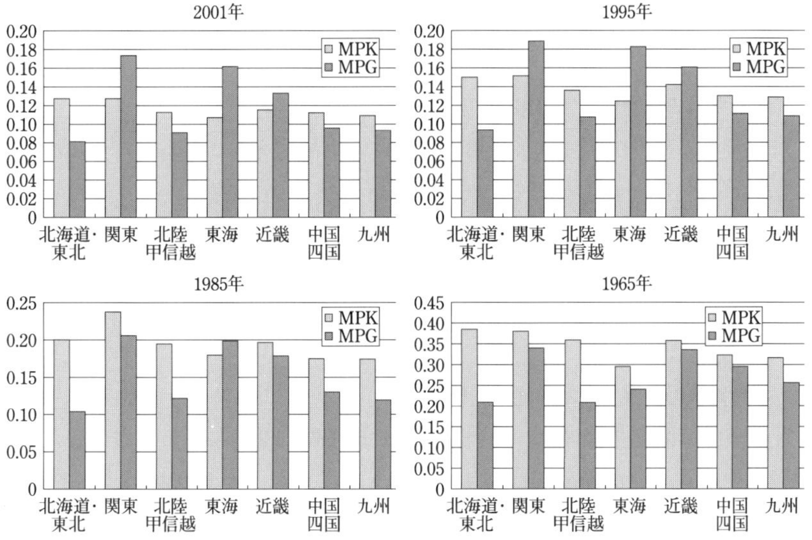

図 10-5　労働の限界生産性の推移

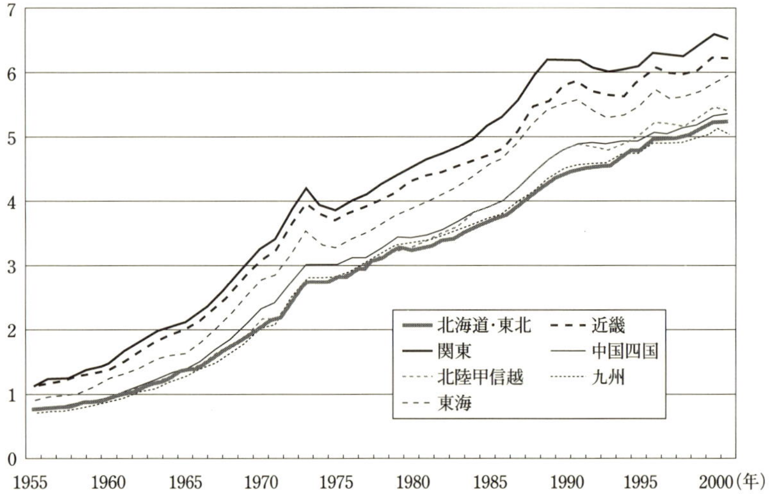

済成長期とバブル経済期に地域間の限界生産性の地域分散が大きくなっていたことがうかがえる（図 10-5）．この期間は地域間の生産性格差が拡大してきたことを示唆しているものと考えられる．また，1973 年の石油危機以降の数年間と 1990 年代前半のバブル経済崩壊後の期間は労働の限界生産性の分散が小さくなり，地域間の生産性格差を縮小させていったことがうかがえる．

②　民間資本の限界生産性の地域別推移

民間資本の限界生産性は，分析期間中は低下傾向を示しており，その地域間分散も縮小していることがうかがえる（図 10-6）．民間資本ストックにおいては，地域間の限界生産性が低い地域から高い地域へと民間部門が投資先をシフトさせることによって，限界生産性の格差が縮小（収束）してきたものと推察される．

③　社会資本の限界生産性の地域別推移

社会資本の限界生産性は，分析期間中は低下傾向を示しているものの，高度経済成長期とバブル経済期に大きく変動をしてきたことがうかがえる（図 10-7）．また，図 10-1 に示した公共投資の地方配分が急速に高まった時期は，社

図 10-6　民間資本の限界生産性の推移

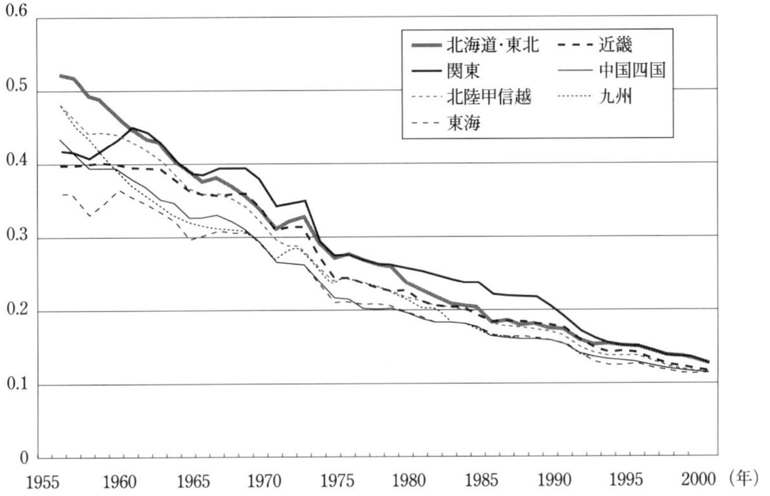

図 10-7　社会資本の限界生産性の推移

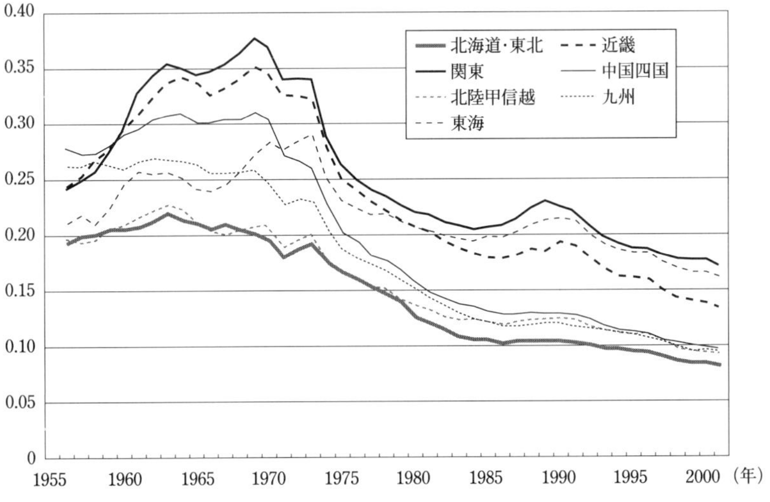

会資本の地域間分散が縮小しており，地域間での生産性格差を縮小する方向に寄与したものと推察される．

4.　生産要素の地域間配分

本節では，前節の地域生産関数の推計によって導出された限界生産性の差が生産要素の移動を誘発したかを検証する．これを統計的に検証することで，新古典派的な生産要素の移動を通じた資源配分が起こるかどうかに加え，もしそうした機能が働かないのであれば，機能不全を起こす要因の特定を行う．

4.1　時代区分

戦後の公共投資と地域政策とを関連づけた歴史書的な先行研究は数多く存在する．図 10-1 に示したように，公共投資の変遷を見ると，地域政策との関連がうかがえる．ここでは，景気循環日付と図 10-1 から時代区分を行い，実証分析することとする．実証分析に使用するデータは年度データであるので，景気循環に関しても年度単位で集約する必要がある．本稿では，年度の中位にあたる毎年 10 月時点での拡張，後退を基準に，筆者がアド・ホックに区分を設定した．以下，筆者が区分した期間について簡単に解説を加えておく．

まず，いわゆる高度経済成長期にも，大小数回の景気循環がある．図 10-1 で示されているようにこの頃の公共投資は都市部への投資が相対的に高く，投資シェアも拡張していた．データのとり得る範囲で 1956 年から 1973 年までを 1 つの括りとした．

次に，第一次オイルショック以降，公共投資が地方に重点的に配分されるようになった 1974 年以降は，地域間所得格差が縮小し，人口移動が沈静化したことから「地方の時代」と言われたりもした．この 1973 年 11 月の山から 77 年 10 月の谷までの期間は，図 10-1 から見て取れるように，地方への公共投資が拡張し，経済成長率も高度成長期から低下したことから考え，この期間を一括りにすることとした (年度ベースで 1974〜77 年の期間)．また，この頃からの公共投資は，赤字国債の発行により財源調達された点も付記しておこう．

1980 年代に入ると，国の財政再建の取り組みにより，公共事業予算の削減や公企業の民営化が進み，民間活力の導入が重視されるようになり，公共投資の配分も都市と地方ではほとんど変化していない．77 年を底とし，ここから 1985 年 6 月の山までの期間を一括りとした (1978〜84 年)．この間の区分は難しいところであるが，後のバブル経済との対比を明確にするために，このような区分とした．

その後，バブル経済期も諸説あるが，ここでは1985年6月の山から1991年2月の山までの期間を拡張期と捉え，年度ベースで1985～90年までとした．この期間は公共投資の配分もそれまでの方向とは異なり，都市への配分比率が高まる傾向を示していた．

このバブル崩壊からの循環は「失われた10年」とも呼ばれ，地方への公共投資が重点的に行われた時期である．特に，97年の小渕内閣およびその後を受けた森内閣の時代は地方への重点配分が鮮明になっている．この1991～2000年までの期間を一括りとした．

以上の，5期間において，生産要素の地域配分を評価することで，公共投資政策が長期的な地域経済に与えた影響を分析することとする．

4.2　実証分析

新古典派的な考え方に基づくと生産要素が移動可能であれば，地域間格差は是正される方向に収束することになる．こうした新古典派的な資源配分の調整機能が働くかどうかを統計的に検証する．ここでは，前節で導出した民間資本と労働の限界生産性を利用し，この資源配分調整機能を年代別に検証することとする．

新古典派的な考え方に基づくと生産要素が移動できれば，地域間格差が生じた場合，生産要素の移動を通じて格差は縮小する方向に収束することになる．この考え方を，図10-8のようなシンプルな2地域モデルを使って，生産要素の移動を通じた地域間格差縮小（収束）メカニズムについて簡単に説明しよう．まずa地域，b地域の2地域の経済を考え，労働力のみを生産要素とする1生産要素[7]の規模に関して収穫逓減の生産関数を仮定する．この仮定により，a, b両地域の限界生産性（MP）は右下がりの曲線を描くことができる．ここで，総人口が一定で，2地域のみに配分されるものとすると，図10-8のような絵が描ける．すなわち，総人口がOaObで表され，a地域の原点をOa，b地域の原点をObとし，両地域で限界生産性が逓減している．Mのような配分[8]では，限界生産性にギャップが存在し，a地域の限界生産性が高い状況である．

7）この仮定は資本，土地等の他の生産要素は移動しないと仮定することと同義である．

図 10-8　生産要素の移動

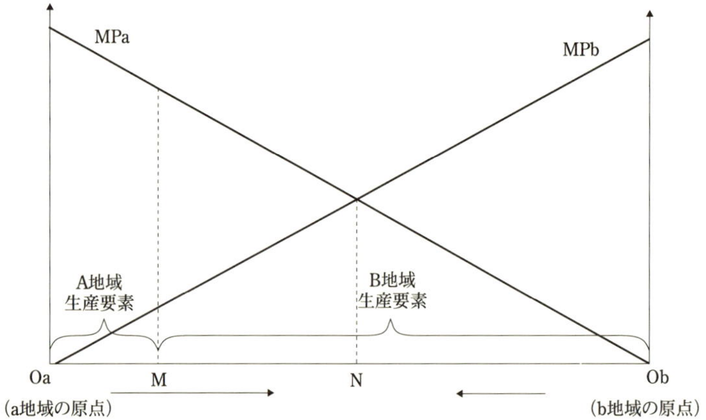

この場合，生産性の低い b 地域から生産性の高い a 地域に生産要素を移動させることで，社会全体での生産が拡大することとなる．これは，労働力が限界生産性の高い a 地域へ移動することによる生産量の増加が，限界生産性の低い b 地域の労働力が減少したことによって生じる生産量減少分を上回るためである．こうして限界生産性が均等化（収束）する N まで生産要素は移動することで，マクロの生産が拡大する[9]というものである．

この地域間格差の収束をめぐっては，経済学分野においてもいくつかの実証研究が行われている．深尾・岳 (2000) では，日本における地域間所得格差の収束（縮小）がどのようなメカニズムで起きたかを，実証的に成長要因を分解しつつ，検証している．この分析では，民間資本の蓄積が 1973 年以前の時期には地域間格差を拡大する方向に寄与し，73 年以降はその効果がなくなっていったとし，日本においては収束メカニズムが作用しなかったとしている．また，Shioji (2001) では，地域間所得格差が縮小（収束）する要因を新古典派理論で示される労働力の移動による効果に加えて，移動する労働力の質（人的資本の大きさ[10]）を考慮すると，人口移動の効果を相殺する可能性があることを

8) ここでは，a 地域の人口は OaM，b 地域の人口は MOb となる．
9) このとき，本稿の仮定の下では，生産量は最大となる．
10) Shioji (2001) では，都市に移動する労働力が高学歴であったり，生産能力が高い人であるなら，限界生産性の収束効果を相殺してしまう可能性を指摘している．

指摘し，この 2 つの効果を分けて実証分析を行っている．この分析では，日本の地域では，人口構成による影響が大きいことが明らかにされ，移動先の地域には人的資本が高い（高学歴，高い生産性）労働力が移動する傾向も観測している．

ここで，生産要素の移動を各地域への資本と労働力の移動で捉え，これらの生産要素の移動率と限界生産性との関係を明らかにすることで，資源配分の調整メカニズムが機能しているかを評価できるものと考えた．また，生産要素の移動と限界生産性とは，同時決定されているので，限界生産性は 1 期ラグをとって推計することとした．以下の（7）式，（8）式を推計し，限界生産性のパラメータが有意に正の値を示すかどうかで評価することとした．

$$\mathrm{d}K_{it}/K_{it}=\alpha_0+\alpha_1 MPK_{it-1}+\alpha_3 trend \quad (7)$$

$$\mathrm{d}L_{it}/L_{it}=\beta_0+\beta_1 MPL_{it-1}+\beta_3 trend \quad (8)$$

推計は，（7）式に関しては，民間資本の変化率を被説明変数とし，第 3 節で導出した資本の限界生産性とトレンド項を説明変数とするプールデータ（地域と時系列）を OLS 推計する．（8）式に関しても同様に，就業者数の変化率を被説明変数とし，労働の限界生産性とトレンド項を説明変数とするプールデータを OLS 推計した．この推計式に基づき，先に示した時代区分ごとのパラメータを評価することとした．もし，資源配分の調整メカニズムが機能していれば，限界生産性のパラメータは有意な正の値を示すことが予想できる．なぜならば，図 10-8 で示されているように，限界生産性にギャップが生じた場合は生産性の低い地域から高い地域に生産要素が移動するためである．この評価式を使って以下の分析を行う．

4.3　民間資本移動に関する推計

民間資本の移動に関して，（7）式に基づいて年代別に推計した結果が表 10-1 である．

表 10-1 の推計結果より，石油危機後の混乱期を除くすべての分析期間において，資本の限界生産性（MPK）のパラメータは有意な正値が得られている．このことから，生産性ギャップが生じた際には，高生産地域へ投資先がシフトすることを通じて，資本移動が行われてきたことがうかがえる．つまり，民間投資は限界生産性の高い地域に投資を集中させる傾向があり，1974-77 年の石

表 10-1　民間資本移動に関する推計結果

		係数	*t* 値		
全期間	MPK (−1)	14.17	3.20**	Adj R 2	0.546
	Year	−0.10	−2.72**	F	185.88
	Constant	196.63	2.74**	obs	308.00
1956-1973	MPK (−1)	9.64	2.02*	Adj R 2	0.239
	Year	0.30	5.34**	F	19.51
	Constant	−575.94	−5.20**	obs	119.00
1974-1977	MPK (−1)	23.36	1.18	Adj R 2	−0.006
	Year	0.11	0.19	F	0.928
	Constant	−224.91	−0.19	obs	28.00
1978-1984	MPK (−1)	14.72	2.79**	Adj R 2	0.227
	Year	−0.07	−1.14	F	8.06
	Constant	147.94	1.16	obs	49.00
1985-1990	MPK (−1)	28.30	2.04*	Adj R 2	0.327
	Year	−0.54	−3.10**	F	10.97
	Constant	1081.43	3.09**	obs	42.00
1991-2001	MPK (−1)	45.03	4.42**	Adj R 2	0.590
	Year	−0.16	−2.43**	F	50.65
	Constant	320.38	2.40**	obs	70.00

注：*は5%有意水準で棄却，**は1%有意水準で棄却.

油危機後の期間を除くと，概ね資源配分の調整メカニズムが機能してきたことが示された.

4.4　労働力移動に関する推計

次に，労働力移動に関して，(8)式では就業者の増加率で表現している.ここには，コーホート移動に伴う自然増減も含まれているが，統計的制約により労働力移動を広義に捉えることとした.このような広義の労働力移動と労働の限界生産性に関する評価式(8)の推計結果は表10-2のとおりである.

表10-2の推計結果より，1974～77年の石油危機後の経済と，1991～2001年のバブル崩壊後の期間を除いて，労働の限界生産性(*MPL*)のパラメータは有意な正値が得られている.このことからその強弱はあるが，石油危機とバブル経済の崩壊による財政出動は市場の機能を損なう原因となっていることがうかがえる.これ以外の期間では，正で有意な係数が得られていることから，限界生産性原理に基づく移動がなされたことが示唆される.

公共投資の地方への重点配分は雇用対策の色彩が強く，生産性の低い部門にも需要を創出し，低生産性部門を市場に滞留させる役割も果たした側面もある

表 10-2　労働力移動に関する推計結果

		係数	t 値		
全期間	MPL (−1)	0.99	8.53**	Adj R 2	0.276
	Year	−0.15	−10.30**	F	62.04
	Constant	288.11	10.34**	obs	322.00
1956-1973	MPL (−1)	2.18	7.53**	Adj R 2	0.321
	Year	−0.30	−7.51**	F	30.55
	Constant	587.07	7.52**	obs	126.00
1974-1977	MPL (−1)	0.37	1.29	Adj R 2	0.400
	Year	0.53	4.29**	F	10.01
	Constant	−1040.37	−4.29**	obs	28.00
1978-1984	MPL (−1)	0.79	6.17**	Adj R 2	0.559
	Year	−0.23	−6.92**	F	31.48
	Constant	445.03	6.91**	obs	49.00
1985-1990	MPL (−1)	1.04	8.64**	Adj R 2	0.690
	Year	−0.01	−0.27	F	46.51
	Constant	21.74	0.23	obs	42.00
1991-2001	MPL (−1)	0.19	1.55	Adj R 2	0.615
	Year	−0.23	−10.96**	F	61.64
	Constant	462.80	10.99**	obs	77.00

注：*は 5%有意水準で棄却，**は 1%有意水準で棄却．

ことを指摘しておく．こうして低生産性部門にも労働力が貼りつき，結果として生産性の高い分野[11)]への移動を妨げた点が指摘できよう．90 年代の「失われた 10 年」と言われる長期にわたる不況の一因にこうした，低生産性分野を市場に滞留させた点も挙げられるものと考えられる．

5. むすび

最後に，本研究で得られた帰結を整理し，今後の課題を明らかにすることでむすびにかえたい．

本研究では，生産要素の地域間配分を限界生産性に着目した分析を試みた．また，比較的長期間のデータを利用した点も特徴的なことの 1 つである．具体的な手段としては，供給面からのアプローチを採用し，地域生産関数を推計し，各生産要素の限界生産性を導出した．この地域生産関数はスピル・オーバーに配慮した 7 ブロックのパネルデータで，推計結果も先行研究と整合的なものが

11) 当時は，IT 分野や一部の金融分野等での生産性が高いとされていた．

得られた．ここで得られたパラメータを利用し，長期のブロック別各生産要素の限界生産性を導出し，資源配分機能をチェックする実証分析を行った．こうした一連の分析の結果，以下の帰結が得られるものと考えられる．

まず，都市部では社会資本の過小供給の状態が近年続いており，効率性の観点から都市部への配分を強化する必要がある．近年の基盤整備を伴う都市再生の流れはこの結果とは整合的であり，一定の評価をしてもよいものと考えられる．第2に，生産要素の移動を通じた資源配分機能で，民間資本に関しては石油危機後の不況期に，労働力に関しては石油危機とバブル崩壊後の不況期に機能不全を起こしていた可能性が高いことを示した．この要因として，同時期になされた公共投資の地方への重点化を挙げた．公共投資の地方への重点化によって，低生産性部門を延命させ，滞留させたことによって，生産性の高い分野への生産要素の移動がスムーズに行われず，結果として，経済成長を阻害したことが考えられる．この頃の公共投資は短期的な需要創出により雇用の維持には一定の貢献をしたものと考えられるが，これにより低生産性分野を延命させ，長期的な成長力を引き下げてしまい，90年代の「失われた10年」の長期にわたる不況の一因となった点を指摘しておきたい．Alesina et al. (1999) が指摘したように，90年代は，わが国においても公共投資を通じた公的雇用が政治プロセスを通じて悪循環を起こし，地域経済の発展を阻害した可能性が高いことが指摘できよう．第3に，限界生産性の分散を分析した結果，民間資本に関しては，長期的には収束する方向に向かっており，効率的な動きをしているのに対して，労働力は循環的な動きを示していた．この点は実証研究の結果と整合的で，民間資本に関しては市場メカニズムが働いており，生産性の高い地域へと投資が向かう傾向があるのに対して，労働力に関してはこうしたメカニズムの働きを阻害する要因が存在していたことを示唆している．

最後に，残された課題として，地域生産関数の推計においては，地域ブロックの精緻化の余地があり，実態経済にあわせた区分け作業が必要であろう．また，社会資本の成果の分配がないことを前提とした定式化等，定式化に若干の工夫の余地があるものと考えている．資源配分機能のチェックにおいては，ラグ構造の解明や公共投資との因果関係を明示できるようなモデルの改定が必要であるものと考えている．

参考文献

土居丈朗（1998),「日本の社会資本に関するパネル分析」『国民経済』161, pp. 27-52.

土居丈朗（2002),『地域から見た日本経済と財政政策』三菱経済研究所.

林正義（2003),「社会資本の生産効果と同時性」『経済分析』169, pp. 97-119.

林宜嗣（2004),「公共投資と地域経済」『フィナンシャル・レビュー』74, pp. 52-64.

深尾京司・岳希明（2000),「戦後日本国内における経済収束と生産要素投入—ソロー成長モデルは適用できるか—」『経済研究』51-2, pp. 136-151.

本間正明・田中宏樹（2004),「公共投資の地域間配分の政策評価」『フィナンシャル・レビュー』74, pp. 4-22.

増田悦佐（2004),『高度経済成長は復活できる』文春新書.

宮川努（2003),「「失われた 10 年」と産業構造の転換」岩田規久男・宮川努編『失われた 10 年の真因は何か』東洋経済新報社.

吉野直行・中野英夫（1996),「公共投資の地域配分と生産効果」『フィナンシャル・レビュー』41, pp. 16-26.

Alesina, A., Danninger, S. and Rostagno, M. V. (1999), "Redistribution through Public Employment : The Case of Italy," NBER Working Paper 7387.

Arrow, K. J. and Kurz, M. (1970), *Public Investment, the Rate of Return, and Optimal Fiscal Policy*, John Hopkins Press.

Aschauer, D. A. (1989), "Is Public Expenditure Productive ?" *Journal of Monetary Economics*, 23, pp. 171-188.

Lilien, D. M. (1982), "Sectoral Shift and Cyclical Unemployment," *Journal of Political Economics*, 90, pp. 777-793.

Shioji, E. (2001), "Composition Effect of Migration and Regional Growth in Japan," *Journal of Japanese and International Economics*, 15, pp. 29-49.

第 11 章

景気循環と産業別雇用変動*

飯塚信夫

1. はじめに

2002 年 1 月から始まった戦後第 14 番目の景気拡大局面は，バブル景気（1986 年 11 月～1991 年 2 月，51 カ月），いざなぎ景気（1965 年 10 月～1970 年 7 月，57 カ月）に間もなく肩を並べようとしている[1)]．その中で，雇用も本格回復の兆しを見せてきた．

1990 年代の雇用変動の特徴としては，（1）平均的にみるとほぼゼロないしマイナスという構造的な伸び率の低下，（2）経済変動に対する感応度の高まり，がかねて指摘されてきた（たとえば大澤・神山・中村・野口・前田 (2002)）．実際，景気が回復しても雇用は盛り上がりに欠け，後退局面では大幅な雇用削減が行われるということが繰り返された．その原因としてかねて指摘されてきたのが労働分配率の高止まりを通じた，企業の雇用過剰感である．

そして，近年になって，雇用が本格回復の兆しを見せてきた理由としては，戦後で一，二を争う長期の景気回復の下で，労働分配率が大きく低下してきたためという解説が一般的である．企業は雇用リストラを続ける必要性が薄れ，雇用を増やす余裕が出てきたというわけである．

その一方で，マクロにおける労働分配率の“均衡水準”は必ずしも明確では

---

* 本章は，2005 年 7 月に開催された景気循環日付研究会の松本コンファレンスでの発表論文に修正を加えたものである．浅子和美氏，宮川努氏，徳井丞次氏をはじめとして研究会参加メンバーの方々から有意義なコメントをいただいた．ここに感謝を表したい．ただし，本稿に残された誤りは筆者の責任に負うものである．

1）本章執筆時点の 2006 年 5 月では，同年 3 月までの景気動向指数が明らかになり，拡大局面の継続が確認されている．2006 年 3 月まで景気拡大が続いていたとすると拡張期間は 50 カ月間となる．

ない．西崎・須合 (2001) は日本の労働分配率が第1次石油ショック後から緩やかな上昇トレンドを持っていることを示し，2000年初頭段階で労働分配率はおおむね均衡水準に近づいていると主張していた．しかし，現実にはその後，雇用調整は一段と厳しくなった．

一方，松岡 (2002) は，1975年から87年において存在していた時間当たり労働生産性と時間当たり実質賃金の長期的関係が，1980年代末から1990年代に行われた労働時間の短縮（時短ショック）によって崩れたことが1990年代に雇用調整が長引いた大きな要因であったと主張している．その分析に基づき，調整が2004年ごろには終了すると予測していたが，これは2005年春から雇用回復の動きが出てきたことと符合する．時間当たり実質賃金を時間当たり労働生産性で除したものが労働分配率になることを踏まえると，この議論は1975年から87年の労働分配率の平均で，その後の労働分配率の水準を評価しているものにほかならない．

松岡 (2002) が均衡水準の期間として1975年から87年の時点を特定化したのは，時短ショックが始まるまでの期間としてと推察される．しかし，時短ショックは製造業と非製造業で影響の大きさが異なったと考えられること[2)] を踏まえると，労働分配率の均衡水準を特定するには根拠が不十分であるといわざるを得ない．

均衡水準を特定化することの難しさは，雇用変動の分析をマクロ全体で行っていることに起因しているのではないか．こうした問題意識から，本稿では1990年代以降の景気循環局面において生じた雇用変動の特徴を，産業別の変動を重視しながら分析する[3)]．

分析対象の期間は，第1次石油ショック後の戦後の第8番目の景気循環が始まった1975年1-3月期から，本稿執筆時点で至近であった2005年10-12月期

2) 製造業，特に伝統的な労働者のイメージである製造現場は労働時間と産出の関係が明確であり，1990年代初頭に化学業界を取材していた筆者も，取材先の人事担当者が，時短ショックの下でのシフト勤務の組み直しに頭を悩ませていたことを記憶している．一方で，事務，営業社員の比率が高い非製造業ではそれがあまり明確ではなかったと思われる．

3) なお，産業別雇用変動については，内閣府経済社会総合研究所 (2003)，玄田 (2004) において，雇用創出と消失という観点から年単位データを用いて詳細な分析が行われている．本章では四半期データを用い景気循環との関係に着目することで，新たなファクトファインディングを加えたい．

までとし，バブル景気が始まる前までの期間1（1975年1-3月～1986年10-12月），バブル景気の期間（1987年1-3月～1993年10-12月），バブル崩壊後の期間2（1994年1-3月～2005年10-12月）に3分割する[4]．

本章の構成は以下の通りである．第2節では，雇用者，自営業者，家族従業者を合計した最もカバレッジの広い雇用指標である，『労働力調査』（総務省，以下労調）の就業者数を使って，全産業ベース[5]と産業別の雇用変動の特徴を整理する．第3節では，産業別の労働分配率の推移とその特徴について考察する．単位根検定（ADF検定）を使った定常性の確認などを行う．第4節では，第3節までの検討を踏まえ，産業別データを用いた雇用調整関数のパネル推定を行い，マクロデータによる雇用調整関数との違いを確認する．第5節はまとめである．

2. 1990年代の雇用変動の特徴

2.1 雇用伸び率低下への産業別寄与

マクロの雇用でみると，期間1から期間2にかけて就業者数伸び率は1.47ポイント下落した．これを産業別[6]で要因分解すると，製造業（期間1の寄与度：0.01%→期間2の寄与度：−0.52%），卸・小売業（0.44%→−0.07%），建設業（0.13%→−0.10%）の落ち込みと，サービス業（0.67%→0.64%）が雇用の下支え役であったことでほとんど説明がつく（図11-1）．

一方，製造業と建設業が期間1からバブル景気にかけて寄与度を高め，バブル景気から期間2にかけて，その反動も含めて雇用全体を押し下げたのに対し，卸・小売業は期間1→バブル期→期間2と寄与を一貫して縮小させている．

産業別の雇用変動の違いは，当該産業の就業者に占めるウエートの変化からも伺える．図11-2は就業者数に占める各産業の比率を5年おきに示したものである[7]．製造業のウエートはほぼ一貫して低下傾向にあるものの，1990年代

4) 後述するように使用するデータの都合により，期間が短い分析も混在する．
5) 本章では，農林水産業と公務を除いた雇用変動を全産業ベースとして分析する．具体的なデータ加工の方法については，他の指標も含めて本章末のデータ補論にまとめた．
6) 大分類の7産業．ウエートが非常に小さいため鉱業と電気ガス・熱供給・水道業は合計した．

図 11-1　就業者数伸び率平均の寄与度分解

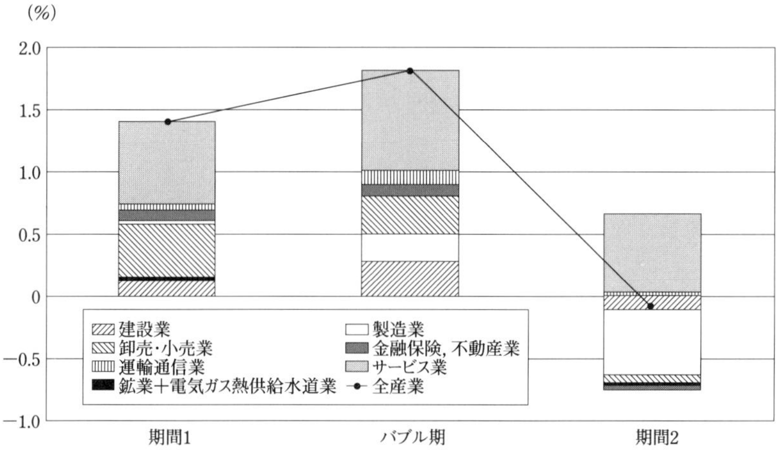

図 11-2　産業別就業者数ウエートの変化

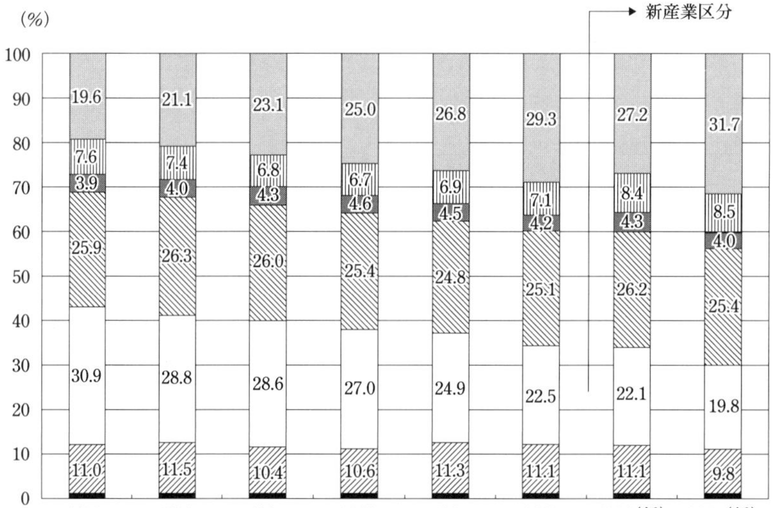

7）産業区分の変更により，旧区分のデータは 2002 年までしか入手できず，新区分のデータは 1998 年までしか遡及されていないため，2000 年は比較が容易なように，新旧両方の区分を表示した．新しい業種区分のデータを旧区分に加工した手順の詳細はデータ補論参照．

に入ってそれが加速している．具体的に確認すると，第1次石油ショック直後の1975年から1980年にかけて製造業のウエートは2.1ポイント低下した．1980年代に入ると低下テンポはいったん緩やかになった．そして1990年代に入ると，2.1ポイント（1990年→1995年），2.4ポイント（1995年→2000年），2.3ポイント（2000年→2005年）とウエート低下が加速した．

逆にサービス業のウエートは上昇傾向にあるが，1990年代後半から上昇テンポが加速している．1990年代半ばまでは5年間で2ポイント弱のウエート上昇であったが，1990年代後半以降は2.5ポイント（1995年→2000年），4.5ポイント（2000年→2005年）と加速した．特に2000年から2005年にかけては，サービス業以外のすべての産業がウエートを低下させており，サービス業が唯一の雇用下支え役であった．

このほかの産業のウエートを確認すると，卸売・小売業は1980年をピークに1995年までウエートの低下が続いた後，1990年代後半にいったん下げ止まったが，2000年以降は再び下落している．金融保険，不動産業は1990年にかけてじりじりとウエートを上昇させた後，1990年代はウエートを低下させてきている．建設業のウエートは10-11%の間で推移してきたが，2000年から2005年の間で急低下した．このように，産業ごとに就業者伸び率のトレンドの転換点は異なる．

2.2 産業別付加価値ウエートの変化との関係

Prasad (1996) は1968年から1994年までの日本について，（1）製造業の雇用者数に占める比率が日本ではトレンド的に低下，逆にサービス業の雇用者数の比率がトレンド的に上昇，（2）製造業の労働生産性上昇によって，製造業の産出額に占めるウエートは安定的に推移している――ことを指摘している．本項では，Prasad (1996) の分析手法に基づき，最近時点までの産業別付加価値ウエートと就業者数ウエートの関係について確認する．

データは『法人企業統計季報』（財務省）を使う．Prasad (1996) は，国民経済計算ベースのデータを用いて分析しているが，（1）営業余剰に，擬制的な利益である持ち家産業の営業余剰が含まれる，（2）2002年の93 SNAへの移行，直近の2000年基準への移行などにより，長期的に整合性のある時系列データを得ることが困難――という問題がある．『法人企業統計季報』を使うこ

図 11-3　産業別付加価値ウエートと就業者数ウエート

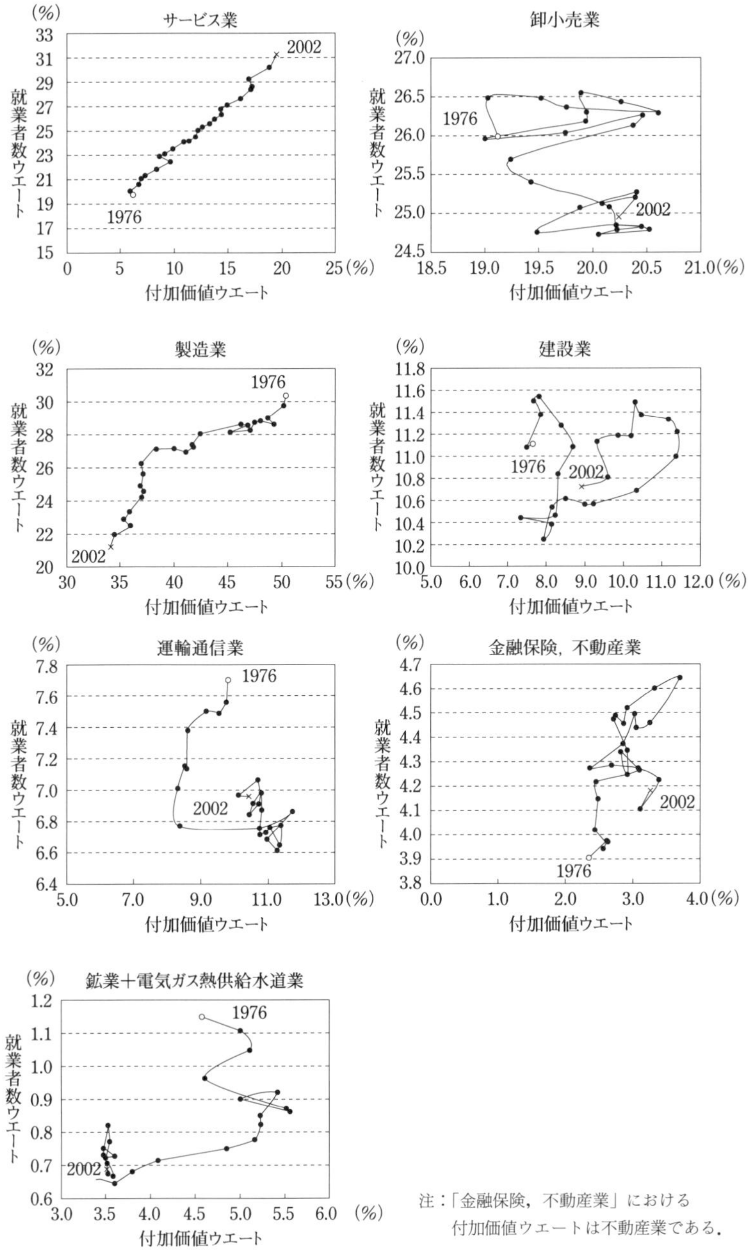

注：「金融保険，不動産業」における付加価値ウエートは不動産業である．

とで四半期ベースの動きも把握でき，推計に使えるというメリットもある．

図11-3は，1976年から2002年までの『法人企業統計季報』を使って，産業別の付加価値（＝営業利益＋人件費＋減価償却費）が全産業に占めるウエートと，産業別の就業者数が全産業に占めるウエートの関係を示している．サービス業，運輸通信業の付加価値データは1975年4-6月期以降しかデータが存在しないこと，法人企業統計は2004年4-6月期に大幅な産業分類の変更を行ったこと[8]，就業者数の産業区分が2003年以降変更されていることを考慮し，考察する期間が短くなっている．就業者数との平仄を合わせるために，法人企業統計の全産業から農林水産業を除いている．なお，法人企業統計には金融・保険業が含まれていないため，金融・保険，不動産業の就業者数ウエートと不動産業の付加価値ウエートを比較している．

サービス業については付加価値ウエート上昇に沿って就業者数ウエートが上昇するという関係が明瞭に表れている．しかもそのトレンドに変化は伺えない．経済のサービス化の進展に伴って，就業者数のウエートが高まるという姿である．

製造業は付加価値ウエートの下落に沿って，就業者数ウエートが低下している点では，サービス業と似ているが，1993年を境にトレンドが変化している．付加価値ウエートはさほど下がっていないにもかかわらず，就業者数ウエートが大きく低下している．経済のサービス化以外の影響が1990年代には加わっていると思われる．

建設業は1990年代までとそれ以降の違いがはっきりと表れている．すなわち，1980年代までは付加価値ウエートが大きく変わらない中で就業者ウエートが低下してきた．労働生産性の上昇による効果と考えられる．しかし，1990年代前後からは付加価値ウエートが上昇する中で就業者数ウエートが高まった，そして1990年代後半以降は付加価値ウエートが低下する中で就業者数ウエートも低下している．これは，バブル崩壊後の景気対策が，公共投資の増額や住宅投資を刺激する税制など建設業を中心としたものであったこと，そして，

8）本章の分析に関係ある変更では，（1）製造業から出版関連が除かれ，非製造業の情報通信業に移管したこと，（2）卸売・小売業から飲食店が除かれたこと，（3）サービス業の中から情報通信関連サービスなどが除かれたこと――が挙げられる．

1990年代後半からは財政再建路線，小泉構造改革路線の中で公共投資の圧縮が進んだこと，を映じていると考えられる．

運輸通信業は1976年から1984年にかけての付加価値ウエートと就業者数ウエートの関係が，それ以降大きくシフトしている姿が伺える．これは，1985年に旧電電公社が民営化され，日本電信電話が誕生したタイミングと合致する．また，その後も小刻みなシフトが起きていることが伺える．情報通信業における激しい競争環境を映じたものと思われる．

鉱業＋電気ガス熱供給水道業については1990年代に入ってから，付加価値ウエートが変化しない中で，就業者数ウエートが上昇した後に低下するという姿が伺える．電気ガス熱供給水道業の公益事業的な性格から雇用調整が遅れ，1990年代後半以降は電力自由化などの影響が出てきた可能性が伺える．

このほか，金融保険・不動産業，鉱業＋電気ガス熱供給水道業については就業者数と付加価値のウエートの間に正の関係があるようにも見えるが，製造業やサービス業ほどはに明瞭ではない．卸小売業は明瞭な関係が伺えない．

2.3　産業別雇用と景気との相関

大澤他(2002)などにおいても指摘されているように，マクロデータでは，就業者数伸び率と実質GDP成長率（ともに前年同期比）の時差相関は，期間1では有意なものがなく，期間2では有意になるという特徴がある．一方，産業別雇用と景気の相関を確認すると，(1)マクロデータと同様の傾向を見せているのは，サービス業と製造業の2業種のみ，(2)建設業や運輸通信業は，マクロデータとは逆に，期間1では有意な時差相関があり，期間2では有意ではなくなる，(3)その他の業種は期間1，期間2ともに有意な時差相関が観察されない，という結果となった．このように，期間2において景気に対する感応度が高まるという傾向は，各産業にまたがった共通のものではない[9]．

サービス業と製造業は，図11-2からわかるように，2業種あわせて全産業

9) 実質GDPは，1994年10-12月期までは，68 SNA・1990年基準データ，1995年1-3月期以降は93 SNA・2000年基準データを用いている．1980年から1993年までについては，93 SNA・1995年基準データも利用可能である．しかし，同データは1994年以降とそれ以前において推計方法が異なることから，1993年の各四半期の前年同期比にイレギュラーな動きが出ているため，使用しない．

の就業者数の5割強を占める．マクロベースで1990年代に入って伺えた，雇用変動と景気変動の相関の高まりは，ウエートの高い2業種の影響を受けたものである可能性がある．

3. 産業別労働分配率の推移とその特徴

1990年代のマクロの雇用回復を妨げたものとして，企業の雇用過剰感の高まりがかねて指摘され，その尺度として労働分配率が注目されてきた．本節ではこの労働分配率の推移，1990年代における特徴について産業別に確認する．

3.1 労働分配率のトレンドと理論的背景

Blanchard (1997) および Blanchard (1998) のモデルを踏まえた，西崎・須合 (2001) が示すように，収穫一定のCES型生産関数，企業の利潤最大化を前提とすると，均衡において実質賃金と労働の限界生産力は等しくなり，労働分配率は（1）式で与えられる．

$$\frac{WL}{PY}=\alpha\left[\frac{Y}{\Lambda_{l}L}\right]^{\left(\frac{1-\sigma}{\sigma}\right)} \tag{1}$$

ここで，σは労働と資本の代替弾力性，Λ_{l}はTFPの水準である．$\sigma=1$のケース，すなわちコブ＝ダグラス型の生産関数を前提とすると，右辺はαで一定となる．そして，TFPを一定とすれば，σが1より小さいと労働生産性の上昇と労働分配率の上昇は正の相関を持ち，逆にσが1より大きいと負の相関を持つことになる．このように，労働分配率は理論的にみて，トレンドなし，上昇トレンド，低下トレンドのいずれの可能性もある．

西崎・須合 (2001) はこうした理論的背景をもとに，労働分配率を実質賃金と労働生産性に分解，両者の共和分関係を確認し，労働分配率が緩やかな上昇トレンドを持っていることを示した．本章では，労働分配率データの単位根検定（ADF検定）を行うことで，全産業および産業別の労働分配率の時系列的な性格を確認する．単位根検定により労働分配率データが定常との結果が出れば，労働分配率は当該期間において，長期トレンド（もしくは平均値）の周りを回っていると考えられるためである．

3.2　労働分配率の単位根検定

単位根検定は全期間，期間1，期間2のそれぞれについて行った．2004年4-6月期に法人企業統計が大幅な産業分類の変更を行ったため，データの継続性が確保できない産業が存在することから，全期間は1975年1-3月～2004年1-3月期，期間2は1994年1-3月期～2004年1-3月期に短縮している[10)]．

検定結果は表11-1の通りである．

まず，いずれの期間においても全産業の労働分配率は非定常との結果が得ら

表11-1　労働分配率の単位根検定の結果

		トレンド項なし		トレンド項あり			
		ADF値	p値	ADF値	p値	トレンド項の係数	p値
全産業	期間1	−1.635	0.457	−1.828	0.675	0.010	0.258
	期間2	−1.634	0.457	−1.926	0.623	−0.018	0.189
	全期間	−1.614	0.472	−2.601	0.281	0.006	0.115
サービス業	期間1	−2.940	0.049	−3.675	0.035	−0.036	0.049
	期間2	−3.720	0.007	−3.654	0.037	−0.010	0.666
	全期間	−2.859	0.053	−3.061	0.121	0.006	0.279
卸・小売業	期間1	−1.514	0.517	−3.246	0.089	0.087	0.007
	期間2	−2.718	0.079	−3.006	0.143	−0.027	0.192
	全期間	−1.911	0.326	−2.504	0.326	0.016	0.085
製造業	期間1	−3.167	0.029	−3.159	0.106	0.006	0.675
	期間2	−3.890	0.005	−4.192	0.010	−0.020	0.156
	全期間	−3.112	0.028	−4.041	0.010	0.011	0.013
建設業	期間1	−3.296	0.021	−3.247	0.088	0.033	0.235
	期間2	−2.071	0.257	−2.105	0.528	0.105	0.185
	全期間	−1.602	0.479	−1.764	0.716	0.008	0.396
運輸通信業	期間1	−2.593	0.102	−2.844	0.190	−0.028	0.212
	期間2	−0.674	0.842	−4.776	0.002	−0.166	0.000
	全期間	−1.209	0.669	−3.024	0.130	−0.027	0.006
不動産業	期間1	−3.452	0.014	−3.772	0.027	−0.047	0.110
	期間2	−2.270	0.186	−2.262	0.444	−0.040	0.287
	全期間	−2.484	0.122	−2.739	0.223	0.010	0.251
鉱業＋電気ガス熱供給水道業	期間1	−2.450	0.134	−4.079	0.013	−0.146	0.003
	期間2	−2.910	0.053	−3.826	0.025	0.048	0.059
	全期間	−3.054	0.033	−2.907	0.164	0.002	0.778

10) サービス業，運輸通信業については，データの制約から全期間，期間1の始期が1975年4-6月期となっている．

れた．西崎・須合 (2001) の結果とは異なり，本章では全産業の労働分配率の均衡水準が一定ともトレンドを持つとも確認できなかった．また，期間 1 においても定常性が確認されないことから，松岡 (2002) のように 1975-1987 年の平均を均衡水準と考えることは必ずしも妥当とは言えない．

次に産業別の労働分配率について確認する．有意水準 5%で全期間で定常性が確認できたのは，製造業（トレンド項なし，トレンド項ありのモデル），鉱業＋電気ガス熱供給水道業（トレンド項なしのモデル）．有意水準 10%まで引き上げると，サービス業（トレンド項なしのモデル）も全期間で定常性が確認できた．この他の業種については，期間 1 では有意水準 5%で建設業（トレンド項なしのモデル），不動産業（トレンド項なし，トレンド項ありのモデル）で定常性が確認できた．有意水準 10%まで引き上げると，建設業がトレンド項ありのモデルでも定常性を確認できたほか，卸・小売業（トレンド項ありのモデル）も定常性が確認できた．

期間 2 では有意水準 5%で運輸通信業（トレンド項ありのモデル）の定常性が確認できた．有意水準 10%まで引き上げると卸・小売業（トレンド項なしのモデル）で定常性が確認できた．産業別の単位根検定の結果を見る限り，西崎・須合 (2001) が示すような，第 1 次石油ショックから近年までに明確な労働分配率の上昇トレンドが確認できたのは，製造業のみである．むしろ，1990 年代以降の期間 2 においては，運輸通信業では低下トレンドの存在も伺える．

一方，多くの産業において，少なくとも期間 1 まではトレンド項なしのモデルの定常性が確認されたことは，松岡 (2002) の分析結果と整合的である．この結果は，松岡 (2002) の分析が近年の雇用回復をほぼ正確に予測していたことと関係がありそうだ．

3.3 労働分配率の水準評価

さて，以上の単位根検定の結果を踏まえ，産業別労働分配率の水準について評価を行う．図 11-4 は産業別の労働分配率を，（1）全期間でトレンドなしモデル定常性が確認された，サービス業，製造業，鉱業＋電気ガス熱供給水道業については全期間の平均，（2）期間 1 についてのみ，トレンドなしモデルで定常性が確認された，建設業，不動産業については期間 1 の平均，（3）卸小売業は期間 1 に上方トレンド，それ以降は一定，運輸通信業については前半は

図 11-4　産業別労働分配率の推移

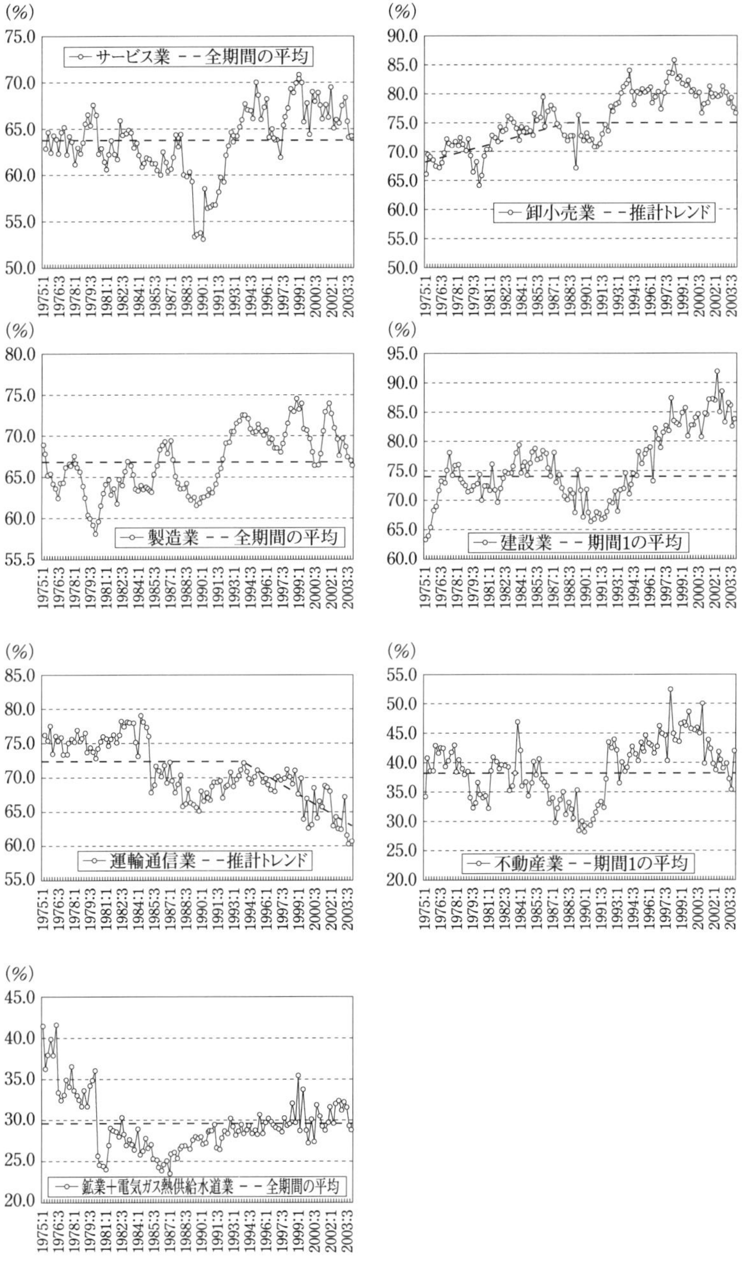

一定，期間2で下方トレンドというややアドホックな推計トレンド，と重ね合わせて描いたものである．それぞれの線のうち，少なくとも（1）は労働分配率の均衡水準の近傍をとらえていると考えられる．

この結果と，図11-3における産業別付加価値ウエートと就業者数の関係についての考察，そして日銀短観における企業の雇用過剰感のアンケート結果[11)]を組み合わせると，産業別の就業者数の変動の特徴は以下のようにまとめられる．就業者数に占めるウエートの高い産業からまとめる．

サービス業は，1990年代に労働分配率が均衡水準から上方に乖離した後，2004年ごろに均衡水準に戻っている．これは，日銀短観における「雇用人員判断DI[12)]」が2003年末時点でほぼゼロとなっていることと整合的である．一方，図11-3での考察では，サービス業で雇用過剰感が高まったと思われる1990年代でも，就業者数ウエートと付加価値ウエートの関係に変化がなく，過剰感による雇用調整の姿が伺えない．

卸・小売業も1990年代に労働分配率が均衡水準から上方に乖離した後，2004年ごろでもわずかに上方乖離が続いている．これも，日銀短観における「雇用人員判断DI」が2003年末時点でも5ポイントのプラスであったことと整合的である．しかし，図11-3での考察では，就業者数ウエートと付加価値ウエートの間に明確な関係が伺えない．

製造業の動きはサービス業と同様である．2004年ごろには労働分配率が均衡水準に戻っている．しかし，日銀短観における「雇用人員判断DI」が2003年末時点でもプラス10と比較的高い過剰感を示していることとはややズレが生じている．一方，前項の単位根検定の結果においては，製造業の労働分配率の均衡水準は上方トレンドを持っている可能性もあるが，上方トレンドを前提とすると，2004年にはすでに労働分配率が均衡水準を下回っていることになり，「雇用人員判断DI」とのズレはさらに拡大する．少なくとも，図11-4のように，全期間平均が均衡水準と想定する方が，上方トレンドを前提とするよりも妥当と考えられる．

11）『法人企業統計季報』の業種分類と短観のそれが完全に一致していないことには留意が必要である．

12）全規模ベース．雇用が過剰と考えている企業の比率から不足と考えている企業の比率を差し引いたもの．このDIがプラス（マイナス）だと，雇用が過剰（不足）と考えている企業が多いことを示す．

なお，図11-3での考察では，製造業で雇用過剰感が高まったと思われる1990年代半ばで，就業者数ウエートと付加価値ウエートの関係に変化が起きており，過剰感による雇用調整の姿が確認できる．

建設業は，他の業種の労働分配率がほぼ均衡水準に近づいている中で，過剰感がかなり残っている．これは，「雇用人員判断DI」において，2003年末時点でプラス15と製造業を上回る過剰感を示していることと整合的である．図11-3での考察でも，1990年代前半の景気対策などを反映した付加価値ウエートの上昇が就業者数の伸び率拡大につながり，1990年代後半からはその反動が出ている姿が確認できる．

運輸通信業は，2004年初頭でほぼ労働分配率が均衡水準に近づいている．一方，「雇用判断DI」では，運輸業は＋14と過剰感が高く，情報通信業は−5と雇用不足感が強い．両方をあわせたデータはないが，総合するとやや過剰感が強いと思われる．運輸通信業の労働分配率の均衡水準は，より強い下方トレンドがある可能性が伺える．3.1項の理論的整理を踏まえれば，これは労働と資本の代替性を示すσが1より大きく，労働生産性の上昇が労働分配率の低下に結びつく姿になっていることを示唆している．実際，図11-3での考察でも，付加価値ウエートと就業者数ウエートに負の相関が確認できる．

不動産業も2004年初頭でほぼ労働分配率が均衡水準に近づいている．これは「雇用判断DI」が2003年末段階でほぼゼロになっていることと整合的である．一方，金融保険・不動産業とベースは異なるが，図11-3での考察では，バブル景気近辺から付加価値ウエートが変化しない中で就業者数ウエートが高まり，1990年代半ば以降に雇用調整が起きている姿が確認できる．

最後に，鉱業＋電気ガス熱供給水道業は，1990年代においてあまり大きな労働分配率の均衡水準からの乖離を観察できない．これは，「雇用人員判断DI」の鉱業や電気ガス業が2003年末でもそれぞれプラス9，プラス5と過剰感が残っていることとズレがある．図11-3での考察でも，1990年代において付加価値ウエートが変化しない中で就業者数ウエートが上下するという雇用調整の姿が確認できる．これは，バブル崩壊後において，公益性の高い電気ガス業では目立った雇用の削減が当初行われず，1990年代後半になってからは自由化の流れの中で，雇用抑制が行われたという姿を映じている可能性もあろう．

4.　実証分析

4.1　マクロデータによる雇用調整関数

前節までの観察を踏まえ，産業別の雇用変動要因の違いを踏まえた，全産業ベースの雇用調整関数を推定する．

大澤他 (2002) は景気変動 (実質 GDP の前年同期比伸び率) に対する雇用変動の反応を推定した際に，バブル崩壊後の期間については，定数項が小さくなっていることが，雇用のトレンド的な伸び率の弱まり傾向の 1 つの根拠としていた．前節までの産業別雇用変動の考察で，労働分配率の均衡からの乖離や付加価値ウエートの変化が雇用のトレンド的な変化の要因であることがわかった．こうした変数を組み合わせることで，有意な負の定数項が解消されれば，1990 年代の雇用の低迷と直近での回復基調の両方を説明できるであろう．

まず，基本推定として樋口 (2001) など多くの先行研究で推定されている雇用調整関数を推定した．同時性バイアスを考慮し，説明変数はすべて 1 期前とし，期間 2 に 1，それ以外の期間は 0 とするダミー変数も加えた．就業者数伸び率 (前年同期比) を ΔL_t，実質 GDP 成長率 (前年同期比) を ΔY_t，実質賃金上昇率 (名目賃金上昇率－GDP デフレーターの前年同期比[13]) を ΔW_t，ダミーを D とすると，(2) 式となる．

$$\Delta L_t = \alpha_0 + D\alpha_1 + (\beta_0 + D\beta_1)\Delta Y_{t-1} + (\gamma_0 + D\gamma_1)\Delta W_{t-1} + (\delta_0 + D\delta_1)\Delta L_{t-1} \quad (2)$$

すべての変数は，ADF 検定によって定常性を確認している．実質 GDP 成長率は景気の代理変数として使用しており，符号条件は正が期待される．一方，実質賃金の上昇は企業収益を圧迫することを通じて雇用を抑制することから，符号条件は負が期待される．

推定結果は表 11-2 の通り．定数項と定数項ダミーの合計 ($\alpha_0 + \alpha_1$) が負となっており，Wald 検定を行ったところ，$\alpha_0 + \alpha_1$ が 0 であるという帰無仮説を有意水準 1% で棄却した．期間 2 において，就業者数伸び率には有意な負のトレ

13) GDP デフレーターは実質 GDP との平仄を合わせるため，1994 年 10-12 月期までは，68 SNA・1990 年基準データ，1995 年 1-3 月期以降は 93 SNA・2000 年基準データを用いている．

表 11-2　マクロデータによる雇用調整関数の推定結果

	係数	p 値
実質 GDP 成長率（1 期ラグ）	0.092	0.007
実質 GDP 成長率（1 期ラグ）×ダミー	0.108	0.027
実質賃金上昇率（1 期ラグ）	0.032	0.434
実質賃金上昇率（1 期ラグ）×ダミー	−0.030	0.542
自己ラグ（1 期ラグ）	0.631	0.000
自己ラグ（1 期ラグ）×ダミー	−0.027	0.759
定数項	0.190	0.057
定数項ダミー	−0.454	0.000
修正 R^2	0.855	

注：推計期間＝1976 年 1-3 月〜2004 年 1-3 月
　　ダミーは，1994 年 1-3 月〜2005 年 10-12 月が 1，その他の期間は 0

ンドが確認される．また，実質 GDP 成長率（1 期ラグ）×ダミーの係数が 5％水準で有意に正となっている．期間 2 において，景気に対する就業者数伸び率の感応度が高まっていることが確認される．これは，大澤他（2002）で確認された，1990 年代以降の日本の雇用変動の特徴を表している．なお，実質賃金上昇率（1 期前）および実質賃金上昇率（1 期ラグ）×ダミーの係数は 10％水準まで許容しても有意とならない．

4.2　パネルデータによる雇用調整関数

次に，この基本モデルを産業別のパネルデータを用いて推定する．前項のマクロデータとの関連性を維持するために，被説明変数は，産業別（各産業を i とする）の就業者数伸び率の寄与度（$\Delta L'_{i,t}$）とする．推定すべきモデルは，（3）式となり，ここで $\Delta Y'_{i,t-1}$ は実質 GDP 成長率に対する産業別の寄与度となる．

産業別の雇用調整関数の推計の先行研究としては，例えば井出（1993）がある．そこでは，産業別産出高（国民経済計算における経済活動別の実質 GDP）に対する産業別雇用の反応を推定している．しかし，同産出高は暦年ベースしかデータが存在せず，井出は一定の方法で四半期分割して推定しているが，アドホックさが否めない．

本章では，第 2 節における産業別付加価値ウエートと就業者数ウエートの関係についての考察結果を踏まえ，この付加価値ウエートを使って，全体の実質

GDP 成長率を各産業に寄与度分解し，説明変数に使うこととした[14]．

また，α'_{3i} は固定効果であり，$\sum_i \alpha'_{3i}=0$ である．F 検定により，プーリング推定法ではなく固定効果モデルを選択すると含まれる[15]．

$$\Delta L'_{i,t}=\alpha'_1+D\alpha'_2+\alpha'_{3i}+(\beta'_1+D\beta'_2)\Delta Y'_{i,t-1} +(\gamma'_1+D\gamma'_2)\Delta W_{i,t-1}+(\delta'_1+D\delta'_2)\Delta L'_{i,t-1} \quad (3)$$

マクロデータにおいて確認された，期間 2 における就業者数伸び率の負のトレンドが存在するかどうかは，定数項と定数項ダミーの合計，すなわち $\alpha'_1+\alpha'_2$ の符号および，それが 0 であるという帰無仮説を棄却できるかどうかで判断できる．同様に，期間 2 において，景気に対する就業者数伸び率の感応度が高まっているかどうかは，実質 GDP 成長率（1 期ラグ）×ダミーにかかる係数（β'_2）の符号および有意性で判断できることになる．

（3）式を推定した結果が，表 11-3 の推定 1 である．F 検定に基づき固定効果モデルを採用，SUR で推定した．Wald 検定の結果，$\alpha'_1+\alpha'_2=0$ という帰無仮説は棄却できなかった．1990 年代まで存在した就業者数伸び率のプラスのトレンドはなくなったものの，期間 2 においてそれが有意に負になるには至らなかったということになる．また，実質 GDP 成長率（1 期ラグ）×ダミーにかかる係数（β'_2）は有意水準 10％まで許容しても，有意ではなくなった．

一方，表 11-2 のマクロデータによる推定，そして産業別パネルデータを利用した表 11-3 の推定 1 ともに，実質賃金上昇率が期待される符号条件（負）を満たしていない．そこで，前節までの検討を踏まえ，均衡水準と想定した労働分配率と，現実の労働分配率水準の乖離の 1 期ラグを，賃金の 1 期ラグの代わりに説明変数に加えてみる．労働分配率が均衡水準を上回ったときには就業者数の伸び率を押し下げるというエラーコレクション的な役割を狙っており，符号は負が期待される．

エラーコレクションモデルに基づいた雇用調整関数の推定としては，西崎・須合（2001）がある．同論文は，雇用者数，実質賃金などすべての変数を法人

14）詳細は本稿末のデータ補論参照．

15）クロスセクションが 7 業種しかない一方で，推定すべき係数が 8 つあることから，変量効果モデルは選択の余地がなかった．参考のために，ダミー変数のない推定式でハウスマン検定を行ったところ，固定効果モデルを選択した．また，このモデルではクロスセクションが 7 業種に対して，時系列方向が 111 四半期と大きいので，Hisao（2002）にあるように最小二乗法で推定してもパラメータは一致推定量が得られる．

表 11-3　雇用調整関数のパネル推定結果

		推定 1		推定 2		推定 3	
		係数	p 値	係数	p 値	係数	p 値
実質 GDP 成長率（1 期ラグ）		0.030	0.001	0.024	0.005	0.024	0.006
実質 GDP 成長率（1 期ラグ）×ダミー		0.029	0.156	0.029	0.157	0.028	0.170
実質賃金上昇率（1 期ラグ）		0.000	0.970				
実質賃金上昇率（1 期ラグ）×ダミー		0.000	0.948				
自己ラグ		0.559	0.000	0.534	0.000	0.531	0.000
自己ラグ×ダミー		0.029	0.598	0.047	0.385	0.052	0.339
労働分配率の均衡からの乖離（1 期ラグ）				−0.006	0.000	−0.006	0.000
雇用者比率（前年同期差）						−0.010	0.022
定数項		0.071	0.000	0.076	0.000	0.079	0.000
定数項ダミー		−0.065	0.000	−0.052	0.000	−0.053	0.000
固定効果	建設業	−0.017		−0.009		−0.010	
	製造業	−0.102		−0.106		−0.105	
	卸小売業	0.024		0.036		0.041	
	運輸通信業	−0.036		−0.043		−0.046	
	金融保険業	−0.029		−0.034		−0.036	
	サービス業	0.215		0.223		0.225	
	鉱業＋電気ガス熱供給水道業	−0.055		−0.067		−0.059	
修正 R^2		0.634		0.656		0.656	

注：推計期間＝1976 年 7-9 月～2004 年 1-3 月
　ダミーは，1994 年 1-3 月～2005 年 10-12 月が 1，その他の期間は 0

企業統計から作成し，実質賃金と労働生産性のエラーコレクションモデルを推定しているが，この方法では，第 3 節までの産業別雇用変動と本節の実証分析を結びつけることができない．そこで，労働分配率の長期均衡からの乖離を変数として使うことにした．

F 検定で固定効果モデルを選択し，SUR で推定した結果が推定 2 である．景気に対する反応が期間を通じて一定となる（ダミー×実質 GDP 成長率（1 期ラグ）の係数は有意ではない）点は推定 1 と同じである．一方，定数項，ダミー項の係数の合計はプラスとなった．Wald 検定の結果，$\alpha_1'+\alpha_2'=0$ という帰無仮説は棄却される．期間 2 において，就業者数伸び率のトレンドは縮小したものの，依然としてプラスを維持していたという結果となった．

さらに，産業別雇用の中身の変化にも考慮したのが推定 3 である．例えば，飯塚（2006）では，労調ベースの就業者数，雇用者数と，正規雇用の比率が高いと考えられる『毎月勤労統計調査』（厚生労働省，以下毎勤）の「常用雇用指数（事業所規模 30 人以上，以下同）」の変動，景気との相関の違いを産業ごとに観察した結果，（1）卸小売業の雇用変動は，雇用者比率の上昇や，非正規雇用比率の上昇が影響していること，（2）サービス業の雇用調整が1990年代において目立たなかった背景として，非正規雇用比率の急速な高まりがある可能性を指摘している．非正規雇用比率にデータの制約があることから，推定3では，雇用者比率の前年同期差を加えた．雇用者比率は有意水準10%まで許容すれば，有意にマイナスとなり，自営業者が廃業し，一部が雇用者に振り変わるという動きが就業者数の伸び率を抑制したことが明らかになった．より1990年代の傾向をとらえていると思われる，産業別の非正規雇用比率の推移については，データサンプルの期間が短いために，推定に用いることはできなかった．

以上の結果より，マクロデータによる雇用調整関数の推定結果から観察された，1990年代以降の雇用変動の特徴，すなわち（1）就業者数伸び率のマイナスのトレンド，（2）景気に対する感応度の高まり，はともにパネルデータを用いた推定では確認されなかった．さらに，実質賃金上昇率の代わりに労働分配率の均衡水準からの乖離を変数として加えると，就業者数伸び率のトレンドは期間2においてもプラスを維持していたということが伺えた．つまり，1990年代に就業者数伸び率にマイナスのトレンドが表れたように見えたのは，労働分配率の均衡水準からの乖離による雇用調整のためであり，その調整が完了した近年，雇用が本格回復の兆しを見せていることは何ら不思議ではないという結論となった．

なお，いずれの推定においても固定効果は依然として統計的に有意である．特に製造業で比較的大きなマイナスの固定効果，サービス業で大きなプラスの固定効果については，新たな説明変数を探す必要がある．

5. まとめ

本章は石油ショック後の1975年から現在までの景気循環と産業別雇用変動についてその特徴を分析するとともに，1990年代に構造的に伸びなくなったという見方が広がった雇用が，最近になって増加に転じつつある背景について考察した．

第2節では，全産業ベースの就業者数において1990年代以降に生まれた特徴，（1）伸び率のトレンド的な低下，（2）景気変動との相関の高まり――と，個々の産業の雇用変動の変化の関係を確認した．その結果，2 つの特徴ともに必ずしも産業を越えた共通要因ではないことがわかった．そして，(1)，(2) ともに，全産業の就業者数に占める割合の高い，製造業，サービス業の影響を受けている可能性があること——がわかった．

第 3 節では，産業別の労働分配率の推移を考察した．その結果，産業別の就業者数伸び率のトレンド変化は，付加価値ウエートの変化と，労働分配率の水準調整でほとんどが説明できた．一方，労働分配率の水準調整に伴う雇用調整が製造業では強く，サービス業では目立たなかった．また，第 2 節において，他産業とは異なる雇用調整メカニズムの可能性が観察された，卸小売業の雇用変動は説明できなかった．

第 4 節では，第 3 節までの検討を踏まえ，産業別の雇用関連データをパネルにし，雇用調整関数を推定した．1990 年代以降の雇用変動の特徴，すなわち (1) 就業者数伸び率のマイナスのトレンド，(2) 景気に対する感応度の高まり，はともにパネルデータを用いた推定では確認されなかった．

さらに，実質賃金上昇率の代わりに労働分配率の均衡水準からの乖離を変数として加えると，就業者数伸び率のトレンドは期間 2 においてもプラスを維持していたということが伺えた．つまり，1990 年代に就業者数伸び率にマイナスのトレンドが表れたように見えたのは，労働分配率の均衡水準からの乖離による雇用調整のためであり，雇用者数には緩やかながらも増加トレンドが存在している可能性が伺えた．それを踏まえれば，長期間続いた景気回復によって，労働分配率の調整が進んだ近年の日本経済において，雇用が本格回復の兆しを見せ始めたことも当然の帰結といえるだろう．

ただし，留意すべきは，(1) 1990 年代の雇用変動において，主な下押し役となったのが製造業である点，(2) その製造業において労働分配率の調整，雇用過剰感の解消が進んだ大きな背景として，堅調な米国・中国経済と割安な円相場によって，近年の輸出が毎年 2 ケタ増という 20 年ぶりの絶好調状態にある点——である．また，製造業については，本章で考察したすべての変数を織り込んだ推定 3 においても，明確なマイナスの個別効果の存在を解消することはできなかった．これは，企業が自由に生産拠点を選べるようになっていることから，歴史的な推移という観点から近年適正水準に戻ったと思われる製造業の労働分配率も，アジア諸国の台頭により一段の低下圧力を受けていることを示唆している．製造業の労働分配率について国際比較の観点からの分析が必要であろう．

国際比較の観点は，非製造業においても重要な可能性がある．水野 (2006) は，日本の卸小売業の労働生産性上昇率が国際的にみて非常に低いことを問題視しているが，卸小売業では，労働生産性の上昇率が低いゆえに，十分な雇用調整をしなくても景気が改善して，販売現場が忙しくなると人手不足感が高まり，雇用が増加してしまっている可能性があろう．本章で残された課題の第1である．

第2の残された課題は，本章において労働分配率の均衡水準の決定要因について明示的な分析が行えていなかったことである．本章では労働分配率の時系列変動に注目し，均衡水準を推定した．しかし，それが真の均衡水準を示している保証はない．

宮川 (2005) では，1990年代の日本経済の低迷を説明するうえで，労働分配率の上昇→利潤率の低下→資本蓄積の停滞というメカニズムを指摘している．このメカニズムは逆方向の動きも考えられる．つまり，資本蓄積の停滞が労働生産性成長率の鈍化を通じて労働分配率を上昇させる一方で，インフレ率の低下が実質賃金を高止まらせ，雇用の減少につながったことも考えられる．こうしたメカニズムを踏まえて，労働分配率の均衡水準を探る必要があると思われる．

さらに，製造業，サービス業ともに，分類内に多様な産業を抱えている．今回は大分類での分析によって，トレンドの変化を概観したが，さらに中分類での分析を行う必要もあろう．

補論 データの加工方法

以下では，本章で使用したデータの加工方法について整理する．

1. 就業者数，雇用者数，就業者数ウエート，雇用者比率（総務省「労働力調査」）および，非正規雇用比率（総務省「労働力調査特別集計」）

旧産業分類は2002年までしかデータがなく，新産業分類は1998年までしか遡及されていないため，以下のように接続した．2002年までは旧産業分類の農林水産業と公務を除く8大分類を使用．全産業はこの8大分類の合計とした．

なお，鉱業と電気ガス熱供給水道業は合計して1つの変数として使っているため，本章の分析対象は7産業となる．

2003年以降は新産業分類になるため，①医療・福祉，教育・学習支援，複合サービス，サービスの4分類を合計して「サービス業」，②金融保険，不動産を合計して「金融保険・不動産業」，③運輸，情報通信を合計して「運輸通信業」，④卸売・小売，飲食・宿泊を合計して「卸小売業」と括り直した．そのうえで，2002年までは旧産業分類の前年同期比系列，2003年以降は新産業分類を括り直した系列の前年同期比系列を各産業の就業者数および雇用者数の伸び率系列とした．分散の要因分解に必要な各産業の寄与度も，同様の計算方法を取った．

就業者数ウエート，雇用者比率，非正規雇用比率についても，上記のように括り直した産業分類で計算している．

2．産業別の実質GDP成長率（前年同期比，寄与度ベース）

t 期における産業 i の付加価値ウエートを $w_{i,t}$ とし，実質GDPを Y_t として，（4）式で算出した[16]．

$$\Delta Y_{i,t} = (w_{i,t} Y_t - w_{i,t-4} Y_{t-4}) / Y_{t-4} \qquad (4)$$

参考文献

飯塚信夫（2006），「景気循環と産業別雇用変動」，JCER Discussion Paper No. 92, 日本経済研究センター．

井出多佳子（1993），「ECMによる産業別雇用調整関数の計測―マクロ経済へのインプリケーション」，『日本経済研究』，第24号．

大澤直人・神山一成・中村康治・野口智弘・前田栄治（2002），「わが国の雇用・賃金の構造的変化について」，『日本銀行調査月報』，8月．

玄田有史（2004），『ジョブクリエイション』，日本経済新聞社．

内閣府経済社会総合研究所（2003），「雇用創出と失業に関する実証研究」，『経済分析』，第168号．

西崎健司・須合智広（2001），「わが国における労働分配率についての一考察」，Working

16）この付加価値ウエートは『法人企業統計季報』，すなわち名目値から算出したものであり，産業間のデフレーターの違いを考慮していないなどの問題が残ることは認識している．しかし，産業別デフレーターも暦年ベースでしか入手できないこと，第2節において付加価値ウエートと就業者数ウエートに一定の関係が見出せていることから，ここでは全体の実質GDP成長率を寄与度分解する手段として利用した．

Paper Series 01-8.
樋口美雄 (2001),『雇用と失業の経済学』, 日本経済新聞社.
松岡幹裕 (2002),「進展しつつある賃金調整―時短ショックの分析」. ドイツ証券東京支店.
水野和夫 (2006),「資産価格相互依存症候群と「ムーア, ビル・ゲイツ循環」」, 三菱UFJ証券経済調査部.
宮川努 (2005),『長期停滞の経済学―グローバル化と産業構造の変容』, 東京大学出版会.
Blanchard (1997), "The Medium Run", *Brookings Papers on Economic Activity*, Vol. 2, pp. 89-158.
Blanchard (1998), Revisiting European Unemployment: Unemployment, Capital Association and Factor Price", NBER Working Papers, No. 6566.
Hsiao, Cheng (2002), *Analysis of Panel Data*, Cambridge University Press.
Prasad (1996), "Sectoral shifts and structural change in the Japanese economy: Evidence and interpretation", *Japan and the World Economy*, Vol. 9, pp. 293-313.

第 12 章

R&Dおよび中間投入を通じた産業間のSpillover*

道路資本ストックの生産性効果

竹田陽介・小巻泰之

1. はじめに

社会資本ストックの蓄積が，民間経済活動の生産性を向上させる．この社会資本の生産性効果に関する実証分析は，日本においてさかんに行われ，その効果の存在が確認されてきた (Asako and Wakasugi, 1984；岩本，1990；三井・太田，1995；吉野・中島，1999)．また，米国における研究の嚆矢であるAschauer (1989) は，米国経済の 1970 年代における全要素生産性の低下の約半分が，公共事業の低下に起因することを示した．

しかし，先行研究では，産業連関を通じた生産性の Spillover によって，社会資本ストックの生産性効果が増幅・減衰される同時点間および動学的なメカニズムが考えられていない．本章では，産業連関を通じた Spillover 効果として，中間投入を通じた同時点間の Spillover 効果 (Basu and Fernald, 1995; Bartelsman, Caballero and Lyons, 1994)，および R&D を通じた動学的な効果 (Griliches and Lichtenberg, 1984; Scherer, 1984; Jaffe, 1986) の 2 つを考える．これらの産業連関を通じた生産性の Spillover 効果によって，社会資本ストックの生産性効果が増幅あるいは減衰されるのかについて，Aschauer (1989) 型の推定と比較することにより定量的に明らかにする．

本章での社会資本ストックの生産性効果の推定において考慮する点は，以下の 3 つである．第 1 に，上述したように，産業連関に起因する生産性の Spillover 効果の構造モデルを特定化する．産業ごとのデータを用いた先行研究で

* 浅子和美，川崎一泰，浜潟純大，本多佑三，三井清，宮川努，村澤康友，村田治の諸氏から有益なコメントをいただいた．また，滝澤美帆さんの研究協力を得た．全国銀行学術研究振興財団からの研究助成に感謝する．

は，社会資本ストックの生産性効果に関する誘導型を直接推定してきた．本章では，産業連関に起因する産業間の生産性のSpillover効果に着目し，産業別の全要素生産性に関する構造モデルを推定する．Spilloverの経路として，Basu and Fernald (1995) が示したように，規模に関して収穫一定および生産財市場の完全競争が成立しない場合において，付加価値ベースで測った全要素生産性が中間投入量に依存する経路，およびGriliches and Lichtenberg (1984) らが示したように，生産財に体化されたR&Dが川上産業から川下産業へと伝播していく経路の2つを考える．前者の経路は各産業間の全要素生産性に関して，中間投入物を介する同時点間のSpilloverを表すのに対して，後者の経路はR&Dの固定性のゆえに，全要素生産性の異時点間の動学的なSpilloverを表す．これら2つのSpilloverを表す構造モデルを，SURと三段階最小二乗法を用いて推定する．

第2に，上のように特定化された産業間の生産性のSpilloverを測るために，Shea (1993a ; 1993b) の指標に基づき，産業連関表のデータおよび技術フロー・マトリックスを用いて，それぞれ中間投入物およびR&Dに関する川上・川下産業の組み合わせを抽出する．こうして得られる事前情報を先の産業別全要素生産性の構造モデルに課すことにより，構造モデルの識別問題を考慮する．

第3に，社会資本として道路資本ストックを取り上げる．産業基盤に寄与する社会資本には道路のほか，港湾，空港，工業用水がある．道路資本ストックは，1998年において産業基盤型社会資本ストックの85%のシェアを占めるが，日本では物流が陸路での移出入の形態をとることが主流であるため，道路資本ストックは，その他の産業基盤社会資本ストックよりも大きな程度の混雑を伴う．したがって，米国に関してFernald (1999) が示したように混雑現象を考慮すると，日本でも道路資本ストックが全要素生産性を上昇させてきたとは必ずしも言えない．

本章の構成は以下の通りである．次節で産業別の全要素生産性に関する構造モデルを提示する．3節では本章で用いるデータの出所，加工方法を示す．また，産業連関を通じた生産性の伝播について，Shea (1993a, 1993b) の指標を基準に，産業間の川上・川下関係，R&DのSpilloverに関する産業間の川上・川下関係の組み合わせを抽出する．4節で産業間の生産性のSpillover効果を考慮した道路資本ストックの生産力効果の推計結果を示し，Aschauer

(1989) 型の推計との比較を行う．最後に結論を述べる．

2.　産業別の全要素生産性に関する構造モデル

n 産業によって構成されるマクロ経済における産業別の全要素生産性に関するモデルとして，式 (1) のような構造型を考える．

$$A_t = \rho A_{t-1} + \beta R_t + \alpha A_t \quad (1)$$

産業別の全要素生産性を表す列ベクトル $A_t = [A_{1t} \cdots A_{it} \cdots A_{nt}]^t$ は，3つの要因によって決定される．

第1に，企業のR&D活動によって各産業の生産物に体化された科学技術 (Embodied R&D) のSpillover (Griliches and Lichtenberg, 1984 ; Scherer, 1984 ; Jaffe, 1986) を表す，過去の各産業の生産性である．各産業の生産物に体化されたR&Dは，産業連関を通じて川上 (Upstream) の産業から川下 (Downstream) の産業へ伝播 (Spillover) する．$n \times n$ 行列である係数 ρ の各要素は，産業間のR&DのSpilloverを表す．ここでは，Spilloverのラグとして一期間を想定し，前期の産業別の生産性 A_{t-1} を説明変数とする．

第2に，道路などの社会資本が各産業の生産性に寄与する効果である．社会資本ストックの成長率を表す R_t は，Aschauer (1989) が示したように，ラグをもたずに各産業の生産性の上昇に影響する．ここでは，各産業に関連する社会資本 R_t として，道路資本ストック全体を取り上げる．係数 β は $n \times 1$ 行列である．

第3に，各産業が投入する中間投入物を通じた効果である．産業連関において川下に位置する産業に属する企業は，川上にある産業の企業の生産物を中間投入物として生産要素として利用する．Basu and Fernald (1995), Bartelsman, Caballero and Lyons (1994) が指摘したように，規模に関して収穫一定および生産財市場の完全競争が成立していない場合には，付加価値 (Value Added) ベースで測った全要素生産性であっても，中間投入量に依存する．産業 i がその川上に位置する産業 j の生産物を多く中間投入物として投入している場合，$n \times n$ 行列である係数 α の第 (i, j) 要素 α_{ij} が有意に正の値をとると考えられる．

産業別の全要素生産性を内生変数とする，式 (1) で表される構造型モデルは，正規性条件の下で，次のVARモデル（2）を誘導型として導出することができる．

$$A_t=(I-\alpha)^{-1}\rho A_{t-1}+(I-\alpha)^{-1}\beta R_t \qquad (2)$$

式（2）から正規性条件の下で，

$$A_t=[I-(I-\alpha)^{-1}\rho L]^{-1}(I-\alpha)^{-1}\beta R_t \qquad (2)'$$

が得られる（ただし，Lはラグ・オペレーターを意味する）．式（2）′は，Aschauer (1989) が社会資本の生産性効果を推定するために用いたモデルである．式（1）の誘導型である式（2）あるいは式（2）′のn^2個の推定値から，構造型である式（1）におけるn^2個のパラメータαとn^2個のパラメータρを識別するためには，n^2個の識別条件が必要である．構造型に課される識別条件がn^2個を超える（満たない）場合には，過剰（過少）識別になる．

丁度識別のための適切な識別条件を課すことが可能であれば，誘導型である式（2）あるいは（2）′の推定によって，構造型のパラメータを識別することができる．つまり，Aschauer (1989) 型の社会資本の生産性効果を前提にして，産業別の生産性を決定する3つの要因の生産性効果に対する寄与を明らかにすることができる．しかし，後述するように，産業連関の情報から抽出される係数のゼロ制約は，丁度識別のために必要なn^2個よりも数が多くなり，過剰識別となってしまう．したがって，本章は，式（1）の構造型である連立方程式体系をSUR (Seemingly Unrelated Regressions) および三段階最小二乗法によって推定し，Aschauer (1989) 型の生産性効果の大きさと比較する．

3. 生産性の産業連関

3.1 データ

産業分類は，「農林水産業」，「鉱業」，「食料品」，「繊維」，「パルプ・紙」，「化学」，「石油・石炭製品」，「窯業・土石製品」，「一次金属」，「金属製品」，「一般機械」，「その他の製造業」の12業種を対象とする．一次金属は「鉄鋼」，「非鉄金属」を合わせたもの，一般機械は「一般機械」，「電気機械」，「輸送機械」，「精密機械」を合わせたもの，その他の製造業には，「衣服・身回品」，「製材・木製品」，「家具」，「出版・印刷」，「皮革・皮革製品」，「ゴム製品」などが含まれる．

産業別の全要素生産性（TFP）をコブ＝ダグラス型の生産関数を仮定して計測する．コブ＝ダグラス型の生産関数を対数変換して，

$$\ln \bar{A}_t = \ln Y_t - (1-\alpha)\cdot\ln(\gamma_t \cdot K_{t-1}) - \alpha\cdot L_t \qquad (3)$$

各産業について，Y_t に実質GDP，L_t に就業者数，K_t に資本ストック，γ_t に稼働率，α に労働分配率を用いて，ソロー残差 $\bar{A}_t$ を算出する．ソロー残差を線形タイム・トレンドに回帰させ，推定残差をTFPとして用いる．なお，産業別の分配率は，生産費用ベースおよび収入ベースについて求めた計数について，1980年から1990年までの平均値を用いた．産業別のGDPとして，1989年以前については68 SNAベース，1990年以降は93 SNAベースを用い，遡及系列は68 SNAベースと93 SNAベースの2つの1990年国民経済計算の国内総支出の比率をリンク指数として用い，1980年基準価格表示の国内総支出を1990年価格に変換し，1990年基準価格表示として遡及した．

また，道路資本ストックのデータとして，内閣府（2002）の推計値を用いた．内閣府の推計データは，一般道路と高速道路等の有料道路を対象とし，耐用年数は48年，災害が起きる平均経過年数を24年として恒久棚卸法により，以下の式（4）より推計されている．

$$K_t = K_{t-1} + I_t - I_{t-48} + B_{t-48+24} - B_{t-48} \qquad (4)$$

ただし，K はストック額，I は新設改良費，B は災害復旧費，t は当該年度を示す．

3.2　生産性の産業間の伝播経路

生産性の産業間の伝播には，2つの経路がある．第1に，各産業の生産物に体化されたR&DのSpillover（Griliches and Lichtenberg, 1984; Scherer, 1984; Jaffe, 1986）である．産業連関を通じて川上の産業から川下の産業へ伝播する．R&DのSpilloverにはラグが伴うと仮定して，川上にある産業の一期前の生産性が川下にある産業の今期の生産性に正の影響を与える．

第2に，産業連関における川上から川下への中間投入物を介する伝播（Basu and Fernald, 1995; Bartelsman, Caballero and Lyons, 1994）である．規模に関して収穫一定および生産財市場の完全競争が成立していない場合，付加価値ベースで見て，産業の今期の全要素生産性は，その産業の中間投入物の

量に正に依存する．そのため，その産業が中間投入物の購入先として大きなシェアを占める川上に位置する産業における生産性の上昇は，川下にある産業の生産性の上昇に寄与することになる．この中間投入物を通じた産業連関は，R&D の Spillover と異なり，ほとんどラグがないと考えられるので，川上にある産業の今期の生産性が川下産業の今期の生産性に正の影響を与えるとする．

3.3　中間投入物を通じる Spillover

Basu and Fernald (1995) は，付加価値ベースのデータを用いて生産性の外部効果 (External Effects) を実証した Caballero and Lyons (1992) を批判し，外部効果が見せかけ (Spurious) であることを示した．Basu and Fernald (1995) によれば，付加価値ベースの産出量の成長率 $\mathrm{d}v$ は，規模の経済性を表す γ，資本 $\mathrm{d}k$ と労働 $\mathrm{d}l$ の成長率，マーク・アップ率 μ，中間投入量の成長率 $\mathrm{d}m$，技術進歩率 $\mathrm{d}t$，そして外部効果 $\mathrm{d}z$ によって，式 (5) のように表すことができる (Basu and Fernald (1995) の式 (12))．

$$\mathrm{d}v=\gamma\left(\frac{1-c_M}{1-s_M}\right)\mathrm{d}x+(\mu-1)\left(\frac{s_M}{1-s_M}\right)\mathrm{d}m+\frac{\mathrm{d}z+\mathrm{d}t}{1-s_M} \tag{5}$$

$$\mathrm{d}x=\left(\frac{c_K}{c_K+c_L}\right)\mathrm{d}k+\left(\frac{c_L}{c_K+c_L}\right)\mathrm{d}l \tag{6}$$

生産財市場の完全競争の下では超過利潤は発生しないので，マーク・アップ率 $\mu=1$，収入に占める中間投入物のシェア s_M とコストに占める中間投入物のシェア c_M とは一致する．したがって，生産財市場の完全競争と規模に関して収穫一定 $\gamma=1$ の場合でのみ，

$$\mathrm{d}v=\mathrm{d}x+\frac{\mathrm{d}z+\mathrm{d}t}{1-s_M} \tag{7}$$

が成立し，成長率で見て，付加価値産出量が資本，労働，技術進歩，外部効果だけに依存することがいえる．

Basu and Fernald (1995) の米国に関する実証研究の結果，規模に関して収穫一定の条件は満たされるが，マーク・アップ率は5%から15%の幅で計測されている．Basu and Fernald (1995) の研究をベースにした日本での先行研究には，Miyagawa, Sakuragawa, and Takizawa (2006)，乾・権 (2005)，有賀 (2006) がある．本章では2つの条件，とりわけ生産財市場の完全競争の条件が満たされないために，産業の付加価値産出量がその中間投入量に依存すると

仮定する．

3.4　産業間における川上・川下関係

産業間の川上，川下の関係については，Shea (1993a ; 1993b) の指標を基準に，SNAの産業連関表 (Input-Output Table) を用いて分類する．Shea (1993a ; 1993b) は，各産業の供給関数を推定するために，需要のシフト・パラメータとなる川下にあたる産業の産出量を操作変数として選択する方法を考案した．様々な指標のうちここで用いるのは，Direct Demand Share (以後，DDS) と Direct Cost Share (DCS) の2つである．産業連関表において，第 i 産業の生産する財のうち，第 j 産業による中間投入物として需要されるシェアが $DDS(i, j)$ であり，第 i 産業が購入する中間投入物のうち，第 j 産業の生産する財が占めるシェアが $DCS(i, j)$ である．ただし，産業 i によって需要される自産業の生産財のシェア $DDS(i, i)=0$，産業 i の中間投入物に占める自産業の生産財のシェア $DCS(i, i)=0$ とする．

1970年から5年毎に1995年までのSNA産業連関表を用いて，DDS，DCSを上記の12産業に関して計測した．計測の手順は，(1) DDS指標が各産業の財貨サービスに対して最も高い経済活動を行う産業を抽出する．次に，(2) DCS指標が各産業の経済活動に対して最も高いシェアを有する財貨サービスを生産する産業を抽出する．最後に，(3) 手順 (1) で抽出された産業の組合せと手順 (2) での組合せが一致するケースを抽出する．

ここでは，例として1995年のケースを挙げる．表12-1，表12-2でシャドーをつけた産業の組合せが候補となる．表12-3は，表12-1で抽出された産業の組合せと表12-2での組合せが一致する産業間の関係を，1970年から5年おきに抽出した結果である．

3.5　R&DのSpillover

次に，R&Dの産業間のSpilloverを捉えるために，Griliches and Lichtenberg (1984), Goto and Suzuki (1989)，鈴木・宮川 (1986) と同様，技術フロー・マトリックスを作成する．総務省統計局「科学技術研究調査」の2002年の産業別の使用研究費，1995年のSNA産業連関表を用いる．ここでのR&Dとは，社内使用研究費 (支出額) と社外支出研究費の合計を指す．各産業の

表 12-1 DCS の計測（1995 年）

	農林水産業	鉱業	食料品	繊維	パルプ・紙	化学	石油・石炭製品	窯業・土石製品	一次金属	金属製品	一般機械	その他の製造業
農林水産業	—	0.01	0.67	0.11	0.01	0.03	0.00	0.00	0.00	0.00	0.00	0.12
鉱業	0.00	—	0.00	0.00	0.03	0.07	0.95	0.46	0.33	0.00	0.00	0.00
食料品	0.40	0.00	—	0.00	0.02	0.05	0.00	0.00	0.00	0.00	0.00	0.01
繊維	0.01	0.00	0.00	—	0.05	0.01	0.00	0.00	0.00	0.00	0.01	0.20
パルプ・紙	0.06	0.00	0.07	0.04	—	0.15	0.00	0.08	0.01	0.01	0.02	0.18
化学	0.28	0.07	0.04	0.67	0.27	—	0.03	0.10	0.10	0.04	0.07	0.32
石油・石炭製品	0.10	0.55	0.02	0.04	0.09	0.25	—	0.09	0.31	0.02	0.02	0.02
窯業・土石製品	0.01	0.01	0.02	0.00	0.01	0.06	0.00	—	0.07	0.02	0.06	0.02
一次金属	0.00	0.01	0.00	0.00	0.00	0.04	0.00	0.07	—	0.77	0.40	0.05
金属製品	0.01	0.12	0.08	0.00	0.01	0.08	0.01	0.04	0.02	—	0.13	0.04
一般機械	0.02	0.04	0.00	0.00	0.00	0.02	0.00	0.02	0.04	0.06	—	0.04
その他の製造業	0.10	0.19	0.10	0.12	0.50	0.26	0.01	0.12	0.10	0.08	0.30	—

表 12-2 DDS の計測（1995 年）

	農林水産業	鉱業	食料品	繊維	パルプ・紙	化学	石油・石炭製品	窯業・土石製品	一次金属	金属製品	一般機械	その他の製造業
農林水産業	—	0.00	0.81	0.01	0.00	0.01	0.00	0.00	0.00	0.00	0.00	0.16
鉱業	0.00	—	0.00	0.00	0.01	0.04	0.60	0.18	0.16	0.00	0.00	0.01
食料品	0.82	0.00	—	0.00	0.02	0.10	0.00	0.00	0.00	0.00	0.01	0.05
繊維	0.02	0.00	0.00	—	0.02	0.01	0.00	0.00	0.00	0.00	0.06	0.89
パルプ・紙	0.04	0.00	0.18	0.01	—	0.12	0.00	0.04	0.00	0.01	0.09	0.50
化学	0.11	0.00	0.05	0.07	0.04	—	0.02	0.03	0.04	0.02	0.16	0.47
石油・石炭製品	0.10	0.04	0.05	0.01	0.03	0.25	—	0.06	0.27	0.02	0.09	0.07
窯業・土石製品	0.01	0.00	0.12	0.00	0.01	0.09	0.01	—	0.10	0.04	0.53	0.10
一次金属	0.00	0.00	0.00	0.00	0.00	0.01	0.00	0.01	—	0.31	0.62	0.04
金属製品	0.01	0.01	0.19	0.00	0.00	0.06	0.01	0.02	0.02	—	0.57	0.12
一般機械	0.06	0.01	0.00	0.00	0.00	0.05	0.00	0.05	0.11	0.27	—	0.43
その他の製造業	0.03	0.00	0.11	0.01	0.06	0.09	0.00	0.03	0.03	0.04	0.60	—

R&D 活動がその生産財に 100%体化されていると仮定して，先の Shea（1993a；1993b）の DDS 指標を使って，その他の産業が需要する中間投入量に応じて R&D を按分する．こうして得られる技術フロー・マトリックスから，R&D に関して先の DCS 指標を作成する．この DCS 指標で見て最も高い産業の組合せが，R&D の Spillover に関する川上，川下を構成する．機械，化学などが R&D の Spillover の源泉になっていることがわかる（表 12-4）．ここで判明した R&D の Spillover が存在する産業の組合せは，式（1）のラグ付きの生産性の関係を特定化することに用いる．

表 12-3　産業間の川上・川下関係

1970		1975		1980		1985		1990		1995	
Up	Down	Up	Down	Up	Down	Up	Down	Up	Down	Up	Down
食料品	農林水産	食料品	農林水産	食料品	農林水産	食料品	農林水産	食料品	農林水産	食料品	農林水産
農林水産	食料品	農林水産	食料品	農林水産	食料品	農林水産	食料品	農林水産	食料品	農林水産	食料品
鉱業	一次金属	—	—	—	—	—	—	—	—	—	—
一次金属	機械	一次金属	機械	一次金属	機械	一次金属	機械	一次金属	機械	一次金属	機械
—	—	鉱業	石油･石炭	鉱業	石油･石炭	鉱業	石油･石炭	鉱業	石油･石炭	鉱業	石油･石炭
—	—	石油･石炭	一次金属	石油･石炭	一次金属	石油･石炭	一次金属	石油･石炭	一次金属	—	—
—	—	—	—	化学	その他	化学	その他	化学	その他	化学	その他

表 12-4　R&D の Spillover に関する産業間の
川上・川下の関係

技術フロー・マトリックス	Upstream Industry
農林水産	機械
鉱業	機械
食料品	化学
繊維	化学
パルプ・紙	化学
化学	機械
石油・石炭製品	鉱業
窯業・土石製品	機械
一次金属	機械
金属製品	機械
機械	化学あるいはその他
その他の製造業	機械

4.　産業別の生産性に関する構造モデルの推定

4.1　モデル

以上のように産業連関から得られた情報を基にして，産業別の生産性に関する構造型モデルを SUR と三段階最小二乗法によって推定する．係数制約として，上記の他に，各産業の全要素生産性の持続性を考慮して自己回帰項 $\rho_{i,i}$ はゼロではないと仮定する．まとめると以下の式（8）のように，計 $12^2 \times 2-(6+12+12)=258$ 個の係数にゼロ制約が課されていることになり，丁度識別のために必要な $12^2=144$ より大きく上回り，過剰識別が生じている．

$$
\begin{bmatrix} A_{1t} \\ A_{2t} \\ A_{3t} \\ A_{4t} \\ A_{5t} \\ A_{6t} \\ A_{7t} \\ A_{8t} \\ A_{9t} \\ A_{10t} \\ A_{11t} \\ A_{12t} \end{bmatrix}
=
\begin{bmatrix}
\rho_{1,1} & 0 & 0 & 0 & 0 & 0 & 0 & 0 & 0 & 0 & \rho_{1,11} & 0 \\
0 & \rho_{2,2} & 0 & 0 & 0 & 0 & 0 & 0 & 0 & 0 & \rho_{2,11} & 0 \\
0 & 0 & \rho_{3,3} & 0 & 0 & \rho_{3,6} & 0 & 0 & 0 & 0 & 0 & 0 \\
0 & 0 & 0 & \rho_{4,4} & 0 & \rho_{4,6} & 0 & 0 & 0 & 0 & 0 & 0 \\
0 & 0 & 0 & 0 & \rho_{5,5} & \rho_{5,6} & 0 & 0 & 0 & 0 & 0 & 0 \\
0 & 0 & 0 & 0 & 0 & \rho_{6,6} & 0 & 0 & 0 & 0 & \rho_{6,11} & 0 \\
0 & \rho_{7,2} & 0 & 0 & 0 & 0 & \rho_{7,7} & 0 & 0 & 0 & 0 & 0 \\
0 & 0 & 0 & 0 & 0 & 0 & 0 & \rho_{8,8} & 0 & 0 & \rho_{8,11} & 0 \\
0 & 0 & 0 & 0 & 0 & 0 & 0 & 0 & \rho_{9,9} & 0 & \rho_{9,11} & 0 \\
0 & 0 & 0 & 0 & 0 & 0 & 0 & 0 & 0 & \rho_{10,10} & \rho_{10,11} & 0 \\
0 & 0 & 0 & 0 & 0 & \rho_{11,6} & 0 & 0 & 0 & 0 & \rho_{11,11} & 0 \\
0 & 0 & 0 & 0 & 0 & 0 & 0 & 0 & 0 & 0 & \rho_{12,11} & \rho_{12,12}
\end{bmatrix}
\begin{bmatrix} A_{1t-1} \\ A_{2t-1} \\ A_{3t-1} \\ A_{4t-1} \\ A_{5t-1} \\ A_{6t-1} \\ A_{7t-1} \\ A_{8t-1} \\ A_{9t-1} \\ A_{10t-1} \\ A_{11t-1} \\ A_{12t-1} \end{bmatrix}
$$

$$
+\begin{bmatrix} \beta_1 \\ \beta_2 \\ \beta_3 \\ \beta_4 \\ \beta_5 \\ \beta_6 \\ \beta_7 \\ \beta_8 \\ \beta_9 \\ \beta_{10} \\ \beta_{11} \\ \beta_{12} \end{bmatrix} R_t +
\begin{bmatrix}
0 & 0 & \alpha_{1,3} & 0 & 0 & 0 & 0 & 0 & 0 & 0 & 0 & 0 \\
0 & 0 & 0 & 0 & 0 & 0 & 0 & 0 & 0 & 0 & 0 & 0 \\
\alpha_{3,1} & 0 & 0 & 0 & 0 & 0 & 0 & 0 & 0 & 0 & 0 & 0 \\
0 & 0 & 0 & 0 & 0 & 0 & 0 & 0 & 0 & 0 & 0 & 0 \\
0 & 0 & 0 & 0 & 0 & 0 & 0 & 0 & 0 & 0 & 0 & 0 \\
0 & 0 & 0 & 0 & 0 & 0 & 0 & 0 & 0 & 0 & 0 & 0 \\
0 & \alpha_{7,2} & 0 & 0 & 0 & 0 & 0 & 0 & 0 & 0 & 0 & 0 \\
0 & 0 & 0 & 0 & 0 & 0 & 0 & 0 & 0 & 0 & 0 & 0 \\
0 & 0 & 0 & 0 & 0 & 0 & \alpha_{9,7} & 0 & 0 & 0 & 0 & 0 \\
0 & 0 & 0 & 0 & 0 & 0 & 0 & 0 & 0 & 0 & 0 & 0 \\
0 & 0 & 0 & 0 & 0 & 0 & 0 & 0 & \alpha_{11,9} & 0 & 0 & 0 \\
0 & 0 & 0 & 0 & 0 & \alpha_{12,6} & 0 & 0 & 0 & 0 & 0 & 0
\end{bmatrix}
\begin{bmatrix} A_{1t} \\ A_{2t} \\ A_{3t} \\ A_{4t} \\ A_{5t} \\ A_{6t} \\ A_{7t} \\ A_{8t} \\ A_{9t} \\ A_{10t} \\ A_{11t} \\ A_{12t} \end{bmatrix} \qquad (8)
$$

4.2 生産性の Spillover 効果を考慮したモデルの推計結果

方程式間の誤差項の相関を考慮する SUR (Seemingly Unrelated Regression) によって，道路資本ストック全体を説明変数とする推計式を推定する．結果は表 12-5 のとおりである．有意水準 10%で見て，道路資本ストックの成長率の係数は，パルプ・紙 (産業番号 5，係数 $C(51)$)，化学 (産業番号 6，係数 $C(61)$) のみが有意に正 (それぞれ 1.88，3.04) である．道路資本ストック

表 12-5　SUR による推計結果

(推計期間：1972〜1998 年)

産業番号	1					2				3				
	農林水産業					鉱業				食料品				
説明変数	定数項	道路	$TFP_1(-1)$	$TFP_{11}(-1)$	TFP_3	定数項	道路	$TFP_2(-1)$	$TFP_{11}(-1)$	定数項	道路	$TFP_3(-1)$	$TFP_6(-1)$	TFP_1
係数番号	*C*(10)	*C*(11)	*C*(12)	*C*(13)	*C*(14)	*C*(20)	*C*(21)	*C*(22)	*C*(23)	*C*(30)	*C*(31)	*C*(32)	*C*(33)	*C*(34)
係数	−0.174	1.208	−0.299	0.496	0.320	−0.158	1.332	−0.224	0.253	−0.062	0.397	−0.436	0.121	0.129
標準誤差	0.077	0.895	0.115	0.226	0.168	0.088	0.987	0.136	0.286	0.063	0.750	0.112	0.056	0.076
t 値	−2.252	1.350	−2.588	2.192	1.905	−1.802	1.349	−1.647	0.883	−0.973	0.529	−3.894	2.170	1.686
p 値	0.025	0.178	0.010	0.029	0.058	0.073	0.178	0.101	0.378	0.331	0.597	0.000	0.031	0.093

産業番号	4				5				6			
	繊維				パルプ・紙				化学			
説明変数	定数項	道路	$TFP_4(-1)$	$TFP_6(-1)$	定数項	道路	$TFP_5(-1)$	$TFP_6(-1)$	定数項	道路	$TFP_6(-1)$	$TFP_{11}(-1)$
係数番号	*C*(40)	*C*(41)	*C*(42)	*C*(43)	*C*(50)	*C*(51)	*C*(52)	*C*(53)	*C*(60)	*C*(61)	*C*(62)	*C*(63)
係数	−0.015	0.736	−0.249	−0.052	−0.137	1.876	−0.245	−0.041	−0.195	3.037	−0.472	−0.066
標準誤差	0.093	1.125	0.124	0.107	0.052	0.630	0.158	0.065	0.130	1.503	0.128	0.416
t 値	−0.162	0.654	−2.013	−0.489	−2.665	2.980	−1.555	−0.628	−1.502	2.020	−3.700	−0.159
p 値	0.872	0.514	0.045	0.625	0.008	0.003	0.121	0.531	0.134	0.044	0.000	0.874

産業番号	7					8				9				
	石油・石炭製品					窯業・土石製品				一次金属				
説明変数	定数項	道路	$TFP_7(-1)$	$TFP_2(-1)$	TFP_2	定数項	道路	$TFP_8(-1)$	$TFP_{11}(-1)$	定数項	道路	$TFP_9(-1)$	$TFP_{11}(-1)$	TFP_7
係数番号	*C*(70)	*C*(71)	*C*(72)	*C*(73)	*C*(74)	*C*(80)	*C*(81)	*C*(82)	*C*(83)	*C*(90)	*C*(91)	*C*(92)	*C*(93)	*C*(94)
係数	−0.034	−0.783	−0.111	0.032	−0.053	−0.040	−1.586	−0.496	0.905	−0.050	0.761	−0.030	−0.463	0.028
標準誤差	0.253	2.961	0.146	0.468	0.444	0.247	2.878	0.109	0.618	0.081	0.927	0.144	0.268	0.046
t 値	−0.135	−0.264	−0.760	0.068	−0.119	−0.161	−0.551	−4.550	1.464	−0.626	0.820	−0.206	−1.727	0.600
p 値	0.893	0.792	0.448	0.946	0.905	0.872	0.582	0.000	0.144	0.532	0.413	0.837	0.085	0.549

産業番号	10				11					12				
	金属製品				一般機械					その他の製造業				
説明変数	定数項	道路	$TFP_{10}(-1)$	$TFP_{11}(-1)$	定数項	道路	$TFP_{11}(-1)$	$TFP_6(-1)$	TFP_9	定数項	道路	$TFP_{12}(-1)$	$TFP_{11}(-1)$	TFP_6
係数番号	*C* (100)	*C*(101)	*C*(102)	*C*(103)	*C*(110)	*C*(111)	*C*(112)	*C*(113)	*C*(114)	*C*(120)	*C*(121)	*C*(122)	*C*(123)	*C*(124)
係数	−0.026	0.546	0.337	−0.229	0.073	−0.070	−0.078	0.044	0.248	−0.008	−0.055	−0.015	−0.037	0.064
標準誤差	0.070	0.809	0.135	0.225	0.054	0.629	0.163	0.055	0.076	0.028	0.329	0.131	0.081	0.028
t 値	−0.365	0.674	2.490	−1.018	1.345	−0.112	−0.480	0.813	3.243	−0.273	−0.167	−0.112	−0.461	2.258
p 値	0.716	0.501	0.013	0.309	0.180	0.911	0.632	0.417	0.001	0.785	0.868	0.911	0.645	0.025

注：説明変数の道路は道路資本ストックの成長率，TFP の下付きの添字は産業番号を示す．

を 1%増加させると，パルプ・紙，化学それぞれに約 2%，3%の生産性の上昇が見られる．

一方，今期およびラグ付きの生産性の係数（表 12-5 における TFP）に関しては，系列相関が有意に負である産業（農林水産，鉱業，食料品，繊維，化学，窯業・土石製品，金属製品）が目立つ．また，有意に負である一次金属に対する機械のラグ項（係数 *C*(93)）を除くと，農林水産に対する機械のラグ項（係数 *C*(13)），農林水産に対する今期の食料品（係数 *C*(14)），食料品に対する化学のラグ項（係数 *C*(33)），食料品に対する今期の農林水産（係数 *C*(34)），機械に対する今期の一次金属（係数 *C*(114)），その他の製造業に対する今期の化学（係数 *C*(124)）が，有意に正である．産業連関を通じた中間投入物および R&D の Spillover の存在が多くの産業において確認された．

道路資本ストックが伸張されると，直接的効果により生産性が上昇する部門は，パルプ・紙と化学である．両部門における生産性の上昇は，産業連関を介した中間財の投入によって，その他の製造業の生産性を上昇させた後，ラグをもって食料品の生産性を上昇させると同時に，農林水産と食料品の間で相乗効果による生産性上昇を生じさせる．このように，産業連関を通じた中間投入物，R&D の Spillover によって，道路資本ストックの生産性効果が直接的効果を超えて産業間で，かつ動学的に増幅していくことがわかる．ほぼ同様の結果は，説明変数と誤差項の相関を考慮する三段階最小二乗法による推定の場合（表 12-6）にも得られる．三段階最小二乗法における操作変数としては，定数項，

表 12-6　三段階最小二乗法による推定結果

（推計期間：1972～1998 年）

産業番号	1					2					3				
	農林水産業					鉱業					食料品				
説明変数	定数項	道路	$TFP_1(-1)$	$TFP_{11}(-1)$	TFP_3	定数項	道路	$TFP_2(-1)$	$TFP_{11}(-1)$		定数項	道路	$TFP_3(-1)$	$TFP_6(-1)$	TFP_1
係数番号	*C*(10)	*C*(11)	*C*(12)	*C*(13)	*C*(14)	*C*(20)	*C*(21)	*C*(22)	*C*(23)		*C*(30)	*C*(31)	*C*(32)	*C*(33)	*C*(34)
係数	−0.132	0.804	−0.330	0.468	0.778	−0.159	1.354	−0.257	0.234		−0.030	0.130	−0.341	0.094	0.323
標準誤差	0.081	0.934	0.117	0.220	0.227	0.088	0.988	0.139	0.282		0.065	0.768	0.104	0.048	0.111
t 値	−1.627	0.860	−2.828	2.133	3.422	−1.820	1.371	−1.850	0.831		−0.452	0.169	−3.286	1.933	2.910
p 値	0.105	0.390	0.005	0.034	0.001	0.070	0.172	0.065	0.407		0.652	0.866	0.001	0.054	0.004

産業番号	4				5				6			
	繊維				パルプ・紙				化学			
説明変数	定数項	道路	$TFP_4(-1)$	$TFP_6(-1)$	定数項	道路	$TFP_5(-1)$	$TFP_6(-1)$	定数項	道路	$TFP_6(-1)$	$TFP_{11}(-1)$
係数番号	*C*(40)	*C*(41)	*C*(42)	*C*(43)	*C*(50)	*C*(51)	*C*(52)	*C*(53)	*C*(60)	*C*(61)	*C*(62)	*C*(63)
係数	−0.023	0.844	−0.238	−0.086	−0.134	1.831	−0.232	−0.032	−0.181	2.961	−0.460	−0.207
標準誤差	0.094	1.130	0.129	0.113	0.052	0.630	0.158	0.066	0.130	1.503	0.128	0.407
t 値	−0.244	0.747	−1.847	−0.760	−2.603	2.907	−1.466	−0.491	−1.396	1.970	−3.598	−0.508
p 値	0.807	0.456	0.066	0.448	0.010	0.004	0.144	0.624	0.164	0.050	0.000	0.612

産業番号	7					8					9				
	石油・石炭製品					窯業・土石製品					一次金属				
説明変数	定数項	道路	$TFP_7(-1)$	$TFP_2(-1)$	TFP_2	定数項	道路	$TFP_8(-1)$	$TFP_{11}(-1)$		定数項	道路	$TFP_9(-1)$	$TFP_{11}(-1)$	TFP_7
係数番号	*C*(70)	*C*(71)	*C*(72)	*C*(73)	*C*(74)	*C*(80)	*C*(81)	*C*(82)	*C*(83)		*C*(90)	*C*(91)	*C*(92)	*C*(93)	*C*(94)
係数	0.100	−2.072	−0.162	0.058	1.098	−0.010	−1.686	−0.479	0.569		−0.049	0.723	0.003	−0.493	−0.019
標準誤差	0.264	3.086	0.155	0.490	0.563	0.247	2.878	0.108	0.612		0.081	0.929	0.147	0.271	0.067
t 値	0.380	−0.671	−1.044	0.119	1.951	−0.042	−0.586	−4.442	0.930		−0.612	0.779	0.019	−1.820	−0.290
p 値	0.704	0.503	0.297	0.905	0.052	0.966	0.558	0.000	0.353		0.541	0.437	0.985	0.070	0.772

産業番号	10					11					12				
	金属製品					機械					その他の製造業				
説明変数	定数項	道路	$TFP_{10}(-1)$	$TFP_{11}(-1)$		定数項	道路	$TFP_{11}(-1)$	$TFP_6(-1)$	TFP_9	定数項	道路	$TFP_{12}(-1)$	$TFP_{11}(-1)$	TFP_6
係数番号	*C*(100)	*C*(101)	*C*(102)	*C*(103)		*C*(110)	*C*(111)	*C*(112)	*C*(113)	*C*(114)	*C*(120)	*C*(121)	*C*(122)	*C*(123)	*C*(124)
係数	−0.019	0.511	0.365	−0.303		0.074	−0.082	−0.069	0.042	0.274	−0.007	−0.049	0.005	−0.048	0.058
標準誤差	0.070	0.809	0.136	0.223		0.054	0.633	0.163	0.055	0.102	0.028	0.333	0.155	0.082	0.045
t 値	−0.266	0.631	2.682	−1.358		1.359	−0.130	−0.426	0.756	2.682	−0.253	−0.146	0.032	−0.587	1.276
p 値	0.791	0.529	0.008	0.176		0.175	0.896	0.671	0.450	0.008	0.801	0.884	0.975	0.558	0.203

注：説明変数の道路は道路資本ストックの成長率，TFP の下付きの添字は産業番号を示す．

道路資本ストック成長率に加え，12産業すべてのTFPの一期ラグを用いた．

4.3　Aschauer (1989) 型との比較

ここでは，産業連関を通じた生産性のSpilloverの要因を考慮しないAschauer (1989) 型の推計のケースをベンチマークとして，道路資本ストックの生産性効果の産業連関を通じた増幅の程度について定量的に分析する．Aschauer (1989) 型との比較を，以下の手続きに従った思考実験として行う．第1に，Aschauer (1989) 型の推計式を推定する．推定は最小二乗法により，Newey-WestのHAC Standard Errors & Covarianceを用いて標準誤差を計算する．推定結果は表12-7にある．

第2に，先の構造型モデルについて確率的シミュレーション (stochastic simulation) を行い，産業別の全要素生産性の動的解 (dynamic solution) を求

表12-7　Aschauer (1989) 型の推計

(推計期間：1972～1998年)

産業番号	1		2		3		4	
	農林水産業		鉱業		食料品		繊維	
説明変数	定数項	道路	定数項	道路	定数項	道路	定数項	道路
係数番号	$C(10)$	$C(11)$	$C(10)$	$C(11)$	$C(10)$	$C(11)$	$C(10)$	$C(11)$
係数	−0.039	−0.120	−0.085	0.669	−0.072	0.604	0.019	0.141
標準誤差	0.079	0.983	0.057	0.504	0.038	0.438	0.066	0.645
t 値	−0.491	−0.122	−1.497	1.327	−1.896	1.380	0.292	0.219
p 値	0.628	0.904	0.146	0.196	0.069	0.179	0.773	0.829
産業番号	5		6		7		8	
	パルプ・紙		化学		石油・石炭製品		窯業・土石製品	
説明変数	定数項	道路	定数項	道路	定数項	道路	定数項	道路
係数番号	$C(10)$	$C(11)$	$C(10)$	$C(11)$	$C(10)$	$C(11)$	$C(10)$	$C(11)$
係数	−0.086	1.176	−0.143	2.146	−0.160	0.989	−0.011	−0.690
標準誤差	0.030	0.306	0.043	0.563	0.152	1.851	0.162	2.133
t 値	−2.857	3.846	−3.313	3.812	−1.053	0.535	−0.070	−0.323
p 値	0.008	0.001	0.003	0.001	0.302	0.597	0.945	0.749
産業番号	9		10		11		12	
	一次金属		金属製品		機械		その他の製造業	
説明変数	定数項	道路	定数項	道路	定数項	道路	定数項	道路
係数番号	$C(10)$	$C(11)$	$C(10)$	$C(11)$	$C(10)$	$C(11)$	$C(10)$	$C(11)$
係数	−0.036	0.168	−0.035	0.523	0.067	−0.117	−0.013	0.010
標準誤差	0.040	0.462	0.025	0.281	0.033	0.349	0.021	0.206
t 値	−0.898	0.365	−1.405	1.859	1.995	−0.334	−0.629	0.049
p 値	0.377	0.718	0.172	0.074	0.057	0.741	0.535	0.961

注：説明変数の道路は道路資本ストックの成長率を示す．

める．ここでは，先のSURあるいは三段階最小二乗法による推定の結果得られた誤差項の分散共分散の推定値を再現するショックをランダムに1,000回発生させ，それらに対して導出される内生解の平均値を解とする．

第3に，外生変数である道路資本ストック成長率が，標本期間中の1標準偏差分だけ毎期嵩上げされていたとするシナリオ（scenario）を想定する．1971年から1998年までの道路資本ストック成長率の標準偏差は約2.52%である．そのシナリオに対して，Aschauer（1989）型の推計式については，新たな道路資本ストック成長率を代入する．構造型モデルについては，シナリオに基づき上記の確率的シミュレーションを行い，解を求める．

第4に，構造型モデルとAschauer（1989）型の推計式それぞれについて，シナリオの有無による産業別の生産性の差を計測する．その差は，道路資本ストック成長率の1標準偏差分の恒常的な上昇による各産業の生産性の変化を表す．構造型とAschauer型を比較することによって，産業連関を通じた生産性のSpilloverの影響を捉えることができる．

Aschauer（1989）型の推計結果（表12-7）をみると，道路資本ストックの係数が有意である部門は，パルプ・紙，化学，金属製品の三業種ある．係数に関して，金属製品の約0.5だけが小さいだけでなく，パルプ・紙の約1.2，化学の約2も，先の構造型モデルの推定値1.88，3.04と比べて小さい．

このAschauer型の推定結果と産業連関を考慮したSURによる推定結果を用いるケースにおいて，標本期間における道路資本ストック成長率の1標準偏差の上昇が各産業のTFPにもたらす影響を表すのが，図12-1である．各グラフにおいて水平な3本の直線は，Aschauer型の推定における道路資本の推定値およびその±1標準誤差を加えた値に，道路資本ストック成長率の1標準偏差の値を乗じた計数を表す．もう1本のプロット線は，産業連関を加味した構造モデルから得られる，道路資本成長率の上昇による生産性の変化を表す．構造モデルの解が，Aschauer型推定値の±1標準誤差の範囲に対して上位（下位）で推移するならば，産業連関が社会資本ストックの生産性効果を増幅（減衰）させていると考えられる．

図12-1から明らかなように，12業種のうち，産業連関が道路資本ストックの生産性効果を増幅させているのは，農林水産，窯業・土石製品，一般機械の3つである．一方，産業連関の減衰効果は，鉱業，食料品，パルプ・紙，化学，

図 12-1　道路資本ストックの生産性効果に及ぼす産業連関の影響（SUR 推定値のケース）

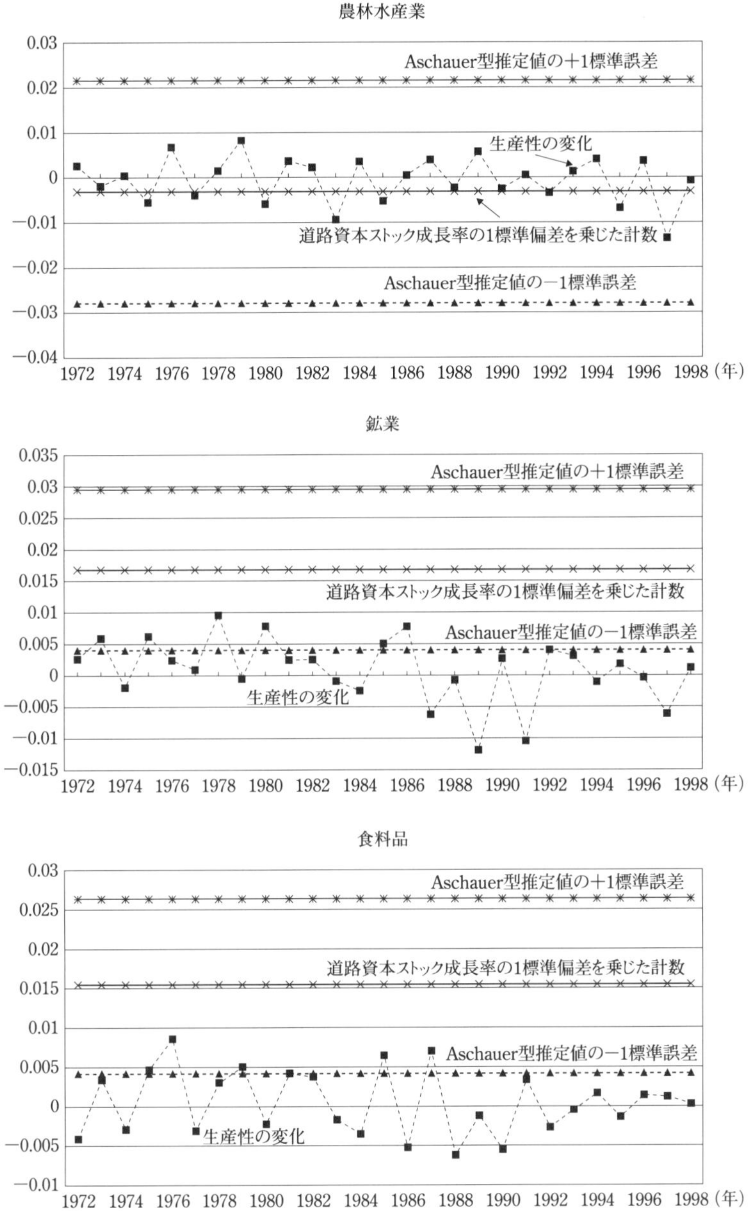

（図 12-1 のつづき）

パルプ・紙

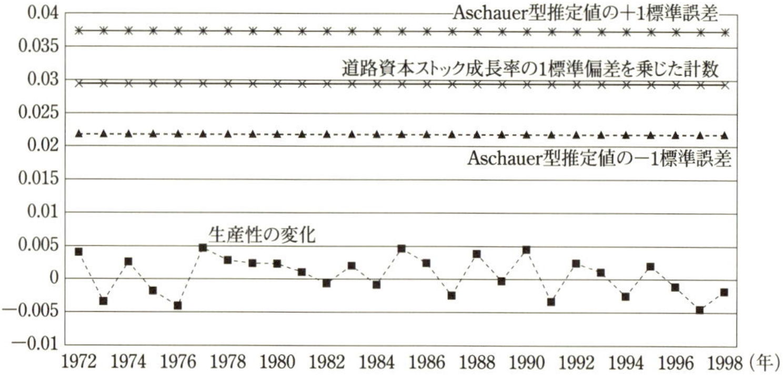

化学

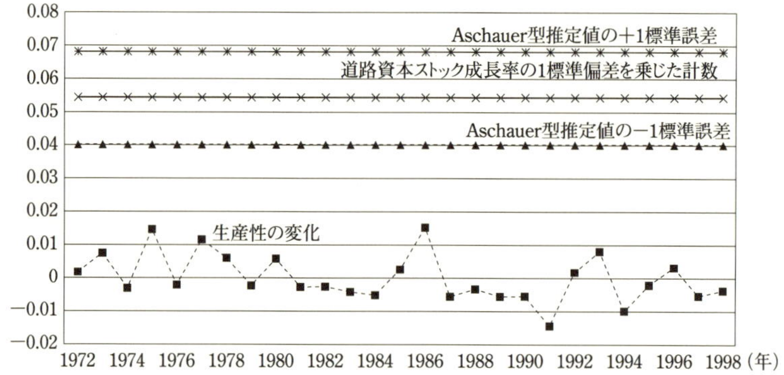

石油・石炭製品

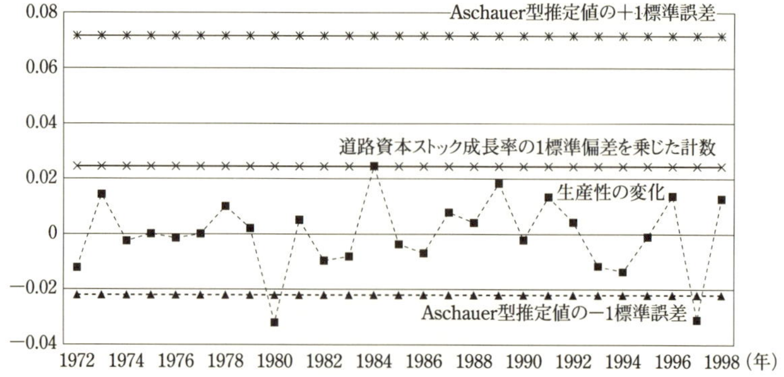

（図 12-1 のつづき）

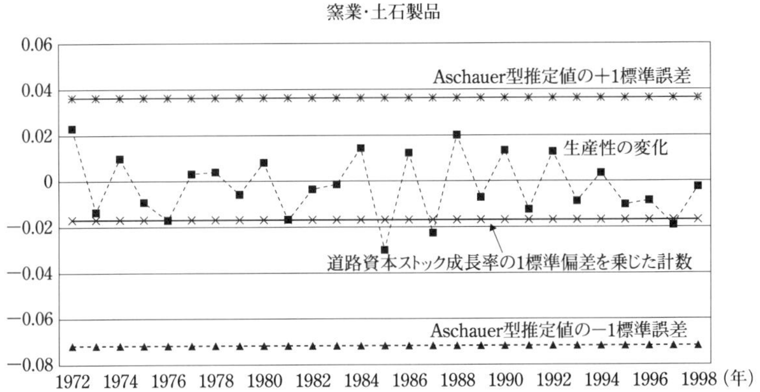
窯業・土石製品
0.06
0.04
0.02
0
−0.02
−0.04
−0.06
−0.08
Aschauer型推定値の＋1標準誤差
生産性の変化
道路資本ストック成長率の1標準偏差を乗じた計数
Aschauer型推定値の－1標準誤差
1972 1974 1976 1978 1980 1982 1984 1986 1988 1990 1992 1994 1996 1998（年）

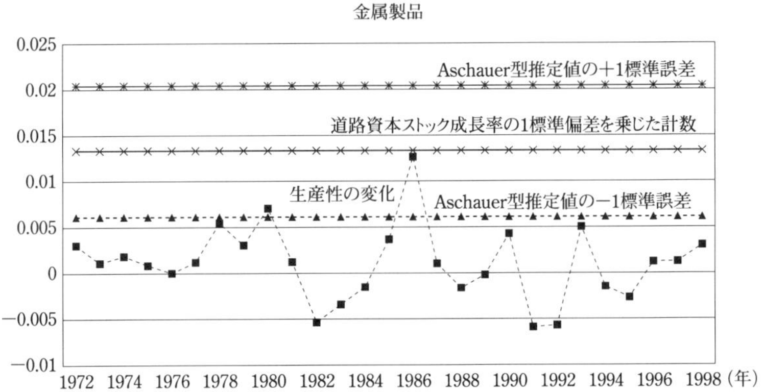
金属製品
0.025
0.02
0.015
0.01
0.005
0
−0.005
−0.01
Aschauer型推定値の＋1標準誤差
道路資本ストック成長率の1標準偏差を乗じた計数
生産性の変化
Aschauer型推定値の－1標準誤差
1972 1974 1976 1978 1980 1982 1984 1986 1988 1990 1992 1994 1996 1998（年）

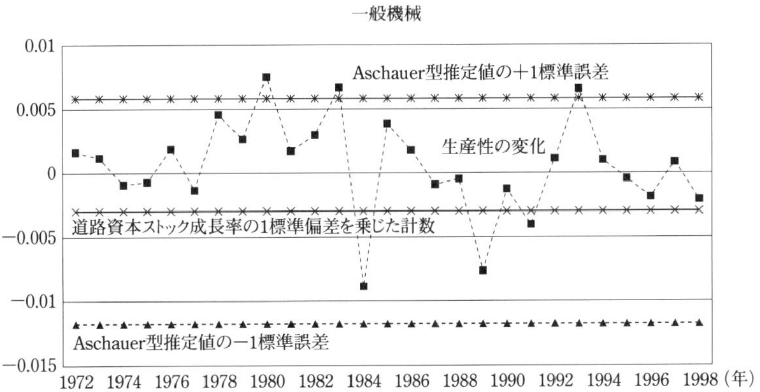
一般機械
0.01
0.005
0
−0.005
−0.01
−0.015
Aschauer型推定値の＋1標準誤差
生産性の変化
道路資本ストック成長率の1標準偏差を乗じた計数
Aschauer型推定値の－1標準誤差
1972 1974 1976 1978 1980 1982 1984 1986 1988 1990 1992 1994 1996 1998（年）

石油・石炭製品，金属製品の産業に見られる．残りの業種に関しては，増幅とも減衰とも判断できない．

特筆されるのは，産業連関の構造モデルにおいても，Aschauer 型においても，道路資本ストック成長率の係数が有意に正であるパルプ・紙，化学の 2 業種である．これらの産業では，直接的には強く働く道路資本の生産性効果が，TFP の負の系列相関により，産業連関を通じた TFP の Spillover の結果大きく減衰していることがわかる．一方，直接的な生産性効果は観察されない農林水産，窯業・土石製品，一般機械の 3 つの産業では，TFP の産業連関の Spillover 効果を享受している．なお，これらの産業別の特徴は，三段階最小二乗法の推定値を用いたシミュレーションでも確認できる．

5. 結 論

社会資本としての道路資本ストックの産業別生産性効果について，Aschauer (1989) 型の推計では考慮されていない，産業連関に起因する産業間の生産性の Spillover に着目し，産業別の全要素生産性に関する構造モデルを推定した．その結果，産業連関を通じた Spillover 効果によって，農林水産，窯業・土石製品，一般機械では，道路資本ストックの生産性効果が増幅されてきたのに対して，パルプ・紙，化学の 2 業種では，TFP の負の系列相関から大きく減衰されてきたことが明らかになった．

本章の結果は，従来までの社会資本ストックの生産性効果の実証研究では考慮されてこなかった産業連関を通じた TFP の Spillover 効果が，生産性効果の評価に多大な影響を及ぼす要因であることを示唆している．道路以外に港湾，空港など産業基盤となる社会資本ストックにも同様の分析が可能であり，より細かい小産業分類に関して分析を拡げることが今後の課題である．

参考文献

有賀健 (2006),「価格マークアップとフィリップス曲線」日本銀行ワーキングペーパーシリーズ, No. 9-J-11.

乾友彦・権赫旭 (2005),「展望：日本の TFP 上昇率は 1990 年代においてどれだけ低下したか」内閣府経済社会総合研究所『経済分析』176 号, pp. 137-167.

岩本康志（1990),「日本の公共投資政策の評価について」『経済研究』第41巻3号, pp. 250-260.

経済企画庁国民経済計算部『民間企業ストック年報』各年度版.

鈴木和志・宮川努（1986),『日本の企業投資と研究開発戦略』東洋経済新報社.

内閣府編,『日本の社会資本—世代を超えるストック』2002年, 財務省印刷局.

内閣府『国民経済計算年報』各年度版.

三井清・太田清（1995),『社会資本の生産性と公的金融』日本評論社.

吉野直行・中島隆信（1999),『公共投資の経済効果』日本評論社.

Asako, Kazumi and Ryuhei Wakasugi (1984), "Government Capital, Income Distribution, and Optimal Taxation," *Economia*, 80, pp. 36-51.

Aschauer, David A. (1989), "Is Public Expenditure Productive?" *Journal of Monetary Economics*, 23 (2), pp. 177-200.

Bartelsman, E., R. Caballero and R. Lyons (1994), "Customer- and Supplier-Driven Externalities," *American Economic Review*, 84 (4), pp. 1075-1084.

Basu, Susanto and Fernald, John G. (1995), "Are Apparent Productive Spillovers a Figment of Specification Error?" *Journal of Monetary Economics*, 36 (1), pp. 165-188.

Caballero, R. J. and R. Lyons (1992), "External Effects in U.S. Procyclical Productivity," *Journal of Monetary Economics*, 29, pp. 209-225.

Fernald, John G. (1999), "Roads to Prosperity? Assessing the Link between Public Capital and Productivity," *American Economic Review*, 89 (3), pp. 619-638.

Goto, Akira and Kazuyuki Suzuki (1989), "R&D Capital, Rate of Return on R&D Investment and Spillover of R&D in Japanese Manufacturing Industries," *The Review of Economics and Statistics*, pp. 555-564.

Griliches, Zvi and Frank Lichtenberg (1984), "Interindustry Technology Flows and Productivity Growth: A Reexamination," *The Review of Economics and Statistics*, pp. 324-329.

Jaffe, Adams B. (1986), "Technological Opportunity and Spillover of R&D: Evidence from Firms' Patents, Profits, and Market Value," *American Economic Review*, 76 (5), pp. 984-1001.

Miyagawa, Tsutomu, Yukie Sakuragawa and Miho Takizawa (2006), "Productivity and Business Cycle in Japn: Evidence from Japanese Industry Data," *The Japanese Economic Review*.

Scherer, F. M. (1984), "Inter-Industry Technology Flows and Productivity Growth," *The Review of Economics and Statistics*, pp. 627-634.

Shea, John (1993a), "Do Supply Curves Slope Up?" *The Quarterly Journal of Economics*, pp. 1-32.

Shea, John (1993b), "The Input-Output Approach to Instrument Selection," *Journal of Business and Economic Statistics*, 11 (2), pp. 145-155.

第 13 章

中小企業の景気と景況感*

原田信行

1. はじめに

日頃，景気に関する議論の中で，特段の前提を伴うことなく「中小企業の景気」について言及されることがよくある．しかし，少し考えてみると，中小企業の景気を的確に把握しようとすることは，実はそれほど容易ではないことがわかる．まず，中小企業は数が多い．全国に 434 万社あるとされる企業のうち，433 万社は中小企業である（2004 年事業所・企業統計調査，非一次産業，民営）[1]．一方，大企業は 1.2 万社に過ぎない．最も根本的な部分として，この違いは非常に大きい．さらに，中小のなかでも小規模・零細層が圧倒的に多い．中小企業 433 万社のうち，378 万は小規模企業，282 万は個人企業である．加えて，景気統計として考えた場合には，最低限の速報性と一定の調査間隔（長くとも四半期）を備えていなければならないから，被調査側の調査負担・調査協力の問題もそれだけ大きくなる[2]．したがって，中小企業に関する景気統計は，程度の違いはあるものの現実には中小企業の一部分を切り取ることで満足

* 各景況感調査の内容等に関して，中野隆志氏（中小企業基盤整備機構），板野聡人氏（中小企業金融公庫総合研究所），神谷宏氏（国民生活金融公庫総合研究所）ほか多くの方々から様々な事項を教えていただいた．また，作成過程で行われた複数のコンファレンスおよび日本経済学会 2005 年度秋期大会では，福田慎一先生，三井清先生，武藤博道先生，斯波恒正先生はじめ，多くの先生方から有益なコメントをいただいた．全国小企業動向調査の個票は，国民生活金融公庫総合研究所から東京大学社会科学研究所附属日本社会研究情報センターを通じて提供を受けた．ここに記し，深く感謝する．ただし，本稿に含まれ得る誤りは，全て筆者の責によるものである．

1）本章の「中小企業」「小規模企業」の定義は，特に断らない限り中小企業基本法の定義に基づく．ただし，「小企業」は単に「小さい企業」を意味する用語として，「小規模企業」とは区別して用いる．

2）被調査者の負担の問題に関しては，少し古いが，上藤ほか（1997）および統計審議会（2000）が参考になる．

せざるを得ない．その結果，それぞれの統計は何らかの意味で不完全，あるいは限定的な情報のみを与えることになる[3)]．

もちろん，景気統計を作成・公表する各主体は，基本的には各々の情報の位置づけや限界を正しく意識していると考えられる．しかし，そのような場合でさえ，各情報が受け手の側で誤解される可能性は否定できない．たとえば，後で詳しくみるように日本銀行「全国企業短期経済観測調査」(短観) の調査対象は一定規模以上の法人企業に限られている (いわゆる「裾切り」)．もちろん，この点は日銀公表資料で明確に説明されているが[4)]，しかし実際上，新聞等で短観の結果のみを目にするような場合には，読み手がどの程度この点を意識しながら結果を受け止めているかはかなり疑わしい．さらに，仮に裾切り自体はある程度知られていたとしても，それによって経済全体のどの程度のボリュームが対象から除外されているのか，裾切りによってどの程度，本来の中小企業の景況把握に問題が生じ得るのかといった点は，筆者が知る限りそもそもこれまで深く検証されてこなかった．

このような状況の背後には，1つには，やはり中小企業よりも大企業の景気動向のほうが，社会一般の関心が相対的に高いということがあると思われる．しかし，それに加えて，中小企業を網羅的に把握することの難しさが，逆にそれぞれの景気統計がどの程度の部分についての情報なのかという，当然同時に検討されるべき事項への関心を削いできた面もあるのではないだろうか．いずれにしても，中小企業の景気に関する情報は，基本的には未整理のまま多くの情報が共存した状態にあるといえる．

そこで，本章では，これまで必ずしも十分に顧みられてこなかった中小企業の景気の把握に焦点を当て，以下の3つの分析を行う．まず，次節において，代表的な景気統計の1つである内閣府「景気動向指数」での中小企業関連統計の役割，および各系列の内容と限界について整理する．次に，第3節では，中小企業に関連する主要な景況感調査を取り上げ，それぞれの範囲および結果の違いを詳細に検討する．具体的には，短観，景気予測調査・法人企業景気予測調査，中小企業基盤整備機構「中小企業景況調査」，中小企業金融公庫「中小

3) 中小企業の把握の困難性に関しては，岩崎 (1996)，菊地 (2003) の優れた論考も参照されたい．
4) また，中小企業白書でもこの点は何度か取り上げられている (中小企業庁 (2001) 付論第1章，中小企業庁 (2005)，pp. 8-9 など)．

企業動向調査」，国民生活金融公庫「全国小企業動向調査」，総務省統計局「個人企業経済調査」を取り上げ，そのうえで，これらの調査結果を組み合わせることにより，近年の中小企業の景気動向について何がいえるのかを検討する．最後に，第4節では，小企業・個人企業層を対象とした景況感調査の個票をもとに，企業の業績と景況感の対応関係をミクロベースで直接検証する．これは，通常行われている集計データとしての利用だけではなく，個別企業レベルのデータを用いた景況感分析の可能性を探る試みでもある．なお，次節および第3節で示す時系列データ（図13-1～図13-10）は，2005年第3四半期（月次は2005年9月）までで統一されている．

2.　景気動向指数

内閣府が毎月作成・公表している「景気動向指数」には，景気に先行して動くとされる先行指数，一致的に動くとされる一致指数，遅れて動くとされる遅行指数の3種類があり，さらにそれぞれにDI（ディフュージョン・インデックス）とCI（コンポジット・インデックス）がある[5)]．この景気動向指数は，公表までのタイムラグが比較的短いこと（翌々月上旬に速報が公表される），公表の頻度が高く目につきやすいこと（速報と改訂値の計2回/月），様々な景気指標の情報を合成・集約したものであること，旧経済企画庁が作成し40年以上の歴史を持つ（公表開始は1960年8月）景気観測の公式指標であることから，最も注目度の高い月次の景気統計の1つとなっている．特に，先行指数と一致指数の動向は，それぞれ景気の先行きと現状に関する情報を与えるため注目度が高い．

この景気動向指数の採用系列の中に，中小企業の景気動向に焦点を当てた系列が2つある．先行指数の採用系列「中小企業売上げ見通しDI」と，一致指数の採用系列「中小企業売上高（製造業）」である．前者は2004年10月の第9次改訂，後者は1983年9月の第5次改訂の際にそれぞれ採用され，現在に至っている．これらは，基本的には確かに名前の通り「中小企業の，売上げに対

5）DIは景気局面や景気転換点を判断するための，CIは景気の量感を把握するための指数である．作成方法は異なるが，採用系列は同じである．

する将来の見通し」と「製造業中小企業の売上高」を表す系列である．しかし，具体的な内容を見ると，それぞれに注意すべき点があることがわかる．

まず，中小企業売上げ見通し DI は，中小企業金融公庫の取引先企業に対する月次調査「中小企業景況調査」の調査結果の一部である[6)]．より具体的には，調査対象企業に「今月以降 3 カ月間の平均売上高（見通し）は，過去 3 カ月間の平均売上高に比べて」，「①増加見込み」「②やや増加見込み」「③横ばい見込み」「④やや減少見込み」「⑤減少見込み」のいずれであるかを尋ねた設問の結果から，(①＋②の企業割合)－(③＋④の企業割合）を計算して DI を作成，さらにそれを季節調整したものである．この系列は，上述の第 9 次改訂の際，同じく中小企業金融公庫実施の四半期調査「中小企業動向調査」（次節参照）の「中小企業業況判断来期見通し」に入れ替える形で採用された[7)]．景気動向指数は月次統計なので，採用系列の四半期系列から月次系列への変更にはそれだけで大きなメリットがある[8)]．図 13-1 は，この中小企業売上げ見通し DI と景気動向指数の CI 先行指数の推移を示したものである．

ただし，同調査の内容を詳しく見ると，その調査対象は 3 大都市圏（首都圏，中京圏，近畿圏）に限られ，また調査対象企業数は 900 社（回答率はその 7 割弱；つまり，実測数は 600 社程度）と少ない．業種も，主に景気変動の比較的大きな業種を抜き出すとの理由から製造業，建設業，運送業，卸売業の 4 業種に限定されており，小売業やサービス業は対象に含まれていない．さらに，同公庫の取引先企業の企業規模分布を反映して従業員数 50 人以上の企業が過半数を占めるなど，相対的に規模の大きな企業層が厚く，かつ個人企業は対象に含まれていない[9)]．

また，図 13-1 から実際にその推移を見ると，この系列にどの程度安定的な先行性があるかは必ずしもはっきりしない．確かに 1999 年の拡張期以降 3 回

6）同調査の名称は，後述の中小企業基盤整備機構実施の四半期調査と同一であるが，両者は全く別の調査なので注意されたい．本章では，中小企業景況調査と表記する場合，原則としてその前部分に実施主体名を記すことで両者を区別する．

7）また，このとき DI，CI とも 1980 年まで遡及改訂された．図 13-1，図 13-2 の CI は，いずれも遡及改訂後の数値である．

8）公式資料にも，入れ替えの理由は「代替可能な月次系列を採用」と明記されている（内閣府「景気動向指数採用系列の新旧対照表」，2004 年）．

9）ただし，中小企業金融公庫の取引先には個人企業も含まれており，次節の中小企業動向調査の対象には若干の個人企業が含まれる．

図 13-1　CI 先行指数と中小企業売上げ見通し DI

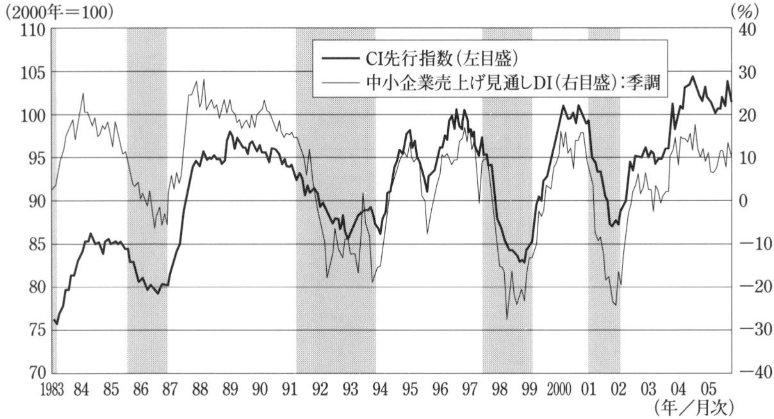

注：売上げ見通し DI：今月以降 3 カ月間の見通しと過去 3 カ月間の実績比較,「増加見込み」「やや増加見込み」—「やや減少見込み」「減少見込み」.

資料：内閣府「景気動向指数」, 中小企業金融公庫「中小企業景況調査」.

の景気転換局面では景気基準日付に対して一定の先行性を示しているが，それ以前の時期では一致的に動いている局面なども見受けられる．月次統計という大きな利点があり，また景気判断のためにより重要とされる最近時点のパフォーマンスは比較的優れているので系列の入れ替えには十分な理由があるといえるが，業種・地域を限定した観測数の少ない調査でもあることから，継続的な適切性については注意深く見守っていく必要があるだろう[10]．

次に，中小企業売上高 (製造業) は,「中小企業出荷指数 (製造業)」×「中小企業物価指数 (工業製品)」によって算出される (図 13-2)．前者は経済産業省「鉱工業指数」の出荷指数から，後者は日本銀行「企業物価指数」から，いずれも中小企業庁が推計し結果を公表しているものである．このデータには,「出荷数量×価格」により売上高の変動を代理する変数を得る狙いがあると考えられる．実際上は，その動きは一致指数の採用系列に含まれる他の鉱工業指

10) また，最近になって，全く別の考慮すべき状況も生じている．それは，2005 年末に閣議決定された政府系金融機関の再編統合の方針である．方針に沿った再編が実施されれば，その前後で各機関の各種定期実施調査にも何らかの変化がある可能性が高い．具体的には，本章で取り上げたもののうち中小企業金融公庫「中小企業景況調査」「中小企業動向調査」と国民生活金融公庫「全国小企業動向調査」は近い将来一種の過渡期に入る可能性がある．

図13-2　CI一致指数と中小企業売上高（製造業）

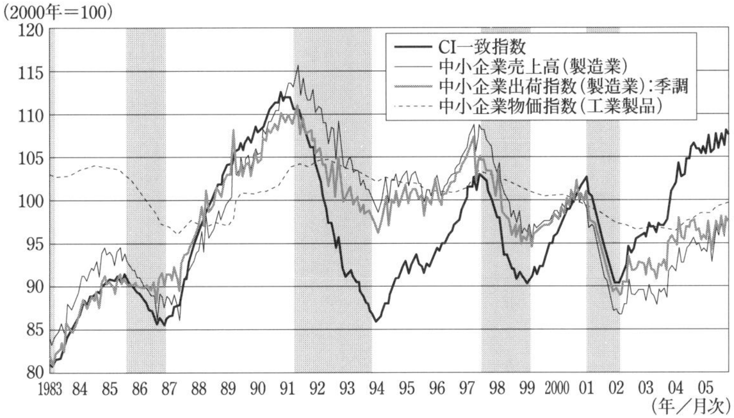

注：中小企業売上高（製造業）＝中小企業出荷指数（製造業）×中小企業物価指数（工業製品）
資料：内閣府「景気動向指数」，中小企業庁「規模別製造工業生産指数」，「規模別国内企業物価指数」．

数関連系列（鉱工業生産指数など）と似ているが，しかし少なくとも概念的には中小企業に焦点を当てた系列として成立しており，また図を見る限り，他の鉱工業指数関連系列と同様，一致系列としてのパフォーマンスは悪くない．

しかし，この中小企業売上高（製造業）も，若干のただし書きを伴う系列である．第1に，掛け合わされている上記2つの系列は，いずれも簡易的な推計によって作成されている．具体的には，それぞれ出荷指数および企業物価指数の個別品目レベルの実績値に，基準時点での各品目の中小企業出荷額ウエイト（工業統計調査に基づく）を乗じ，それを再集計することによって作成されている．したがって，両系列とも最も詳細な個別品目レベルの動きは元データのまま（つまり大企業・中小企業とも同じ）であり，結果の違いは総合的な指数に再集計される際のウエイトの違いのみからもたらされる．第2に，中小企業出荷指数（製造業）には，一定の規模以下の小事業所の動向は含まれていない．これは，一連の「鉱工業指数」の計算のもととなる月次の経済産業省「生産動態統計」において，ほとんどの業種で事業所毎の従業者規模による裾切り（業種によって異なる；10人，20人，50人未満等）が行われているためである．その結果，「規模別製造工業生産指数」においても，ある程度の規模以下の小企業の動向は直接の対象としては含まれていないことになる．これは，もともとの鉱工業指数の時点では必ずしも強く意識される必要のない点であるが，規模別製造工業生産指数に変換された場合には，たとえば「中小企業の」出荷指数に小企業の動向が含まれていないという状況が生じているので注意が必要である[11]．

以上をまとめると，景気動向指数の採用系列には中小企業の景気動向に焦点を当てた 2 つの景気指標が採用されているが，厳密にはそれぞれ内容には微妙な点があり，いずれも一定の前提のもとで解釈されるべき指標であるといえる．

3.　景況感調査

日本では，数多くの企業に対する景況感調査が行われている．本節では，そのうち特に主要なものを取り上げ，それらの内容および結果の推移を比較・検討する．具体的には，短観，景気予測調査・法人企業景気予測調査，中小企業基盤整備機構「中小企業景況調査」，中小企業金融公庫「中小企業動向調査」，国民生活金融公庫「全国小企業動向調査」，総務省統計局「個人企業経済調査」を取り上げる[12]．これらはいずれも四半期調査である．

まず，最も注目度の高い景況感調査が日銀短観であることには異論はないであろう[13]．「中小企業の景気」についても，それが最も広く意識される機会は，おそらく四半期に一度，短観が公表された時ではないだろうか．短観の結果は速報性も高く（当該四半期の最終月中旬公表），新聞報道などでも大きく取り上げられるので，その結果から半ば無意識的に「中小企業の景気」に関するイメージを得ているケースは多いと思われる．そして，この短観の調査結果の推

11）中小企業庁（2001）でも，ほぼ同様の理由から，規模別製造工業生産指数について「中小企業の動きを示す指標としての信頼性に問題がある．（中略）このような問題点を念頭において統計を利用する必要がある．」と指摘されている（p. 206）．

12）他にも，興味深い調査としてたとえば内閣府「景気ウオッチャー調査」，帝国データバンク「TDB 景気動向調査」などがある．しかし，議論の拡散を避けるためこれ以上の系列は取り扱わないこととした．

13）日本経済団体連合会（2004）の会員企業等に対する調査の結果（回答数 124 社）でも，短観は最も利用度の高い景気関連統計となっている（p. 27）．さらに，短観の結果は，これまでいくつもの景気・経済研究の中で重要な情報として利用されている（Kanoh, 1990 ; Kanoh and Saito, 1994 ; Hisao and Zhao, 2000 ; 加納，2002 など）．

図13-3　日銀短観：業況判断DI

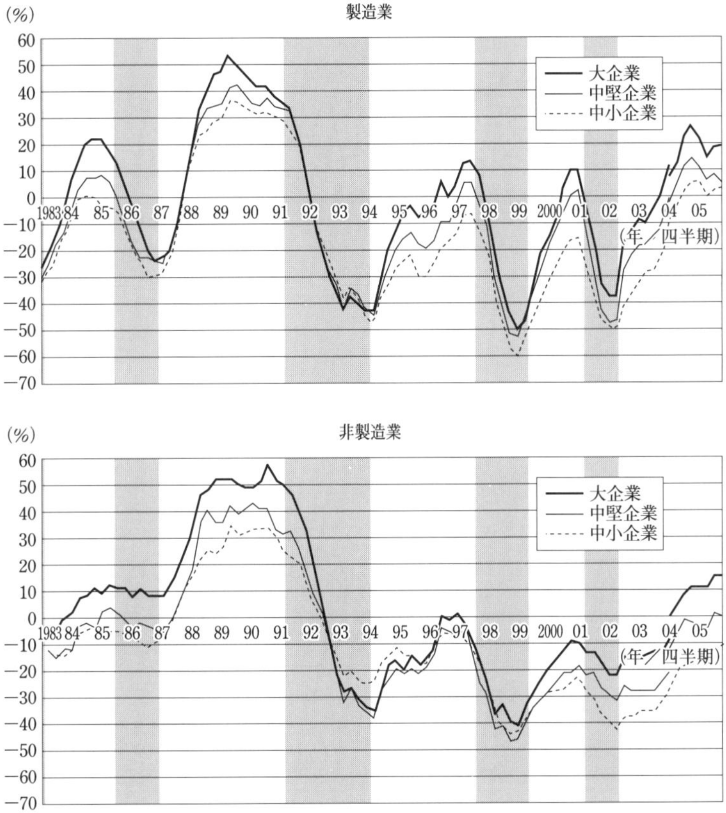

注：全国短観，「良い」−「悪い」．
資料：日本銀行「全国企業短期経済観測調査」．

移を見ると，2002年はじめの景気転換点以降，業況判断DIは明確な回復傾向を示している（図13-3）．特に製造業については，大企業だけでなく中小企業についても既に相当景気が回復しているようにみえる．また，図13-4は，短観の他に比較的注目度の高い景気予測調査および法人企業景気予測調査の景況判断BSIの結果である[14]．この景況判断BSIからも，短観ほどではないが，傾向的には中小企業もある程度景気が回復してきているようにみえる．

しかし，これらの調査の「中小企業」は，中小企業全体の景況感を示すもの

図 13-4　景気予測調査・法人企業景気予測調査：景況判断 BSI

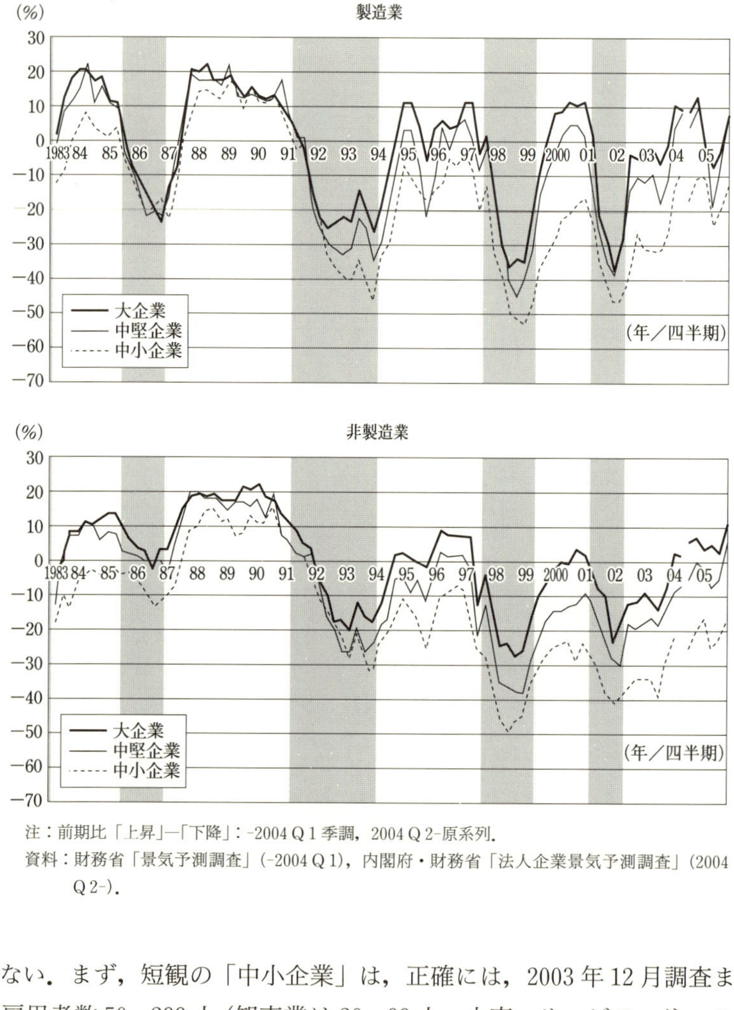

注：前期比「上昇」—「下降」：-2004 Q 1 季調，2004 Q 2-原系列.
資料：財務省「景気予測調査」(-2004 Q 1)，内閣府・財務省「法人企業景気予測調査」(2004 Q 2-).

ではない．まず，短観の「中小企業」は，正確には，2003 年 12 月調査までは常用雇用者数 50〜299 人（卸売業は 20〜99 人，小売・サービス・リース業は

14）財務省「景気予測調査」は，2004 年度はじめに内閣府「法人企業動向調査」と統合され，新たに内閣府・財務省「法人企業景気予測調査」となった．その際，調査対象企業数が拡充（約 1.2 万社から 1.5 万社）されたほか，金融保険業を含むなどの変更が行われた．制度的には両者は異なる調査であるが，景況感を含む多くの調査項目はそのまま継承されているなど共通点も多く，本章では便宜上両者を並べて取り扱うこととする．なお，これら調査の公表時期は当該四半期の最終月下旬である．

表13-1　短観，景気予測調査・法人企業景気予測調査の企業規模区分

(1) 短観

	2003年12月調査まで 常用雇用者数基準			2004年3月調査以降 資本金基準
	卸売	小売，サービス，リース	その他の業種	
大企業	1,000人以上	1,000人以上	1,000人以上	10億円以上
中堅企業	100-999人	50-999人	300-999人	1億円以上10億円未満
中小企業	20-99人	20-49人	50-299人	2,000万円以上1億円未満

注：法人企業のみ．農林水産業，金融保険業は含まない．

(2) 景気予測調査(財務省，2004年2月調査まで)
　および法人企業景気予測調査(内閣府・財務省，
　2004年4-6月期調査以降)

	資本金基準
大企業	10億円以上
中堅企業	1億円以上10億円未満
中小企業	1,000万円以上1億円未満

注：法人企業のみ．景気予測調査は金融保険業を含まず，
　法人企業景気予測調査は金融保険業を含む．

20～49人)の，2004年3月調査以降は資本金2,000万円以上1億円未満の，非農林水産・非金融保険法人企業を意味している(表13-1(1))[15]．したがって，対象業種の中でも，これらの規模以下の法人企業，および個人企業は対象に含まれない．また，景気予測調査と法人企業景気予測調査の「中小企業」は，資本金1,000万円以上1億円未満の(農林水産業含む)法人企業という意味であり，ここでも，資本金1,000万円未満の法人企業，および個人企業は対象に含まれない(表13-1(2))．

実際のところ，これらの裾切りはどの程度の意味を持っているのだろうか．まず企業数でみると，日銀の公式資料(表13-2(1))によれば，現在(2004年3月調査以降)の短観の対象業種・規模に含まれる企業の総数(母集団企業数)は約22万社とされる．これに対し，同じく短観の標本抽出の際に用いられる

15) 短観において，業況判断DIは「判断項目」と呼ばれる調査項目に属しており，これらは母集団推計は行われず調査実数の集計結果がそのまま最終結果となる．(一方，「計数項目」は母集団推計が行われる．) 従って，業況判断DIでは，調査企業数の分布が決定的な意味を持つ(景況判断BSIおよび本章の他の業況判断DIも同様)．短観の標本設計は表13-2(1)を参照．

表 13-2 短観，法人企業景気予測調査の標本設計

（1）短観（2004年3月調査）

	母集団企業数	調査対象企業数	回答企業数
大企業	5,472	2,440	2,397
中堅企業	22,352	2,858	2,777
中小企業	187,428	5,264	5,017
計	215,252	10,562	10,191

注：母集団企業数は2001年事業所・企業統計調査ベース.

資料：日本銀行「『短観』の標本設計および標本の維持管理等について」，日本銀行「第120回全国企業短期経済観測調査」，2004年.

（2）法人企業景気予測調査（2004年4-6月期調査）

	母集団企業数	調査対象企業数	回答企業数
大企業	6,476	5,290	4,601
中堅企業	31,029	3,762	2,712
中小企業	1,141,645	5,217	3,804
計	1,179,150	14,269	11,117

注：母集団企業数は法人企業統計調査ベース．ただし，金融・保険業は事業所・企業統計調査ベース.

資料：内閣府・財務省「第1回法人企業景気予測調査について」，2004年.

事業所・企業統計調査ベースで，非農林水産・非金融保険法人企業は150万社ある（表13-3(2)）．したがって，短観の調査対象業種であるにもかかわらず調査の母集団に含まれていない企業は，法人企業だけで128万社ほどあることになる．さらに，別途個人企業が280万社あるから，全体では実に430万社中408万社が短観の母集団企業層には含まれていない[16]．また，法人企業景気予測調査に関しても，表13-2(2)に示したように，母集団企業数は118万社と短観に比べればはるかに多いが，それでも，法人企業景気予測調査の基礎である法人企業統計調査ベース（表13-3(1)）でみれば法人企業は（非農林水産・非金融保険に限定しても）約268万社ある．したがって，上記280万社の個人企業はもちろん，法人企業も150万社以上が対象に含まれていないことになる[17]．

16) 2003年末までの短観（常用雇用者基準）の母集団企業数は16万社（1996年事業所・企業統計調査ベース）と，見直し後（資本金基準）の22万社よりさらに少ない（日本銀行（2001），p. 8）．なお，表13-2(1)（日銀公式資料）の母集団企業数は2001年事業所・企業統計調査，表13-3(2)の企業数は2004年事業所・企業統計調査ベースであり厳密には調査年が異なる．ただし，この違いは議論の本筋には影響しない．

17) 美添（2005）でも指摘されているように，法人企業統計調査と事業所・企業統計調査の法人企業数には大きな違いがある．したがって，本章では法人企業数に関して，事業所・企業統計調査から標本を設計している短観は事業所・企業統計調査と，主に（すなわち金融保険業を除き）法人企業統計調査から標本を設計している法人企業景気予測調査は法人企業統計調査と比較している．（より厳密には，法人企業景気予測調査の調査対象企業は，法人企業統計調査の年次別調査ではなく四半期別調査の一部である．）ただし，事業所・企業統計調査からは売上高や付加価値の情報は得られず，法人企業統計調査からは個人企業の情報は得られないので，これらについてはやむを得ず互いに乗り入れて議論している．

表13-3　企業分布

（1）法人企業：法人企業統計調査（年次別調査）2004年度

製造業

	全規模	資本金1億円以上	構成比(%)	2000万円以上1億円未満	構成比(%)	2000万円未満	構成比(%)	うち1000万円未満	構成比(%)
企業数（万社）	41.6	0.9	(2.2)	4.7	(11.3)	36.0	(86.5)	20.5	(49.3)
売上高（兆円）	409.7	288.9	(70.5)	66.0	(16.1)	54.8	(13.4)	12.8	(3.1)
付加価値（兆円）	84.7	52.9	(62.5)	14.6	(17.3)	17.2	(20.2)	4.8	(5.6)
役員数＋従業員数（万人）	1113.0	445.1	(40.0)	256.6	(23.1)	411.3	(37.0)	136.6	(12.3)
役員数（万人）	102.6	5.8	(5.6)	16.4	(16.0)	80.5	(78.4)	39.6	(38.6)
従業員数（万人）	1010.4	439.4	(43.5)	240.2	(23.8)	330.8	(32.7)	97.0	(9.6)

非製造業（農林水産業・金融保険業を除く）

	全規模	資本金1億円以上	構成比(%)	2000万円以上1億円未満	構成比(%)	2000万円未満	構成比(%)	うち1000万円未満	構成比(%)
企業数（万社）	226.5	2.5	(1.1)	21.4	(9.4)	202.7	(89.5)	129.8	(57.3)
売上高（兆円）	1007.1	482.7	(47.9)	237.4	(23.6)	287.0	(28.5)	99.6	(9.9)
付加価値（兆円）	188.9	75.9	(40.2)	44.1	(23.4)	68.8	(36.4)	28.9	(15.3)
役員数＋従業員数（万人）	3429.4	784.9	(22.9)	871.9	(25.4)	1772.6	(51.7)	832.2	(24.3)
役員数（万人）	502.3	13.3	(2.7)	66.9	(13.3)	422.0	(84.0)	236.5	(47.1)
従業員数（万人）	2927.1	771.5	(26.4)	805.0	(27.5)	1350.6	(46.1)	595.7	(20.4)

注：同調査の法人とは，本邦に本店を有する合名・合資・株式・有限会社を指す．
付加価値＝営業純益（営業利益－支払利息・割引料）＋役員給与＋従業員給与＋福利厚生費＋支払利息・割引料＋動産・不動産賃借料＋租税公課

（2）法人企業と個人企業：2004年事業所・企業統計調査

製造業

	計	合名・合資・株式・有限会社	構成比(%)	個人企業	構成比(%)
企業数（万社）	48.9	26.8	(54.7)	22.2	(45.3)
従業者数（万人）	987.2	920.2	(93.2)	66.9	(6.8)

非製造業（農林水産業・金融保険業を除く）

	計	合名・合資・株式・有限会社	構成比(%)	個人企業	構成比(%)
企業数（万社）	381.8	123.6	(32.4)	258.2	(67.6)
従業者数（万人）	3531.5	2791.8	(79.1)	739.7	(20.9)

注：「企業数」は，単独事業所数と本所・本社・本店事業所数の合計．
「個人企業」は，個人経営の事業所を指す．

ただし，小企業・個人企業は個々の規模は小さいので，企業数だけで判断するのは適切とはいえない．そこで，表13-3（1）の法人企業統計調査の結果をさらに詳しく見ると，まず非農林水産・非金融保険の法人企業全体では，売上高1,417兆円，付加価値274兆円，役員数＋従業員数4,542万人である．このうち，短観の対象の資本金2,000万円以上の層で，売上高1,075兆円（76％），付加価値188兆円（69％），役員数＋従業員数2,358万人（52％）を占めている．しかし，その一方で，短観に含まれない資本金2,000万円未満の層にも，売上高342兆円（24％），付加価値86兆円（31％），また役員数＋従業員数で2,184万人（48％）の雇用が存在する．このうち，特に雇用でみて半分近くが対象層に含まれていない点は注目されるべきである．加えて，個人企業でも807万人が働いていることを考えれば（表13-3(2)），短観には，調査対象業種のうち付加価値額の3分の1以上，雇用では実に過半数（5,349万人中2,991万人，56％）がそもそも調査の母集団に含まれていないことになる．言い換えれば，短観は調査対象業種のうち半分以下，44％の雇用に相当する企業群しか対象としていない．さらに，製造業・非製造業別で見ると，非製造業のほうがもともとボリュームが大きく（総雇用の78％は非製造業；表13-3(2)），かつ小企業・個人企業の割合も大きいことから，短観に含まれない企業層は非製造業により集中している．具体的には，資本金2,000万円未満の法人企業と，個人企業の雇用の合計2,991万人のうち，製造業は478万人（16％）に過ぎず，残りの2,512万人（84％）は非製造業に属している．

また，法人企業景気予測調査については，調査対象に含まれない資本金1,000万円未満の層に，売上高112兆円（8％），付加価値34兆円（12％），役員数＋従業員数で969万人（21％）の雇用が存在する（表13-3(1)）[18]．したがって，短観よりも調査範囲はかなり広く，実際，売上高や付加価値でみれば法人企業の大部分をカバーしているといえる[19]．それでも，個人企業まで含めて考えれば，総雇用5,349万人のうち1,775万人（33％），全体の3分の1の雇用に相当する企業群が対象に含まれていない．製造業・非製造業別には，資本金1,000万円未満の法人企業と個人企業の雇用合計1,775万人のうち，製造業

18）短観に揃えて，非農林水産・非金融保険業ベースで議論を行っている．

19）実際，今回（2002年はじめ以降）の景気拡張期において，景況判断BSI「中小企業」の結果が短観の業況判断DI「中小企業」に比べて悪いのは，基本的には小企業をカバーする範囲が景況判断BSIのほうが広く，かつそれらの層の景況感が悪いためであるように思われる．他にも，例えば短観は調査時点の業況の「水準」を尋ね，景況判断BSIは景況の前期からの「変化」を尋ねているという違いもあるが，図13-5，13-6と図13-9の別の景況感調査の結果を見ると逆に「水準」を尋ねた場合の景況感が相対的に最も悪いという傾向が出ており，この違いが直接の原因となっているとは考えにくい．景気判断の水準と変化の違いについては，浅子・原田（2004）も参照．

は203万人（11%），非製造業は1,572万人（89%）である．短観の場合以上に，調査に含まれない企業層の非製造業への集中度が大きい．

もちろん，これらの調査はそれぞれ明確な設定のもとで調査を実施しているものであり，無理にそれを拡大する必要性があるわけではない．膨大な小企業・個人企業層から適切な標本を抽出し定期的に調査を行うことの困難さを考えれば，これらの主要景況感調査が法人企業のみを対象とし，かつ裾切りを行っているのもむしろ自然ともいえる[20)]．ただし，少なくとも，短観および景気予測調査・法人企業景気予測調査という比較的注目度の高い景況感調査の「中小企業」には，小企業・個人企業層の状況は含まれておらず，かつこれらの層は経済全体の中で無視できないボリュームを占めている，という点はより広く知られる必要があると思われる．

また，小企業あるいは個人企業の景況感が，相対的に規模の大きな企業の結果から十分に類推できるようであれば，これらの企業を除いても必ずしも大きな問題は生じない．しかし，この点については，特に今回の景気拡張期においては疑問の余地が大きい．

この点に関して，まず，図13-5，13-6は中小企業基盤整備機構「中小企業景況調査」の結果の推移をみたものである．同調査は，政策当局の中小企業庁と関わりの深い調査であること[21)]，および調査対象企業数が1.9万社（かつ回答率は96%以上と短観に匹敵）という大規模調査であることから，中小企業に対象を絞った景況感調査の中では最も代表的なものである．対象企業は，ある程度の業種・規模等のバランスのもとで商工会，商工会議所，中小企業団体中央会が決定し，これら機関を通じて直接聞き取り調査が行われる．具体的な調査対象は，製造業，建設業，卸売業，小売業，サービス業に属する中小企業（中小企業基本法の定義に基づく中小企業；個人企業含む）であり，実際の企業分布を反映して，全体の8割を小規模企業が占める．現実的な実行可能性を考えれば，中小企業に対してこれ以上の広範かつ大規模な定期調査を行うこと

20）景況感調査に限らず実物的な景気統計についても，鉱工業指数や，「中小企業」区分を含み注目度の高い法人企業統計調査の四半期別調査でも裾切りは行われている（前者は第2節参照，後者は資本金1,000万円以上の非金融保険法人企業を対象）．

21）具体的には，2004年7月の中小企業基盤整備機構の発足までは，同調査は中小企業庁と中小企業総合事業団（1999年7月以前は中小企業事業団）の共同実施調査であった．現在でも，調査結果は中小企業庁のウェブサイトに随時掲載されている．

図 13-5　中小企業景況調査：業況判断 DI

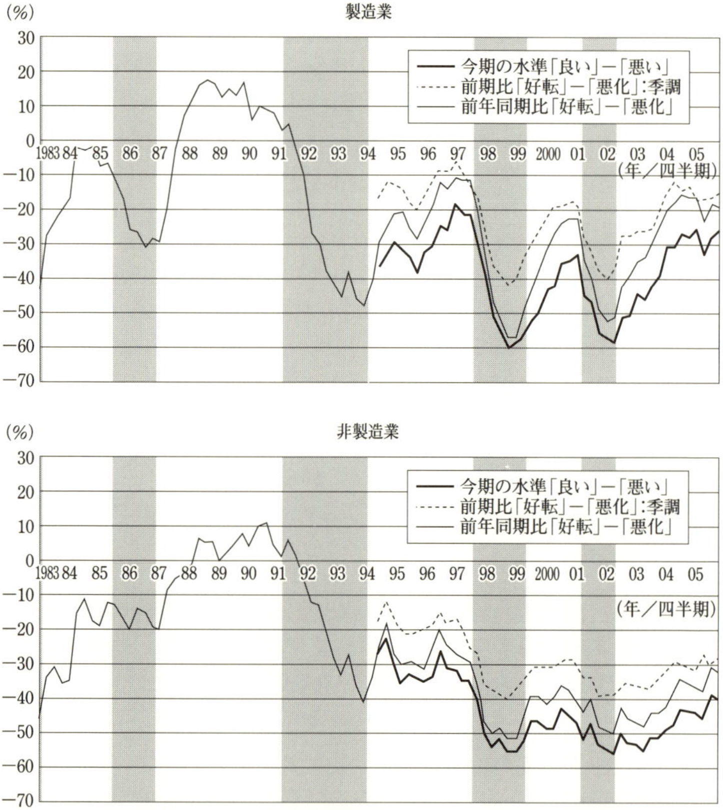

資料：中小企業基盤整備機構「中小企業景況調査」.

は不可能といってよいのではないだろうか[22)]．また，同調査（および後述の個人企業経済調査）には，業況判断について，今期の水準，前期との比較，前年同期との比較の 3 つをそれぞれ個別に尋ねているという特徴もある．これらの結果のうち，短観とは同じく景気の水準について尋ねた「今期の水準」の結果を，景気予測調査・法人企業景気予測調査とは「前期比」の結果を比較するの

22）指定統計調査の個人企業経済調査でも，標本数は約 3,700 社である．法人企業景気予測調査や TDB 景気動向調査のようにインターネット経由で調査を行うことは実行可能性を高める 1 つの大きな工夫であるが，それでも，企業の把握と調査協力の問題は残る．

図 13-6　中小企業景況調査：業況判断 DI（中・小規模別）

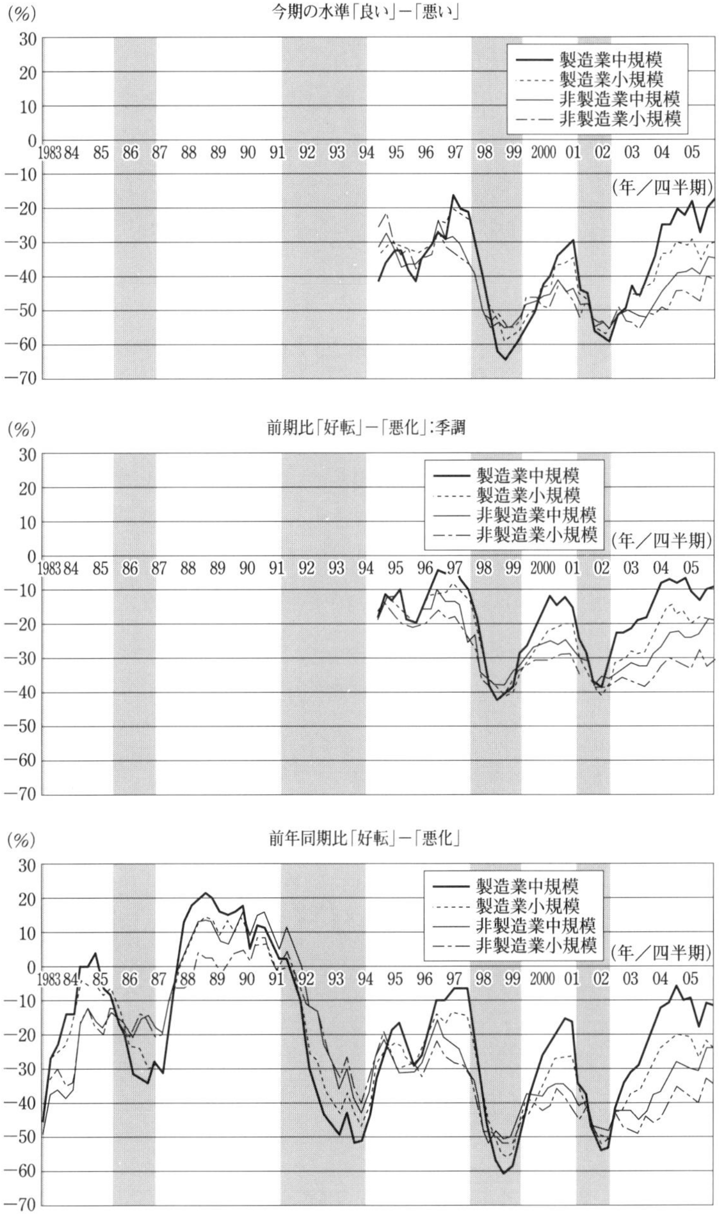

資料：中小企業基盤整備機構「中小企業景況調査」.

がおそらく最も適切であろう．

同調査の結果を示した図 13-5 を見ると，特に非製造業において，短観や景気予測調査・法人企業景気予測調査の「中小企業」よりも明らかに景況感が悪いことがわかる．さらに，図 13-6 は，同調査の中・小の企業規模別の結果である．製造業・非製造業とも小規模企業の景気回復が相対的に遅れており，特に，非製造業小規模企業は最も DI の値が高い「前期比」の結果でもマイナス 30 前後と，足元でも業況が悪化したとする企業のほうがかなり多いことがわかる．

ただし，一方で，中小企業金融公庫「中小企業動向調査」の業況判断 DI の推移を見ると，非製造業でも景況感が回復してきているなどその印象は大きく異なっている (図 13-7)．同調査は，中小企業金融公庫が取引先企業約 1.2 万社に対して行っているものであり (回答率は約 5 割)[23]，中小企業に対する景況感調査の中では比較的知られているものの 1 つである．しかし，この業況判断 DI の結果は，基本的に中小企業金融公庫の取引先の企業規模分布を反映している可能性が高い．すなわち，同調査では資本金 1,000 万円以上の企業が対象の 9 割強，従業員数 50 人以上の企業が 4 割を占めており，前節の中小企業

図 13-7　中小企業動向調査：業況判断 DI

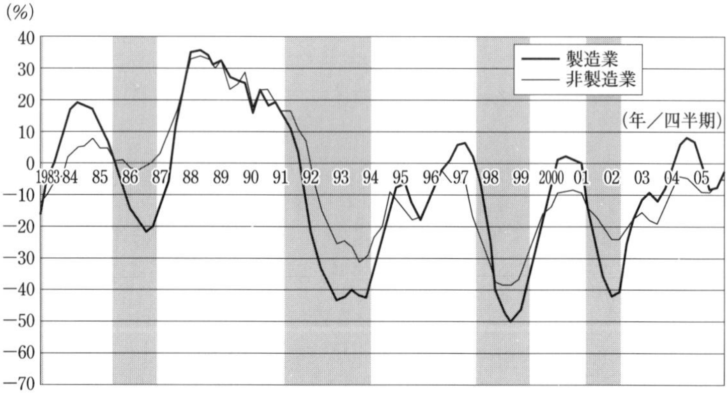

注：前年同期比「好転」—「悪化」：季調．
資料：中小企業金融公庫「中小企業動向調査」．

23) ただし，中小企業金融公庫の取引対象ではない農林水産業と金融保険業は対象に含まれない．また，同公庫の取引先企業の分布を反映して，製造業が標本の 5 割近くを占める．

表 13-4　全国小企業動向調査の調査対象

2004 年 1-3 月期調査まで		2004 年 4-6 月期調査以降	
	従業者数		従業者数
製造業	30 人未満 (20%)	製造業	30 人未満 (20%)
卸売業	10 人未満 (8%)	卸売業	10 人未満 (8%)
小売業	10 人未満 (29%)	小売業	10 人未満 (29%)
飲食店	10 人未満 (12%)	飲食店・宿泊業	10 人未満 (14%)
サービス業	30 人未満 (20%)	サービス業	30 人未満 (17%)
建設業	30 人未満 (10%)	情報通信業	30 人未満 (1%)
運輸業	30 人未満 (1%)	建設業	30 人未満 (10%)
		運輸業	30 人未満 (1%)

注：括弧内は，調査対象企業数の大まかな構成比.
資料：国民生活金融公庫「全国小企業動向調査」.

金融公庫「中小企業景況調査」と同様，企業規模が相対的に大きな層が厚い．そのため，標本設定は小規模企業を多く含む中小企業基盤整備機構「中小企業景況調査」よりもむしろ短観や景気予測調査・法人企業景気予測調査に近く，調査結果も小企業・零細層の状況が比較的反映されにくくなっていると考えることができる[24]．

また，小企業・個人企業層の景況感については，さらに全国小企業動向調査と個人企業経済調査からも情報を得ることができる．全国小企業動向調査は，国民生活金融公庫が取引先企業（個人企業含む）1 万社強に対して行っている調査である（回答率は 7 割程度；対象業種・企業規模および標本分布は表 13-4 を参照）[25]．同調査では，業況判断 DI に関して表 13-4 の各業種別と全業種計の結果のみが公表されているが，内部的には製造業以外をまとめて「非製造業」とした集計も行われている．図 13-8 は，製造業と，この「非製造業」の結果を示したものである．これを見ると，先の中小企業基盤整備機構「中小企業景況調査」同様，特に非製造業の景況感は依然として悪く，足元でもマイナス 40 程度とかなり厳しいことがわかる[26]．実際，非製造業では 1997 年後半の

24）もともと中小企業動向調査の標本設計は中小企業金融公庫の取引先企業の業種・規模分布を反映することを意図して行われているので，この点自体に何か問題があるわけではない．

25）国民生活金融公庫がカバーしない沖縄県（沖縄振興開発金融公庫が存在）の企業は当然ながら調査対象に含まれない．

26）非製造業の結果の内訳は，2005 年 7-9 月期で，「かなり良い」1%「やや良い」15%「良くも悪くもない」28%「やや悪い」38%「かなり悪い」19%となっている．製造業は，それぞれ 2%，20%，29%，32%，18%．

図 13-8　全国小企業動向調査：業況判断 DI

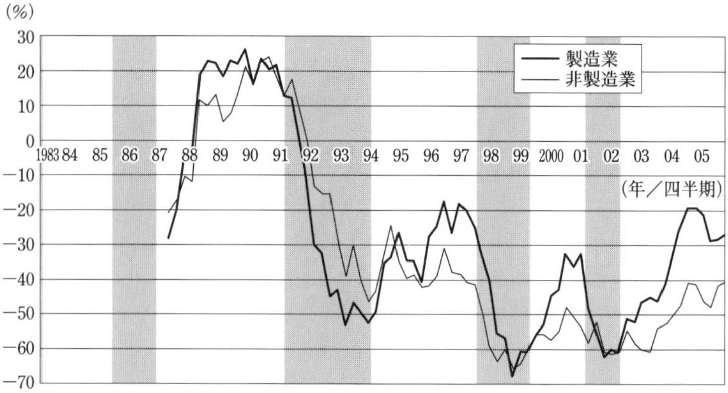

注：「かなり良い」「やや良い」―「やや悪い」「かなり悪い」.
資料：国民生活金融公庫「全国小企業動向調査」.

景気後退期以降，基本的にはDIが大きくマイナスをつけた状況が続いている．

総務省統計局「個人企業経済調査」は，製造業，卸売・小売業，飲食店・宿泊業，サービス業の個人企業を対象とした調査である．これは本章で取り上げる一連の景況感調査の中で唯一統計法に基づく指定統計調査であり，(調査対象企業数は約 3,700 社と比較的少ないものの) 望み得る限りの信頼性は確保されているといえる．同調査では，2002 年度はじめに調査体系が変更された際，新しく業況判断についても尋ねられるようになった．結果の蓄積が数年分しかないため時系列での比較は十分にはできないが，業況判断 DI の結果を見ると (図 13-9)，少なくとも調査開始以降，業況が悪い企業が圧倒的に多いことがわかる[27]．一応，方向性としては多少回復傾向にはあるが，特に非製造業については，景気の水準を尋ねた「今期の業況」で見ると「良い」とする企業がほとんどないような状態が続いている[28]．

最後に，図 13-10 は，短観の大企業と中小企業，中小企業基盤整備機構「中

27) 個人企業経済調査の調査業種は上記 4 業種に限られ，かつ公表されるのは産業細目別と調査産業計の結果のみである．そこで，図 13-9 では産業細目別の結果をもとに，製造業以外の業種を「非製造業」として独自に再集計している．
28) 2005 年 7-9 月期で，「良い」がわずか 3%，「普通」28%「悪い」69%.

図 13-9　個人企業経済調査：業況判断 DI

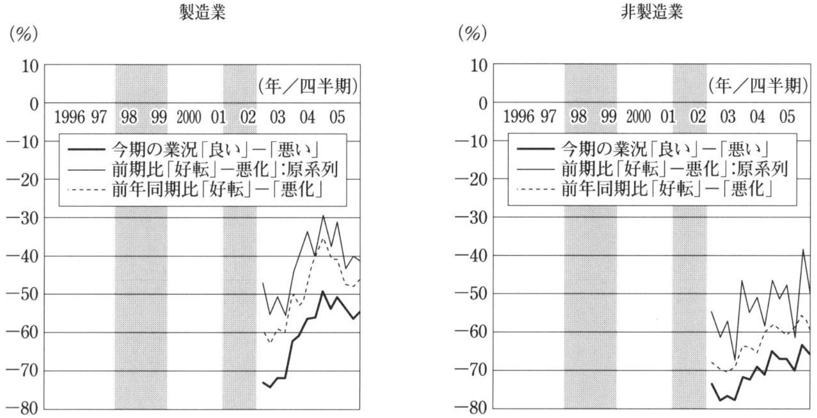

注：「非製造業」は卸売・小売業，飲食店・宿泊業，サービス業の独自集計値．
資料：総務省統計局「個人企業経済調査」．

小企業景況調査」の小規模企業，全国小企業動向調査，個人企業経済調査の業況判断 DI の結果をまとめたものである．これらは，いずれも景気の「水準」(「良い」「悪い」など) について尋ねたものであり，最低限の比較可能性はあると考えられる．これらを見ると，まず，近年小企業・個人企業，特に非製造業企業の景況感が相対的に際だって悪いことが改めて確認できる[29]．さらに，短観の「中小企業」と小企業との景況感の乖離が，(非製造業では 1994 年末に広がった後) 今回の景気拡張期にとりわけ大きくなっていることも確認できる．また，本来全く別の調査である中小企業景況調査の小規模企業と全国小企業動向調査の結果が，驚くほど似ている点も注目される．総合的に考えて，やはり，小企業の景況感は，少なくとも現在までのところ総じて悪いと結論付けるのが最も妥当であるように思われる．強調されるべきは，このような状況は短観や法人企業景気予測調査からは把握できないということである．今後会社法の施行に伴い資本金 1,000 万円未満の株式会社が本格的に作られるようになれば，小企業把握の重要性は一層増す可能性もある．

29) ここで，小規模企業の約 8 割は非製造業に属している．したがって，景況感の悪い非製造業小規模企業層のボリュームは，製造業よりもはるかに大きいことになる．

図 13-10　業況判断 DI の比較

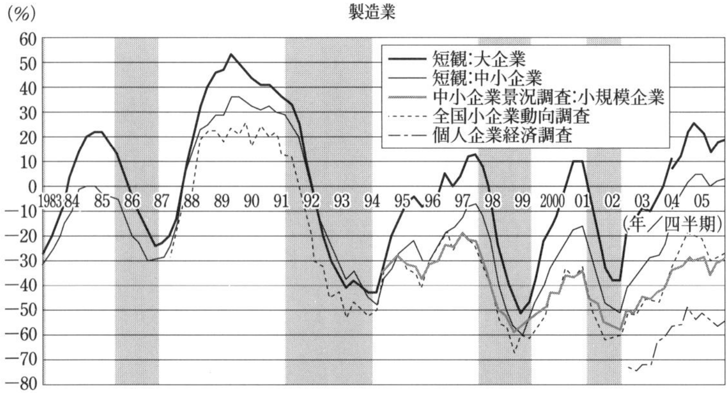

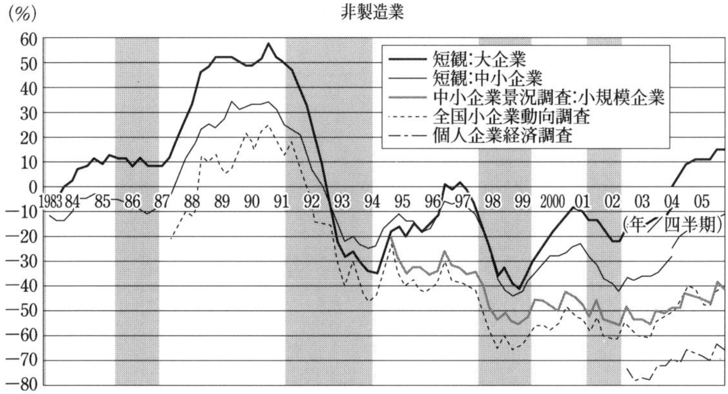

注：すべて，今期の「水準」(「良い」「悪い」など) を尋ねた設問の結果.

なお，結局のところ，現時点で企業の景況感を総合的に捉えていくためには，短観の結果に，中小企業基盤整備機構「中小企業景況調査」の小規模企業と個人企業経済調査の結果を組み合わせて観察することが，各調査の標本数やカバレッジ，および質問内容 (いずれも景気の「水準」についての調査) からみておそらく最も妥当である[30]．さらに，両調査の「水準」の結果は時系列の蓄積

30) もちろん，他の様々な景況感調査も，それぞれの調査対象に対する結果を与えるものとして有益である．なお，公表時期は，中小企業基盤整備機構「中小企業景況調査」が当該四半期の最終月下旬，個人企業経済調査が (若干遅いが) 当該四半期終了後の翌々月中旬であり，速報性についても基本的に問題はない．

が比較的浅いので，1994年以前を含む長期の推移は全国小企業動向調査の結果で補うのが良いように思われる．特に，個人企業経済調査は短観に全く含まれない個人企業に特化した調査であり，積極的な参照が望まれる．ただし，少なくとも本章執筆時点では，中小企業景況調査の中・小規模別の結果は容易に入手できる方法では公表されておらず，原則として個別に問い合わせる必要がある．また，個人企業経済調査も，公表資料では過去1年程度のDIのみ図示され，かつ統計表にはDIの数値は掲載されていないなど時系列での参照が難しい．これらの調査には，上記の観点からより利用しやすい形での情報提供を望みたい．

4.　企業業績と景況感：全国小企業動向調査の個票分析

前節まで取り扱ってきたように，通常，景況感調査はDIに集計されその結果が利用される．しかし，その背後には，個々の企業の景況感が存在し，さらにはそれを構成する何らかの実物的あるいは経済的状況があると考えられる．DIは，その個々の企業の景況感を積み上げた結果として得られるものである．にもかかわらず，これまで各企業の景況感の具体的な形成過程については十分には関心が払われてこなかった．そこで本節では，やや補足的な分析として，景況感調査の個票データを用いて，企業の業績と景況感の対応関係をミクロベースで直接検証する[31]．これにより，限られた設定のもとでではあるが，企業の実物的状況と景況感の関係の有無，あるいはその強さの程度を実証的に検証することができる．

データとしては，前節で取り上げた景況感調査のうち，執筆時点で唯一個票が（東京大学社会科学研究所を通じて）公開されている国民生活金融公庫「全国小企業動向調査」の結果を使用する．ただし，個票の公開は1996年10-12月期調査以降であり，また同調査の業種区分は2004年4-6月期調査以降，7区分から8区分に変更されている（表13-4）．これらの事情から，ここでは，1996年10-12月期調査から2004年1-3月期調査までの30四半期を用いた分

31）景況感調査の個票を直接分析した例外的な研究として，中小企業家同友会「同友会景況調査」の個票データを用いた坂田（1996；2001）がある．

析を行う．分析に使用される最終的な標本数は，約17万である．ただし，各期の調査結果は個別に公開されており，残念ながら時点を通じた企業の識別あるいは接続はできない．

以上のデータセットのもとで，下記の標準的な順序ロジットモデルの推定を行う．

$$\Pr[y_i=j]=\Pr[\mu_j<X_i'\beta+\varepsilon_i\leq\mu_{j+1}] \quad j=0,1,2,3,4 \quad \mu_0=-\infty, \mu_5=\infty$$

y_i は企業 i の景況感を表す質的変数，X_i は説明変数のベクトル，ε_i は誤差項，β は各説明変数のパラメータのベクトル，μ_j は反応の閾値である．誤差項 ε_i の累積密度関数としてロジスティック分布を仮定し，β と μ_j を最尤法により推定する．

変数 y_i の取り得る値 j は，当該四半期の自社の業況判断を尋ねた設問の選択肢に対応した以下の5区分である．

$j=0,1,2,3,4$

　=(かなり悪い，やや悪い，良くも悪くもない，やや良い，かなり良い)

すなわち，j の値が大きいほど，業況が良いことを示している．

説明変数群 X_i としては，まず，業種の違いとして，調査結果から観察可能な，製造業，卸売業，小売業，飲食店，サービス業，運輸業の違いをダミー変数によりコントロールする．ここで，対象7業種のうち，「売上高」ではなく「受注額」の動向が (5区分ではなく3区分で) 尋ねられている建設業は分析から除かれている[32]．また，製造業を基準として，つまり製造業ダミーを落とし他の5つのダミー変数を用いて推定を行う．

次に，各企業の経済的状況を表す変数として，当該四半期の売上高の動向および採算水準を尋ねた設問の結果を使用する．具体的には，売上高については，前年同期に比べて「20%以上増加した，10〜19%増加した，10%未満増加した，10%未満減少した，10%以上減少した」の5区分のいずれであるかを尋ねた設問の結果を，採算水準については，当該四半期が「黒字，収支トントン，赤字」の3区分のいずれであるかを尋ねた設問の結果を使用する．それぞれ，5

32) ただし，除かれた標本 (全体で約5.5万) を用いて分析を行っても，基本的に同様の結果が得られている．

33) これらの経済変数を連続変数ではなく質的変数として適用せざるを得ない点も，本分析の制約の1つである．ただし，特に小企業や個人企業に関しては，具体的な財務数値を尋ねることが全体として必ずしも優れた情報をもたらさない可能性がある (菊地，2003)．

表13-5　クロス表

(1) 業況判断と売上高　(%)

		業況判断					
		かなり良い	やや良い	良くも悪くもない	やや悪い	かなり悪い	計
売上高	20%以上増	0.6	1.4	0.6	0.4	0.3	3.3
	10-19%増	0.3	2.6	1.5	0.9	0.4	5.6
	10%未満増	0.2	5.2	8.9	5.1	1.5	20.9
	10%未満減	0.2	1.3	8.1	22.2	7.9	39.7
	10%以上減	0.2	0.5	1.8	9.3	18.7	30.6
計		1.4	11.1	20.8	37.9	28.8	100.0

$n=165908$

(2) 業況判断と採算水準　(%)

		業況判断					
		かなり良い	やや良い	良くも悪くもない	やや悪い	かなり悪い	計
採算水準	黒字	0.9	5.6	3.7	2.7	0.9	13.9
	収支トントン	0.2	4.9	14.7	19.5	5.8	45.1
	赤字	0.3	0.6	2.4	15.6	22.1	41.1
計		1.4	11.1	20.8	37.9	28.8	100.0

$n=165908$

注：国民生活金融公庫「全国小企業動向調査」，個票より作成．

つと3つのダミー変数群に分解し，説明変数として用いる[33]．ただし，いずれも中央の選択肢，すなわち「10%未満増加した」と「収支トントン」を（基準として）落とした推定を行う．経済変数がこれら2要因のみというのは簡素ではあるが，企業の業績に関する情報は最終的に売上高と利益に集約されると考えれば，当該四半期の経済的動向について必要最小限の情報は取り入れられているといえる．

さらに，時点効果として，各四半期の時点ダミーを導入する．これにより，マクロショック等の各時点の共通的変動の影響が，具体的な変数を導入しなくともある程度コントロールされると考えることができる．特に，景況感が自社の経営状況とマクロ的な状況との相対比較のなかで形成されている場合には，このような変数の導入には意味がある．なお，データ期初の1996年第4四半期を基準に，残り29時点のダミー変数を用いて推定を行う．

表13-5は，それぞれ業況判断と売上高（表13-5(1)），採算水準（表13-5(2)）との関係を示したクロス表である．企業業績と景況感の間に，大きく「業績が良いほど景況感が良く，業績が悪いほど景況感が悪い」という関係があることが確認できる．ただし，データ期間が1996年末以降ということもあ

り，（図 13-8 から類推できるように）景況感が悪いとする標本が多くなっている．

順序ロジットモデルの推定結果は表 13-6 の通りである．表には，各説明変数の影響力の指標である限界効果もあわせて掲げた．各限界効果の値は，推定されたパラメータのもとで，各説明変数の値がゼロから 1 に変化したときに，y_i が 0 から 4 のそれぞれの値を取る確率 ($\Pr[y_i=j]$) がどれだけ増加または減少するか ($\Delta\Pr[y_i=j]$) を示している[34]．

推定結果から，まず，業種については，基本的に製造業の景況感の良さと，非製造業，特に小売業と卸売業の相対的な景況感の悪さが示されている．ただし，限界効果を見ると，経済変数に比べれば業種による違いはそれほど大きくはない．また，運輸業のみ製造業よりも（傾向的に）景況感が良いとの結果が得られているが，標本に占める運輸業の比率は1%程度であり，いずれにしても非製造業全体にはほとんど影響を与えない．

経済変数に関しては，売上高と採算水準いずれも，景況感と強い正の関係，すなわち売上高が増加している場合および採算が黒字の場合ほど景況感がより良い確率が高い（逆の場合にはその逆）ことが示されている．特に，変数が 5 区分の売上高についても，一段階上がるごとにより良い景況感と対応する確率が高くなっている点は注目される．限界効果の値も大きく，企業の経済的状況が景況感とそれだけ強く結びついていることが確認されたといえる．さらに，各要因と景況感の対応関係の大きさが具体的に示されている点も重要である．

最後に，時点効果については，1996 年第 4 四半期を基準として正で有意な係数が全くなく，限界効果を見ても，期初より有意に「やや良い」「かなり良い」の確率が高い時点はないとの結果が得られている．また，時点効果は様々な要因の集合体であるため厳密な読み取りは難しいが，結果の推移を大まかに解釈すれば，経済全体の景気動向にある程度対応した効果が計測されているように見える．これは，企業の景況感が，少なくとも部分的にはマクロの経済状

34）今回の推定では，説明変数がグループ内で同時には 1 の値を取らない 4 つの変数群（業種，売上高，採算水準，時点効果）に分かれている．そこで，各変数の限界効果は，同一グループ内の他の変数をゼロ，グループ外の変数の値を全て平均値として計算している．これにより，各限界効果は，基準として落とした変数との比較で計測されることになる．たとえば，卸売業の限界効果は，他の 4 つの業種ダミーをゼロ，それ以外の変数を平均値として計算されている．

表 13-6　企業業績と景況感：順序ロジットモデル推定結果

		係数	標準誤差	限界効果 $\Delta\mathrm{Pr}[y_i=0]$（かなり悪い）	$\Delta\mathrm{Pr}[y_i=1]$（やや悪い）	$\Delta\mathrm{Pr}[y_i=2]$（良くも悪くもない）	$\Delta\mathrm{Pr}[y_i=3]$（やや良い）	$\Delta\mathrm{Pr}[y_i=4]$（かなり良い）
業種	製造業	—				—		
	卸売業	−0.160	0.019	0.022	0.011	−0.024	−0.008	−0.001
	小売業	−0.363	0.013	0.053	0.017	−0.053	−0.016	−0.001
	飲食店	−0.382	0.017	0.056	0.018	−0.056	−0.016	−0.001
	サービス業	−0.137	0.014	0.018	0.009	−0.021	−0.007	−0.0005
	運輸業	0.267	0.043	−0.031	−0.027	0.042	0.015	0.001
売上高	20%以上増	1.106	0.031	−0.038	−0.199	0.038	0.178	0.020
	10-19%増	0.677	0.023	−0.028	−0.129	0.048	0.098	0.010
	10%未満増	—				—		
	10%未満減	−1.354	0.013	0.134	0.176	−0.204	−0.099	−0.008
	10%以上減	−2.653	0.016	0.408	0.064	−0.334	−0.128	−0.009
採算水準	黒字	1.157	0.015	−0.078	−0.203	0.153	0.119	0.010
	収支トントン	—				—		
	赤字	−1.566	0.012	0.274	−0.020	−0.196	−0.054	−0.004
時点効果	1996 Q 4	—				—		
	1997 Q 1	0.066	0.036	−0.008	−0.006	0.010	0.003	0.0002
	1997 Q 2	0.002	0.035	−0.0002	−0.0001	0.0003	0.0001	0.00001
	1997 Q 3	−0.113	0.036	0.015	0.008	−0.017	−0.005	−0.0004
	1997 Q 4	−0.399	0.037	0.059	0.017	−0.058	−0.017	−0.001
	1998 Q 1	−0.380	0.037	0.056	0.017	−0.055	−0.016	−0.001
	1998 Q 2	−0.359	0.036	0.052	0.017	−0.053	−0.015	−0.001
	1998 Q 3	−0.432	0.037	0.064	0.017	−0.062	−0.018	−0.001
	1998 Q 4	−0.407	0.037	0.060	0.017	−0.059	−0.017	−0.001
	1999 Q 1	−0.347	0.037	0.050	0.016	−0.051	−0.015	−0.001
	1999 Q 2	−0.253	0.036	0.036	0.014	−0.038	−0.011	−0.001
	1999 Q 3	−0.207	0.037	0.029	0.013	−0.031	−0.009	−0.001
	1999 Q 4	−0.269	0.037	0.038	0.015	−0.040	−0.012	−0.001
	2000 Q 1	−0.227	0.037	0.032	0.013	−0.034	−0.010	−0.001
	2000 Q 2	−0.048	0.036	0.006	0.004	−0.007	−0.002	−0.0002
	2000 Q 3	−0.067	0.036	0.009	0.005	−0.010	−0.003	−0.0002
	2000 Q 4	−0.155	0.037	0.021	0.010	−0.023	−0.007	−0.001
	2001 Q 1	−0.197	0.037	0.027	0.012	−0.030	−0.009	−0.001
	2001 Q 2	−0.206	0.036	0.029	0.012	−0.031	−0.009	−0.001
	2001 Q 3	−0.269	0.037	0.038	0.015	−0.040	−0.012	−0.001
	2001 Q 4	−0.339	0.037	0.049	0.016	−0.050	−0.015	−0.001
	2002 Q 1	−0.293	0.037	0.042	0.015	−0.043	−0.013	−0.001
	2002 Q 2	−0.084	0.036	0.011	0.006	−0.013	−0.004	−0.0003
	2002 Q 3	−0.179	0.037	0.025	0.011	−0.027	−0.008	−0.001
	2002 Q 4	−0.325	0.037	0.047	0.016	−0.048	−0.014	−0.001
	2003 Q 1	−0.247	0.037	0.035	0.014	−0.037	−0.011	−0.001
	2003 Q 2	−0.164	0.036	0.022	0.011	−0.025	−0.008	−0.001
	2003 Q 3	−0.060	0.036	0.008	0.004	−0.009	−0.003	−0.0002
	2003 Q 4	−0.082	0.037	0.011	0.006	−0.013	−0.004	−0.0003
	2004 Q 1	0.026	0.036	−0.003	−0.002	0.004	0.001	0.0001
	μ_1	−3.685	0.030					
	μ_2	−1.099	0.029					
	μ_3	0.840	0.029					
	μ_4	3.680	0.036					
Log-likelihood		−171677						
n		165908						

注：係数，限界効果とも，網掛けの 8 つの時点効果を除き 1%水準で有意．

況との比較で形成されていることを示すものかもしれない．ただし，いずれにしても，業種および経済変数の結果は時点効果なしで推定した場合もほぼ同じである．

5. おわりに

本章では，中小企業の景気の把握に焦点を当て3つの分析を行った．まず，内閣府「景気動向指数」の2つの採用系列，「中小企業売上げ見通しDI」と「中小企業売上高（製造業）」について検討した結果，これらは確かに中小企業に関する景気統計ではあるが，厳密には小企業の動向の反映などに一定の限界のある系列であることが示された．この点は，各系列の名称からは自明ではないので注意する必要がある．次に，中小企業に関連する主要な景況感調査を詳細に検討した．その結果，短観や法人企業景気予測調査の「中小企業」には小企業・個人企業層は含まれていないが，これらの層は経済全体の中で無視できないボリュームを占めていること，およびこれらの層の景況感は「中小企業」よりもかなり悪い状態で推移していることなどが示された．さらに，企業の景況感を総合的に捉えるためには，短観の結果に中小企業基盤整備機構「中小企業景況調査」の小規模企業と個人企業経済調査の結果を組み合わせて観察すべきであるとの結論を得た．最後に，小企業・個人企業層を対象とした景況感調査の個票をもとに，企業の業績と景況感の関係をミクロベースで直接検証した．順序ロジットモデルの推定の結果，集計された景況感の背後に，個別企業レベルでの業績と景況感の強い対応関係があることを示す結果が得られた．

ただし，本章では同時に取り扱うことのできる量および種類の制約から，業種については主として製造業・非製造業の2区分のもとで議論してきた．これは，報道等でも最も広く見られる分類ではあるが，当然さらに細かく分けていくことも可能である．また，同様の理由から，ここでは地域による違いにも踏み込まなかった．地域別の景気動向も，景気分析の中で関心が高く，かつ重要な領域である．これらの違いを組み込んだ場合には，業種別・地域別の景気動向に関して，その分だけより精緻な議論ができることになる．こうした点については，今後さらに分析を展開していく余地があるだろう．

参考文献

浅子和美・原田信行 (2004),「景況感とアンケート調査—変化方向と水準は異曲同工か？—」『経済研究』第55巻第2号, pp. 171-184.

岩崎俊夫 (1996),「企業統計整備と調査統計の行方—『統計行政の新中・長期構想』が提起したもの—」『企業環境研究年報』第1号, pp. 63-75.

上藤一郎・金子治平・佐野一雄・御園謙吉 (1997),「被調査者の立場から見た企業統計調査」『企業環境研究年報』第2号, pp. 51-62.

加納悟 (2002),「景気動向のモデル分析—そのフロンティア—」『経済研究』第53巻第2号, pp. 173-187.

菊地進 (2003),「経営環境の変化と中小企業調査—景況調査の方法的位置づけをめぐって—」『中小企業季報』2003年 No. 2, pp. 1-9.

坂田幸繁 (1996),「DOR 業況判断の構造分析—CATDAP による解析を中心に—」『企業環境研究年報』第1号, pp. 101-115.

坂田幸繁 (2001),「景況データのミクロベースの回答特性とその予測的利用について」『中央大学経済研究所年報』第32号 (II), pp. 63-80.

中小企業庁 (2001),「2001年版中小企業白書」.

中小企業庁 (2005),「2005年版中小企業白書」.

統計審議会 (2000),「景気予測調査に関する検討結果報告書」統計審議会調査技術開発部会.

日本銀行 (2001),「『企業短期経済観測調査』の見直しに関する最終案」.

日本経済団体連合会 (2004),「統計の利用拡大に向けて—景気関連統計を中心として—」.

美添泰人 (2005),「経済統計の読み方と将来展望」『経済セミナー』2005年12月号, pp. 14-19.

Hisao, Cheng and Zhongyun Zhao (2000), “Combining Opinion Surveys with Time-series Data to Forecast the Japanese Economy,” *Japanese Economic Review*, 51, pp. 155-169.

Kanoh, Satoru (1990), “Statistical Reconsideration of the EPA Diffusion Index,” *Journal of the Japanese and International Economies*, 4, pp. 139-156.

Kanoh, Satoru and Saibi Saito (1994), “Extracting Actually from Judgement : A New Index for the Business Cycle,” *BOJ Monetary and Economic Studies*, 12, pp. 77-93.

総括コメント 1

三井　清

経済全体の景気循環には地域間，産業間，企業規模間などで様々な跛行性が内包されており，その諸側面に対する理解を深めることが重要であることは言うまでもない．そして，その様々な跛行性を生み出している要因としては，地域間での公共投資政策に関する相違，地域間の産業構造の相違，労働や資本といった生産要素間の移動コストの大きさの相違といったものが影響しているはずである．

浅子・板・上田論文は，地域間の景気循環の跛行性を捉える方法について，地域による景気動向の先行・遅行関係に着目して分析している．具体的には，鉱工業生産指数と有効求人倍率という 2 つの景気指数に関して，月次データを用いて，地域間で先行・遅行のパターンがどのようになっていたかを検証している．なおその際に，先行・遅行のパターンが時期により変化する多様なケースを含めて分析が可能になる DP (Dynamic Programming) マッチング法という手法を適用しており，既存研究にはない新しい分析の可能性にチャレンジしている．その分析からはたとえば，鉱工業生産指数でみた場合に 1993 年から 2002 年に至るまでの循環局面において，北海道は概ね先行しているが東北は遅行しているといった特徴が見出されている．また，有効求人倍率でみた場合の三大都市圏とその周辺に関しては，景気拡張期は先行する傾向があるが後退期は必ずしも先行するわけではないという結果が導かれている．そのような結果は，マクロ経済からの視点だけでは捉えきれない様々な問題の存在を示唆しているといえよう．この論文で明らかにされた，多様な跛行性の生じた要因を解明していくことはこれからの重要な研究課題であるといえよう．

原田論文は景気循環の跛行性を捉える方法を検討するという点で，浅子・板・上田論文と共通する視点からの分析である．しかし，浅子・板・上田論文は，地域間の景気循環の跛行性について検討しているのに対して，原田論文は企業規模間の景気の跛行性に着目している．とくに，景気動向についての大規模企業に関する統計データと比較して，様々な限界を抱える中小企業に関する統計データの問題に重点を置いて分析している．

まず，中小企業に関連する景気動向についての統計データと景況感についての調査について比較検討し，統計データを利用する際に留意すべき点などを整理している．たとえば，それぞれの調査が対象としている企業の企業規模などの特性に関する分布がどのような特徴を持っているかといった点について，丁寧に検討している．そして，そのような比較検討を踏まえて，企業の景況感を総合的に捉えるためには，短観の結果に中小企業景況調査の小規模企業と個人企業経済調査の結果を組み合わせて観察することが，妥当であるという結論を導いている．

次に，景況感調査の個票データを基に，企業の業績と景況感の対応関係を検証している．具体的には，個票データが入手可能な全国小企業動向調査を用いて，96 年 10-12 月期から 04 年 1-3 月期までのサンプル期間について，景況感を表す質的変数を売上高といった企業業績などで説明する，順序ロジットモデルを推計している．その結果から，たとえば売上高水準と景況感が正の強い相関関係を持っており，売上高が増加している場合に，景況感が良い確率が高くなるといった性質が確認されている．また，時点効果を確認することで，マクロ経済の状況がある程度は景況感に反映されているということも確認している．しかしながら，個別企業の景況感が産業全体あるいは中小企業全体の景気動向とどのように関連しているかに関する理解を深めることは，残された重要な検討課題であろう．

以上 2 つの論文は，景気循環の跛行性を捉える方法に関する研究であるのに対して，これから紹介する川崎論文，竹田・小巻論文，飯塚論文は景気循環に内包される跛行性を生み出す要因に関する研究として位置づけることができるであろう．

まず川崎論文は，景気循環が内包する地域間の跛行性を生み出す要因として公共投資の地域間配分のあり方に加え，労働や民間資本などの生産要素の地域間流動性の大きさなどに着目して検討している．そして，景気拡張期（高度成長期やバブル期など）には公共投資の大都市圏への相対的なウエイトが高まり，景気後退期（石油危機後の時期，バブル崩壊後の時期など）に地方圏への公共投資が拡大されてきたという特徴が，景気循環の跛行性を生み出す重要な要因の 1 つであることを明らかにしている．

また，生産要素の地域間配分を検討することで，90 年代前半には労働力の地域間流動性が低下していたことなどを見出している．そして，労働移動が労働の限界生産性などに依存してどのように決定されているかを実証的に検討し，石油危機後の時期とバブル崩壊後の時期を除いては限界生産性が上昇した地域に労働が移動するという結果を得ている．この結果は，この労働力移動に関する推計式において，公共投資の大きさが重要な説明変数となる可能性を示唆していると考えられる．また，モデル分析で示されているように，労働の限界生産性の低い地域から高い地域へと労働が移動するとすれば，労働力の地域移動を決定する要因として，当該地域の労働の限界生産性に加えて他地域の労働の限界生産性も重要な要因であるかもしれない．そのような点を考慮した実証分析も試みる価値があるのではないだろうか．

90年代の公共投資が地方に重点的に配分された背景には，地方圏における雇用を維持するという政策目的が存在していたのではないかと指摘されることがある．そのような政策の社会的な便益と費用を評価する際には，労働移動がそのコストや公共投資の配分とどのように関連しているかを明らかにすることが大変重要であると考えられる．このような公共投資と労働移動との関連性に着目した研究が，今後も様々な観点から取り組まれていくことを大いに期待したい．

竹田・小巻論文も社会資本（公共投資）の生産性効果に着目して分析している点では，川崎論文と共通している．ただ，川崎論文が地域間の問題に光を当てていたのに対して，竹田・小巻論文は産業間のSpillover効果を考慮することで，社会資本整備が各産業の生産性にどのように波及していくかを検討している．Spilloverの中身としては，①生産財市場の競争条件などに依存して，総要素生産性が中間投入量に依存する経路と②生産財に体化されたR&Dが川上産業から川下産業へと伝播していく経路を想定している．そして具体的には，産業連関表のデータと技術フロー・マトリックスを用いて川上・川下産業の組合せを抽出し，社会資本ストックとしては道路資本ストックに着目して，構造モデルの計測を行っている．なお，各産業の総要素生産性の持続性を考慮して，（自己）系列相関の存在を想定している．

構造モデルの計測結果によれば，①道路資本ストックの成長率が総要素生産性に有意に正の効果を持っている産業はパルプ・紙と化学である，②総要素生産性には負の系列相関が存在する，③産業連関を通じたSpilloverが多くの産業に存在するといった性質が確認されている．そして，その計測結果を基に，確率的シミュレーションを行って，標本期間における道路資本ストック成長率の1標準偏差の上昇が各産業の総要素生産性にもたらす影響を調べている．そのシミュレーションの結果からは，産業連関が社会資本の生産性効果を増幅させているのは農林水産業，窯業・土石製品，一般機械の3つであり，他の多くの産業に関しては減衰効果が確認される．たとえば，道路資本ストック成長率の総要素生産性に与える直接的な効果が有意に正であるパルプ・紙と化学の 2 業種においても，負の系列相関のために産業連関を通じた Spillover の結果として総要素生産性に与える効果が大きく減衰している．

以上のように，本研究は社会資本ストックが産業間を通じた Spillover 効果を通じて各産業の生産性に与える効果が大きいことを明らかにしており，既存研究のように社会資本ストックが直接的に与える効果だけを考慮することでは，社会資本整備の評価を的確になし得ない可能性が大きいということを示唆している．そして，景気循環の産業間の跛行性について検討するうえでも，産業間の Spillover 効果や（自己）系列相関の性質について理解を深めることが大変重要であると考えられる．

なお，（自己）系列相関については，各産業の総要素生産性の「持続性」を根拠にしてその存在を想定しているが，この点についてもう少し議論を深めることが今後の課題として重要ではないだろうか．まず第 1 に，その持続性という側面が理論的にどのように経済的要因を反映したものであるかを，もう少し詳しく検討することが望ましいであろう．第 2 に，系列相関が負である場合が多いようであるが，その要因についても検討してみる必要があろう．確率的シミュレーションの結果には，産業間 Spillover 効果と負の系列相関の効果が複合的に影響しているので，そのシミュレーション結果を正確に理解するためにも，負の系列相関の中身について分析することも今後の重要な検討課題であろう．

飯塚論文は，景気循環の産業間の跛行性を検討しているという点では，竹田・小巻論文と共通している．ただ，竹田・小巻論文が社会資本ストックとの関連性に着目しているのに対して，飯塚論文では雇用変動の観点に着目している．その分析からは，たとえば，産業別の就業者数伸び率トレンドの変化の多くが，産業別の付加価値ウエイトの変化と 90 年代に顕著となった労働分配率の水準調整によって説明可能であり，その姿が産業によって大きく異なることなどを明らかにしている．

その上で，産業別の就業者数伸び率の寄与度をその産業別の実質 GDP 成長率に対する寄与度や労働分配率の均衡水準からの乖離などを説明変数として，パネルデータを用いて推定することで，各産業における雇用調整の特徴を検討している．そして，各産業の就業者数伸び率はその産業の労働分配率の均衡水準からの乖離による雇用調整として理解できるとともに，就業者数伸び率のトレンドは産業ごとに異なっていることを確認している．たとえば，製造業にはマイナスのトレンドが存在し，サービス業にはプラスのトレンドが存在している．したがって，マクロレベルでの雇用調整は個別産業の雇用調整の集計されたものとして理解することが重要であるということになる．なお，雇用調整のトレンドが産業間で異なる要因を解明することは，今後の重要な検討課題であろう．

以上の5つの論文を概観すると，浅子・板・上田論文と原田論文は景気循環の跛行性は実に多様な側面を持っており，その跛行性を的確に捉えるためには統計データを的確に活用するとともに，その跛行性を的確に捉えるための手法の開発が重要であることを明らかにしている．また，川崎論文，竹田・小巻論文，飯塚論文は景気循環の多様な跛行性を生み出している要因を様々な視点から分析しており，その跛行性に対する理解を深める上で貴重な結果を導出している．

総括コメント 2

徳井丞次

景気循環と産業，地域の視点

景気循環は一国のマクロ集計量に基づいて議論されるのが通常だが，マクロ経済の動きの背後にある産業の跛行性との関係，さらには地域経済への波及にも注目が集まるようになっている．ここでは，地域ごとの景気循環の先行性，・遅行性を分析した浅子・板・上田論文と，産業別の雇用変動に着目した分析を行った飯塚論文へのコメントを中心に，景気循環を分析するうえでの産業と地域の視点について簡単に触れたい．

戦後日本の景気循環を産業の跛行性に着目して分析した興味深い研究として吉川 (1992) の第 2 章がある．吉川は，高度成長期とそれ以降に分けて産業別投資の相関マトリックスを比較して，高度成長期には各産業の投資がきわめてパラレルに動いていたのに対して，それ以降にはばらばらな動きを示すようになったことを指摘して，高度成長の終焉とともに産業固有の要因がドミナントになったと結論付けている．また実際，同時代の景気分析においても，1970 年代後半以降になると産業間の跛行性に注目が高まるようになったと記憶している．

一方，景気循環の地域経済への波及の観点については，とりわけ近年において関心の高まりがみられるようになった．しかし，地域経済間の景気のばらつきが近年になって大きくなったわけではない．厚生労働省 (2005) は，付属統計表第 6 表で，地域別の有効求人倍率と完全失業率の変動係数を計算しているが，これらの変動係数は 1980 年代前半期のほうがむしろ大きく，それ以降概ね低下傾向にあると読める．しかしながら，1990 年代末以降の雇用情勢の悪化を経て，2002 年からの景気回復過程において大都市圏では雇用情勢の改善がみられるのに対して，地方圏では雇用情勢の改善が遅れているところがみられることが，この問題への関心を呼び起こしていると考えられる．

このように，景気循環を分析するうえで産業間の跛行性が重要となり，また地域経済への波及にも問題関心が高まっているにもかかわらず，まだまだ未開拓の研究テーマと言えよう．唯一の例外は，産業間の跛行性に着目した景気循環の分析で，経済に対する変動要因をマクロのショック（aggregate shock）と，産業間の資源の再配置を必要とさせるような産業固有のショック（reallocation shock）に分ける研究がある．Lilien（1982）を嚆矢として，Abraham and Katz（1986），Blanchard and Diamond（1989），Davis and Haltiwanger（1999）などによって，産業固有のショック（reallocation shock）の適切な測り方，またこのショックと景気循環との関係をめぐる研究が積み重ねられている．

それでは次に，浅子・板・上田論文と飯塚論文の研究を簡単に紹介しコメントを述べよう．

浅子・板・上田論文へのコメント

浅子・板・上田論文は，地域ごとの景気循環の先行性・遅行性を分析している．こうした各地域の景気循環の跛行性の関係は，必ずしも安定的なリードないしはラグの関係では捉えられず，景気の回復や後退といった局面や，それぞれのサイクルごとに違ったものとなる可能性があることから，パターン認識のアルゴリズムとして開発されたDPマッチングの手法を適用して分析している．実際，この手法を使って彼らが検出した景気循環の先行・遅行の関係は，単純なリード・ラグの関係には収まらないパターンを示しており，通常の時系列モデルでは捉えられないような複雑な関係を，DPマッチングを使うことによって初めて確認することができたことが分かる．

彼らは，全国を8地域のブロックに分けて，それぞれの鉱工業生産指数と有効求人倍率でみた景気循環を，全国の景気循環と比較して先行・遅行のパターンの検出を行っている．全国の指標は各地域の指標を集計したものであるので，これを基準として各地域の景気の先行・遅行を検出することにやや戸惑いを感じる人もいると思うが，著者たちの意図はおそらく，景気循環のサイクルを通常われわれが認識するのが全国の指標に基づいてであるので，それと比較して各地域の景気の先行性・遅行性を議論するほうが親しみやすいと考えてのことと思われる．

表1から，著者たち同じ8地域ブロックの定義に基づいて，それぞれの地域の経済規模を付加価値と従業者数でみることができる．この表から確認できるように，関東地域は，付加価値でみても従業者数でみても全国の4割以上のウェイトを持っている．したがって，著者たちが検出した関東地域の景気循環が全国の景気とほぼ一致したパターンを示していることは当然である．むしろ，それにもか

表1　地域ブロック別の経済規模と民間産業の特徴

地域ブロック	地域別総生産（付加価値）の構成比（%）	地域別就業者数の構成比（%）	民間産業総生産（付加価値）に占める 製造業の割合（%）	建設業の割合（%）	サービス業の割合（%）
北海道	3.93	4.35	11.38	10.38	71.15
東北	6.54	7.76	20.34	7.96	64.32
関東	43.58	40.49	20.67	5.97	70.04
中部	11.49	11.27	32.90	6.36	56.64
近畿	16.58	15.91	23.53	5.13	66.94
中国	5.68	6.11	26.70	6.57	61.84
四国	2.70	3.21	23.46	6.89	62.42
九州	9.49	10.90	17.14	7.03	69.22
全地域計	100.00	100.00	22.29	6.31	66.93

注：1）平成15年（2003年）の県民経済計算に基づき計算.
2）地域ブロックは，浅子・板・上田論文の区分に従う.
3）総生産（付加価値）は名目値.
4）民間部門のサービス業は，卸売・小売業，金融・保険業，不動産業，運輸・通信業，サービス業の合計.

かわらず，1980年代末のバブル期における有効求人倍率でみた循環が全国に先行していること，2002年以降の回復期における鉱工業生産指数でみた循環が全国に遅行していることが注目されるべきであろう.

1980年代末の景気拡大期と2002年以降の景気回復期にみられる関東地区のこうした特徴は，関東地区の産業構造の特徴と，それぞれの時期における景気拡大を主導した産業との対応を反映したものと考えられる．表1から，関東地区の民間産業の付加価値に占める製造業とサービス業の割合を全国平均と比較すると，関東地区では製造業の割合が低くサービス業の割合が高くなっている．その一方で，1980年代末の景気拡大はサービス業が牽引したのに対して，2002年以降の景気回復は製造業が主導的な役割を果たしていることが，前者の時期には関東地区が有効求人倍率でみて全国に先行し，後者の時期には関東地区が鉱工業生産指数でみて全国に遅行する循環を生み出したと考えられる.

このように鉱工業生産指数と有効求人倍率との循環パターンの不一致が生じているのは，鉱工業生産指数がもっぱら製造業の動向を反映しているのに対して，有効求人倍率のほうは製造業に限らず全ての産業の動向を反映しているからである．表1で確認できるように，地域ブロックごとに民間産業に占める製造業のウェイトが異なる以上，鉱工業生産指数と有効求人倍率の先行・遅行パターンが地域ブロックごとに一致する保証は何もない．著者たちが，鉱工業生産指数と有効求人倍率の先行・遅行パターンを比較して，多くの地域で両者のパターンの類似性を観察できなかったことは決して意外なことではないと言えよう.

中部地域は，全国の地域の中で製造業の割合が最も高く，サービス業の割合が低いことに特徴がある．こうした中部地域の産業構造の特徴を踏まえて景気循環のパターンをみると，2002年以降の回復期に鉱工業生産指数でみた中部地区の循環が全国に先行していることは，この時期の景気回復が製造業主導であったことを再確認するものであろう．また，鉱工業生産指数と有効求人倍率の先行・遅行パターンを比較したとき，全国の8地域のなかで最も両者のパターンの類似性をみることができるのも，中部地域が製造業に傾斜した産業構造を持っていることの現れである.

もちろん，鉱工業生産指数でみた循環の先行・遅行関係をより立ち入って議論するためには，製造業のなかでも，それぞれの地域ごとにどのような産業構造の特徴があるかをみる必要がある．また，著者たちが検出した各サイクルの局面ごとの先行・遅行関係が，地域ごとの産業構造の特徴と，各サイクルの局面ごとに生じた産業別ショックの大きさとからどの程度説明できるのかについて更なる分析が望まれる.

飯塚論文へのコメント

飯塚論文では，1990年代以降の景気循環局面において生じた雇用変動の特徴を，産業別の変動を重視しながら分析したものである．まず全産業ベースの就業者数変動を産業別の就業者数変動に要因分解し，それらと景気との時差相関を確認した後，産業別就業者数変動のトレンドを，産業別付加価値ウェイトの変化と，労働分配率の均衡の乖離とからどの程度説明できるかを検討している．関連する飯塚の研究では，就業者に占める非正規雇用や自営業の割合の変化に着目した分析を行い，卸小売業では，雇用者比率の上昇が従来型の個人営業の小売店の減少を通じて就業者数の減少トレンドを生み出していることが確認している.

飯塚論文は，以上のようなファクト・ファインディングを積み上げたうえで，これらの要因を総合すると，就業者数伸び率に関して1990年代以降にみられるようになった特徴がどの程度説明されるかを検証している．まず先に，比較の対象として，全産業ベースの就業者数伸び率を説明する式を推定し，1994年以降の就業者数伸び率の低下トレンドの存在と就業者数伸び率と景気との相関の高まりを確認している．次に，産業別の就業者数伸び率を被説明変数として，産業ごとの労働分配率の長期均衡水準からの乖離，雇用者比率を説明変数として追加し，産業別の固定効果を含むパネルデータの推定を行った．

産業別データの推定から得られた大変興味深い結果の1つは，全産業ベースの推定ではみられた1994年以降の就業者数伸び率と景気との相関の高まりが，産業別のパネルデータによる推定ではみられなくなったことである．この結果は，新たな説明変数を追加する前の推定結果（飯塚論文の表11-3の推定1）で得られることから，雇用変動と景気との相関の高まりとして近年観察されていたことが，実は産業別の効果によって説明されてしまういわば見せかけの現象であったとみることができる．1990年代に入って，景気の低迷に伴う経済成長率の低下と，製造業からサービス業への産業構造の変化が同時に起こったことが，あたかも就業者数伸び率と景気との相関の高まりとみられるような雇用変動を引き起こしていたと言えよう．

ただし，この推定では，実質GDP成長率産業別寄与度の係数は全産業に共通するものを推定しているため，雇用変動の景気との相関の産業ごとの違いは，全て産業の固定効果で捉えられてしまっている可能性はある．したがって，より詳しい産業分類のデータあるいは企業のミクロデータを使って，景気に対する雇用調整の産業ごとの違いを考慮しても，なお上のような結果が得られるかどうかを確認することを今後の研究課題として期待したい．

推定結果から導かれるいま1つの興味深い結果は，全産業ベースの推定で1994年以降にみられた就業者数伸び率の低下トレンドが，産業別のパネルデータによる推定ではやはりみられなくなったことである．このことを検証するために，飯塚論文は，産業別パネルデータによる推定の被説明変数に，産業別の就業者数伸び率ではなくて，その全産業就業者数伸び率に対する寄与度を使っている．産業別の就業者数伸び率の寄与度を足し合わせると全産業ベースの就業者数伸び率になることと，産業別の固定効果を足し合わせるとゼロとなるように制約を課して定数項を別に推定していることから，産業別パネルデータ推定の定数項の符号と全産業ベースの推定の定数項の符号を対応させて比較することができる．

定数項ダミーを含めた1994年以降の定数項に注意してみると，推定1では定数項ゼロの帰無仮説は棄却されず，産業別の説明変数を追加した推定2，推定3などでは1994年以降もそれ以前のプラスの定数項が継続している．したがって，全産業ベースの推定で1994年以降に現れた就業者数伸び率の低下トレンドは，産業別の固定効果と，推定2で追加した産業別の労働分配率の均衡からの乖離，並びに推定3で追加した産業別の雇用者比率で説明できるもので，やはり見せかけのマイナス・トレンドであったと結論づけることができる．

以上のように，飯塚論文では産業別の雇用変動に着目することによって，マクロの分析で指摘されていた1990年代以降の雇用変動の2つの特徴，すなわち景気循環との相関の高まりと就業者数伸び率の低下トレンドの発生を，産業別の説明要因に帰着させることができることが示された．こうした観点から重要な産業別の説明要因は，産業の固定効果と，産業ごとの労働分配率の長期均衡水準からの乖離であった．著者自身も指摘しているように，産業の固定効果がどのような産業の特性を代表しているのか，また産業ごとの労働分配率の長期均衡水準はどのような要因で決まるのかといった新たな問題が提起されることになった．

地域経済の産業特性を分析する必要性

飯塚論文では，全産業レベルでみた就業者数変動を，産業ごとの就業者数の変動に分解し，さらにそれを産業ごとの決定要因に回帰させることによって，全産業レベルでは景気循環との相関が高まったように見えた就業者数の変動が，産業ごとの決定要因に帰着されてしまうことが示された．また，浅子・板・上田論文では，パターン認識の方法によって，地域ごとの景気循環の先行・遅行関係を検出したが，そこから得られた結果は，こうした先行・遅行関係が地域の産業構造の特性によってかなりの部分説明できるのではないかと推測させるものであった．

こうした研究成果を踏まえて研究をさらに発展させるには，地域経済の産業特性を分析しておくことが必要になると考えられる．たとえば，Kim (1995) は地域の産業特化指数と産業の地域集中係数を計算して，米国経済の地域の産業特性の長期的な変化を追っている．日本経済についても，同様の分析を行って地域経済の産業構造にどのような変化が起こっているかを捉えておくことが必要となるだろう．

たとえば，地域経済の産業特化度が高まった状態で，産業間の資源の再配置を必要とさせるような産業固有のショックが生起すれば，地域間の循環パターンのばらつきはより大きくなるだろう．それに加えて，ショック発生後の各産業の調整にもより多くの時間と調整コストを要することが考えられる．

参考文献

厚生労働省編 (2005),『平成17年版 労働経済白書』, 国立印刷局.

吉川洋 (1992),『日本経済とマクロ経済学』, 東洋経済新報社.

Abraham, K. and Katz, L. (1986), "Cyclical unemployment: Sectoral shifts or aggregate disturbances?" *Journal of Political Economy*, 94, pp. 507-522.

Blanchard, O. and Diamond, P. (1989), "The Beveridge curve," *Brookings Papers on Economic Activity*, 1, pp. 1-76.

Davis, S. and Haltiwanger, J. (1999), "On the driving forces behind cyclical movements in employment and job reallocation," *American Economic Review*, 89, pp. 1234-1258.

Kim, S. (1995), "Expansion of markets and the geographic distribution of economic activities: The trends in U. S. regional manufacturing Structure, 1860-1987," *Quarterly Journal of Economics*, No. 443, pp. 881-908.

Lilien, D. M. (1982), "Sectoral Shifts and Cyclical Unemployment," *Journal of Political Economy*, 90, pp. 777-793.

索 引

あ 行

か 行

さ 行

た 行

な 行

は 行

ま 行

や 行

ら 行

数字・アルファベット

執筆者一覧（五十音順．所属は初版刊行時）

編者

浅子和美（あさこ かずみ）・一橋大学経済研究所
宮川　努（みやがわ つとむ）・学習院大学経済学部

執筆者

飯塚信夫（いいづか のぶお）・（社）日本経済研究センター
飯星博邦（いいぼし ひろくに）・近畿大学経済学部
板　明果（いた さやか）・早稲田大学大学院経済学研究科
上田貴子（うえだ あつこ）・早稲田大学政治経済学術院
川崎一泰（かわさき かずやす）・東海大学政治経済学部
小巻泰之（こまき やすゆき）・日本大学経済学部
竹田陽介（たけだ ようすけ）・上智大学経済学部
地主敏樹（ぢぬし としき）・神戸大学大学院経済学研究科
坪内　浩（つぼうち ひろし）・内閣府
浜潟純大（はまがた すみお）・（財）電力中央研究所
林田元就（はやしだ もとなり）・（財）電力中央研究所
原田信行（はらだ のぶゆき）・筑波大学大学院システム情報工学研究科
村澤康友（むらさわ やすとも）・大阪府立大学経済学部
矢嶋康次（やじま やすひで）・（株）ニッセイ基礎研究所
山澤成康（やまさわ なりやす）・跡見学園女子大学マネジメント学部
脇田　成（わきた しげる）・首都大学東京都市教養学部
渡部敏明（わたなべ としあき）・一橋大学経済研究所

コメンテータ

飯田泰之（いいだ やすゆき）・駒澤大学経済学部
大屋幸輔（おおや こうすけ）・大阪大学大学院経済学研究科
徳井丞次（とくい じょうじ）・信州大学経済学部
福田慎一（ふくだ しんいち）・東京大学大学院経済学研究科
三井　清（みつい きよし）・学習院大学経済学部
和合　肇（わごう はじめ）・京都産業大学経済学部

日本経済の構造変化と景気循環

2007年7月25日　初　版

［検印廃止］

編　者　浅子和美・宮川　努

発行所　財団法人　東京大学出版会

代表者　岡本和夫

113-8654 東京都文京区本郷7-3-1 東大構内
電話 03-3811-8814　Fax 03-3812-6958
振替 00160-6-59964

印刷所　三美印刷株式会社
製本所　矢嶋製本株式会社

ISBN 978-4-13-040233-0